大数据与人工智能技术丛书

工业互联网技术导论

黄源 编著

清华大学出版社
北京

内容简介

本书介绍工业互联网的基本概念和相应的技术应用。全书共10章，分别介绍智能制造与工业互联网、工业互联网网络技术、物联网与工业物联网、云计算与工业互联网、工业大数据、工业人工智能、工业互联网平台、工业互联网软件、工业互联网安全和工业互联网实训。工业互联网离不开大数据分析与人工智能技术，因此本书最后一章安排大量实训项目，帮助读者快速了解和应用工业互联网相关技术。

本书可作为高等院校智能制造、工业互联网、大数据、人工智能、软件技术等专业的专业课教材，也可作为工业互联网爱好者的参考书。

图书在版编目(CIP)数据

工业互联网技术导论/黄源编著. —北京：清华大学出版社，2024.2(2024.9重印)
(大数据与人工智能技术丛书)
ISBN 978-7-302-63988-6

Ⅰ. ①工… Ⅱ. ①黄… Ⅲ. ①互联网络－应用－工业发展－研究 Ⅳ. ①F403-39

中国国家版本馆CIP数据核字(2023)第115505号

策划编辑：魏江江
责任编辑：王冰飞　吴彤云
封面设计：刘　键
责任校对：时翠兰
责任印制：宋　林

出版发行：清华大学出版社
网　　址：https://www.tup.com.cn，https://www.wqxuetang.com
地　　址：北京清华大学学研大厦A座　　邮　　编：100084
社 总 机：010-83470000　　邮　　购：010-62786544
投稿与读者服务：010-62776969，c-service@tup.tsinghua.edu.cn
质量反馈：010-62772015，zhiliang@tup.tsinghua.edu.cn
课件下载：https://www.tup.com.cn，010-83470236
印 装 者：北京鑫海金澳胶印有限公司
经　　销：全国新华书店
开　　本：185mm×260mm　　印　张：19.25　　字　　数：507千字
版　　次：2024年2月第1版　　印　　次：2024年9月第2次印刷
印　　数：1501～3000
定　　价：59.80元

产品编号：097651-01

前 言

党的二十大报告指出：教育、科技、人才是全面建设社会主义现代化国家的基础性、战略性支撑。必须坚持科技是第一生产力、人才是第一资源、创新是第一动力，深入实施科教兴国战略、人才强国战略、创新驱动发展战略，这三大战略共同服务于创新型国家的建设。高等教育与经济社会发展紧密相连，对促进就业创业、助力经济社会发展、增进人民福祉具有重要意义。

当今，世界正处在第四次工业革命孕育、兴起的关键阶段，我国制造业转型升级也进入了攻坚时期。互联网、大数据、人工智能等新一代信息技术与工业制造技术深度融合，推动生产制造模式、产业组织方式、商业运行机制发生颠覆式创新，催生融合发展的新技术、新产品、新模式、新业态，为工业经济发展打造新动能，开辟新道路，拓展新边界。

工业互联网作为新一代信息技术与制造业深度融合的产物，通过实现人、机、物的全面互联，构建起全要素、全产业链、全价值链及全面连接的新型工业生产制造和服务体系，成为支撑第四次工业革命的基础设施，对未来工业发展产生全方位、深层次、革命性影响。因此，加快发展工业互联网不仅是各国顺应产业发展大势，抢占产业未来制高点的战略选择，也是我国推动制造业质量变革、效率变革和动力变革，实现高质量发展的客观要求。

全书共 10 章，内容主要包括智能制造与工业互联网、工业互联网网络技术、物联网与工业物联网、云计算与工业互联网、工业大数据、工业人工智能、工业互联网平台、工业互联网软件、工业互联网安全和工业互联网实训。

本书特色如下。

(1) 采用“理实一体化”教学方式，课堂上既有教师的讲述，又有学生独立思考、上机操作的内容。

(2) 紧跟时代潮流，注重技术变化，书中包含较为前沿的工业互联网技术。建议读者在阅读本书时使用 Python 3.7 以上版本，并提前安装好所需要的扩展库（如 NumPy、Pandas、Matplotlib 等），以便实验。

(3) 本书重难点突出，能够激发学生的学习兴趣。

(4) 为便于教学，本书提供丰富的配套资源，包括教学大纲、教学课件、电子教案、在线题库和习题答案。其中，题库包括选择题、判断题和简答题。

资源下载提示

课件等资源：扫描封底的“课件下载”二维码，在公众号“书圈”下载。

在线作业：扫描封底的作业系统二维码，登录网站在线做题及查看答案。

本书教学建议为 54 学时，具体安排如下。

教学内容	建议学时
第1章　智能制造与工业互联网	4
第2章　工业互联网网络技术	4
第3章　物联网与工业物联网	4
第4章　云计算与工业互联网	4
第5章　工业大数据	12
第6章　工业人工智能	8
第7章　工业互联网平台	4
第8章　工业互联网软件	4
第9章　工业互联网安全	4
第10章　工业互联网实训	6

本书由黄源编著,在编写过程中得到了重庆誉存大数据科技公司陈玮的大力支持。

在本书的编写过程中参阅了大量相关资料,在此向各位作者表示感谢,并对清华大学出版社计算机与信息分社编辑团队的辛勤工作表示感谢!

由于编者水平有限,书中难免存在疏漏之处,恳请广大读者批评指正。

编　者

2024年1月于重庆

目 录

第 1 章

智能制造与工业互联网

本章学习目标

- 认识智能制造
- 了解工业互联网的概念
- 了解工业互联网的组成
- 了解工业互联网体系 2.0 架构
- 了解工业互联网的发展现状与发展趋势

1.1 认识智能制造

1.1.1 智能制造概述

1. 什么是智能制造

当前,以新一代信息通信技术与制造业融合发展为主要特征的产业变革在全球范围内孕育兴起,智能制造已成为制造业发展的主要方向。

智能制造可以从制造和智能两方面进行解读。首先,制造是指对原材料进行加工或再加工,以及对零部件进行装配的过程。智能由“智慧”(Wisdom)和“能力”两个词语构成。从感觉到记忆到思维这一过程,称为“智慧”,智慧的结果产生了行为和语言,将行为和语言的表达过程称为“能力”,两者合称为“智能”(Intelligent/Smart)。因此,将感觉、记忆、回忆、思维、语言、行为的整个过程称为智能过程,它是智慧和能力的表现。

我国工业和信息化部、财政部发布的《智能制造发展规划(2016—2020 年)》对智能制造给出了一个比较全面的描述性定义:智能制造是基于新一代信息通信技术与先进制造技术深度融合,贯穿于设计、生产、管理、服务等制造活动的各个环节,具有自感知、自学习、自决策、自执行、自适应等功能的新型生产方式。智能制造的本质,就是以数据的自动流动化解复杂系统的不确定性,优化制造资源的配置效率。

根据工业互联网产业联盟发布的《工业互联网术语与定义》,智能制造应当包含智能制造技术和智能制造系统。智能制造包含的智能制造技术是指贯穿应用于整个制造企业子系统涉及的新设备、新材料、新工艺、新技术等,如目前热门的 3D 打印、石墨烯、虚拟现实等都属于这一范畴。智能制造包含的智能制造系统主要是指人工智能,主要涉及“三算”:算力、算据、算法。人工智能的算力主要是建立在云计算之上；算据是来自工业物联网对各种设备的数据采集而形成的工业大数据；算法是将工业技术原理、行业知识、基础工艺、模型工具等进行规则化、软件化、模块化。智能制造系统不仅能够在实践中不断地充实知识库，而且还具备自学习功能，还具有搜集与理解环境信息和自身的信息并进行分析判断和规划自身行为的能力。

因此，推动智能制造，能够有效缩短产品研制周期、提高生产效率和产品质量、降低运营成本和资源能源消耗，并促进基于互联网的众创、众包、众筹等新业态、新模式的孕育发展。

2. 智能制造的意义

智能制造是继自动化制造之后更进一步的制造业形态，其核心是数字化、网络化、智能化。顾名思义，智能制造就是为传统的制造赋予智能，这里的智能是指“人工智能”。通俗地讲，人工智能就是将人类的知识、经验、方法等验证无误的内容编译成软件，将原来由人执行的任务转换为由计算机执行的过程。也就是说，把人的知识转换为计算机的知识，计算机支持软件运行，生成模型，完成工业产品的研发设计、工艺设计、生产过程管理、批生产交付、运行维护、大修维修以及复杂的管理体系等。

智能化对工业企业的意义巨大。从企业生态的层面来看，智能化能够促进企业之间的分工细化并在企业间建立新的生态关系。“分工促进生产力的发展”是一条非常重要的经济规律。由于互联网能够提高企业之间的协同能力，降低分工的负面影响，这为促进分工的细化奠定了基础。总之，从企业间的关系来看，智能化能够促进社会资源的优化配置。从企业自身的层面来看，智能化能提升企业的管理能力。在我国很多企业中，技术水平低的本质往往是管理水平差。例如，某些企业的管理问题所导致的成本损失会超过企业的利润。通过推进智能化，人类的很多决策工作可以交给机器去做，也可以在机器的帮助或“监督”下去做，通过提升企业的管理能力，大大减少因管理不善导致的问题。从现实效果来看，智能化往往能够有效地推动企业整体利益实现最大化。

3. 智能制造的作用

智能制造具有以智能工厂为载体、以关键制造环节智能化为核心、以端到端数据流为基础、以网络互联为支撑等特征，这实际上指出了智能制造的核心技术、管理要求、主要功能和经济目标，体现了智能制造对于我国工业转型升级和国民经济持续发展的重要作用。

从整体效果来看，智能制造能够加强企业快速响应变化的能力。市场或用户有了新的需求，能够尽快设计并制造出来以供应市场；供应链发生变化时，能尽量避免对生产经营产生的不利影响；生产设备或产品质量发生问题时，能尽快找到问题的根源和解决问题的办法。

从业务角度来看，推进智能制造的主要作用是要促进多方协同、资源共享和知识复用。通俗地讲，协同就是多方协作时“不掉链子”，不耽误彼此的工作；资源共享有利于低成本地获得优质资源；知识复用则可以提高研发和服务的效率，降低获得知识的成本。当企业中的物质、知识和人力资源都能用数字化描述时，互联网就容易促进协同、共享和复用。

4. 智能制造产业链

我国制造业走过机械化、自动化、数字化等发展阶段，已经搭建起完整的制造业体系和制造业基础设施，在全球产业链中具有重要地位，这让我国具备了实现智能制造、推动全球产业链变革的可能性和基础实力。近几年来，随着科技的飞速发展，“中国制造”向“中国智造”转型的故事正在上演。随着5G时代的到来，众多中国科技企业迅速崛起，进一步推动了“中国智造”的发展进程。

智能制造产业链涵盖感知层、网络层、执行层和应用层4个层次，其中感知层主要包括传感器、射频识别技术(Radio Frequency Identification，RFID)、机器视觉等领域；网络层主要实现信息传输与处理，主要包括云计算、大数据、智能芯片、工业以太网等技术领域；执行层主要为智能制造终端集成产品，包括机器人、数控机床、3D 打印设备等；应用层主要为智能生产线。

1.1.2 智能制造的发展层次与发展内容

1. 智能制造的发展层次

智能制造技术是信息通信技术的发展带动的，是信息通信技术在工业的广泛、深入应用。德国的工业 4.0 和美国的工业互联网都属于智能制造的范畴。

智能制造技术包括自动化、信息化、互联网和智能化 4 个层次，智能制造发展需要经历 4 个阶段，分别为自动化（淘汰、改造低自动化水平的设备，制造高自动化水平的智能装备）、信息化（产品、服务由物理到信息网络，智能化元件参与提高产品信息处理能力）、互联化（建设工厂物联网、服务网、数据网、工厂间互联网，装备实现集成）、智能化（通过传感器和机器视觉等技术实现智能监控、决策）。

2. 智能制造的发展内容

随着社会的不断发展和科技的日新月异，人们生活中出现越来越多的智能化设备和智能机器人，而且现在很多东西都逐渐智能化。工业大数据、多面服务、人机界面、预测性维护、网络安全正在成为智能制造的趋势。这些趋势也将极大地改变制造业中机器与机器、人与机器、人与人、预测与操作、管理与运营之间的关系，推动工业 4.0 时代的到来。

智能制造是一个大的系统工程，要从产品、生产、模式、基础 4 个方向协调推进。其中，要以信息物理系统（Cyber Physical System，CPS）和工业互联网等智能制造基础设施为基础，以智能产品为主体，以智能生产为主线，以用户为中心的生产组织方式和商业模式变革为主题，实施推进。

1）构建 CPS

如图 1-1 所示，CPS 是一个综合计算、通信、网络、控制和物理环境的多维复杂系统，可以将信息世界和现实世界联系在一起，创建一个真正的 CPS 世界。这个 CPS 世界中，智能目标之间可以互相交流，因此，CPS 实现了信息世界与物理现实世界融合。信息物理系统代表现有嵌入式系统的下一种演进形态，它将互联网、网上可利用的数据和服务、嵌入式系统结合在一起，能够彻底改变物理世界的交互方式，实现大型工程系统的实时感知、动态控制和信息服务。

值得注意的是，CPS 包含了将来无处不在的环境感知、嵌入式计算、网络通信和网络控制等系统工程，使物理系统具有计算、通信、精确控制、远程协作和自治功能。

目前，随着 CPS 技术和应用的快速发展，CPS 已经在工业制造、能源电力、交通运输、医疗健康等诸多领域得到广泛应用。具体来讲，CPS 能够将产品开发伊始的设计理念、试制、工艺和试验等有效映射到虚拟空间中仿真、迭代、优化和形式化验证，使得在后续产品研发全周期的不同阶段及不同开发者之间实现友好的信息共享复用，如通过数字孪生有效提升设计研发效率。而 CPS 与工业制造的深度融合，能够有效打破生产过程中各组件间的信息孤岛。通过 CPS 建立由底层装置硬件到上层柔性管理平台，实现对工序的实时优化控制和柔性组织配置，提供智能服务，并合理管理和调度各种生产资源，实现从“制造”到“智造”的升级。

2）发展智能产品

智能产品使机械产品向“数控一代”乃至“智能一代”发展，大力发展智能产品可从根本上提高产品功能、性能和市场竞争力。

3）开展智能生产

智能生产使制造业向智能化集成制造系统发展，通过构建智能企业，全面提升产品设计、

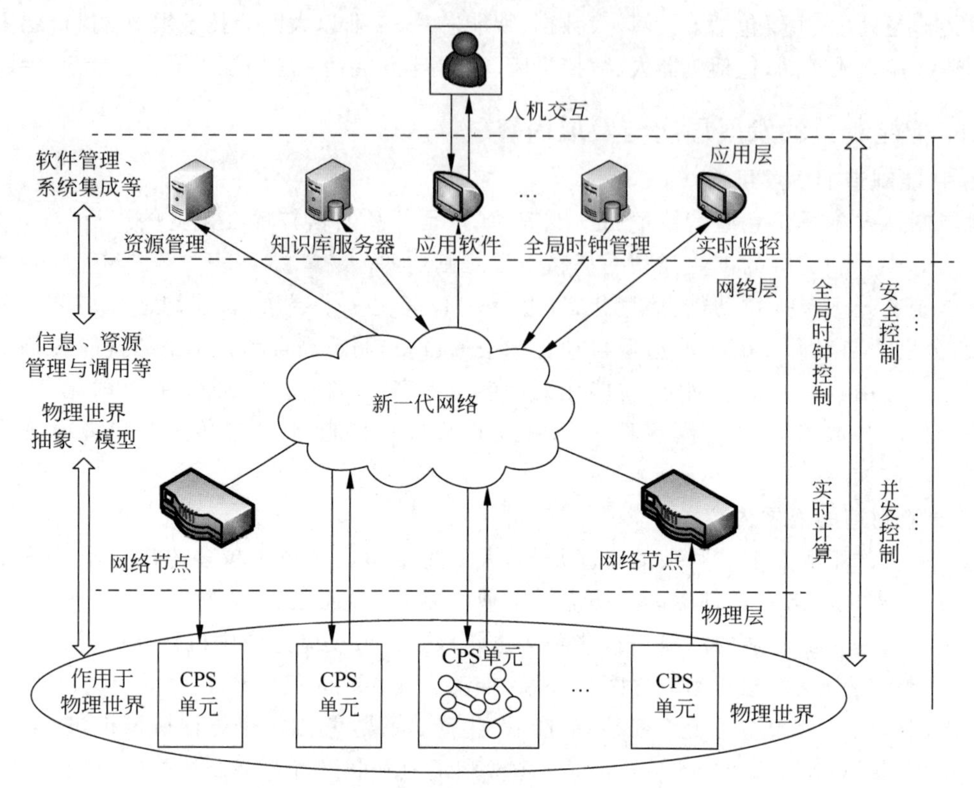

图 1-1 信息物理系统(CPS)

制造和管理水平。

4)推进生产组织方式和商业模式的变革

生产组织方式和商业模式的变革是智能制造的主题。制造业的数字化、网络化与智能化将大大促进规模定制生产方式的发展,并深刻地改变制造业的生产组织方式和商业模式。

3. 智能制造应用实例——智能矿山

智能矿山是运用信息和通信技术手段感测、分析、整合矿山运行核心系统的各项关键信息,从而对包括安全、生产、调度、自动化、监测监控、视频监控、人员定位在内的各种需求作出智能响应。其实质是利用先进的信息技术,实现矿山智慧式管理和运行,进而为矿山中的人创造更美好的具有安全保障的工作环境,促进矿山开采与利用和谐、可持续成长。综合来看,智能矿山的"智能"主要体现在两方面,即矿山生产、安全、管理等信息化和矿山机械智能化。其中,矿山生产、安全、管理等信息化主要体现在物联网等信息技术的应用;矿山机械智能化主要体现在矿山机械设备智能化的升级换代。

1)智能矿山简介

我国资源禀赋具备"富煤、贫油、少气"的特征,这决定了煤矿在能源存储中的支柱地位。同时,受到应用范围和开采难度等综合因素影响,形成了"以煤矿资源为主,非煤矿资源协同并进"的资源开采结构。

煤矿机械化是煤矿智能化的基础,只有通过对现有煤矿机械设备进行准确的数据分析和监测管控,才能实现有效的智能化升级。在国家政策的推动下,近年来,我国煤矿机械化、智能化建设也取得了不少进展。

矿山结构庞杂,可分为煤类矿山和非煤类矿山,而非煤类矿山又可分为金属矿山和非金属矿山。矿山类型复杂多样,但由于煤矿和非煤矿在开采、排岩、运输等多个关键环节相似度较高,因此智能化改造方式存在一致性,且由于煤矿建设难度低且市场需求量大,率先进行了智能化转型。

2）智能矿山实现

智能矿山基于现代智能化理念,关注效率问题、安全问题和效益问题,将物联网、云计算、大数据、人工智能、自动控制、工业互联网、机器人化装备等与现代矿山开发技术深度融合,形成矿山全面感知、实时互联、分析决策、自主学习、动态预测、协同控制的完整智能系统,实现矿井开拓、采掘、运通、分选、安全保障、生态保护、生产管理等全过程的智能化运行。

5G、大数据、人工智能、物联网、云计算等新一代信息技术解决系统架构和互通、数据处理决策及高级计算问题,其通过科技赋能的形式推动智能矿山建设。其中,华为发布的智能矿山联合解决方案综合了业界在智能矿山建设上的实践经验,结合信息与通信技术(Information and Communications Technology,ICT),形成了智能矿山整体架构,从而提升矿企本质安全生产水平。华为推出的鸿蒙矿山操作系统——矿鸿,也将从4方面助力煤矿产业的智能化转型:一是共同打造煤矿工业互联网,建设未来煤矿,有效解决产业安全问题;二是通过制定煤矿行业接口、协议标准,有效推进行业适配;三是打磨煤矿工业物联网操作系统,实现工业控制体系的安全可信;四是构建煤矿工业互联网生态体系,推进数字经济和能源经济的融合,实现煤炭行业高质量发展。

煤矿生产行业具备较高复杂性和危险度,过去由于受资源赋存条件、开发与利用工艺的复杂度、技术与装备水平等因素制约,煤炭自动化、智能化水平较低,重大安全隐患的智能监测、预测、预警等技术相对落后,导致煤矿事故频发。自2015年以来,煤矿开采死亡率呈现明显的下降趋势,这在某一方面得益于煤矿智能化建设对于生产过程少人化、无人化的推动。

1.2　工业互联网简介

1.2.1　认识工业互联网

1. 什么是工业互联网

当今,世界正处在第四次工业革命孕育、兴起的关键阶段,我国制造业转型升级也到了攻坚时期。互联网、大数据、人工智能等新一代信息技术与工业制造技术深度融合,推动生产制造模式、产业组织方式、商业运行机制发生颠覆式创新,催生融合发展的新技术、新产品、新模式、新业态,为工业经济发展打造新动能,开辟新道路,拓展新边界。

工业互联网(Industrial Internet)是互联网和新一代信息技术在工业领域、全产业链、全价值链中的融合集成应用,是实现工业智能化的综合信息基础设施。它的核心是通过自动化、网络化、数字化、智能化等新技术手段激发企业生产力,从而实现企业资源的优化配置,最终重构工业产业格局。工业互联网的概念是由美国通用电气公司(GE)在2012年提出的,根据GE的定义,所谓工业互联网,就是实现人、机、物全面互联化的新型网络基础设施,形成智能化发展的新兴业态和应用模式。我国对工业互联网也给予了大量的支持,在工业和信息化部指导下成立的工业互联网产业联盟(Alliance of Industrial Internet,AII)对工业互联网也给出了自己的定义:工业互联网是互联网和新一代信息技术与工业系统全方位深度融合所形成的产业和应用生态,是工业智能化发展的关键综合信息基础设施。在这些定义中,都可以很明确地看出,工业互联网与智能制造紧密连接。近些年来,随着国家供给侧改革政策的推动,工业领域需求在持续复苏,包括纺织、汽车、钢铁等多个行业的业绩不断回升。这些下游产业的复苏也将继续推动新一轮科技革命和产业革命的持续进行,也是国民经济的重要支柱。但是,在人民对于物质品质需求的不断提高、人力成本的不断高涨以及上游材料成本的提升等多重因素下，企业的盈利难度较过去也在不断提升。因此，这种现状也在逼迫企业不断向智能化靠拢。企业需要进行工业转型，智能制造便是下一个工业制造的风口，智能制造致力于实现整个制造业价值链的智能化，而工业互联网则是实现智能制造的关键基础设施。

工业互联网作为新一代信息技术与制造业深度融合的产物，通过实现人、机、物的全面互联，构建起全要素、全产业链、全价值链及全面连接的新型工业生产制造和服务体系，成为支撑第四次工业革命的基础设施，对未来工业发展产生全方位、深层次、革命性影响。因此，加快发展工业互联网不仅是各国顺应产业发展大势，抢占产业未来制高点的战略选择，也是我国推动制造业质量变革、效率变革和动力变革，实现高质量发展的客观要求。

图 1-2 所示为工业互联网标准体系。该体系包括基础共性、网络、边缘计算、平台、安全、应用六大部分。基础共性标准是其他类标准的基础支撑；网络标准是工业互联网体系的基础；平台标准是工业互联网体系的中枢；安全标准是工业互联网体系的保障；边缘计算标准是工业互联网网络和平台协同的重要支撑和关键枢纽；应用标准面向行业的具体需求，是对其他部分标准的落地细化。

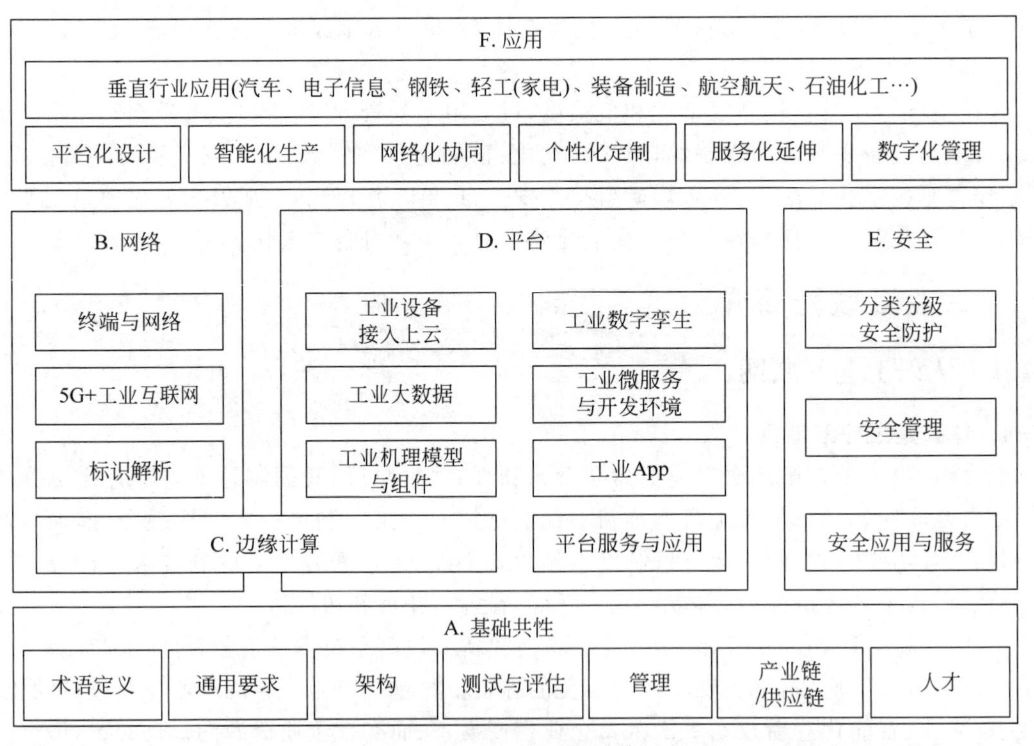

图 1-2　工业互联网标准体系

2. 工业互联网与传统互联网的区别

工业互联网与传统互联网相比有 4 个明显区别。

(1) 连接对象不同。传统互联网的连接对象主要是人，应用场景相对简单；工业互联网需要连接人、机、物、系统等，连接种类和数量更多，场景十分复杂。

(2) 技术要求不同。传统互联网技术特点突出体现为“尽力而为”的服务，对网络性能要求相对不高；工业互联网则必须具有更低时延、更强可靠性和安全性，以满足工业生产的需要。

(3) 发展模式不同。传统互联网应用门槛低，发展模式可复制性强，产业由互联网企业主导推动，并且投资回收期短，容易获得社会资本的支持；工业互联网行业标准多，应用专业化，难以找到普适性的发展模式，制造企业在产业推进中发挥至关重要的作用。工业互联网资产专用性强，投资回报周期长，难以吸引社会资本投入。

(4) 时代机遇不同。我国在互联网时代起步较晚，总体上处于跟随发展状态，而目前全球工业互联网产业格局未定，我国正处在大有可为的战略机遇期。

3. 各国的工业互联网发展政策

工业互联网作为新工业革命的关键体和重要基石，日益成为美国、德国、日本等发达国家和中国、印度等发展中国家实现新增长的共同选择。为抢抓工业互联网发展先机，各国纷纷围绕前沿技术、关键平台、行业应用等展开相关部署，并通过强化战略指引，加快产业生态构建，加强要素保障等营造发展环境。目前，多极并进的总体格局正在形成，各主体间的竞合程度不断升级，全球工业互联网已进入加速发展期。

随着工业互联网在全球范围内蓬勃兴起，各国都希望抓住这一新的机遇推进制造业转型升级，推出专门的工业互联网战略规划，如表1-1所示。这些战略政策虽然名称各异，但核心目标都是推动以大数据、5G、人工智能、区块链为代表的新一代信息技术与制造业深度融合，大力加快制造业的数字化、网络化、智能化转型。

表1-1　各国关于工业互联网的战略规划

大　洲	国　家	战略规划
美洲	美国	《先进制造业美国领导力战略》
	巴西	《巴西工业4.0》
欧洲	英国	《工业发展战略绿皮书》《工业战略：建设适合未来的英国》
	法国	《法国的工业雄心》《利用数字技术促进工业转型的方案》
	德国	《国家工业战略2030》
亚洲	中国	《关于深化"互联网＋先进制造业"发展工业互联网的指导意见》 《工业互联网发展行动计划(2018—2020年)》
	日本	《日本制造业白皮书(2018年)》
	韩国	《国政运营五年规划》
	马来西亚	《国家工业4.0政策》
	印度尼西亚	《印度尼西亚工业4.0路线图》
	印度	《印度制造》

1) 美国的工业互联网政策

美国依托工业软件领先优势着力推动工业互联网在各产业的横向覆盖。为了在新一轮工业革命中占领先机，美国一直在用政府战略推动先进制造业发展，并将工业互联网作为先进制造的重要基础。美国通过《制造业复兴法案》，先后出台《先进制造伙伴关系计划》《先进制造业战略计划》《国家制造业创新网络计划》等战略和计划，对工业互联网关键技术的研发提供政策扶持和专项资金支持，确保美国先进制造业的未来竞争力。2018年10月5日，《先进制造业美国领导力战略》发布，延续了大力推动智能制造和数字制造的顶层设计，强调通过不断增大资金投入、大力培育数字化人才、构建良好发展环境等举措，营造有利于工业互联网发展的大环境。

2) 德国的工业互联网政策

为借新一代信息通信技术崛起之势，实现制造业数字化、网络化、智能化升级，巩固高端制造优势地位，德国提出并实施了工业4.0战略。在新一轮技术革命和产业变革中，德国政府以工业4.0战略为核心，并将工业互联网作为工业4.0的关键支撑。近年来，德国联邦和地方政府从政策、资金、人才等方面着手，多措并举加速推进实施工业4.0战略，带动工业互联网发展。从整体上看，德国政府通过协商干预的形式制定产业政策，推动形成有利竞争的市场环境。联邦政府负责提出工业 4.0 的政策框架,并从国家层面出台扶持办法;各州政府则为了促进本州的经济发展,联合协会、科研院所以及大企业不断推出扶持项目。2019 年 2 月,德国政府发布《国家工业战略 2030》,明确提出将机器与互联网的互联作为数字化发展的颠覆性创新技术加速推动,以更好地提高德国工业的全球竞争力。

3) 日本的工业互联网政策

日本以发展“互联工业”为核心进行本地化的工业互联网建设。进入 21 世纪以来,日本政府相继推出了 e-Japan、u-Japan 和 i-Japan 战略,为日本工业互联网的发展奠定了良好的信息技术及网络设施基础。2015 年,日本首次提出推动信息技术与制造业融合发展;2017 年,提出发展“工业互联”,积极融入新一轮全球工业互联网发展大潮中;2018 年 6 月,《日本制造业白皮书(2018)》发布,明确将“互联工业”作为制造业的发展目标。与美国、德国相似,完善要素保障、构建产业生态、优化发展环境,也成为日本布局工业互联网的重要着力点。

4) 我国的工业互联网政策

改革开放以来,我国工业发展取得举世瞩目的成就,形成了基础设施完善、规模总量领先、产业体系齐备等优势,互联网产业也快速发展,应用创新十分活跃,这些都为发展工业互联网提供了良好的基础。近几年,顺应新工业革命发展的趋势,我国加快了工业互联网推进步伐,形成以《国务院关于深化“互联网+先进制造业”发展工业互联网的指导意见》为顶层设计,以《工业互联网发展行动计划(2018—2020 年)》以及网络、平台、安全各项细化政策为“四梁八柱”的总体政策布局。同时,各地积极落实中央要求,结合自身特色,出台相关政策,形成多点开花的良好态势。总体而言,我国工业互联网从概念倡导进入实践深耕阶段,形成战略引领、规划指导、政策支持、技术创新和产业推进良性互动的良好局面。

4. 工业互联网与数字经济

数字经济是继农业经济、工业经济之后的主要经济形态,是以数据资源为关键要素,以现代信息网络为主要载体,以信息通信技术融合应用、全要素数字化转型为重要推动力,促进公平与效率更加统一的新经济形态。数字经济发展实际上与历次的科技革命是息息相关的,每次科技革命都会带来全球技术的革新,全球实力会发生大幅度的变化。从第一次工业革命蒸汽机的发明,到第二次工业革命电气化的出现,再到第三次科技革命计算机的出现,一直到现在数字经济的快速发展,都极大地推动了全球经济快速的发展。党的十八大以来,党中央高度重视发展数字经济,将其上升为国家战略。党的十八届五中全会提出,实施网络强国战略和国家大数据战略,拓展网络经济空间,促进互联网和经济社会融合发展,支持基于互联网的各类创新。党的十九大提出,推动互联网、大数据、人工智能和实体经济深度融合,建设数字中国、智慧社会。党的十九届五中全会提出,发展数字经济,推进数字产业化和产业数字化,推动数字经济和实体经济深度融合,打造具有国际竞争力的数字产业集群。这些年来,我国数字经济发展较快,成就显著。根据 2021 全球数字经济大会的数据,我国数字经济规模已经连续多年位居世界第二。特别是新型冠状病毒疫情发生以来,数字技术、数字经济在支持抗击疫情、恢复生产生活方面发挥了重要作用。

工业互联网作为新型基础设施建设的重要组成部分,是推动数字经济与实体经济深度融合的关键路径。发展工业互联网对于推动数字经济转型有以下几点重要意义。

(1) 提供新型通用基础设施支撑。工业互联网具有较强的渗透性,不仅用于工业领域,还能与能源、交通、农业、医疗等整个实体经济的各领域融合,为各行业数字化转型升级提供必不可少的网络连接和计算处理平台,加速实体经济各领域数字化进程。

(2) 提供发展新动力。工业互联网能促进各类资源要素优化配置和产业链紧密协同,帮助各实体行业创新产品和服务研发模式，优化生产制造流程，不断催生新模式新业态，延长产业价值链，促进新动能蓬勃兴起。

(3) 加速构建与之匹配的新产业体系。工业互联网将促进传统工业制造体系和服务体系再造，推动以网络为基础依托、以数据为关键资源、以智能生产和服务为显著特征的新产业体系加速形成，带动共享经济、平台经济、大数据分析、供应链金融等以更快速度、在更大范围、更深层面拓展。

《2022—2023年中国工业互联网市场研究年度报告》显示，2022年中国工业互联网市场规模总量达到8647.5亿元，同比增长13.6%。预计到2025年，中国工业互联网市场规模达到12688.4亿元，预测增长率为13.8%。图1-3所示为2016—2021年我国工业互联网市场规模。从2018年首次被写入政府工作报告，到2020年被确定为新基建重点方向之一，"加快发展工业互联网"已多次出现在政府工作报告中。2017年，国务院发布《深化"互联网＋先进制造业"发展工业互联网的指导意见》，明确工业互联网通过系统构建网络、平台、安全三大功能体系，打造人、机、物全面互联的新型网络基础设施，形成智能化发展的新兴业态和应用模式，能够实现工厂的自感知、自学习、自适应、自控制，支撑企业数字化网络化智能化转型。因此，积极部署利用工业互联网，将原有工厂进行智能化改造升级，不仅能帮助企业减少用工量，还能促进制造资源配置和使用效率提升，降低企业生产运营成本，增强企业竞争力。

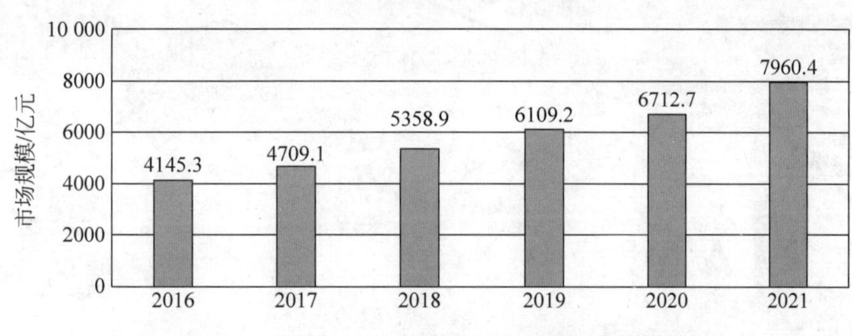

图1-3　2016—2021年我国工业互联网市场规模

5. 工业互联网与智能制造

智能制造是新一代信息技术与制造全生命周期的赋能结果，通过工业互联网、工业大数据、人工智能等技术的赋能，使得制造业智能化生产。

智能制造致力于实现整个制造业价值链的智能化，推进智能制造过程需要诸多使能技术。工业互联网是智能制造现阶段的关键载体，是互联网、云计算、大数据、物联网、人工智能等新一代信息技术在制造业融合应用的产物。因此，工业互联网是实现智能制造的关键基础设施，或者说关键的使能技术，工业互联网是智能制造实现应有价值、让企业真正从中获益的必要条件和基石。

工业互联网和智能制造虽然是两个不同的概念，却有着紧密的联系。智能制造的实现主要依托两方面的能力，一是制造技术，二是工业互联网。先进的装备、材料、工艺是制造业水平顶缘的决定因素，同时也是制造能力的基础。而工业互联网包括了智能传感控制软/硬件、新型工业网络、工业大数据平台等新一代综合信息技术，能够充分发挥工业设备、材料、工艺的全面作用，提高生产效率，优化资源配置效率，创造差异化产品和实现服务增值。因此，工业互联网是智能制造的关键基础，是实现智能制造的有效路径，为其变革提供了必需的共性基础设施和能力，同时也可以用于支撑其他产业的智能化发展。此外，智能制造中的工业互联网强调构建从设备端到边缘端再到云端的全栈式平台和网络的能力。智能制造的数字化、网络化、智能化程度取决于云的数据维度、数量和质量。所以,在工业互联网助力智能制造目标实现的同时,智能制造业影响着工业互联网服务的产业宽度和深度。总之,工业互联网与智能制造既各有区别,又互相联系,智能制造是工业制造业追求的目标,而工业互联网是实现智能制造目标的有效途径,二者相辅相成,相互促进。

随着技术的不断深化,未来会有更多的企业借助工业互联网实现智能化生产,工业互联网与智能制造的结合将帮助更多企业迈向新的发展阶段,在愈加激烈的市场竞争中占据优势地位。

图 1-4 所示为智能制造全景,图中的 Digital Twin 为数字孪生技术。数字孪生是工业 4.0 的重要组成部分,其基本原则是在虚拟世界中复现实物资产,以模拟其动态。数字孪生技术是随着虚拟技术和数据采集技术不断发展应运而生的一项新技术,是智能制造领域的重点研究方向之一。

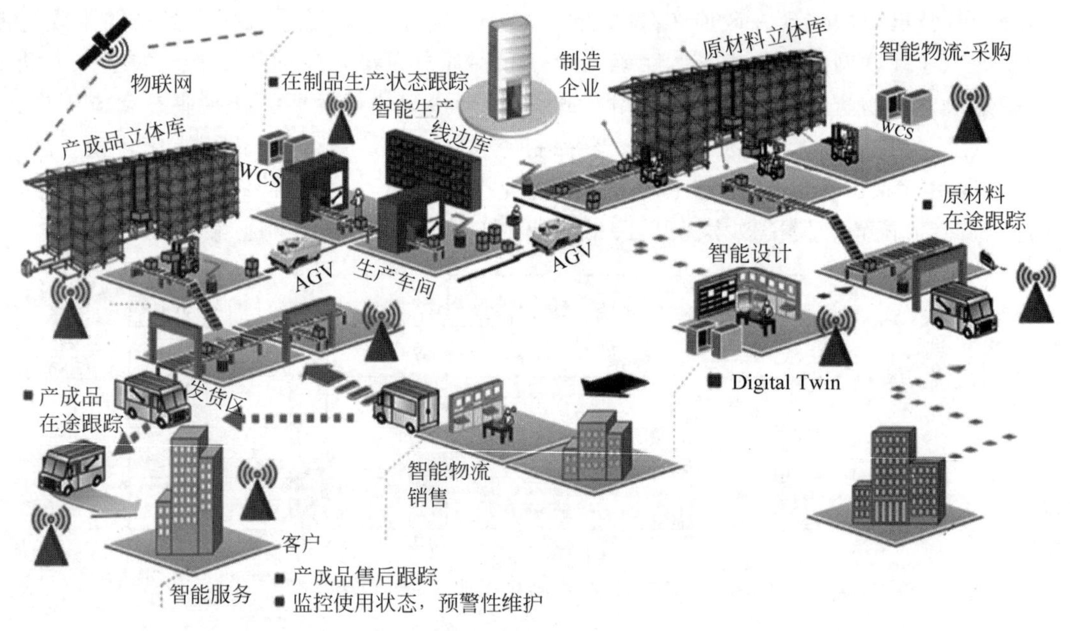

图 1-4 智能制造全景

从广义的角度来讲,数字孪生是一种利用数据采集、虚拟制造等技术,通过系统中存在的控制、计算和通信单元,实现对系统状态和流程仿真、监测、计算、调节、控制和集成,实现物理空间个性化、高效化和高度拟实化的系统,也称为数字孪生系统。数字孪生将一个实体的工厂虚拟化为一个虚拟的工厂,将一个实体的车间虚拟化为一个虚拟的车间,将一个实体的设备虚拟化为一个虚拟的设备,将生产环节发生的每个故障、设备的停机、质量的状态,包括物料的消耗,都实时呈现给企业的管理者。在经过模型优化之后,重新改变企业的管理流程,优化管理模式。因此,数字孪生概念实际上就是工业互联网在采集到了足够丰富的企业生产全要素的数据之后建立起来的企业虚拟模型,是工业互联网概念的升华。

图 1-5 所示为数字孪生系统的通用参考架构。一个典型的数字孪生系统包括用户域、数字孪生体、测量与控制实体、现实物理域和跨域功能实体共 5 个层次。

图 1-6 所示为工业制造中的数字孪生系统,图 1-7 所示为智慧工厂数字孪生。通过建设数字孪生解决方案,不少企业生产和运营的大量细节都得到了优化,创造了直接的经济效益。以某企业设备零备件管理为例,某企业在传统的管理方式下,对设备零备件的损耗没有科学跟踪与分析,仅凭管理人员的经验采购备件,每年的零备件库存曾经高达 1.2 亿件。在实施了数

字孪生方案之后，该企业能够对每个损耗的零备件都进行数据汇总和分析，进而得到了优化的科学的零备件采购方案，使得该企业的零备件库存降到 4800 万件，且一个零备件的单箱消耗从 70 多元下降到 40 多元，仅这一项，一年就能给企业节省 2000 万～3000 万元。

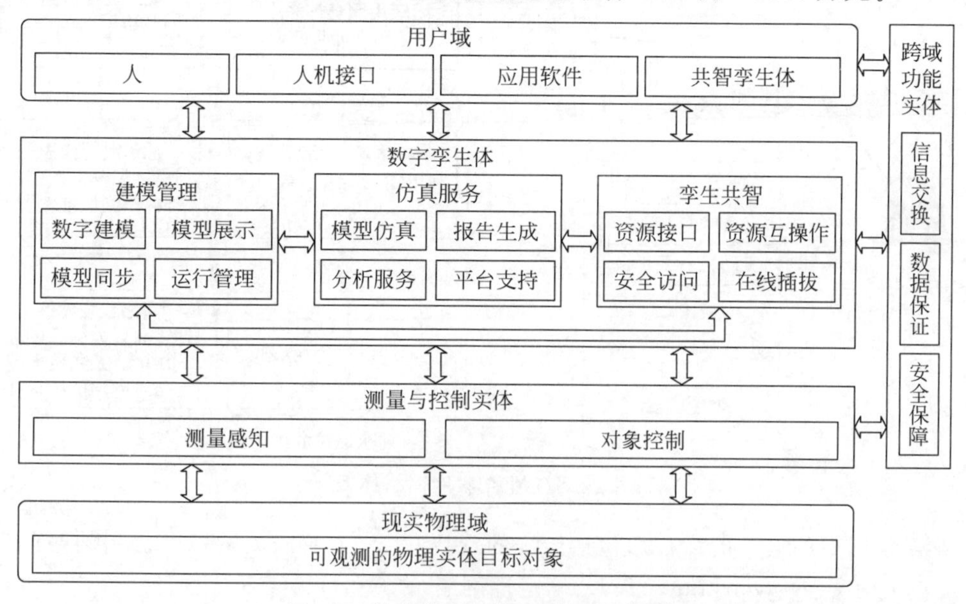

图 1-5 数字孪生系统的通用参考架构

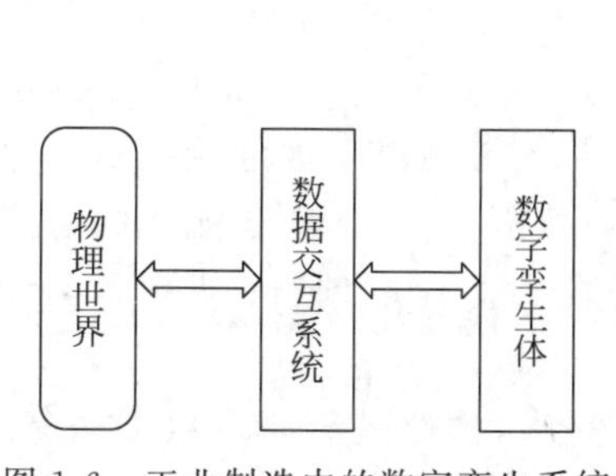

图 1-6 工业制造中的数字孪生系统

图 1-7 智慧工厂数字孪生

1.2.2 工业互联网组成与应用

1. 工业互联网的关键部分组成

工业互联网由网络、平台、安全 3 个关键部分构成。其中，网络是基础，平台是核心，安全是保障。

1）网络

网络是实现各类工业生产要素泛在深度互联的基础，包括网络互联体系、标识解析体系和应用支撑体系。通过建设低时延、高可靠、广覆盖的工业互联网网络基础设施，能够实现数据在工业各环节的无缝传递，支撑形成实时感知、协同交互、智能反馈的生产模式。

图 1-8 所示为工业互联网网络体系，应用支撑体系、标识解析体系和网络互联体系分别与互联网中的应用服务体系、域名系统(Domain Name System，DNS)体系和互联体系对应。

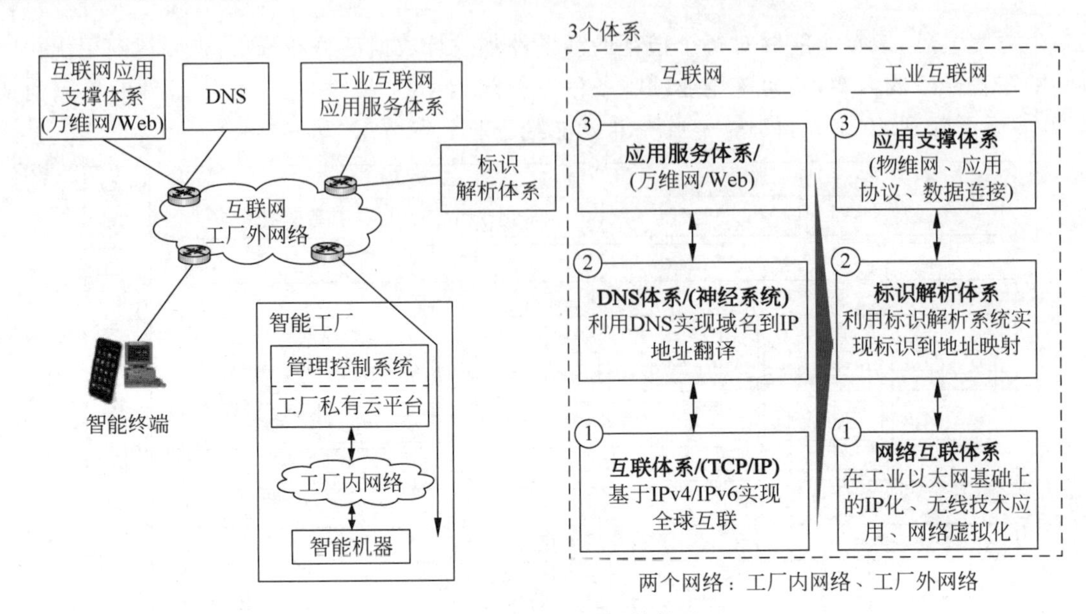

图 1-8　工业互联网网络体系

工业互联网中的典型网络技术包括传统的现场总线、工业以太网以及创新的时间敏感网络(Time-Sensitive Networking，TSN)、确定性网络(DetNet)、5G 等技术。

2) 平台

平台经济是数字时代生产力的新组织方式，是经济发展的新动能。通过利用资讯工具、即时通信以及网络功能，平台可以将世界上任何地方的货品、服务供应商与客户联结起来。如今，不同种类的平台已经改革了许多市场，也打造了全新的市场。工业互联网平台概念的提出在全球制造业掀起了一股热潮。作为推动新一代信息技术与制造业融合的载体，工业互联网平台助力制造业转型升级日益成为全球共识。究其原因，平台能够通过全面连接设备、软件、人员等各类生产要素实现与互联网的对接；基于海量的工业数据分析，形成智能化的生产与运营决策；通过平台数据和功能的对外开放，支持开发者开展工业 App 创新；实现各类制造资源的优化配置，重构生产组织模式和制造方式。

工业互联网平台是面向制造业数字化、网络化、智能化需求，构建基于海量数据采集、汇聚、分析的服务体系，支撑制造资源泛在连接、弹性供给、高效配置的载体。工业互联网平台是在云计算平台的基础上叠加物联网、大数据、人工智能等新兴技术，实现海量异构数据汇聚与建模分析、工业经验知识软件化与模块化、新型工业软件开发与运行，从而支撑生产智能决策、业务模式创新、资源优化配置、产业生态培育。工业互联网平台的核心作用体现在 3 方面：一是能够帮助企业实现智能化生产和管理；二是能够帮助企业实现生产方式和商业模式创新；三是能够促进形成大众创业、万众创新的多层次产业体系。当前，作为两化深度融合的突破口和工业创新发展的重要切入点，发展工业互联网平台已成为业界共识，政产学研用各方也纷纷开始探索发展途径。例如，海尔经过 10 多年互联工厂的探索，已于 2016 年搭建了具有中国自主产权、引入用户全流程参与体验的工业互联网平台 COSMOPlat。COSMOPlat 平台以用户需求为驱动，通过用户参与需求交互、产品设计、产品生产和服务的全流程，实现了“产销合一”的大规模定制模式。

当然，工业互联网平台的建设非一朝一夕之事。当前，从实践来看，工业互联网平台仍处于初级阶段，尽管平台技术和服务能力已实现单点创新，但要形成系统突破，还需探索构建共赢发展的开放合作生态。

3）安全

安全是工业互联网健康发展的保障，工业互联网实现了设备、工厂、人、产品的全方位连接，因此工业互联网安全建设必须从综合安全防护体系的视角对其进行统筹规划。从工业互联网的整体架构来看，应该在各层面实施相应的安全防护措施，并通过入侵检测、边界防护、协议分析、行为分析、安全审计、容灾备份、态势感知等各种安全技术与安全管理相结合的方式实现工业互联网的安全防护，形成对工业互联网安全的“监测→报警→处置→溯源→恢复→检查”工作闭环。例如，安全可靠是工业互联网平台发展的重要前提，工业互联网平台连接了工业网络与互联网，暴露在外的攻击面相较纯粹的互联网和工业网络更大。同时，设备、网络、工控、应用、数据等各方面均面临安全威胁，由此产生的安全挑战也更加多元、复杂。

2. 工业互联网的应用场景

随着新技术的快速发展和应用，全球工业正在从传统的供给驱动型、资源消耗型、机器主导型、批量规模型向需求引导型、资源集约型、人机互联型、个性定制型转变。由于制造行业的生产流程和产业链都很复杂，工业互联网在制造领域的应用场景很多。

目前，电力行业、电子行业属于技术密集型行业，是现阶段工业互联网普及程度最高的行业。此外，石油石化、钢铁、交通设备制造行业对提高企业运行效率和精益管理也有较高的意愿，工业互联网的发展在这些行业领域也有较好的应用。

以钢铁行业为例，钢铁行业面临生产过程中高耗能、高排放、对环保限产等压力。并且，钢铁行业人员流动性较高，工艺原理复杂，很难将管理方法和行业知识沉淀下来。因此，基于企业实际需求，构建工业互联网平台，对炼铁高炉等设备开展实时运行监测、工艺优化、质量管理、资产管理、能源管控，能够提升产线运行效率，降低能耗和排放。此外，通过将经验和知识模块化，能够大幅减少停机故障和安全事故。

3. 工业互联网术语

（1）IT 网络（Information Technology Network）。IT 网络是用于连接信息系统与终端的数据通信网络。

（2）OT 网络（Operation Technology Network）。OT 网络是用于连接生产现场设备与系统，实现自动控制的工业通信网络。

（3）安全服务（Security Service）。安全服务是根据安全策略为用户提供的某种安全功能及相关的保障。

（4）边缘计算（Edge Computing）。边缘计算是指在靠近物或数据源头的一侧，采用网络、计算、存储、应用核心能力为一体的开放平台，就近提供最近端服务。其应用程序在边缘侧发起，产生更快的网络服务响应，满足行业在实时业务、应用智能、安全与隐私保护等方面的基本需求。

（5）边缘网关（Edge Gateway）。边缘网关是部署在网络边缘侧的网关，通过网络连接、协议转换等功能连接物理和数字世界，提供轻量化的连接管理、实时数据分析及应用管理功能。

（6）边缘智能（Edge Intelligence）。边缘智能是指边缘节点在边缘侧提供的高级数据分析、场景感知、实时决策、自组织与协同等服务。

（7）标识编码（Identifier）。标识编码是指能够唯一识别机器、产品等物理资源和算法、工序等虚拟资源的身份符号。

（8）大数据服务（Big Data Service）。大数据服务是指通过底层可伸缩的大数据平台和上层各种大数据应用，支撑机构或个人对海量、异构、快速变化数据采集、传输、存储、处理（包括计算、分析、可视化等）、交换、销毁等覆盖数据生命周期相关活动的各种数据服务。

（9）个性化定制（Personalized Customization）。通过工业互联网平台，将用户需求和企业产品设计、生产计划精确匹配，并借助模块化产线和新型制造工艺，实现和产品多样化、定制化生产制造模式。

(10) 工业 App(Industrial Applications)。工业 App 是基于工业互联网，承载工业知识和经验，满足特定需求的工业应用软件，是工业技术软件化的重要成果。

(11) 工业大数据(Industrial Big Data)。工业大数据是工业数据的总和，即企业信息化数据、工业数据以及外部跨界数据。其中，企业信息化和工业物联网中机器产生的海量时序数据是工业数据规模变大的主要原因。

(12) 工业大数据平台(Industrial Big Data Platform)。工业大数据平台是采用分布式存储和计算技术，提供工业大数据的访问和处理以及异构工业数据的一体化管理能力，支持工业大数据应用安全高效运行的软硬件集合。

(13) 工业防火墙(Industrial Firewall)。工业防火墙是一个由软件和硬件设备组合而成，在内部网和外部网之间、专用网与公共网之间的边界上构造的保护屏障。

(14) 工业互联网平台(Industrial Internet Platform)。工业互联网平台是面向制造业数字化、网络化、智能化需求，构建基于海量数据采集、汇聚、分析的服务体系，支撑制造资源泛在连接、弹性供给、高效配置的工业云平台。

(15) 工业软件(Industrial Software)。工业软件是用于或专用于工业领域，为提高工业研发设计、业务管理、生产调度和过程控制水平的相关软件和系统。

(16) 工业通信协议(Industrial Communication Protocol)。工业通信协议是指工业控制领域的双方实体完成通信或服务所必须遵循的规则和约定。通过通信信道和设备互联的多个不同地理位置的数据通信系统，要使其能协同工作实现信息交换和资源共享，它们之间必须具有共同的语言。交流什么、怎样交流以及何时交流，都必须遵循某种互相都能接受的规则，这个规则就是工业通信协议。常见的工业通信协议包括 Modbus、OPC/OPC-UA、CAN 等。

(17) 工业微服务(Industrial Microservice)。工业微服务是工业互联网平台中知识沉淀和复用的载体。微服务是以单一功能组件为基础，通过模块化组合方式实现"松耦合"应用开发的软件架构。工业微服务实现机理模型算法的集成，支撑工业互联网平台中的工业 App 开发运行。工业微服务的本质是经验知识的软件化和工具化，借助专业化的工具打造通用化的平台。工业微服务支撑工业互联网平台进行工业体系颠覆创新，主要体现在颠覆传统工业软件研发方式、打破工业知识封闭传承体系和创造全新平台开放价值生态。

(18) 工业智能(Industrial Intelligence)。工业智能也称为工业人工智能(Industrial Artificial Intelligence)，是工业领域中由计算机实现的具有自感知、自学习、自执行、自决策、自适应等特征的应用。

(19) 故障预测(Fault Prediction)。故障预测是指基于存储在大数据存储与分析平台中的数据，通过设备使用数据、工况数据、主机及配件性能数据、配件更换数据等设备与服务数据，进行设备故障、服务、配件需求的预测，为主动服务提供技术支撑，延长设备使用寿命，降低故障率。

(20) 机器学习(Machine Learning)。机器学习是一门人工智能的科学，主要研究对象是人工智能，特别是如何在经验学习中改善具体算法的性能。

(21) 开源框架(Open Source Framework)。开源框架是定义开源软件实现的一组功能集或工具、接口依赖关系及实现逻辑。

(22) 可编程逻辑控制器(Programmable Logic Controller，PLC)。可编程逻辑控制器是专为工业生产设计的一种数字运算操作的电子装置，它采用一类可编程的存储器，用于其内部存储程序，执行逻辑运算、顺序控制、定时、计数与算术操作等面向用户的指令，并通过数字或模拟式输入/输出控制各种类型的机械或生产过程。PLC是工业控制的核心部分。

(23) 企业专用工业App(Industrial Applications Dedicated to the Enterprise)。企业专用工业App是对仅适用于工业企业内部使用的工业知识和经验软件化后形成的工业App,是工业App基于技术体系维度进行分类的一种App。

(24) 柔性制造(Flexible Manufacturing)。柔性制造可以表述为两方面:一方面是指生产能力的柔性反应能力,也就是机器设备的小批量生产能力;另一方面是指供应链的敏捷和精准的反应能力。这种以消费者为导向,以需定产的方式对应的是传统大规模量产的生产模式。

(25) 软件定义网络(Software Defined Networking,SDN)。软件定义网络是一种新型的网络架构,它将网络控制平面和转发平面分离,采用集中控制替代原有分布式控制,并通过开放和可编程接口实现软件定义。

(26) 生产过程优化(Production Process Optimization)。生产过程优化是指通过分析产品质量、成本、能耗、效率、成材率等关键指标与工艺、设备参数之间的关系,优化产品设计和工艺。以实际的生产数据为基础,建立生产过程的仿真模型,优化生产流程。根据客户订单、生产线、库存、设备等数据预测市场和订单,优化库存和生产计划。

(27) 数据服务(Data Service)。数据服务是指提供数据采集、数据传输、数据存储、数据处理(包括计算、分析、可视化等)、数据交换、数据销毁等数据各种生存形态演变的一种信息技术驱动的服务。

(28) 数据管理(Data Management)。数据管理是利用计算机硬件和软件技术对数据进行有效的收集、存储、处理和应用的过程,其目的在于充分有效地发挥数据的作用。在工业互联网平台领域,数据管理主要是指提供面向工业场景的对象存储、关系数据库、NoSQL数据库等数据管理和存储的工具。

(29) 物联网(Internet of Things,IoT)。物联网是通信网和互联网的拓展应用和网络延伸,它利用感知技术与智能装置对物理世界进行感知识别,通过网络传输互联进行计算、处理和知识挖掘,实现人与物、物与物信息交互和无缝连接,达到对物理世界实时控制、精确管理和科学决策的目的。

(30) 虚拟仿真(Virtual Reality)。虚拟仿真是用一个系统模仿另一个真实系统的技术。虚拟仿真实际上是一种可创建和体验虚拟世界的计算机系统。这种虚拟世界由计算机生成,可以是现实世界的再现,也可以是构想中的世界,用户可借助视觉、听觉及触觉等多种传感通道与虚拟世界进行自然的交互。

(31) 业务编织(Business Fabric)。业务编织是模型化的工作流,由多种类型的功能服务按照一定逻辑关系组成和协作,实现特定的业务需求,是对业务需求的数字化表示。服务的模型包括服务名称、执行和提供什么样的功能,服务间的嵌套、依赖、继承等关系,每个服务的输入与输出,以及服务质量(Quality of Service,QoS)、安全、可靠性等服务约束。服务的类型不仅包括边缘计算提供的通用服务,还包括垂直行业所定义的特定行业服务。

(32) 云计算(Cloud Computing)。云计算通过互联网,按使用量付费的方式提供随需应变的计算资源(从应用到数据中心)。其部署方式包括公有云、私有云和混合云。云计算通常简称为"云"。

(33) 知识图谱(Knowledge Graph)。知识图谱是描述真实世界中存在的各种实体、概念及其关系构成的语义网络,现在泛指各种大规模知识库。

(34) 智慧能源(Smart Energy)。智慧能源就是充分开发人类的智力和能力,通过不断技术创新和制度变革,在能源开发利用、生产消费的全过程和各环节融汇人类独有的智慧,建立和完善符合生态文明和可持续发展要求的能源技术和能源制度体系，从而呈现出的一种全新能源形式。简而言之，智慧能源就是指拥有自组织、自检查、自平衡、自优化等人类大脑功能，满足系统、安全、清洁和经济要求的能源形式。

(35) 智能工厂(Intelligent Factory)。智能工厂是在数字化工厂的基础上，利用物联网、大数据、人工智能等新一代信息技术加强信息管理以及合理计划排程，同时集智能手段和智能系统等新兴技术于一体，构建高效生产制造，提高生产过程可控性，减少生产线人工干预，节能、绿色、环保、舒适的人性化工厂。

(36) 智能制造(Intelligent Manufacturing)。智能制造是基于新一代信息通信技术与先进制造技术深度融合，贯穿于设计、生产、管理、服务等制造活动的各环节，具有自感知、自学习、自决策、自执行、自适应等功能的新型生产方式。

(37) 智能故障诊断(Intelligent Fault Diagnosis)。智能故障诊断对设备运行数据进行实时采集与处理分析，根据已设定的规则进行非法操作报警、设备异常报警、偏离预定位置报警等实时报警，以及故障远程诊断、维护，并与智能服务平台一键智能派工服务集成。

(38) 智能服务(Smart Service)。智能服务是指基于模型驱动的统一服务框架，面向系统运维人员、业务决策者、系统集成商、应用开发人员等多种角色，提供开发服务框架和部署运营服务框架。

(39) 专家系统(Expert System)。专家系统是人工智能早期的一个重要分支，是一类具有专门知识和经验的计算机智能程序系统。

1.3 工业互联网体系架构 2.0

1.3.1 工业互联网体系架构 2.0 概述

近年来，我国工业互联网发展已由概念普及与技术验证阶段步入规模化推广阶段，重点行业的应用实践与创新探索持续深化，5G、人工智能等新技术也加速融入并不断拓宽工业互联网的内涵与赋能潜力。随着工业互联网的深入发展，产业界急需一套具有实践借鉴意义的方法论，指导其开展工业互联网的技术创新、应用推广与生态建设。因此，工业互联网产业联盟在工业和信息化部的指导下，联合广大成员单位，历经 3 年时间，在 2016 年发布的《工业互联网体系架构(版本 1.0)》基础上，研究制定了《工业互联网体系架构(版本 2.0)》(以下简称为“架构 2.0”)。架构 2.0 于 2019 年 10 月发布后，获得业界广泛采纳和应用，有力推动了工业互联网的产业实践和创新发展。图 1-9 所示为工业互联网标准体系架构 2.0。

1. 工业互联网体系架构 2.0 标准

架构 2.0 中的总体标准、基础共性标准和应用标准如下。

(1) 总体标准主要规范工业互联网重点领域的相关标准，包括网络与连接标准、标识解析标准、边缘计算标准、平台与数据标准、工业 App 标准和安全标准等。

(2) 基础共性标准主要规范工业互联网领域的通用性、指导性标准，包括术语定义、通用需求、架构、测试与评估、管理等标准。

(3) 应用标准主要包含工业互联网领域的典型应用和垂直行业应用等标准。

2. 工业互联网体系架构 2.0 总体标准

架构 2.0 中的总体标准具体如下。

1) 网络与连接标准

网络与连接标准主要包括工厂内网、工厂外网、设备/产品联网、网络设备、网络资源管理、互联互通等标准。

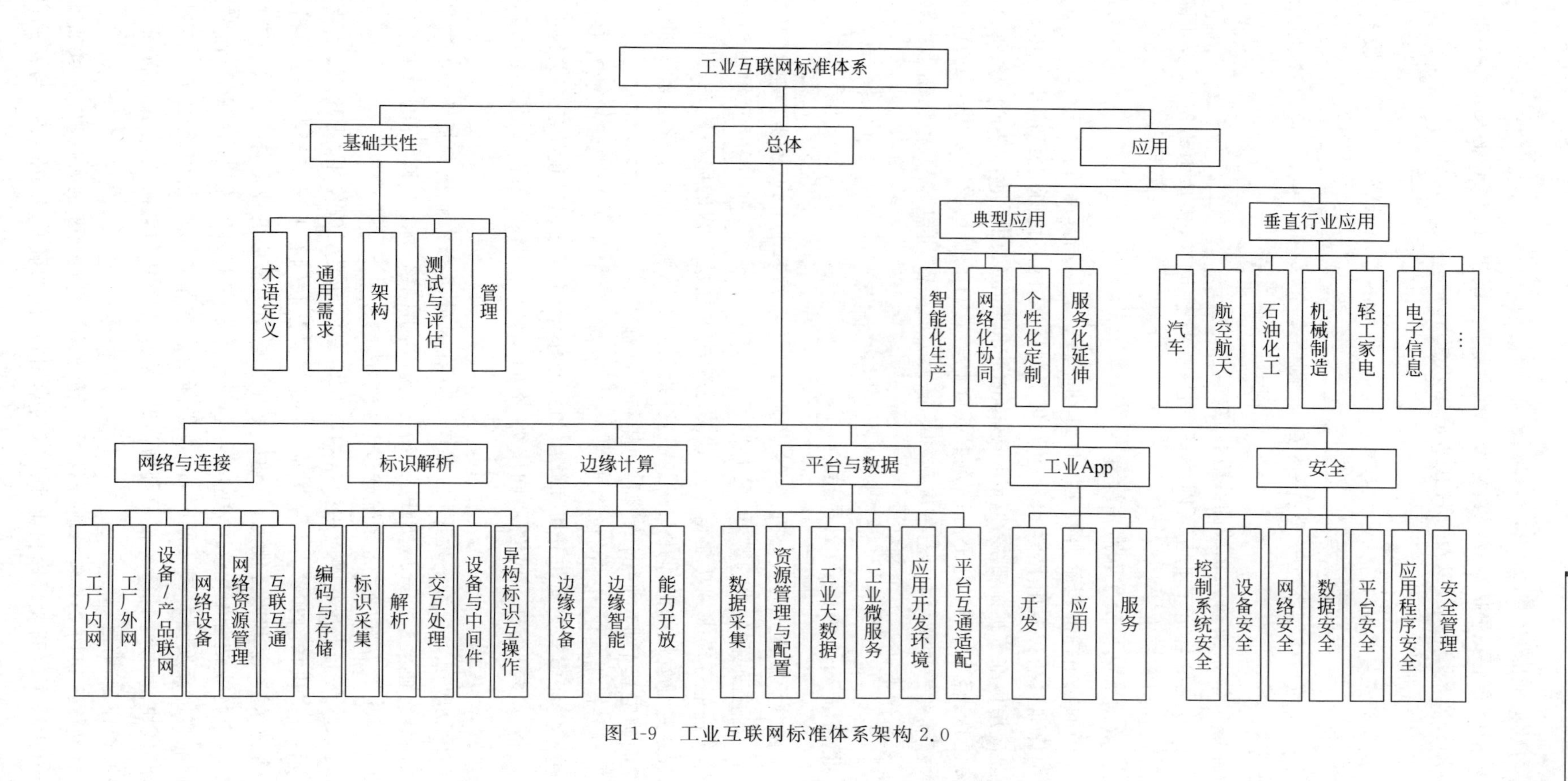

图1-9　工业互联网标准体系架构2.0

2）平台与数据标准

平台与数据标准主要包括数据采集标准、资源管理与配置标准、工业大数据标准、工业微服务标准、应用开发环境标准，以及平台互通适配标准等。

3）工业 App 标准

工业 App 标准主要包括工业 App 开发标准、工业 App 应用标准、工业 App 服务标准。

4）安全标准

安全标准主要包括控制系统安全、设备安全、网络安全、数据安全、平台安全、应用程序安全、安全管理等标准。

3. 工业互联网体系架构 2.0 基础共性标准

基础共性标准主要规范工业互联网的通用性、指导性标准，包括术语定义、通用需求、架构、测试与评估、管理等标准。

4. 工业互联网体系架构 2.0 应用标准

架构 2.0 中的应用标准包括典型应用标准和垂直行业应用标准等。

典型应用标准包括智能化生产标准、个性化定制标准、网络化协同标准、服务化转型标准。

垂直行业应用标准依据基础共性标准、总体标准和典型应用标准，面向汽车、航空航天、石油化工、机械制造、轻工家电、电子信息等重点行业领域的工业互联网应用，开发行业应用导则、特定技术标准和管理规范，优先在重点行业领域实现突破，同时兼顾传统制造业转型升级的需求，逐步覆盖制造业全应用领域。

1.3.2 工业互联网体系架构 2.0 特点

架构 2.0 在继承版本 1.0 核心理念、要素和功能体系的基础上，从业务、功能、实施 3 个角度重新定义了工业互联网的参考架构，具有以下 3 个特点。

(1) 构建了由业务需求到功能定义再到实施架构的层层深入的完整体系，其核心是从工业互联网在促进产业发展中的作用与路径出发，指引企业明确自己的数字化转型商业目标与业务需求，进而确定其工业互联网的核心功能与实施框架。

(2) 突出数据智能优化闭环的核心驱动作用，架构 2.0 进一步明确了工业互联网在实现物理空间与数字空间虚实交互与分析优化中的核心作用，定义了其功能层级与关键要素，以此指导企业在设备、产线、企业、产业等不同层级、不同领域构建精准决策与智能优化能力，推动产业智能化发展。

(3) 指导行业应用实践与系统建设，架构 2.0 在充分考虑企业现有基础与转型需求的基础上，结合国内外企业大量已开展实践的相关经验，提出网络、标识、平台和安全的实施部署方式，指导企业开展工业互联网关键系统建设和技术选型。

当前架构 2.0 在工业互联网应用探索中已开始发挥重要引领作用，为政府、企业、科研机构、投资者等各方提供指引和参考。一方面，一批工业互联网企业已基于架构 2.0 开展对标，持续完善自身技术、产品和服务能力，构建以工业互联网为核心的业务体系；另一方面，石化、钢铁、船舶等多个行业结合架构 2.0，成功推进自身行业应用和系统建设，探索行业特色转型路径，引领行业整体高质量发展。同时，产业创新生态在架构 2.0 指引下走向壮大，5G、大数据、人工智能、区块链、边缘计算等技术创新活跃，融合型产品和解决方案不断涌现，有力支撑新兴产业与服务体系构建。

工业互联网体系架构 2.0 包括业务视图、功能架构、实施框架三大板块，特点如图 1-10 所示。架构 2.0 形成了以商业目标和业务需求为牵引，进而明确系统功能定义与实施部署方式的设计思路，自上向下层层细化和深入。

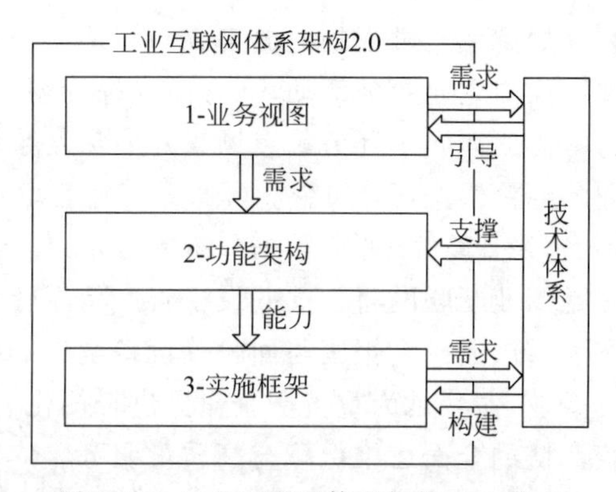

图 1-10　工业互联网体系架构 2.0 特点

1. 业务视图

业务视图明确了企业应用工业互联网实现数字化转型的目标、方向、业务场景及相应的数字化能力。

业务视图包括产业层、商业层、应用层、能力层4个层次。其中，产业层主要定位于产业整体数字化转型的宏观视角；商业层、应用层和能力层则定位于企业数字化转型的微观视角。

工业互联网业务视图如图1-11所示。

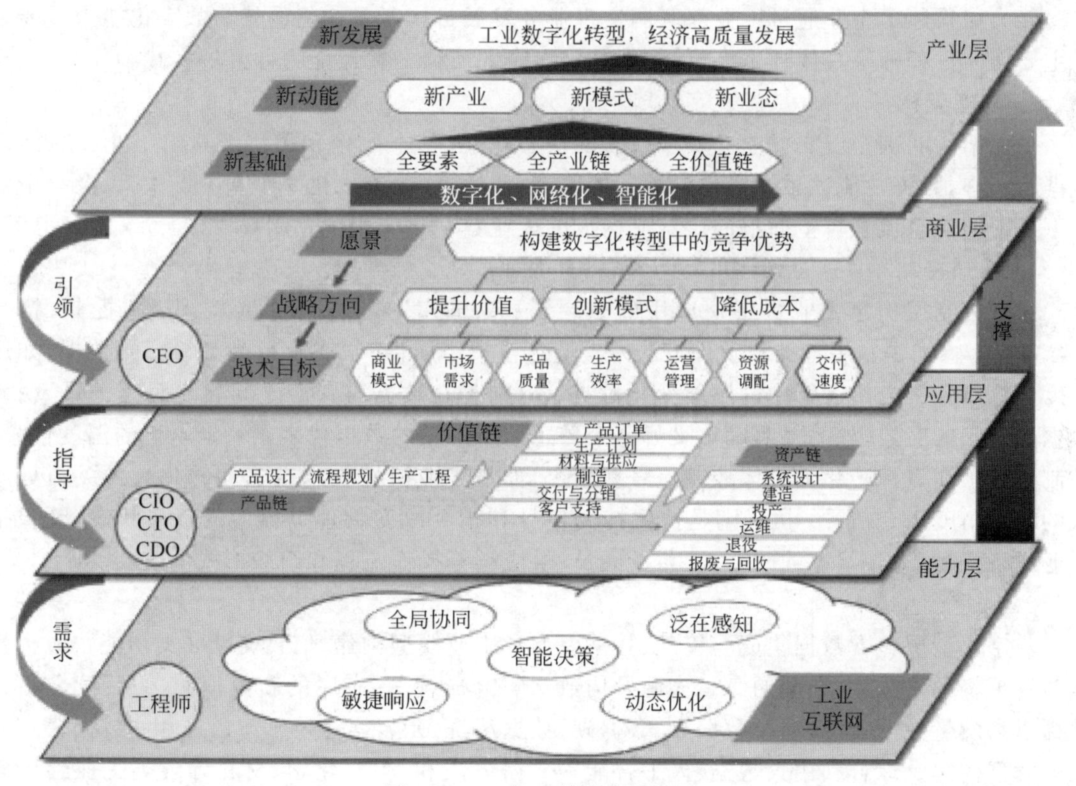

图 1-11　工业互联网业务视图

1）产业层

产业层主要阐释了工业互联网在促进产业发展方面的主要目标、实现路径与支撑基础。从发展目标来看，工业互联网通过将自身的创新活力深刻融入各行业、各领域，最终将有力推进工业数字化转型与经济高质量发展。为实现这一目标，构建全要素、全产业链、全价值链全面连接的新基础是关键，这也是工业数字化、网络化、智能化发展的核心。

2）商业层

商业层主要明确了企业应用工业互联网构建数字化转型竞争力的愿景理念、战略方向和具体目标。商业层主要面向首席执行官等企业高层决策者，用以明确在企业战略层面如何通过工业互联网保持和强化企业的长期竞争优势。

3）应用层

应用层的作用，一是工业互联网通过对产品全生命周期的连接与贯通，强化产品设计、流程规划到生产过程的数据集成与智能分析，实现产品链的整体优化与深度协同；二是工业互联网面向企业业务活动，一方面支撑计划、供应、生产、销售、服务等全流程全业务的互联互通，另一方面面向单环节重点场景开展深度数据分析优化，从而实现全价值链的效率提升与重点业务的价值挖掘，如企业可通过工业互联网实现生产过程数据实时采集与连通，叠加机器学习、边缘计算、工业大数据分析等技术，实现产品质量提升、能耗降低，提升生产制造环节价值；三是工业互联网将孤立的设备资产单元转化为整合互联的资产体系，支撑系统设计、建造、投产、运维、退役到报废与回收等设备全生命周期多个环节数据集成串联，这为设备管理难度大的企业，尤其是为重资产企业提供轻便化、灵活化、智能化的设备管理方式和产品后服务，实现资产链的全面运维保障与高质量服务。

4）能力层

能力层描述了企业通过工业互联网实现业务发展目标所需构建的核心数字化能力。能力层主要面向工程师等具体技术人员，帮助其定义企业所需的关键能力并开展实践。

2. 功能架构

功能架构明确企业支撑业务实现所需的核心功能、基本原理和关键要素。工业互联网以数据为核心，数据功能体系主要包含感知控制、数字模型、决策优化 3 个基本层次，以及一个由自下而上的信息流和自上而下的决策流构成的工业数字化应用优化闭环。

1）感知控制

感知控制层构建工业数字化应用的底层“输入-输出”接口，包含感知、识别、控制、执行 4 类功能。感知是利用各类软硬件方法采集蕴含了资产属性、状态及行为等特征的数据，如用温度传感器采集电机运行中的温度变化数据；识别是在数据与资产之间建立对应关系，明确数据所代表的对象，如需要明确定义哪一个传感器所采集的数据代表了特定电机的温度信息；控制是将预期目标转化为具体控制信号和指令，如将工业机器人末端运动转化为各关节处电机的转动角度指令信号；执行则是按照控制信号和指令改变物理世界中的资产状态，既包括工业设备机械、电气状态的改变，又包括人员、供应链等操作流程和组织形式的改变。

2）数字模型

数字模型层包含数据集成与管理、数据模型和工业模型构建、信息交互 3 类功能。数据集成与管理将原来分散、杂乱的海量多源异构数据整合成统一、有序的新数据源，为后续分析优化提供高质量数据资源，涉及数据库、数据湖、数据清洗、元数据等技术产品应用；数据模型和工业模型构建是综合利用大数据、人工智能等数据方法和物理、化学、材料等各类工业经验知识，对资产行为特征和因果关系进行抽象化描述，形成各类模型库和算法库；信息交互是通过不同资产之间数据的互联互通和模型的交互协同，构建出覆盖范围更广、智能化程度更高的“系统之系统”。

3）决策优化

决策优化层主要包括分析、描述、诊断、预测、指导及应用开发。分析功能借助各类模型和算法的支持将数据背后隐藏的规律显性化，为诊断、预测和优化功能的实现提供支撑，常用的数据分析方法包括统计数学、大数据、人工智能等；描述功能通过数据分析和对比形成对当前现状、存在问题等状态的基本展示，如在数据异常的情况下向现场工作人员传递信息，帮助工作人员迅速了解问题类型和内容；诊断功能主要是基于数据的分析对资产当前状态进行评估，及时发现问题并提供解决建议，如能够在数控机床发生故障的第一时间进行报警，并提示运维人员进行维修；预测功能是在数据分析的基础上预测资产未来的状态，在问题还未发生时就提前介入，如预测风机核心零部件寿命，避免因为零部件老化导致的停机故障；指导功能则是利用数据分析发现并帮助改进资产运行中存在的不合理、低效率问题，如分析高功耗设备运行数据，合理设置启停时间，降低能源消耗。

3. 实施框架

实施框架描述各项功能在企业落地实施的层级结构、软硬件系统和部署方式。工业互联网实施框架是整个体系架构 2.0 中的操作方案，解决在哪做、做什么、怎么做的问题。当前阶段工业互联网的实施以传统制造体系的层级划分为基础，适度考虑未来基于产业的协同组织，按设备、边缘、企业、产业 4 个层级开展系统建设，指导企业整体部署。其中，设备层对应工业设备、产品的运行和维护功能，关注设备底层的监控优化、故障诊断等应用；边缘层对应车间或产线的运行维护功能，关注工艺配置、物料调度、能效管理、质量管控等应用；企业层对应企业平台、网络等关键能力，关注订单计划、绩效优化等应用；产业层对应跨企业平台、网络和安全系统，关注供应链协同、资源配置等应用。

工业互联网的实施重点明确工业互联网核心功能在制造系统各层级的功能分布、系统设计与部署方式，通过网络、标识、平台、安全四大实施系统的建设，指导企业实现工业互联网的应用部署。

1.3.3 工业互联网体系架构 2.0 的行业实践

当前，工业互联网体系架构 2.0 在工业互联网应用探索中已开始发挥重要引领作用，为政府、企业、科研机构、投资者等各方提供指引和参考。

一方面，一批工业互联网企业已基于架构 2.0 开展对标，持续完善自身技术、产品和服务能力，构建以工业互联网为核心的业务体系。

另一方面，石化、钢铁、船舶等多个行业结合架构 2.0，成功推进自身行业应用和系统建设，探索行业特色转型路径，引领行业整体高质量发展。同时，产业创新生态在架构 2.0 指引下走向壮大，5G、大数据、人工智能、区块链、边缘计算等技术创新活跃，融合型产品和解决方案不断涌现，有力支撑新兴产业与服务体系构建。

1.4 工业互联网的发展现状与发展趋势

1.4.1 我国的工业互联网环境

2015 年政府工作报告中首次提出“工业互联网”；同年 7 月，国务院发布《关于积极推进“互联网＋”行动的指导意见》，提出研究工业互联网网络架构体系，引导工业互联网等领域基础共性标准、关键技术标准的研制及推广。这一时期，工业互联网多以“互联网＋”“两化融合”的形态出现。

2017 年 11 月，国务院发布《关于深化“互联网＋先进制造业”发展工业互联网的指导意见》，确立了工业互联网的战略发展地位，明确了工业互联网发展的主要任务和路径。《工业互联网体系架构（版本 1.0）》等相继发布，工业互联网领域已涌现出一批典型平台和企业。

2017 年以后，工业和信息化部作为工业互联网发展的主要推进机构，一方面，针对工业互联网细分领域，不断出台相关政策文件；另一方面，积极推进完善工业互联网标准、评测体系，并开展试点示范项目申报和经验推广工作。

目前，我国工业互联网已实现起步发展，在基础设施建设、公共平台打造、优质企业及供应商培育、新模式新业态发展方面初具成效。2021 年 1 月，工业和信息化部发布《工业互联网创新发展行动计划（2021—2023 年）》，提出了 5 方面、11 项重点行动和 10 大重点工程，推动产业数字化，带动数字产业化。2021—2023 年是我国工业互联网的快速成长期。

1.4.2 工业互联网产业链

工业互联网包括网络、平台、安全三大体系，分为边缘层、基础设施即服务（Infrastructure as a Service，IaaS）层、平台即服务（Platform as a Service，PaaS）层和软件即服务（Software as a Service，SaaS）层四大层级。

边缘层主要包括设备接入、协议解析和边缘数据处理，将工业设备及相关要素进行连接，经过大范围、深层次的数据采集、交换、预处理，将核心数据上传到云端。

IaaS 层包括服务器、存储、网络、虚拟化等基础设施，通过虚拟化技术将计算、存储、网络等资源池化，向用户提供可计量、弹性化的资源服务。

PaaS 层在 PaaS 服务（设备管理、资源管理、运维管理、故障恢复等）的基础上进行二次开发，通过叠加应用开发、大数据处理、工业数据建模和分析、工业微服务等创新功能，构建完整、开放的工业操作系统。

SaaS 层针对工业应用的需求，通过自主开发或是引入第三方开发者的方式，开发满足不同行业、不同场景的工业 SaaS 和工业 App 产品，为用户提供设计、生产、管理、服务等一系列创新性应用服务。

工业互联网产业链上游包括主要由传感、网络等基础设备厂商，有传感器、控制器、工业级芯片、智能机床、工业机器人、网络等；中游主要为平台类企业，提供开发、运营环境、软件应用和安全等，有工业互联网平台、工业软件、云计算、数据中台、边缘计算服务等；下游则为工业互联网典型应用场景等，主要应用模式和场景可归纳为智能产品开发与大规模个性化定制（提供智能增值服务）、智能化生产和管理（主要发展数字工厂、智能工厂）、智能化售后服务以及产业链协同。

1.4.3 工业互联网发展现状

我国新型基础设施建设正在提速，工业互联网网络、平台、安全三大功能体系初具规模，应用不断融合拓展。不过，值得注意的是，现阶段，工业互联网大部分依然处在初级应用阶段，多数为设备物联加分析或业务系统互联加分析的组合。未来随着技术不断深化，在物联和平台全互通的基础上实现复杂的分析和优化，从而不断推动企业管理流程、组织和商业模式的创新。

1. 基础设施日益完善

截至 2022 年底，我国已经建成了全球最大的 5G 网络。依托独立组网架构、网络切片、边缘计算等新技术，5G 逐步由外网公网向工业专网下沉。此外，我国工业互联网标识解析体系国家顶级节点日均解析量突破 4000 万次，二级节点的数量达到 158 个，覆盖 25 个省、自治区、直辖市，标识注册总量近 600 亿。

2. 平台体系加速发展

目前，我国已建成具有一定行业、区域影响力的平台超过 100 个，围绕个性化定制、网络化协同、智能化生产、服务化延伸 4 种业务模式开展业务。

个性化定制是一种用户需求驱动下的生产模式，以用户全流程参与、定制化设计、个性化消费为特征，用户兼具消费者、设计者、生产者角色，颠覆满足“标准化设计、大批量生产、同质化消费”需求的传统制造业生产模式。

网络化协同是一个先进制造系统，利用信息网络技术，结合研发流程、企业管理流程与生产产业链流程，将制造管理、产品设计、产品服务生命周期和供应链管理、客户关系管理有机融合，使企业的价值链、管理链向上下游延伸。

智能化生产是指利用先进制造工具和网络信息技术对生产流程进行智能化改造，实现数据的跨系统流动、采集、分析与优化，完成设备性能感知、过程优化、智能排产等智能化生产方式。

服务化延伸是指企业通过在产品上添加智能模块，实现产品联网与运行数据采集，并利用大数据分析提供多样化智能服务，实现由卖产品向卖服务拓展，如客户增值体验、产品优化方案等。

目前，我国工业互联网发展仍处于初级阶段，在工业互联网推广过程中，基本的盈利方式是将平台作为一种软件成品或集成系统进行销售以获得收益。在此基础上，针对平台进行深度开发，依托特色功能进行收费，以及提供专业的运营优化服务是盈利的重要途径。

3. 安全体系初步构建

工业互联网安全威胁监测和信息通报的处置不断强化，企业安全的主体责任意识逐步增强。国家、省、企业3级协同联动的工业互联网安全态势感知体系初步构建，国家安全态势感知平台与31个省级系统全部实现对接，态势感知、风险预警和基础资源汇聚、动态监测应急处置能力显著增强。

4. 融合应用持续扩展

目前，我国工业互联网创新应用已从龙头企业内部拓展到产业链上下游，正在推动形成大中小企业融通创新发展格局。我国工业互联网基本形成平台化设计、智能化制造、网络化协同、个性化定制、服务化延伸、数字化管理六大典型融合应用模式，应用范围已从个别行业向钢铁、机械、电力、交通、能源等40个国民经济重点行业加速渗透。

1.4.4 工业互联网发展趋势

(1) 工业互联网平台将加快向细分垂直领域延伸。我国工业互联网已经得到较为广泛的应用和推广，未来在盈利模式多元化创新发展的趋势下，工业互联网也将加速向细分垂直领域延伸，深度解决行业发展的痛点难点。

(2) 工业互联网与新技术的融合将持续加深。在5G、人工智能、区块链等技术的加速成熟和应用推广下，工业互联网将加快与新技术的融合发展，在数据设备安全、模型构建迭代、新型网络架构等方面不断创新，并涌现出新发展模式、应用场景。

(3) 工业互联网将成为产业升级的重要途径。工业互联网平台在整合企业数据、产业资源方面具备极大优势，未来在系统平台不断完善及网络架构全面覆盖的趋势下，工业互联网将发挥其技术协同创新、产业资源配置、信息聚合共享的能力，助力区域产业转型升级和高质量发展。

1.5 本章小结

(1) 智能制造是新一代信息技术与制造全生命周期的赋能结果，通过工业互联网、工业大数据、人工智能等技术的赋能，使制造业智能化生产。

(2) 工业互联网作为新一代信息技术与制造业深度融合的产物，通过实现人、机、物的全面互联，构建起全要素、全产业链、全价值链及全面连接的新型工业生产制造和服务体系，成为支撑第4次工业革命的基础设施，对未来工业发展产生全方位、深层次、革命性影响。

(3) 工业互联网作为新型基础设施建设的重要组成部分，是推动数字经济与实体经济深度融合的关键路径。

(4) 工业互联网由网络、平台、安全3个关键部分构成。其中，网络是基础，平台是核心，安全是保障。

(5) 当前,工业互联网体系架构 2.0 在工业互联网应用探索中已开始发挥重要引领作用,为政府、企业、科研机构、投资者等各方提供指引和参考。

扫一扫

自测题

习题 1

(1) 什么是工业互联网?

(2) 请阐述工业互联网的目标。

(3) 请阐述工业互联网的组成。

(4) 请阐述工业互联网体系架构 2.0 的特点。

(5) 请阐述工业互联网与智能制造的关系。

第 2 章

工业互联网网络技术

本章学习目标

- 了解网络互联体系
- 了解工业互联网网络技术
- 了解工业互联网标识解析体系
- 了解 5G 技术

2.1 计算机通信技术

2.1.1 计算机网络概述

1. 计算机网络的特点

计算机网络是利用各种通信介质，以传输协议为基准，将分布在不同地理位置的计算机系统或计算机终端连接起来，以实现资源共享的网络系统。计算机网络有着一套复杂的体系结构，是计算机技术和通信技术的完美结合，是人类现代文明发展的新阶段。

计算机网络主要具有以下 3 个特点。

(1) 在计算机网络中的计算机或各种终端设备具有独立的功能。“具有独立的功能”是指接入网络的每台设备都有自己的软件与硬件系统，并能独立地执行一系列的指令操作。因此，电信系统中的电话系统就不属于计算机网络。

(2) 在计算机网络中的计算机应当分布在不同的位置。“分布在不同的位置”是指接入网络的计算机及各种终端应当是开放的，没有地理位置的限制，即使设备相距再远，也可以互相通信。因此，在一个封闭的环境中的计算机组成的系统不能叫作计算机网络。

(3) 计算机网络中的各种计算机及其设备的工作都应当基于网络通信协议。“基于网络通信协议”是指在接入网络的每台计算机或终端都应当遵守互联网中的协议，如 TCP/IP。网络协议可以同时支持软件系统和硬件系统。因此，如果一台计算机没有安装网络协议，则不能算是真正地接入了互联网。

2. 计算机网络的分类

按照网络覆盖的地理范围分类，计算机网络可以分为局域网、城域网和广域网。

1）局域网

局域网是一种在小范围内实施的计算机网络，它的地理覆盖范围一般为几十米到几十千米，如一个工厂、一个单位内部、一个学校的校园、一个住宅小区等，都可以看作一个局域网。与城域网和广域网相比，局域网组建简单，设备安装方便，且后期维护较容易。此外，在局域网内部数据传输较快，一般从10Mb/s到100Mb/s，甚至1000Mb/s。

2）城域网

城域网是中等规模的计算机网络，它的地理覆盖范围一般为几十千米到几百千米，如一个城市或一个地区等，都可以看作一个城域网。与局域网相比，城域网的组建更复杂，功能更齐全。

3）广域网

广域网是一种综合型的计算机网络，它的地理覆盖范围一般为几百米到几千千米，甚至更大，如一个地区、一个国家或几个大洲等，都可以看作一个广域网。与局域网和城域网相比，广域网组建十分复杂，设备众多，且数据传输率较低，网络传输不稳定。通过广域网能够实现大范围的数据传输，如国际性的Internet就是全球最大的广域网。

3. 网络拓扑结构

网络拓扑（Topology）结构是指用传输介质互联各种设备的物理布局。网络中的计算机等设备要实现互联，需要以一定的结构方式进行连接，这种连接方式就叫作拓扑结构，通俗地讲就是这些网络设备是如何连接在一起的。

1）星形拓扑结构

如图2-1所示，星形拓扑结构通过一个网络中心节点将网络中的各工作站节点连接在一起，呈星状分布，网络中心节点可直接与从节点通信，而从节点之间必须通过中心节点才能通信。在星形网络中，通常由一种称为集线器或交换机的设备充当中心节点，因此网络中的计算机之间是通过集线器或交换机相互通信的，星形拓扑结构是局域网最常见的网络拓扑结构。

星形拓扑结构一般采用集中式介质访问控制，结构简单，容易实现。

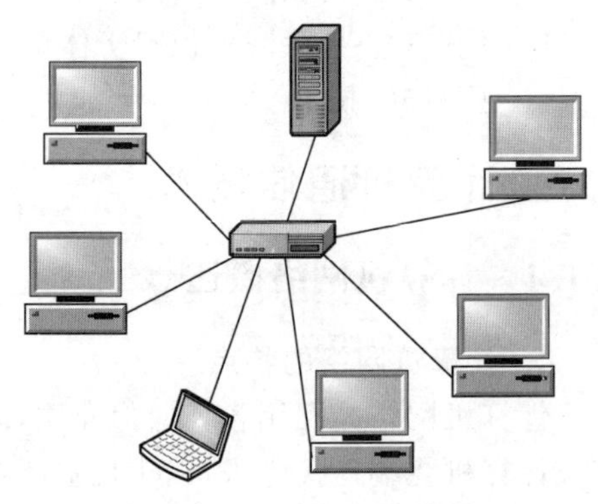

图2-1 星形拓扑结构

2）总线型拓扑结构

如图2-2所示，总线型拓扑结构网络中所有站点都通过相应的硬件接口直接连接在总线上。总线一般是由单根同轴电缆或光纤作为传输介质，在总线两端使用终结器，防止线路上因为信号反射而造成干扰。总线型拓扑结构网络中所有站点共享一条数据通道，任何一个站点发送的信号都可以沿着介质传播，被其他所有站点接收。总线型拓扑结构的优点是电缆长度短，易于布线和维护；结构简单，传输介质又是无源元件，从硬件的角度看，十分可靠。缺点是因为总线型拓扑网络不是集中控制的，所以故障检测需要在网上的各个站点上进行；在扩展总线的干线长度时，需重新配置中继器、剪裁电缆、调整终端器等；总线上的站点需要介质访问控制功能，这就增加了站点的硬件和软件费用。

总线型拓扑结构是一种比较简单的计算机网络结构，一般采用分布式介质访问控制方法。总线型拓扑结构可靠性高，扩展性好，通信线缆长度短，成本低，是用来实现局域网最常用的方法，以太网(Ethernet)就是总线型拓扑结构的典型实例。

3）环形拓扑结构

如图2-3所示，环形拓扑结构主要用于令牌环网中，令牌环网由连接成封闭回路的网络节点组成的，每个节点与它左右相邻的节点连接。在令牌环网中，网络中的数据在封闭的环中传递，但数据只能沿一个方向(顺时针或逆时针)传递，每个收到信息包的站点都向它的下游站点转发该信息包，同时拥有“令牌”的设备才允许在网络中传输数据，这样可以保证在某一时间内网络中只有一台设备可以传送信息。信息包在环形网中“旅行”一圈，最后由发送站点进行回收。

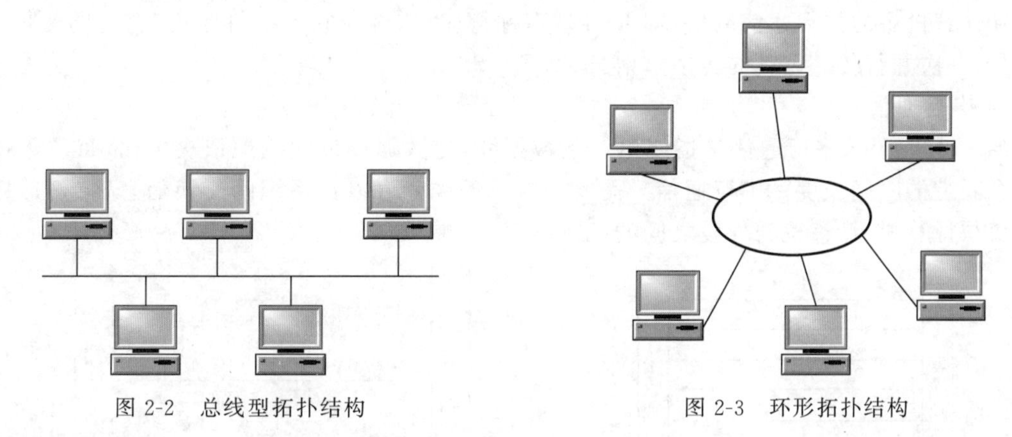

图 2-2 总线型拓扑结构　　图 2-3 环形拓扑结构

环形拓扑结构也采用分布式介质访问控制方法。实际上，大多数情况下这种拓扑结构的网络不会是所有计算机真的要连接成物理上的环，一般情况下，环的两端是通过一个阻抗匹配器实现环的封闭的，因为在实际组网过程中因地理位置的限制不方便真的做到环的两端物理连接。

2.1.2 计算机通信相关技术

1. 通信方式

通信方式是指通信双方的信息交互的方式。在设计一个通信系统时，需要考虑使用何种通信方式。一般常见的通信方式有单工通信、半双工通信和全双工通信。

1) 单工通信

在单工模式(Simplex Mode)下，通信是单方向的，如同在单行道上，两台设备中只有一台能够发送，另一台则只能接收。图 2-4 所示为单工通信。

例如，键盘和传统的显示器都是单工通信设备。键盘只能用来输入，显示器只能用来输出。

2) 半双工通信

在半双工模式下，每台设备均能发送和接收，但不能同时进行。当一台设备发送时，另一台只能接收，反之亦然。半双工如同一条双向单车道，当一辆辆汽车正朝一个方向行驶时，另一个方向行驶的汽车就必须等待。

在半双工模式下，通道的通信能力被两台设备中的发送方完全占用，对讲机就是半双工系统的例子。半双工通信用于不需要双方同时通信的情况，任意一方可利用整个通道的能力。图 2-5 所示为半双工通信。

3) 全双工通信

在全双工模式下，双方设备都能同时发送和接收，并且能够同步进行，这好像人们平时打电话一样，说话的同时也能够听到对方的声音。目前的网卡一般都支持全双工通信。图 2-6 所示为全双工通信。

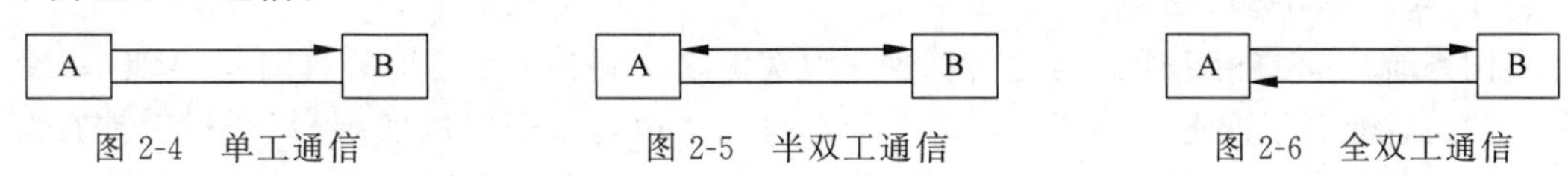

图 2-4 单工通信　　图 2-5 半双工通信　　图 2-6 全双工通信

2. 并行与串行通信

1) 并行通信

在计算机和终端之间的数据传输通常是靠电缆或信道上的电流或电压变化实现的。如果一组数据的各数据位在多条线上同时被传输,这种传输方式称为并行通信,如图 2-7 所示。

在计算机中的并行通信端口,即 LPT1,俗称打印口,因为它常接打印机,它是同时传送 8 路信号,一次并行传送完整的 1 字节信息。

2) 串行通信

如图 2-8 所示,串行通信是指使用一条数据线,将数据一位一位地依次传输,每位数据占据一个固定的时间长度。串行通信只需要少数几条线就可以在系统间交换信息,特别适用于计算机与计算机、计算机与外设之间的远距离通信。

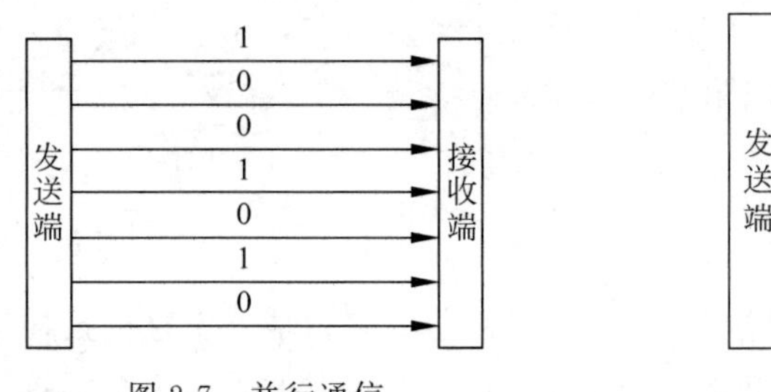

图 2-7　并行通信

图 2-8　串行通信

串行通信端口,即 COM1、COM2,一般接鼠标、外置 Modem 或其他串口设备。它在一个方向上只能传输一路信号,一次只能传输一个二进制位,传输 1 字节信息时,只能一位一位地依次传输。

3. 网络协议

1) 计算机网络协议

网络上的计算机之间要进行通信,必须要遵循一定的协议或规则,这些为网络数据交换而制定的规则或约定就称为协议。就像人们说话用某种语言一样,在网络上的各台计算机之间也有一种相互交流信息的规则,这就是网络协议,不同的计算机之间必须使用相同的网络协议才能进行通信。网络协议是网络上所有设备(网络服务器、计算机及交换机、路由器、防火墙等)之间通信规则的集合,它规定了通信时信息必须采用的格式和这些格式的意义。

网络协议是由 3 个要素组成的。

(1) 语义。语义是解释控制信息每部分的意义。它规定了通信双方“讲什么”。通信双方要发出什么控制信息,执行的动作和返回的应答,主要涉及用于协调与差错处理的控制信息。它规定了需要发出何种控制信息,以及完成的动作与作出什么样的响应。

(2) 语法。语法是用户数据与控制信息的结构与格式,以及数据出现的顺序。它规定了通信双方“如何讲”的问题,即规定协议元素的格式、数据及控制信息的格式、编码和信号电平等。

(3) 时序。时序也称为同步,是对事件发生顺序的详细说明,主要涉及传输速度匹配和顺序问题。

人们形象地把这 3 个要素描述为:语义表示要做什么,语法表示要怎么做,时序表示做的顺序。

2) 计算机网络体系结构

不同系统之间的相互通信是建立在各层次实体之间能够相互通信的基础上,因此,一个系统的通信协议是各层次通信协议的集合。计算机网络由若干个层次实现,每个层次都有自己的协议。将计算机网络的层次结构模型及其协议的集合称为网络的体系结构。

在层次网络体系结构中，每层协议都实现了与另一个层次结构中对等实体之间的通信，所以称之为对等层协议。另外，每层协议还要提供与相邻上层协议的服务接口。网络体系结构的描述必须包含足够的信息，使实现者可以为每层编写程序和设计硬件，并使之符合有关协议。

网络体系结构具有以下特点。

(1) 以功能作为划分层次的基础。

(2) 第 N 层的实体在实现自身定义的功能时，只能使用第 $N-1$ 层的功能。

(3) 第 N 层向第 $N+1$ 层提供服务时，此服务不仅包含第 N 层本身的功能，还包含由下层服务提供的功能。

(4) 仅在相邻层之间有接口，且所提供的服务的具体细节对上一层完全屏蔽。

图 2-9 所示为网络体系结构的层次模型。其中，实体是指在每层中实现该层功能的活动元素，如终端、应用程序以及进程等。

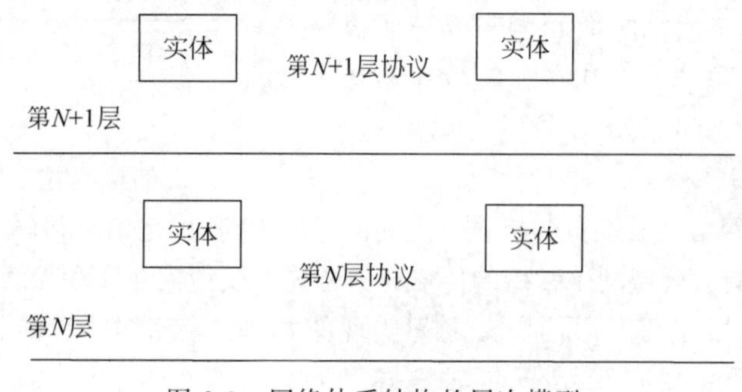

图 2-9　网络体系结构的层次模型

3) OSI 参考模型

OSI(Open System Interconnect)全称为开放式系统互联，一般叫作 OSI 参考模型，是国际标准化组织(International Organization for Standardization，ISO)于 1985 年研究的网络互联模型。OSI 参考模型定义了开放系统的层次结构、层次之间的相互关系及各层所包含的可能的服务。OSI 参考模型并不是一个标准，而是一个在制定标准时所使用的概念性框架，作为一个框架协调和组织各层协议的制定。

OSI 标准定制过程中所采用的方法是将整个庞大而复杂的问题划分为若干个容易处理的小问题，这就是分层的体系结构方法。在 OSI 中，采用了 3 级抽象，即体系结构、服务定义和协议规定说明。

OSI 的服务定义详细说明了各层所提供的服务。某层的服务就是该层及其下各层的一种能力，它通过接口提供给更高一层。各层所提供的服务与这些服务是如何实现的无关。同时，各种服务定义还定义了层与层之间的接口和各层所使用的原语，但是不涉及接口是如何实现的。

OSI 定义了网络互联的 7 层参考模型，包括物理层、数据链路层、网络层、传输层、会话层、表示层和应用层，如图 2-10 所示。

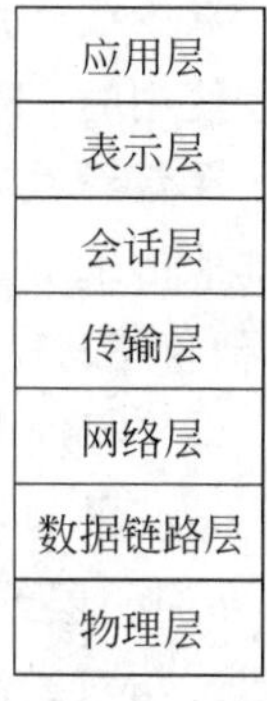

图 2-10　OSI 7 层参考模型

4) TCP/IP

计算机网络体系结构中采用分层结构，OSI 参考模型是严格遵循分层模型的典范，自推出之日起就作为网络体系结构的蓝本。但是在 OSI 参考模型推出之前，便捷、高效的 TCP/IP 体系结构就已经随着 Internet(因特网)的流行而成为事实上的国际标准。

TCP/IP 即 Transmission Control Protocol/Internet Protocol 的简

写，中文译为传输控制协议/因特网互联协议，又名网络通信协议，是 Internet 最基本的协议、Internet 国际互联网络的基础，由网络层的 IP 和传输层的 TCP 组成。TCP/IP 定义了电子设备如何连入 Internet(因特网)，以及数据如何在它们之间传输的标准。TCP/IP 自推出之时就把考虑问题的重点放在了异种网互联上。所谓的异种网，就是遵从不同网络体系结构的网络。

TCP/IP 的目的不是要求大家都遵循一种标准，而是在承认有不同标准的基础上解决这些不同。因此，网络互联是 TCP/IP 技术的核心。TCP/IP 在设计时的侧重点不是具体的通信实现，也没有定义具体的网络接口协议，因此，TCP/IP 允许任何类型的通信子网参与通信。TCP/IP 采用了 4 层的层级结构，分别是网络接口层、网际互联层、传输层和应用层，每层都呼叫它的下一层所提供的协议完成自己的需求。TCP/IP 与 OSI 参考模型的对比如图 2-11 所示。

OSI 参考模型	TCP/IP 模型
应用层	应用层
表示层	
会话层	
传输层	传输层
网络层	网际互联层
数据链路层	网络接口层
物理层	

图 2-11　TCP/IP 与 OSI 参考模型的对比

4. 网络传输介质

网络传输介质是网络中发送方与接收方之间的物理通路，也是信号传输的媒体，它对网络的数据通信具有一定的影响。局域网中常用的传输介质分为有线传输介质和无线传输介质两大类。

有线传输介质是指在两个通信设备之间实现的物理连接部分，它能将信号从一方传输到另一方，有线传输介质主要有双绞线、同轴电缆和光纤。双绞线和同轴电缆传输电信号，光纤传输光信号。

无线传输介质指我们周围的自由空间。我们利用无线电波在自由空间的传播可以实现多种无线通信。根据频谱可将在自由空间传输的电磁波分为无线电波、微波、红外线、激光等，信息被加载在电磁波上进行传输。

不同的传输介质，其特性也各不相同，它们不同的特性对网络中数据通信质量和通信速度有较大影响。

1) 有线传输介质

(1) 双绞线。双绞线(Twisted Pair，TP)是一种综合布线工程中最常用的传输介质，由两根具有绝缘保护层的铜导线组成。这两根绝缘的铜导线按一定密度互相缠绕(一般以逆时针缠绕)在一起，每根导线在传输中辐射出来的电波会被另一根导线发出的电波抵消，有效降低信号干扰的程度。

双绞线一般由两根 22～26 号绝缘铜导线相互缠绕而成，“双绞线”的名字也是由此而来。实际使用时，双绞线是由多对双绞线一起包在一个绝缘电缆套管里的，典型的双绞线是 4 对的。在双绞线电缆内，不同线对具有不同的扭绞长度，一般线扭得越密，其抗干扰能力就越强。与其他传输介质相比，双绞线在传输距离、信道宽度和数据传输速度等方面均受到一定的限制，但价格较为低廉。

(2) 同轴电缆。同轴电缆(Coaxial Cable)是指有两个同心导体，而导体和屏蔽层又共用同一轴心的电缆。最常见的同轴电缆由绝缘材料隔离的铜线导体组成，中心轴线是一条铜导线，外加一层绝缘材料，在这层绝缘材料外是由一根空心的圆柱网状铜导体包裹，最外层是绝缘层。与双绞线相比，同轴电缆的抗干扰能力强，屏蔽性能好，传输数据稳定，价格也便宜，而且不用连接在集线器或交换机上即可使用。

同轴电缆的优点是可以在相对长的无中继器的线路上支持高带宽通信。其缺点也是显而易见的：一是体积大，细缆的直径就有3/8英寸，要占用电缆管道的大量空间；二是不能承受缠结、压力和严重的弯曲，这些都会损坏电缆结构，阻止信号的传输；三是成本高，而所有这些缺点正是双绞线能克服的，因此在现在的局域网环境中，同轴电缆基本已被基于双绞线的以太网物理层规范所取代。

(3) 光纤。光纤即光导纤维，是一种由玻璃或塑料制成的纤维，直径只有1～100μm，可作为光传导工具。

光纤的传输原理是光的全反射，它由内芯和外套两层组成，内芯的折射率大于外套的折射率，光纤一端的发射装置使用发光二极管(Light Emitting Diode，LED)或一束激光将光脉冲传输至光纤，在内芯和外套的界面上经多次全反射，从另一端射出。通常光纤另一端的接收装置使用光敏元件检测脉冲。

日常生活中，人们在经济活动和科学研究中有大量的信息及数据需要加工和处理，由于光在光纤中的传导损耗比电在电线中的传导损耗低得多，所以光纤正是传输信息的最理想的工具。正因为在光纤中传输的是光而不是电信号，所以基本不受外界干扰，传输速度快，传输距离远，具有防止内外噪声和传输损耗低的特性。以光导通信技术为基础的信息系统与传统的电缆系统相比较，在同样的时间内可以进行更大量和更多类型信息的传输。

光纤可以分为单模光纤和多模光纤。单模光纤是指在工作波长中只能传输一个传播模式的光纤。光纤就像一根水管一样，可以使光线一直向前传播，但不会产生放射，损耗小，传输距离也更远，目前，在有线电视和光通信中，应用最广泛的是光纤。多模光纤允许多条不同角度入射的光线在一条光纤中传输，但多个光脉冲在多模光纤中传输时会逐渐展宽(发生色散现象)造成失真，因此，多模光纤只适用于短距离通信。单模光纤成本高，无中继传输距离相对较长；多模光纤成本低，无中继传输距离相对较短。

2) 无线传输介质及技术

(1) 微波。微波是指频率为300MHz～300GHz的电磁波，是无线电波中一个有限频带的简称，即波长在1m(不含1m)到1mm的电磁波，是分米波、厘米波、毫米波的统称。微波频率比一般的无线电波频率高，通常也称为超高频电磁波。

(2) 红外线。红外线是太阳光线中众多不可见光线中的一种频率为10^{12}～10^{14}Hz的电磁波，由德国科学家霍胥尔于1800年发现，又称为红外热辐射。无导向的红外线被广泛用于短距离通信，电视、录像机使用的遥控装置都利用了红外线装置。红外线有一个主要缺点——不能穿透坚实的物体。但正是由于这个原因，一间房屋里的红外系统不会对其他房间里的系统产生串扰，所以红外系统防窃听的安全性要比无线电系统好。

(3) 无线电波。无线电波是电磁波的一种。由振荡电路的交变电流而产生的频率为10～30 000 000kHz或波长为30 000m～10μm的电磁波，可以通过天线发射和接收，故称之为无线电波。

无线电技术的原理是导体中电流强弱的改变会产生无线电波。利用这一现象，通过调制可将信息加载于无线电波之上。当电波通过空间传播到达收信端，电波引起的电磁场变化又会在导体中产生电流。通过解调将信息从电流变化中提取出来，就达到了信息传递的目的。

无线电波如果在自由空间(包括空气和真空)中传播，由于没有阻挡，电波传播只有直射，不存在其他现象。而对于日常生活中的实际传播环境，由于地面存在各种各样的物体，使电波的传播有直射、反射、绕射(衍射)等，另外对于室内或列车内的用户，还有一部分信号来源于无线电波对建筑的穿透，这些都造成无线电波传播的多样性和复杂性，增大了对电波传播研究的难度。

(4) 蓝牙。蓝牙是由爱立信、英特尔、诺基亚、IBM和东芝等公司于1998年5月联合主推的一种短距离无线通信技术，运行在全球通行的、无须申请许可的 2.4GHz 频段，采用高斯频移键控(Gaussian Frequency-Shift Keying，GFSK)调制技术，传输速率达 1Mb/s。蓝牙可用于在较小的范围内通过无线连接的方式实现固定设备或移动设备之间的网络互联，从而在各种数字设备之间实现灵活、安全、低功耗、低成本的语音和数据通信。蓝牙技术的一般有效通信范围为 10m，强的可以达到 100m 左右。

蓝牙技术传输使用的功耗很低，可以应用到无线传感器网络中。同时，蓝牙技术也可以广泛应用于无线设备(如 PDA、手机、智能电话)、图像处理设备(如照相机、打印机、扫描仪)、安全产品(如智能卡、身份识别、票据管理、安全检查)、消遣娱乐(如蓝牙耳机、MP3、游戏)、汽车产品(如 GPS、动力系统、安全气袋)、家用电器(如电视机、电冰箱、电烤箱、微波炉、音响、录像机)、医疗健身、智能建筑、玩具等领域。

(5) ZigBee。ZigBee 技术主要用于无线个域网(Wireless Personal Area Network，WPAN)，是基于 IEEE 802.15.4 无线标准研制开发的，是一种介于 RFID 和蓝牙技术之间的技术提案，主要应用在短距离且数据传输速率不高的各种电子设备之间。ZigBee 协议比蓝牙、高速率个域网(个域网是指能在便携式消费电器与通信设备之间进行短距离通信的网络，其覆盖范围一般在 10m 半径以内)或 IEEE 802.11x 无线局域网更简单实用，可以认为是蓝牙的同族兄弟。

(6) Wi-Fi。Wi-Fi 俗称无线宽带，全称为 Wireless Fidelity。无线局域网又常被称作 Wi-Fi 网络，这一名称来源于全球最大的无线局域网技术推广与产品认证组织——Wi-Fi 联盟(Wi-Fi Alliance)。作为一种无线联网技术，Wi-Fi 早已得到了业界的关注。Wi-Fi 终端涉及手机、笔记本电脑、平板电视、数码相机、投影机等众多产品。目前，Wi-Fi 网络已应用于家庭、企业以及公众热点区域，其中，在家庭中的应用是较贴近人们生活的一种应用方式。由于 Wi-Fi 网络能够很好地实现家庭范围内的网络覆盖，适合充当家庭中的主导网络，家里的其他具备 Wi-Fi 功能的设备，如电视机、影碟机、数字音响、数码相框、照相机等，都可以通过 Wi-Fi 网络这个传输媒介与后台的媒体服务器、计算机等建立通信连接，实现整个家庭的数字化与无线化，使人们的生活变得更加方便与丰富。

(7) WiMAX。WiMAX 全称为 World Interoperability for Microwave Access，即全球微波接入互操作系统，可以替代现有的有线和数字用户线路(Digital Subscriber Line，DSL)连接方式，提供“最后一英里”的无线宽带接入，其技术标准为 IEEE 802.16，其目标是促进 IEEE 802.16 的应用。相比于其他无线通信系统，WiMAX 的主要优势是具有较高的频谱利用率和传输速率，因而它的主要应用是宽带上网和移动数据业务。

(8) UWB 。UWB(Ultra Wideband)是一种无载波通信技术，利用纳秒至微微秒级的非正弦波窄脉冲传输数据。通过在较宽的频谱上传输极低功率的信号，UWB 能在 10m 左右的范围内实现数百兆比特每秒至数吉比特每秒的数据传输速率。UWB 具有抗干扰性能强、传输速率高、带宽极宽、消耗电能小、发送功率小等诸多优势，主要应用于室内通信、高速无线局域网、家庭网络、无绳电话、安全检测、位置测定、雷达等领域。

UWB 技术以其独特的速率以及特殊的范围，也将在无线通信领域占据一席之地。由于其高速、窄覆盖的特点，UWB 技术很适合组建家庭的高速信息网络。UWB 技术对蓝牙技术具有一定的冲击，但对当前的移动技术、WLAN 技术等的威胁不大，反而可以成为它们良好的补充。

(9) EnOcean。EnOcean 无线通信标准被采纳为国际标准 ISO/IEC 14543-3-10，它也是世界上唯一使用能量采集技术的无线国际标准。EnOcean 能量采集模块能够采集周围环境产生的能量，从光、热、电波、振动、人体动作等获得微弱电力。这些能量经过处理以后，用来供给 EnOcean 超低功耗的无线通信模块，实现真正的无数据线、无电源线、无电池的通信系统。

EnOcean 无线标准 ISO/IEC 14543-3-10 使用 868MHz、902MHz、928MHz 和 315MHz 频段，传输距离在室外为 300m，在室内为 30m。

(10) Z-Wave。Z-Wave 是由丹麦 Zensys 公司主导的无线组网规格，是一种新兴的基于射频的、低成本、低功耗、高可靠、适于网络的短距离无线通信技术。工作频带为 908.42MHz，868.42MHz 信号的有效覆盖范围在室内为 30m，在室外可超过 100m，适合窄带宽应用场合。Z-Wave 技术也是低功耗和低成本的技术，有力地推动低速率无线个人区域网。

5. 网络数据常见交换设备

1) 网卡

网卡是网络接口卡(Network Interface Card，NIC)的简称，是计算机局域网中最重要的连接设备之一，计算机通过网卡接入网络。在计算机网络中，网卡一方面负责接收网络上的数据包，解包后，将数据通过主板上的总线传输给本地计算机；另一方面将本地计算机上的数据打包后送入网络。图 2-12 所示为 PCI 网卡。

图 2-12 PCI 网卡

2) 集线器

集线器的英文为 Hub，是"中心"的意思，它和双绞线等传输介质一样，属于数据通信系统中的基础设备，如图 2-13 所示。集线器是一种不需任何软件支持或只需很少管理软件管理的硬件设备，主要功能是对接收到的信号进行再生整形放大，以扩大网络的传输距离，同时把所有节点集中在以它为中心的节点上。

3) 交换机

交换机(Switch)意为"开关"，是一种基于 MAC(网卡的硬件地址)识别的设备。交换机可以"学习"MAC 地址，并把其存放在内部地址表中，通过在数据帧的始发者和目标接收者之间建立临时的交换路径，使数据帧直接由源地址到达目的地址。最常见的交换机是以太网交换机，如图 2-14 所示。

图 2-13 集线器

图 2-14 交换机

交换机是一种智能设备，工作在物理层和 MAC 子层。交换机可以把一个网段分为多个网段，把冲突限制在一些细分的网段之内，增加了网络的带宽。同时，交换机又可以在不同的网段之间进行 MAC 帧的转发，即连接了各个网段，使各个网段之间可以进行访问。交换机处于局域网的核心地位，已经成为局域网组网技术中的关键设备。

2.2 工业互联网网络技术介绍

2.2.1 工业互联网网络技术概述

工业互联网网络连接涉及了工厂内外的多要素、多主体间的不同技术领域，影响范围大，可选技术多。目前，工业领域内已广泛存在各种网络和连接技术，这些技术分别针对工业领域的特定场景进行设计,并在特定场景下发挥了巨大作用和性能优势,但在数据的互操作和无缝集成方面,往往不能满足工业互联网新业务、新模式日益发展的需求。因此,工业互联网网络连接将向着进一步促进系统间的互联互通方向发展,从而使数据为行业内及跨行业的应用发挥更大价值。

当前,工业网络主要在各个工业企业内部。总体来说,工厂内网络呈现"两层三级"的结构,如图 2-15 所示。"两层"是指存在"工厂信息(IT)网络"和"工厂控制(OT)网络"两层技术异构的网络[①];"三级"是指根据目前工厂管理层级的划分,网络也被分为现场级、车间级、工厂级/企业级 3 个层次,并且每层之间的网络配置和管理策略相互独立。

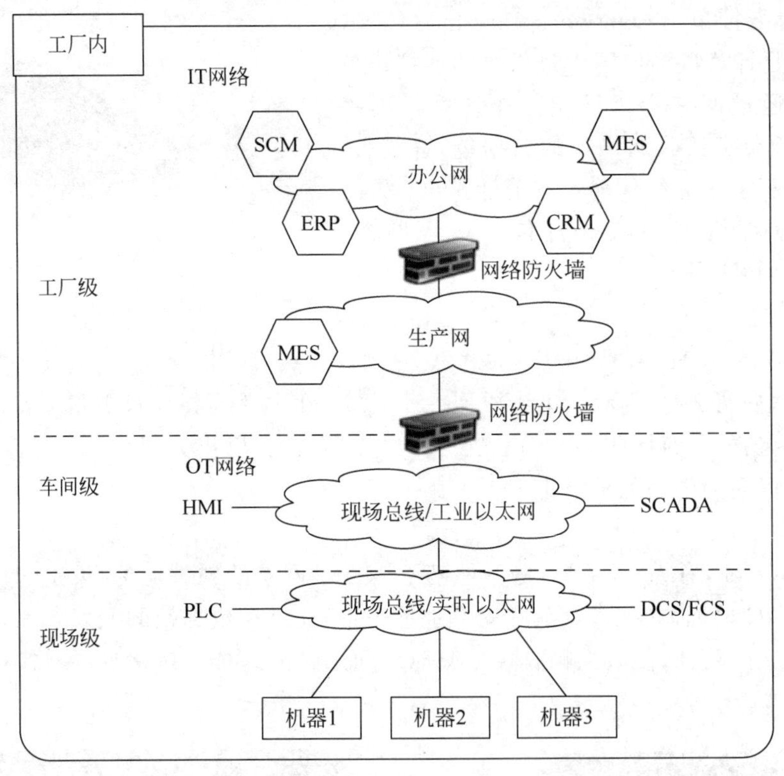

图 2-15 工厂内网络

图 2-15 中,SCM 为供应链管理(Supply Chain Management),MES 为制造执行系统(Manufacturing Execution System),ERP 为企业资源计划(Enterprise Resource Planning),CRM 为客户关系管理(Customer Relationship Management),HMI 为人机界面接口(Human Machine Interface),SCADA 为数据采集与监视控制,PLC 为可编程逻辑控制器,DCS/FCS 为分散控制系统/现场总线控制系统。

2.2.2 工业互联网内部网络技术

1. IT 网络与 OT 网络

通常来讲,工厂内网络可以细分为 OT 网络和 IT 网络,工厂 OT 网络主要是用于把现场的控制器(PLC、DCS、FCS 等)、传感器、服务器、监控器等连接起来,而工厂 IT 网络则负责信息系统与终端的数据通信。在不断发展的工业自动化世界中,数据在智能、高效和快速的系统

① IT 即信息技术(Information Technology),OT 即运营技术(Operation Technology)。

和软件应用中越发重要。对于制造业企业,最精确、最大价值的信息源来自 OT 网络的数据。

工业互联网网络体系中很多技术标准采用通用的网络技术标准,但因为工业领域的特殊性,需要定义和开发工业网络标准及产品来支持,尤其是在 OT 网络。工业互联网有别于现在的互联网,就是能实现人机交互和人机协同,因此需要把 OT 网络和 IT 网络打通。近几年,随着全球范围内工业化转型趋势的风云骤起,中国制造企业在智能制造战略的牵引下也开启了工业智能化转型,利用物联网、大数据、人工智能等先进的 IT 技术改造传统的生产关系与业务流程,从产品研发、业务管理到生产车间全方位推动智能工厂的规划与实施,也大大加速了 IT 网络与 OT 网络的融合。

2. 现场总线技术

现场总线的概念于 1984 年正式提出。现场总线不仅简化了系统的结构,还使整个控制系统的设计、安装、投运、检修维护都大大简化,所以现场总线技术的出现确实给工业自动化带来了一场深层次的革命,近年来也在工业控制领域得到了迅速发展,并且在工业自动化系统中得到了广泛应用。

在现场总线技术诞生的初期,它的主要功能是将当时的可编程逻辑控制器(PLC)以一种较简洁的方式连接起来。随着计算机技术引入 PLC,计算机通信技术被引入现场总线;PLC 功能的增强对现场总线提出了更高的要求,计算机通信技术的引入大大增强了现场总线的功能,成为现场总线技术发展的主要趋势。

1) 认识现场总线

现场总线是将自动化最底层的现场控制器和现场智能仪表设备互联的实时控制通信网络,它遵循 ISO/OSI 开放系统互联参考模型的全部或部分通信协议。此外,现场总线是基于 OSI 的 7 层模型,并且可以少于 7 层。需要指出的是,实际应用中,OSI 模型只是一个参考,不同种类的现场总线协议栈有较大区别,通常会将 OSI 的 7 层模型简化,以实现更低的通信延迟、更快的速度,更有利于实现现场总线的实时特性。

2) 现场总线的分类

由于采用现场总线将使控制系统结构简单,系统安装费用减少并且易于维护,用户可以自由选择不同厂商、不同品牌的现场设备达到最佳的系统集成等,现场总线技术正越来越受到人们的重视。

现场总线的种类主要有基金会现场总线、ProfiBus、WorldFIP、ControlNet/DeviceNet 以及 CAN 等。

(1) 基金会现场总线。基金会现场总线(Fieldbus Foundation,FF)是针对过程自动化而设计的,是通过数字、串行、双向的通信方法连接现场装置的。基金会现场总线的主要技术内容包括:FF 通信协议,用于完成开放互联模式中第 2~7 层通信协议的通信栈,用于描述设备特性、参数、属性及操作接口的设备描述语言(Device Description Language,DDL)、设备描述字典,用于实现测量、控制、工程量转换等功能的功能块,实现系统组态、调度、管理等功能的系统软件技术以及构筑集成自动化系统、网络系统的系统集成技术。FF 通信不是简单的数字 4~20mA 信号,而是使用复杂的通信协议,它可连接能执行简单的闭环算法(如 PID)的现场智能装置。一个通信段可配置 32 个现场装置,通信速率为 31.25kb/s,每段最大通信距离为 1900m。

(2) ProfiBus。ProfiBus 自 1984 年开始研制现场总线产品,现已成为欧洲首屈一指的开放式现场总线系统,欧洲市场占有率大于 40%,广泛应用于加工自动化、楼宇自动化、过程自动化、发电与输配电等领域。1996 年 6 月,ProfiBus 被采纳为欧洲标准 EN 50170 第 2 卷。PNO 为其用户组织,核心公司有 Siemens 公司、E+H 公司、Samson 公司、Softing 公司等。

ProfiBus 以 ISO 7498 为基础，以开放式系统互联网络 OSI 作为参考模型，定义了物理传输特性、总线存取协议和应用功能。ProfiBus 家族包括 ProfiBus-DP、ProfiBus-PA 和 ProfiBus-FMS。ProfiBus-DP(Decentralized Periphery)是一种高速和便宜的通信连接，用于自动控制系统和设备级分散的 I/O 之间进行通信。ProfiBus-FMS(Fieldbus Message Specification)用来解决车间级通用性通信任务，常与 LLI(Lower Layer Interface)一同构成应用层，FMS 包括了应用协议并向用户提供了可广泛选用的强有力的通信服务，LLI 协调了不同的通信关系并向 FMS 提供了不依赖设备访问数据链层。ProfiBus-PA(Process Automation)专为过程自动化设计，它可使传感器和执行器连接在一根共用的总线上。根据 IEC 61158-2 国际标准，ProfiBus-PA 可用双绞线供电技术进行数据通信，数据传输采用扩展的 ProfiBus-DP 协议和描述现场设备的 PA 行规。当使用电缆耦合器时，ProfiBus-PA 装置能很方便地连接到 ProfiBus-DP 网络。图 2-16 所示为 ProfiBus-DP 网络。

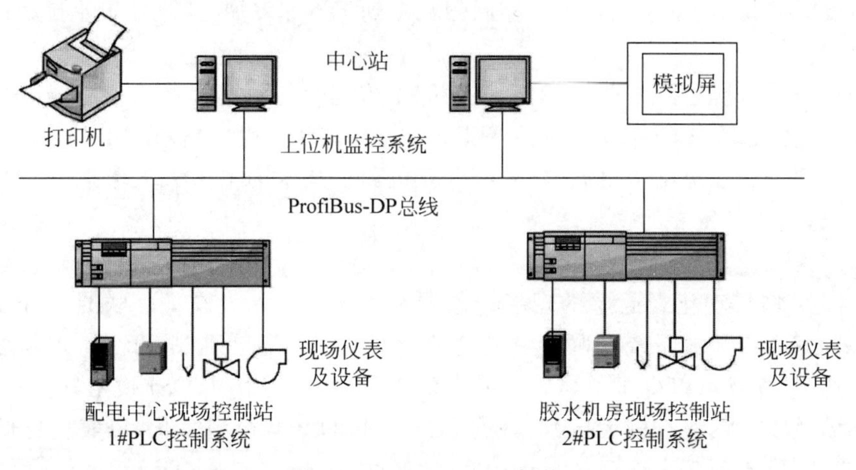

图 2-16 ProfiBus-DP 网络

(3) WorldFIP。WorldFIP 现场总线组织成立于 1987 年，目前已有 100 多个成员，其中许多是工控领域的世界著名大公司，如 Honeywell、西技来克(Cegelec)、阿尔斯通(Alstom)、施耐德(Schneider)等。前期产品是 FIP(Factory Instrumentation Protocol)。FIP 是法国标准，后来采纳了 IEC 国际标准(IEC 61158-2)并更名为 WorldFIP。WorldFIP 总线是面向工业控制的，其主要特点可归纳为实时性、同步性、可靠性。WorldFIP 的设计思想是按一定的时序，为每个信息生产者分配一个固定的时段，通过总线仲裁器逐个呼叫每个生产者，如果该生产者已经上网，应在规定时间内应答。生产者提供必要的信息，同时提供一个状态字，说明这一信息是最新生产的还是过去传输过的信息。消费者接收到信息时，可根据状态字判断信息的价值。WorldFIP 是一个开放系统，不同系统、不同厂家生产的装置都可以使用 WorldFIP，应用结构可以是集中型、分散型和主站-从站型。WorldFIP 现场总线构成的系统可分为 3 级：过程级、控制级和监控级，这样用单一的 WorldFIP 总线就可以满足过程控制、工厂制造加工系统和各种驱动系统的需要了。WorldFIP 由物理层、数据链路层和应用层组成。应用层定义有两种：MPS 定义和 SubMMS 定义。MPS 是工厂周期/非周期服务，SubMMS 是工厂报文的子集。物理层的作用是能够确保连接到总线上的装置间进行位信息的传递。

(4) ControlNet/DeviceNet。ControlNet 的基础技术是 Rockwell Automation 企业于 1995 年 10 月公布的。1997 年 7 月 ControlNet International 组织成立，Rockwell 转让此项技术给该组织，组织成员有 50 多个，如 ABB Roboties、Honeywell Inc.、Yokogawa Corp.、

Toshiba International、Procter&Gamble、Omron Electronics Inc. 等。传统的工厂级的控制体系结构由 5 层组成，即工厂层、车间层、单元层、工作站层、设备层。而 Rockwell 自动化系统简化为 3 层结构模式，即信息层（Ethernet 以太网）、控制层、设备层（DeviceNet 设备网）。ControlNet 常传输大量的 I/O 和对等通信信息，具有确定性和可重复性，紧密联系控制器和 I/O 设备的要求。ControlNet 在单根电缆上支持两种类型的信息传输：有实时性的控制信息和 I/O 数据传输、无时间苛求的信息发送和程序上/下载。此外，ControlNet 在技术上还采取了一种新的通信模式，以生产者/消费者模式取代了传统的源/目的模式，它不仅支持传统的点对点通信，而且允许同时向多个设备传递信息。生产者/消费者模式使用时间片算法保证各节点实现同步，从而提高了带宽利用率。目前，ControlNet 主要应用于过程控制、自动化制造等领域。

（5）CAN。控制局域网（Controller Area Network，CAN）属于总线式通信网络。CAN 总线规范了任意两个 CAN 节点之间的兼容性，包括电气特性及数据解释协议。CAN 协议分为两层：物理层和数据链路层。物理层决定了实际位传送过程中的电气特性，在同一网络中，所有节点的物理层必须保持一致，但可以采用不同方式的物理层。数据链路层功能包括帧组织形式、总线仲裁和检错、错误报告及处理、确认哪个信息要发送的、确认接收到的信息及为应用层提供接口。与一般的通信总线相比，CAN 总线的数据通信具有突出的可靠性、实时性和灵活性。由于其良好的性能及独特的设计，CAN 总线越来越受到人们的重视。它在汽车领域的应用是最广泛的，世界上一些著名的汽车制造厂商，如奔驰、宝马、保时捷、劳斯莱斯和美洲豹等都采用了 CAN 总线实现汽车内部控制系统与各检测和执行机构间的数据通信。同时，由于 CAN 总线本身的特点，其应用范围目前已不再局限于汽车行业，而向自动控制、航空航天、航海、过程工业、机械工业、纺织机械、农用机械、机器人、数控机床、医疗器械及传感器等领域发展。CAN 已经形成国际标准，并已被公认为几种最有前途的现场总线之一，典型的应用协议有 SAE J 1939/ISO 11783、CANOpen、CANaerospace、DeviceNet、NMEA 2000 等。

3. 工业以太网

工业以太网技术具有价格低廉、稳定可靠、通信速率高、软硬件产品丰富、应用广泛以及支持技术成熟等优点，已成为最受欢迎的通信网络之一。工业以太网由于其固有的可靠性、高性能和互操作性，已经渗透到工厂车间，成为自动化和控制系统的首选通信协议。

1）以太网概述

以太网（Ethernet）技术是世界上最常见的网络技术，广泛应用于世界各地的局域网和企业骨干网，由 Xerox 公司于 1973 年提出并实现，最初以太网的速率只有 2.94Mb/s。1980 年 9 月，DEC、Intel 和 Xerox 这 3 个公司联合开发的基带局域网规范，是现有局域网采用的最通用的通信协议标准。1982 年，3Com 公司率先将以太网产品 Ethernet 投入市场。目前，绝大多数局域网采用的都是以太网技术，包括标准以太网（10Mb/s）、快速以太网（100Mb/s）和 10G（10Gb/s）以太网，它们都符合 IEEE 802.3 标准。

短短十几年间，以太网技术的发展完成了一个数量级的飞跃，新的高速以太网技术标准的形成，使以太网技术走出 LAN 的狭小空间并完全可以承担广域网（Wide Area Network，WAN）和城域网（Metropolitan Area Network，MAN）等大规模、长距离网络的建设。

随着光通信技术发展，以及新一代光纤技术（非零色散光纤、全波光纤）应用和普及，还有 40Gb/s 路由设备的成熟以及运营商对成本控制的渴望，40Gb/s 以太网和 100Gb/s 以太网的成熟市场正逐步建立。

另外，多协议标签交换（Multi-Protocol Label Switching，MPLS）技术的发展和快速自愈生成树协议（Spanning Tree Protocol，STP）技术的逐渐成熟，使以太网技术可以为用户提供不同服务质量(QoS)的网络业务,再加上以太网技术本身具有的组网成本低、网络扩容简单等特点,城域以太网技术受到国内各大运营商的青睐。

值得注意的是,以太网是计算机局域网中最常见的通信协议标准,最初是为办公自动化的应用而设计,并没有考虑到工业现场环境的需求,如高温、低温、防尘灯问题,所以以太网不能直接用于工业现场。

2) 工业以太网概述

顾名思义,工业以太网就是封装在以太网协议中的特殊工业协议,以确保在需要执行特定操作的时间和位置发送和接收正确信息,达到工业环境使用需求。具体地说,工业以太网是建立在 IEEE 802.3 系列标准和 TCP/IP 上的分布式实时控制通信网络,适用于数据量传输量大、传输速度要求较高的场合。过去几十年,以太网技术一直在各个领域改变着行业的游戏规则,从早期的局域网,到后来的宽带网络,再到如今的互联网。而现在,以太网技术的关键组件正在应用于工业控制现场总线,推动着整个制造业生态系统的演变和进化。

正如以太网适合信息管理、信息处理系统一样,工业以太网在工厂管理、车间监控等信息集成领域也应用得很多。工业以太网最大的优势在于可以满足控制系统各个层次的要求,使企业的信息网络和控制网络能够实现统一。例如,IEEE 802.3 以太网中存在的用于解决数据碰撞的机制带来了数据传输的延迟,为了达到实时性能,工业以太网协议采用了不同的方法避免这种碰撞,对于硬实时,信号传输时间必须精确地按照时间帧进行,或者它们可以触发一个错误机制。值得注意的是,工业以太网协议中的实时性,循环时间在数百毫秒的系统应用对于软实时是足够的,如温度控制,而对于数字控制或运动控制应用经常需要其循环周期小于 1ms。

近年来,工业以太网占有的市场份额已经超过了传统的现场总线协议,而且随着工业以太网民用的普及,硬件成本和软件成本都在不断降低,为项目缩减了很多的成本。图 2-17 所示为工业以太网。

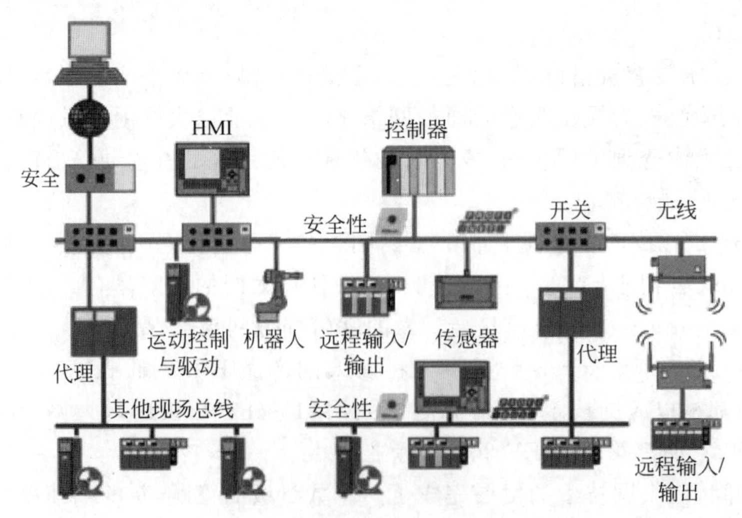

图 2-17 工业以太网

图 2-17 中的 HMI 为人机界面接口,没有 HMI,在工业中很难实现自动化控制。在工业制造中,HMI 通常会以屏幕的形式出现,工程师可以对 HMI 进行编程,实现控制监视功能。一个小型制造工厂甚至可以在一台位于中心的 HMI 上监视整个工厂。对于维护人员,许多 HMI 还可以连接到 PLC,并将数据显示在屏幕上,开展故障检修。相比于每次连接计算机或笔记本电脑,这可以节省宝贵的时间。

3）工业以太网协议

（1）Modbus TCP/IP。TCP/IP 已成为信息行业的事实标准，世界绝大多数的网络都使用 TCP/IP（在网络层使用 IP，在传输层使用 TCP），不过只要在应用层使用 Modbus 协议[①]，就能构成完整的工业以太网。Modbus TCP/IP 是首个推出的工业以太网协议，该协议由施耐德公司推出，以一种非常简单的方式将 Modbus 帧嵌入 TCP 帧，使 Modbus 与以太网和 TCP/IP 结合，成为 Modbus TCP/IP。Modbus TCP/IP 是一种面向连接的方式，每个呼叫都要求一个应答，这种呼叫/应答的机制与 Modbus 的主/从机制一致，但通过工业以太网交换技术大大提高了确定性，改善了一主多从轮询机制的制约。总的来讲，Modbus TCP/IP 本质上是一种传统的 Modbus 通信，在以太网传输层协议中压缩，用于在控制设备之间传输离散数据。

（2）EtherCAT。德国倍福公司发明的以太网控制自动化技术（EtherCAT）自 2003 年以来一直在 EtherCAT 技术集团旗下公司发展壮大。EtherCAT 属于开放的工业以太网协议，为自动化的总线项目提供实时通信，目前最高速率可提升至千兆级。在技术上，EtherCAT 采用以太网帧，并以特定的环形拓扑发送数据。EtherCAT 的关键要素是所有网内的所有从站都能够从主站线路传输的数据包中仅提取所需的相关信息，并在向下级从站传输时将数据插入帧中——人们称之为“飞速”通信。而其采用的标准以太网交换，理论上来说可以支持无限制数量的网络节点。因此，EtherCAT 非常适合主从控制器之间的通信，它在提高了系统的实时性能和拓扑的灵活性的同时，成本又不高于现场总线的使用成本。

（3）PROFINET。与 EtherCAT 不同的是，PROFINET（过程现场网络）是由西门子公司在 1987 年联合 14 家机构、5 个研究所推出的现场总线标准，其目的是推动一种串列的现场总线，能够满足现场设备接口最基本的连接需求。PROFINET 可以提供办公室和自动化领域开放的、一致的连接，其方案覆盖了分散自动化系统的所有运行阶段。PROFINET 主要包括一个 RPC（Remote Procedure Call）层、一个 DCOM（Distributed Component Object Model）层和一个专门为 PROFINET 对象定义的层。PROFINET 对象可以是 ACCO（Active Connection Control Object）设备、RT auto（Runtime Automation）设备、物理设备或逻辑设备。软件中定义的实时数据通道提供 PROFINET 对象与以太网间的实时通信服务，并且 PROFINET 通过系统接口连接到操作系统（如 WinCE），通过应用接口连接到控制器（如 PLC）。

PROFINET 使用以太网和 TCP/IP 作为通信基础，在任何场合下都提供对 TCP/IP 通信的绝对支持，并且 PROFINET 根据不同的应用场合定义了 3 种不同的通信方式：使用 TCP/IP 的标准通信、实时通信（Real Time，RT）和等时同步通信（Isochronous Real Time，IRT），PROFINET 设备能够根据通信要求选择合适的通信方式，其中 TCP/IP 标准通信的反应时间约为 100ms，RT 通信反应时间小于 10ms，而 IRT 通信反应时间则小于 1ms。例如，RT 通信主要用于工厂自动化，这一类没有时间同步要求，一般只要求响应时间为 5～10ms。此外，由于绝大多数工厂自动化应用场合对实时响应要求较高，为了能够满足自动化中的实时要求，PROFINET 规定了基于以太网层的优化实时通信通道，该方案极大地减少了通信栈上占用的时间，提高了自动化数据刷新方面的性能。PROFINET 不仅最小化了可编程控制器中的通信栈，而且对网络中传输数据也进行了优化，因此 PROFINET 通信技术在很多应用场合都能体现出极大的优越性。工程实践表明，在同步运动控制场合采用 PROFINET 提供的 IRT 通信，系统性能将比采用现场总线方案提升近 100 倍。

---

① Modbus 协议是应用于电子控制器上的一种通用语言。通过此协议，控制器相互之间、控制器经由网络和其他设备之间可以通信。它已经成为一个通用工业标准。有了它，不同厂商生产的控制设备可以连成工业网络，进行集中监控。

PROFINET 是一种优越的通信技术，并已成功地应用于分布式智能控制。PROFINET 为分布式自动化系统结构的实现开辟了新的前景，可以实现全厂工程彻底模块化，包括机械部件、电气/电子部件和应用软件。PROFINET 支持各种形式的网络结构，使接线费用最小化，并保证高度的可用性。此外，特别设计的工业电缆和耐用的连接器满足电磁兼容性和温度要求并形成标准，保证了不同制造设备之间的兼容性。

值得注意的是，采用 PROFINET 通信技术，不仅可以集成 ProfiBus 现场设备，还可以通过代理服务器(Proxy)实现其他种类的现场总线网络的集成。采用这种统一的面对未来的设计概念，工厂内各部件都可以作为独立模块预先组装测试，然后在整个系统中轻松组装或在其他项目中重复使用。例如，对于一个汽车生产企业，PROFINET 支持的实时解决方案完全可以满足车体车间、喷漆车间和组装部门等对响应时间的要求，在机械工程及发动机和变速箱生产环节中的车床同步等方面则可使用 PROFINET 的同步实时功能。

PROFINET 发展至今，在过程控制化这一方面取得了巨大成就，如 PROFINET 能够为自动化通信领域提供完整的网络解决方案，包括以太网、运动控制、分布式 I/O，以及网络安全等领域，都有着一系列完整的配套方案。

(4) Ethernet/IP。Ethernet/IP 是适合工业环境应用的协议体系，最初于 2000 年推出，是一种主要由罗克韦尔自动化公司提供的应用层工业以太网协议，由开放式设备网络供应商协会(Open DeviceNet Vendor Association，ODVA)提供支持。Ethernet/IP 本质上是一个通用工业协议(Common Industrial Protocol，CIP)，在标准以太网硬件上运行，并同时使用 TCP/IP 和 UDP/IP 进行数据传输。Ethernet/IP 是唯一完全基于以太网标准并使用标准以太网物理层、数据链路层、网络层和传输层的工业以太网协议。由于其采用标准以太网交换，因此可支持无限数量的节点。

(5) Powerlink。Powerlink 由贝加莱(B&R)公司开发，并由 Ethernet Powerlink 标准化组(Ethernet Powerlink Standardisation Group，EPSG)支持。Powerlink 协议对第 3 和第 4 层的 TCP(UDP)/IP 栈进行了扩展，在共享式以太网网段上采用槽时间通信网络管理(Slot Communication Network Management，SCNM)中间件控制网络上的数据流量。SCNM 采用主从调度方式，每个站只有在收到主站请求的情况下才能发送实时数据。因此，在一个特定的时间，只有一个站能够访问总线，所以没有冲突，从而确保了通信的实时性。

值得注意的是，工业以太网应该保证实时性不会被破坏，在商业应用中，对实时性的要求基本不涉及安全，而过程控制对实时性的要求是硬性的，常常涉及生产设备和人员安全。例如，在工业以太网的应用中可以采用加密的方式防止关键信息窃取。此外，开放互联是工业以太网的优势，远程的监视、控制、调试、诊断等极大地增强了控制的分布性、灵活性，打破了时空的限制，但是对于这些应用必须保证经过授权的合法性和可审查性。

2.3 工业互联网标识解析体系

2.3.1 域名解析体系概述

1. 认识域名解析系统

工业互联网标识解析体系通过条形码、二维码、无线射频识别标签等方式赋予物品唯一身份。工业互联网标识解析体系是工业互联网网络体系的重要组成部分，是支撑工业互联网互联互通的神经中枢，其作用类似于互联网领域的域名系统(DNS)。

2. DNS 概述

域名系统(Domain Name System，DNS)是 Internet 的一项核心服务，它作为可以将域名和IP地址相互映射的一个分布式数据库，能够使人更方便地访问互联网，而不用去记住能够被机器直接读取的IP字符串。

在网络通信中事先规定，如果计算机要相互通信，那么就必须知道对方的IP地址。但是，由于IP地址由一系列的数字构成，不太适合人们输入。为了便于用户记忆，Internet引进了DNS。当用户输入某个域名时，这个信息首先到达提供此域名解析的服务器上，再将此域名解析为相应网站的IP地址。完成这一任务的过程就称为域名解析。

例如，搜狐的IP地址是220.181.118.87，其对应的域名是www.sohu.com。不管用户在浏览器中输入的是220.181.118.87还是www.sohu.com，都可以访问其Web网站。

域名解析的过程是：当一台机器a向其域名服务器A发出域名解析请求时，如果A可以解析，则将解析结果发送给a，否则A将向其上级域名服务器B发出解析请求；如果B能解析，则将解析结果发送给a，否则将请求发给再上一级域名服务器C；以此类推，直至解析到为止。具体详细的解析过程将在后续章节中介绍。

3. DNS的结构

Internet的域名系统是一个树状结构。在域名系统中，域名的结构由若干分量组成，各分量分别代表不同级别的域名，分量之间用点隔开，格式如下。

主机名.三级域名.二级域名.顶级域名

在域名系统中，域名就是Internet上主机的名字，它采用层次结构，每层构成一个子域名，子域名之间用圆点隔开，自左至右分别为计算机名、网络名、机构名、最高域名。Internet主机域名结构如图2-18所示。

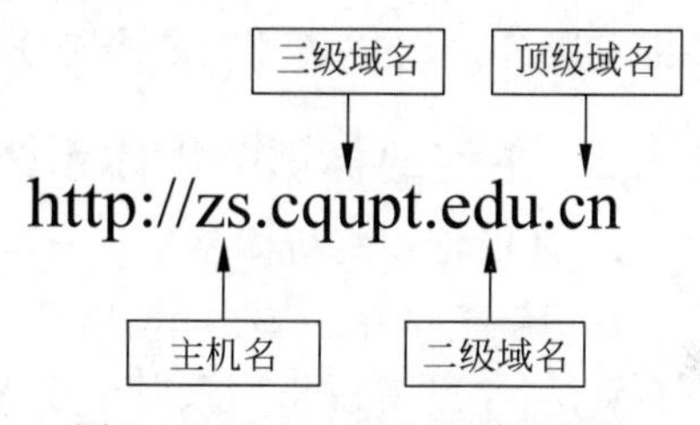

图2-18 Internet主机域名结构

顶级域名有以下3类。

(1) 国家顶级域名。例如，cn表示中国，uk表示英国，fr表示法国，jp表示日本，br表示巴西，ca表示加拿大等。现在使用的国家顶级域名有200多个。

(2) 国际顶级域名。采用int，国际性的组织可在int域名下注册。不过，为了注册方便，多数的国际组织一般使用普通非营利团体可登记的org域名，或是本部所在地的国别最高域名。

(3) 通用顶级域名，常见的如表2-1所示。

表2-1 通用顶级域名

域　名	组织类型	域　名	组织类型
com	商业机构	firm	公司企业
edu	教育部门	shop	销售公司与企业
gov	政府部门	web	突出万维网服务单位
org	非商业组织	arts	突出文化艺术活动的单位
net	网络服务机构	rec	突出消遣娱乐活动的单位
mil	美国军队组织	info	提供信息服务
nom	个人		

例如域名www.sina.com.cn，其中sina为三级域名，即组织机构名，是本系统、单位或院所的软硬件平台的名称；com为网络名，也叫二级域名，代表部门系统或隶属一级区域的下级机构；cn为顶级域名，代表某个国家、地区或大型机构。

此外，值得注意的是，2014年开始，全球陆续有1000多个新域名后缀面世，如注册总量位列前三的top(代表顶级、突破)、xyz(代表创意创新、三维空间、无极限)和loan(代表贷款)。

图 2-19 所示为 Internet 的域名空间。

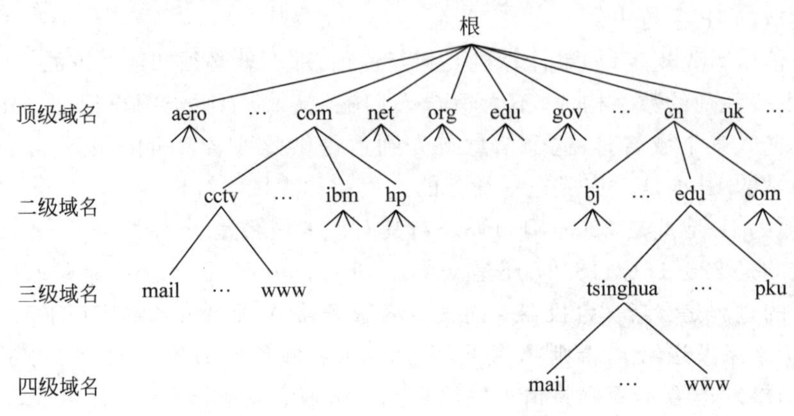

图 2-19 Internet 的域名空间

4. 我国的域名管理

中国互联网信息中心(China Internet Network Information Center,CNNIC)负责管理我国的顶级域,它是我国域名注册管理机构和域名根服务器运行机构,负责运行和管理国家顶级域名 cn、中文域名系统,以专业技术为全球用户提供不间断的域名注册、域名解析和 WHOIS 查询等服务。CNNIC 将 cn 域划分为多个二级域。

2.3.2 主流的标识解析体系概述

1. 认识标识解析体系

标识解析体系主要由标识编码和标识解析两部分构成,标识编码指为人、机、物等实体对象和算法、工艺等虚拟对象赋予全球唯一的身份标识,类似于互联网中的名字服务;标识解析指通过标识编码查询标识对象在网络中的服务站点,类似于互联网中的域名解析服务。工业互联网标识解析系统类似于域名解析系统,是实现资源互联互通的关键基础设施,主流的标识解析体系主要有 Handle、OID 和 GS1 等,目前多用于流通环节的供应链管理、产品溯源等场景中。随着工业互联网的深入推进,采用公有标识对各类资源进行标准化编码成为实现信息共享、推进工业智能化的基础。

2. 主流的标识解析体系

1) Handle

Handle 系统是一套由国际 DONA 基金会组织运行和管理的全球分布式管理系统。Handle 系统是数字对象架构(Digital Object Architecture,DOA)的主要实现形式,采用分段管理和解析机制,实现对象的注册、解析与管理。Handle 系统采用两段式命名机制,结构为权威域(Naming Authority)/本地域(Local Name),权威域和本地域命名之间用"/"分隔,权威域下可管辖若干子权威域,自左向右用"."隔开。Handle 系统采用分级解析模式,全球 Handle 注册机构(Global Handle Registry,GHR)提供权威域查询,本地 Handle 服务(Local Handle Service,LHS)提供本地命名查询。

2) OID

对象标识符(Object Identifier,OID)是由 ISO/IEC、ITU 共同提出的标识机制,用于对任何类型的对象、概念或事物进行全球统一命名,一旦命名,该名称终生有效。OID 制定的初衷是要实现开放系统互联(OSI)中对象的唯一标识。OID 采用分层、树状编码结构,不同层次之间用"."分隔,即 xx. xx. xx. xx…,每个层级的长度没有限制,层数也没有限制。例如,我国农业部的节点由 OID(1.2.156.326)表示，每个数字分别代表的含义为：1-ISO；2-国家；156-中国；326-农业部。

3) GS1

GS1(Global Standard 1)是由国际物品编码协会建立的一种标识体系。GS1 由三大体系构成，包括编码体系、载体体系、数据交换体系，可以对物品供应链全生命周期的各类数据信息进行标识。通过统一的 GS1 标识编码，企业之间可以有效地实现供应链信息共享和交换，实现高效率、低成本的物流仓储管理和产品追溯。全球贸易项目代码(Global Trade Item Number,GTIN)是 GS1 编码体系中应用最广泛的标识代码，GS1 代码大致由指示符、厂商识别代码、商品项目代码、校验码等部分构成，为了应对互联网的发展，GS1 提出超级链接的方案，采用域名厂商识别代码、应用标识符的结构提供线上解析服务。

标识解析体系对工业互联网发展的支撑作用体现在 3 方面：一是通过构建工厂内部的标识采集、数据解析等基础设施，将分散化的物理生产单元相互连接，打破信息孤岛，促进生产企业内部各层级信息系统的集成整合，实现生产、供应链、产品等数据的无缝传输，构建数据优化闭环；二是基于物联网、大数据、云计算等信息技术，能够对工厂生产线运行、生产经营状况、产业链协同和市场需求信息进行充分感知、复杂计算和深度分析，形成工业生产的智能化决策；三是通过企业内部与外部解析系统的互联，将生产企业与上下游企业、市场用户之间紧密连接，形成协同化、定制化和服务化的智能生产模式和商业模式，提高生产资源配置效率，创造新的服务价值。

2.3.3　我国工业互联网标识解析体系

在整个工业互联网组织要素中，工业互联网标识及标识解析技术是实现工业互联网快速发展的关键技术，同时工业互联网标识解析体系是我国工业互联网建设的重要任务。2017 年 11 月发布的我国工业互联网发展纲领性文件《关于深化"互联网＋先进制造业"发展工业互联网的指导意见》指出，工业互联网的核心是基于全面互联而形成数据驱动的智能，标识解析体系作为工业互联网的关键神经系统，是实现工业系统互联和工业数据传输交换的支撑基础。其中，工业互联网标识是指能够唯一识别机器、产品、算法、工序等制造业物理资源和虚拟资源的身份符号。工业互联网标识解析是指能够根据标识编码查询目标对象网络位置或相关信息的系统装置。

1) 工业互联网标识解析系统

工业互联网标识解析系统的整体架构采用分层、分级模式构建，面向各行业、各类工业企业提供标识解析公共服务。系统主要元素包括根节点、国家顶级节点、二级节点、企业节点、公共递归节点等，如图 2-20 所示。

(1) 根节点是标识管理体系中最高等级的国际性标识服务节点，提供面向全球范围或若干国家/地区的公共的根级别的标识服务。

(2) 国家顶级节点是一个国家或地区内部顶级的标识服务节点，能够面向全国/全区范围提供标识注册分配、标识解析、审核认证及数据托管等服务，并为行业节点和企业节点提供查询指引。国家顶级节点向上与支持各类标识体系的国际根节点保持连通，向下与国内/区内各行业(或企业)二级节点保持连通。

(3) 二级节点是面向特定行业平台、通用性平台或大型企业平台提供标识服务的公共节点，可以根据行业具体需求定义灵活的行业性标识数据格式。二级节点向上连接国家顶级节点，向下为工业企业分配标识资源、提供标识注册、解析、公共查询等数据服务，同时满足稳定性、安全性和可扩展性等多方面的要求。此外，二级节点也是推动工业互联网标识产业规模化发展和应用的重要抓手，对于树立有价值的行业标识应用标杆、开创可持续发展的业务模式至关重要。

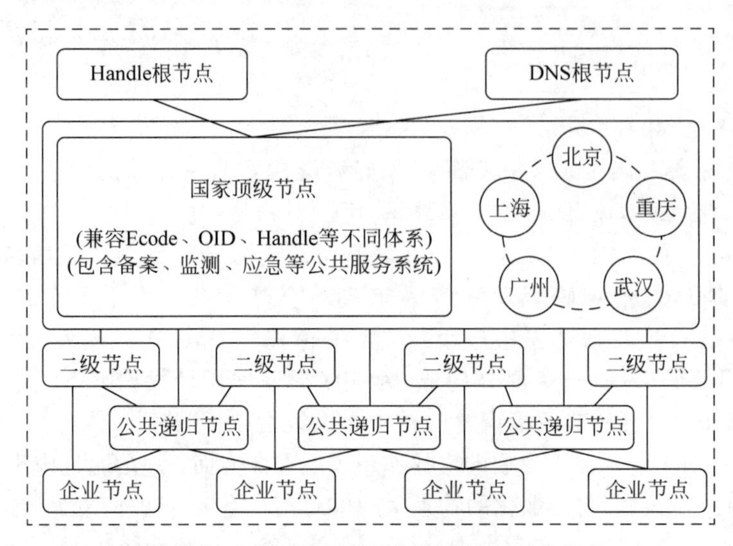

图 2-20 工业互联网标识解析系统的整体架构

(4) 企业节点是面向工业企业内部的标识服务节点,可以面向特定企业提供标识内部注册、分配和标识解析服务,可以独立部署,也可以作为企业信息系统的一部分。根据企业规模可以灵活定义工厂内标识解析系统组网形式以及企业内部标识数据格式。企业节点的标识编码与标识解析服务不限定技术方案,可与国家顶级节点实现不同标识解析体系之间的互联互通。

(5) 公共递归节点是标识解析体系的关键入口设施,代替用户进行复杂的迭代查询。利用缓存技术,也可以将查询结果直接返回给用户,提升整体解析服务性能。当收到客户端的标识解析请求时,公共递归节点首先会在本地缓存进行查询,如果没有命中查询结果,则会查询标识解析服务器,按照其返回的应答查询路径进行查询,直至查询到标识对应的地址和关联信息,将其返回给用户,并将查询响应结果进行缓存。

值得注意的是,Ecode 是由编码中心提出的具有我国自主知识产权的物联网编码方案,从 2007 年开始 Ecode 编码结构的技术和标准研究,于 2011 年正式形成了 Ecode 标识体系;2015 年第 1 个物联网国家标准《物联网标识体系 物品编码 Ecode》(GB/T 31866—2015)正式发布。以标准为基础,国家物联网标识管理与公共服务平台建设完成,提供一物一码的赋码与数据解析,并在食品安全、产品追溯、智能交通等领域开展了试点应用,取得了突破性的成果。Ecode 标识体系和解析服务平台,将保障工业企业多信息系统融合,提升企业智能制造水平,提高产品质量,降低生产成本,优化供应链上下游协同并实现产品精准召回;通过加强企业、政府与消费者之间的数据交互共享,为政府宏观调控、落实监督监管等工作提供良好的技术支持,为消费者打造更加安心的消费氛围。

2) 我国的工业互联网标识解析体系

2018 年,在工业和信息化部指导下,中国信息通信研究院承担了工业互联网标识解析国家顶级节点建设任务。经过 2018—2020 年的 3 年建设,中国信息通信研究院已经在北京、上海、广州、重庆和武汉等区位中心城市建设了 5 个国家顶级节点,部署了国家顶级节点标识注册系统、解析系统、标识数据同步、系统标识查询系统等,建立了与其他异构标识解析体系互联互通平台,并提供基于国家顶级节点的标识解析监测系统、标识解析安全保障系统等公共能力,形成了 4 种核心系统、一大互通平台、两种公共能力的国家顶级节点服务体系。图 2-21 所示为工业互联网标识解析顶级节点服务平台,该平台提供了工业互联网标识系统全生命周期服务和工业互联网标识解析托管服务,并提供相应的标识安全保障等。

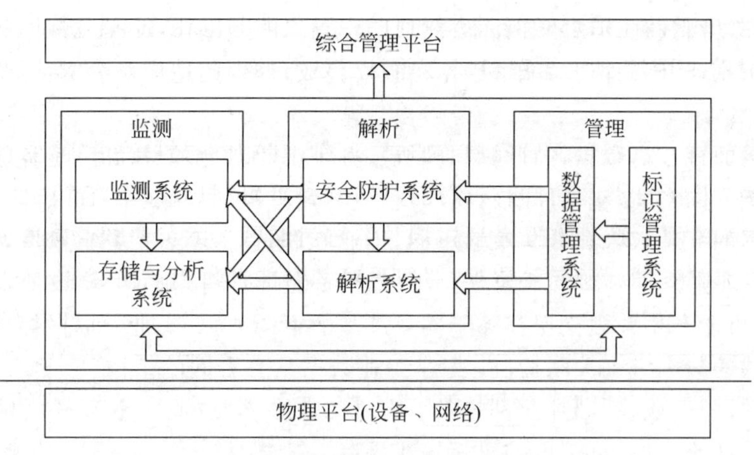

图 2-21 工业互联网标识解析顶级节点服务平台

(1) 标识分配和解析服务：向行业节点提供标识分配和解析服务。

(2) 业务管理服务：通过综合管理平台、监测等功能，对标识应用状态和发展情况进行业务管理；为国内行业二级平台申请者提供从申请到运营的一站式技术和业务解决方案。

(3) 后台托管服务：解决国内行业二级节点运营标识二级节点所需的技术系统支撑问题。

(4) 实名核验服务：通过标识托管平台的应用程序接口(Application Programming Interface,API)，接入行业二级节点的待审核数据，进行标识注册者实名核验服务。

(5) 数据托管服务：通过建设数据托管服务，为所有二级节点提供标识数据备份服务，确保二级节点的数据安全。

(6) 标识安全解析：为二级节点、企业用户提供应急解析服务或解析托管的应急恢复服务，提升工业互联网标识体系的整体安全性。

(7) 标识安全监测：以全球分布的监测点对工业互联网服务(解析服务配置信息、可用性信息)进行持续的监测和分析，根据监测项按小时粒度展开监测任务。为打造涵盖标识解析系统全生命周期的服务能力，工业互联网标识解析顶级节点服务平台在实现标识注册、分配、解析等功能的基础上，整合了运营管理和运营服务能力。

2.3.4 工业互联网背景下标识解析体系发展趋势

1. 标识解析体系细分物品和数据

在工业互联网出现之前，标识主要应用在仓储物流管理中，用以提升自动化水平，提高工作效率，降低物流成本。随着信息技术的不断发展以及数字化水平的不断提升，标识不再局限在企业内部管理中，而是被赋予了打通信息壁垒、实现信息共享、挖掘数据价值等更深层次的意义。

传统互联网中的域名标识编码主要是以“面向人为主”，方便人来识读主机、计算机、网站等；而工业互联网标识编码则扩展到“面向人、机、物”的三元世界，方便计算机自动读取机器、产品、原材料等物品及其所关联的各种数据。传统互联网中的标识解析的本质是将域名标识翻译为 IP 地址，从而支撑用户上网浏览网页等行为；而工业互联网中的标识解析的本质是将工业互联网标识翻译为物体或相关信息服务器的地址，并在此基础上增加了查询物品属性数据的过程，从而支撑工业互联网数字化、网络化、智能化的发展。

2. 标识解析体系增加数据管理

传统互联网的核心是主机，因此标识解析服务(即域名体系)也是为如何查询主机地址而设计。尽管由域名扩展而来的网址，即统一资源定位符(Uniform Resource Locator,URL)可以识别网页等互联网数据，但 DNS 并不提供针对 URL 的完整解析，而是在查询到主机 IP 地址后将剩下的信息查询和管理功能交给主机独立完成，这也是造成互联网数据难以共享、共用的根本原因之一。

工业互联网的核心是数据，因此标识解析服务需要为如何查询和管理信息而设计。一是工业数据归属于不同主体，包括原材料供应商、生产制造商、物流运输商、销售商等角色，各个主体对工业数据的管理权限和分享策略不同，工业互联网标识解析系统需要为此设计灵活的权限机制；二是工业数据存储于不同位置，随着产品生命周期的展开，从设计、制造、物流到使用，每个环节都可能产生并独立保存关于同一产品的不同数据，工业互联网标识解析系统需要为此设计分布式的数据查询关联机制；三是工业数据具有不同的结构，由于工业领域具有 500 多个细分门类，不同行业、不同企业都定义了大量工业数据结构，工业互联网标识解析系统需要为产品信息设计统一的、可扩展的语义描述机制。

3. 标识解析体系服务高效

传统互联网中的标识解析是为用户上网浏览网页所设计，可以承受一定的时延和抖动；而工业互联网对网络服务性能要求较高，特别是工厂内网需要低时延、高可靠的网络服务。考虑到工厂内高温、高压、高热的特殊环境，以及智能机器、智能产品与人类用户的差异性，还需要工业互联网标识解析体系充分发挥电子标签等物联网手段自动读取标识数据。

同时，工业互联网标识解析体系要具备较强的兼容性和扩展性。一方面，由于工业互联网中的主体对象来源复杂，业务上存在多种不同标识解析系统，对于使用标识解析服务的用户，不可能为每种标识都安装单独的客户端，所以标识编码设计应该前向兼容，标识解析系统之间应该能够互联互通。另一方面，由于工业互联网仍然在起步期，快速发展所带来的联网设备数量和网络拓扑结构变更也不应该对标识解析体系架构、运行、效率、性能带来过多的影响。

2.4 5G 技术

2.4.1 5G 概述

1. 认识 5G

5G 是第 5 代移动通信技术(5th Generation Wireless Systems)的简称，是最新一代蜂窝移动通信技术。5G 最大的应用之一是大规模设备通信，如自动驾驶汽车、元宇宙硬件、游戏虚拟现实(Virtual Reality，VR)和智能工厂。

在新基建领域，作为与铁路、汽车类似的通用技术，5G 技术有望成为移动互联网高速发展的强力支撑平台，为庞大数据量和信息量的传递提供高速传输信道，补齐制约人工智能、大数据、工业互联网等在信息传输、连接规模、通信质量上的短板。

2. 5G 与 4G 的区别

5G 不仅仅是 4G 的扩展，5G 让万物之间的连接和交互成为可能，让收集、共享和使用数十亿设备的海量数据成为可能。

与 4G 相比，5G 网络是高度集成的，是一种范式的转换，5G 网络的新范式包括具有海量带宽的极高载波频率、顶级基站、高密度设备，以及前所未有的天线数量。根据国际电信联盟无线电通信局（ITU-R）的标准，5G 的目标场景为增强移动宽带(Enhanced Mobile Broadband，eMBB)、超高可靠、低时延高可靠通信（Ultra-Reliable & Low-Latency Communication，uRLLC)、大规模物联网（Massive Machine-Type Communication，mMTC)，其中包括移动互联网、工业互联网和汽车互联网以及其他具体场景。此外，5G 还将提供跨多技术网络的融合网络通信，以及与卫星、蜂窝网络、云、数据中心和家庭网关合作的开放通信系统。

(1) eMBB。以人为中心的应用场景，集中表现为超高的传输数据速率、广覆盖下的移动性保证等，可以最直观改善移动网速。从 eMBB 层面上来说，它是原来移动网络的升级，让人们体验到极致的网速。因此，eMBB 将是 5G 发展初期面向个人消费市场的核心应用场景。

(2) uRLLC。低时延高可靠通信，在此场景下，连接时延要达到 1ms 级别，而且要支持高速移动(500km/h)情况下的高可靠性(99.999%)连接。uRLLC 对于工业互联网至关重要，智慧工厂、工业自动化等工业互联网的热门场景，大多是基于 uRLLC 等场景开展的试验示范项目，因此，uRLLC 对于 5G 的发展有着深刻意义。

(3) mMTC。5G 强大的连接能力可以快速促进各垂直行业(智慧城市、智能家居、环境监测等)的深度融合。万物互联下，人们的生活方式也将发生颠覆性的变化。这一场景下，数据速率较低且时延不敏感，终端成本更低，电池寿命更长且可靠性更高，能真正实现万物互联。

3. 5G 的主要特点

1) 高速度

相对于 4G，5G 要解决的第 1 个问题就是高速度。只有网络速度大幅度提升，用户体验与感受才会有较大提高。在传统互联网和 3G 时代，受到网络速度影响，流量是非常珍贵的资源，所有社交软件都是访问机制，就是用户必须上网才能收到数据。而在 4G 时代，网络速度提高，带宽不再是珍贵的资源了，社交应用就变成了推送机制，所有信息都可以推送到人们的手机上，这样的改变让用户体验大大改善。在 5G 时代，网速大大提升，也必然会对相关业务产生巨大影响，不仅会让传统的视频业务有更好的体验，同时也会催生出大量的市场机会与运营机制。例如，5G 的上传速度达到 100Mb/s 左右，网络贴片技术还可以保证某些用户不受拥堵的影响，直播的效果会更好，在此背景下，每个用户都可能成为一个直播电视台。同时，5G 的高速度还支持远程医疗、远程教育等从概念转向实际应用。远程医疗可行的基础就是低成本，同时又需要高清晰的图像传输，需要低时延的操作，这些都要以高速度的网络作为基础。

2) 泛在网

随着业务的发展，网络业务需要无所不包，广泛存在。只有这样才能支持更加丰富的业务，才能在复杂的场景中使用。泛在网有两个层面的含义，一个是广泛覆盖，另一个是纵深覆盖。

广泛是指我们社会生活的各个地方，需要广覆盖，以前高山峡谷就不一定需要网络覆盖，因为生活的人很少，但是如果能覆盖 5G，可以大量部署传感器，进行环境、空气质量甚至地貌变化、地震的监测，这就非常有价值。5G 可以为更多这类应用提供网络。

纵深是指人们生活中虽然已经有网络部署，但是需要进入更高品质的深度覆盖。人们今天家中已经有了 4G 网络，但是家中的卫生间可能网络质量不是太好，地下停车库基本没信号，现在是可以接受的状态。5G 的到来，可把以前网络品质不好的卫生间、地下停车库等都用很好的 5G 网络纵深覆盖。

一定程度上，泛在网比高速度还重要，只是建一个少数地方覆盖、速度很高的网络，并不能保证 5G 的服务与体验，而泛在网才是 5G 体验的一个根本保证。

3) 低功耗

5G 要支持大规模物联网应用，就必须要有功耗的要求。这些年，可穿戴产品有一定发展，但是遇到很多瓶颈，最大的瓶颈是体验较差。以智能手表为例，每天充电，甚至不到一天就需要充电。所有物联网产品都需要通信与能源，虽然今天通信可以通过多种手段实现，但是能源的供应只能靠电池。通信过程若消耗大量的能量，就很难让物联网产品被用户广泛接受。

低功耗主要采用两种技术手段实现，分别是美国高通等主导的 eMTC 和华为主导的

NB-IoT。eMTC(Enhance Machine Type Communication)基于LTE协议演进而来,为了更加适合物与物之间的通信,也为了成本更低,该技术对LTE协议进行了裁剪和优化。eMTC基于蜂窝网络进行部署,其用户设备通过支持1.4MHz的射频和基带带宽,可以直接接入现有的LTE网络。eMTC支持上/下行1Mb/s的峰值速率。NB-IoT(Narrow Band Internet of Things)的构建基于蜂窝网络,只消耗大约180kHz的带宽,可直接部署于GSM网络、UMTS网络或LTE网络,以降低部署成本,实现平滑升级。NB-IoT是一种基于蜂窝的窄带物联网技术,也是低功耗广域物联(Low-Power Wide-Area,LPWA)的最佳连接技术,NB-IoT提供了完整的OpenCPU(以模块作为主处理器的应用方式)解决方案,可为客户节省表计应用中的外部微控制单元(Microcontroller Unit,MCU)、晶体器件的成本。NB-IoT承载着智慧家庭、智慧出行、智慧城市等智能世界的基础连接任务,广泛应用于智能表计、智慧停车、智慧路灯、智慧农业、白色家电等多方面,是5G时代下的基础连接技术之一。NB-IoT和eMTC面向了5G的海量连接(mMTC)场景,是未来走向5G物联网的基础。

低功耗的要求非常广泛。例如,对于河流的水质监测,几十千米或几千米设立一个监测点,监测结果不够准确,要找到污染源非常困难,而设立大量常规的监测点,成本又太高,这就需要设立大量成本低的监测点,及时回传数据。如果采用低功耗技术,将监测器布置在河流沿线,半年换一次电池,维护的成本就很低,从而形成有价值的应用。

4) 低时延

5G的一个新场景是无人驾驶、工业自动化的高可靠连接。人与人之间进行信息交流,140ms的时延是可以接受的,但是如果这个时延用于无人驾驶、工业自动化就无法接受。5G对于时延的最低要求是1ms,甚至更低。这就对网络提出严格的要求,而5G是这些新领域应用的必然要求。

低时延还有一个重要应用领域,就是工业控制。这个领域对于时延要求最高,一台高速度运转的数控机床,发出停机的命令,这个信息如果不能及时送达,而是有很高的时延,就无法保证生产出的零件是高精密的。低时延就是把信息送达后,机床马上作出反应,这样才能保证精密度。

4. 5G在工业互联网中的应用

5G的出现极大地推动了工业互联网的发展。首先,从消费者的角度来讲,智能手机将最先受益于5G,其将拥有极致体验的速度和数据,而且随时接入云端。5G的快速发展将之前的无线通信无法涉及的产业涵盖进来,如工业中的关键技术,包括自动驾驶汽车、智能制造等,因此5G的潜力是巨大的。不仅在无线通信行业领域,在各个行业之中,5G的潜力都是无限的。例如,当人们把各个设备相连后,5G就可以把大数据、数字经济和众多智能化连接设备等巨大的力量结合在一起。

其次,在工业互联网领域,5G将构建全新生态。随着工业互联网的发展,工业生产可实现资源优化、协同合作和服务延伸,提高资源利用效率。5G与工业互联网结合,既可以满足工业智能化发展需求,形成具有低时延、高可靠、广覆盖特点的关键网络基础设施,也将是新一代信息通信技术与工业领域深度融合所形成的新兴应用模式,更会在此基础上形成全新工业生态体系。

待5G技术成熟时,工业互联网将普遍应用5G解决企业内网和企业外网中存在的问题,同时将引入时间敏感型网络(TSN)等新型网络技术,更好地满足工业互联网发展需要,实现工业的数字化、网络化和智能化。

图2-22所示为5G在工业互联网中的应用。

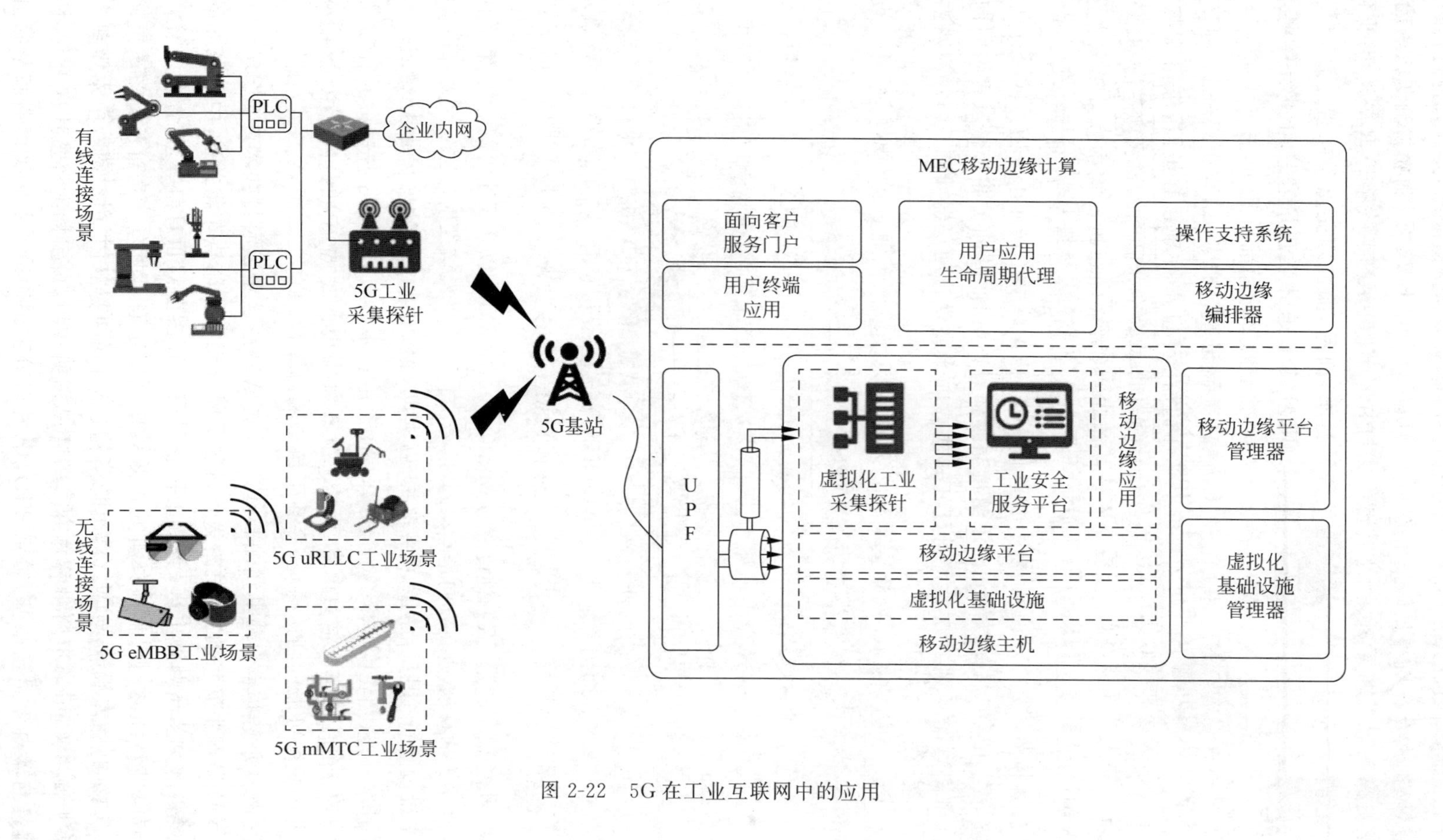

图 2-22　5G在工业互联网中的应用

图 2-22 中 UPF(User Plane Function)是 5G 核心网系统架构的重要组成部分，主要负责 5G 核心网用户面数据包的路由和转发相关功能。UPF 在 5G 面向低时延、大带宽的边缘计算和网络切片技术上发挥着举足轻重的作用。MEC(Mobile Edge Computing)则表示边缘计算技术，它是支撑运营商进行 5G 网络转型的关键技术，以满足高清视频、VR、AR、工业互联网、车联网等业务发展需求。

2.4.2 5G 关键技术

1. 大规模 MIMO 技术

多输入多输出(Multiple-Input Multiple-Output，MIMO)技术是指在发射端和接收端分别使用多个发射天线和接收天线，使信号通过发射端与接收端的多个天线发送和接收，从而改善通信质量。要提高无线网速，主要方法之一是采用多天线技术，即在基站和终端侧采用多个天线，组成 MIMO 系统。MIMO 系统被描述为 $M \times N$ MIMO，其中 M 是发射天线的数量，N 是接收天线的数量(如 4×2 MIMO)。大规模 MIMO 技术就是采用更大规模数量的天线，该技术能充分利用空间资源，通过多个天线实现多发多收，在不增加频谱资源和天线发射功率的情况下，可以成倍提高系统信道容量，显示出明显的优势，被视为下一代移动通信的核心技术。

1) 大规模 MIMO 技术的特点

(1) 天线数。传统的 4G 网络基本是 2 天线、4 天线或 8 天线，而大规模 MIMO 的天线数可以达到 16、32、64 或 128 个，如图 2-23 所示。

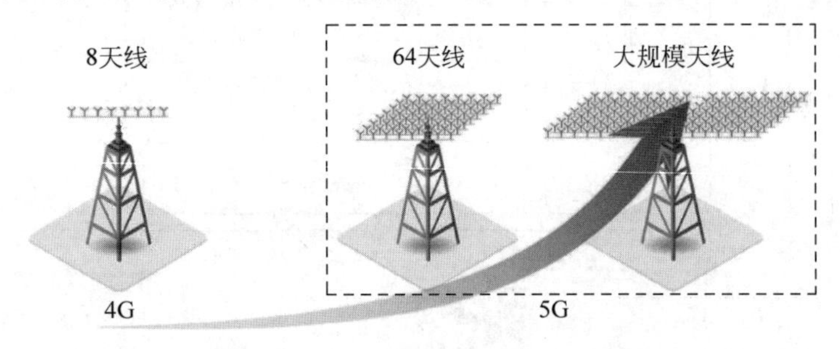

图 2-23 大规模 MIMO 中的天线数

(2) 信号覆盖的维度。人们称传统的 MIMO 为 2D-MIMO，以 8 天线为例，实际信号在做覆盖时，只能在水平方向移动，垂直方向是不动的，信号类似一个平面被发射出去。而大规模 MIMO 是在信号水平维度空间的基础上引入垂直维度的空域进行利用，信号的辐射状是电磁波束。

2) 使用大规模 MIMO 的好处

(1) 可以提供丰富的空间自由度，支持空分多址(Space Division Multiple Access，SDMA)。

(2) 提供更多可能的到达路径，提高了信号的可靠性。

(3) 提高小区峰值吞吐率。

(4) 提高小区平均吞吐率。

(5) 降低对周边基站的干扰。

(6) 提高小区边缘用户平均吞吐率。

值得注意的是，大规模 MIMO 的不利之处在于系统必须用非常复杂的算法找到用户的准确位置，否则就不能精准地将波束对准这个用户。因此，不难理解波束管理和波束控制对 MIMO 的重要性。

2. 网络切片技术

网络切片技术就是把运营商的物理网络切分成多个虚拟网络，每个网络适应不同的服务需求。可以通过时延、带宽、安全性、可靠性划分不同的网络，以适应不同的场景。通过网络切片技术在一个独立的物理网络上切分出多个逻辑网络，从而避免了为每个服务建设一个专用的物理网络，这样可以大大降低部署的成本。

例如，在同一个5G网络上，电信运营商会把网络切片为智能交通、无人机、智慧医疗、智能家居以及工业控制等多个不同的网络，将其开放给不同的运营者，这样一个切片的网络在带宽、可靠性能力上也有不同的保证，计费体系、管理体系也不同。在切片的网络中，各个业务提供商不是如4G一样，都使用一样的网络和服务，而是可以向用户提供不同的网络、管理、服务和计费，让业务提供者更好地使用5G网络。图2-24所示为端到端网络切片。

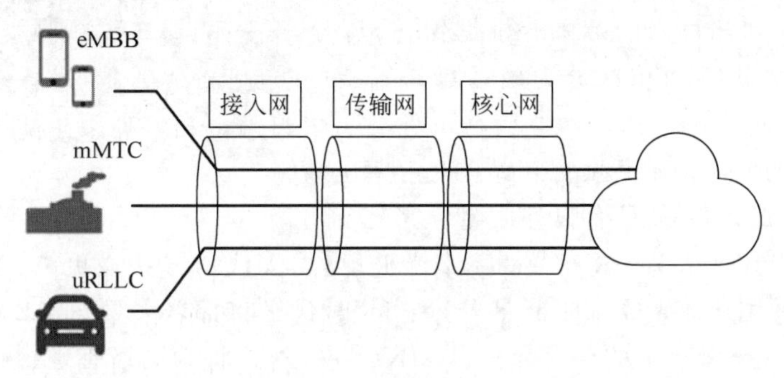

图2-24　端到端网络切片

3. 软件定义网络

软件定义网络(SDN)是一种将网络基础设施层(也称为数据面)与控制层(也称为控制面)分离的网络设计方案。网络基础设施层与控制层通过标准接口连接，如OpenFlow(首个用于互联数据和控制面的开放协议)。

SDN将网络控制面解耦至通用硬件设备上，并通过软件化集中控制网络资源。控制层通常由SDN控制器实现，基础设施层通常被认为是交换机，SDN通过南向API(如OpenFlow)连接SDN控制器和交换机，通过北向API连接SDN控制器和应用程序。

SDN可实现集中管理，提升了设计灵活性，还可引入开源工具，具备降低资本支出和运营成本以及激发创新的优势。图2-25所示为SDN。

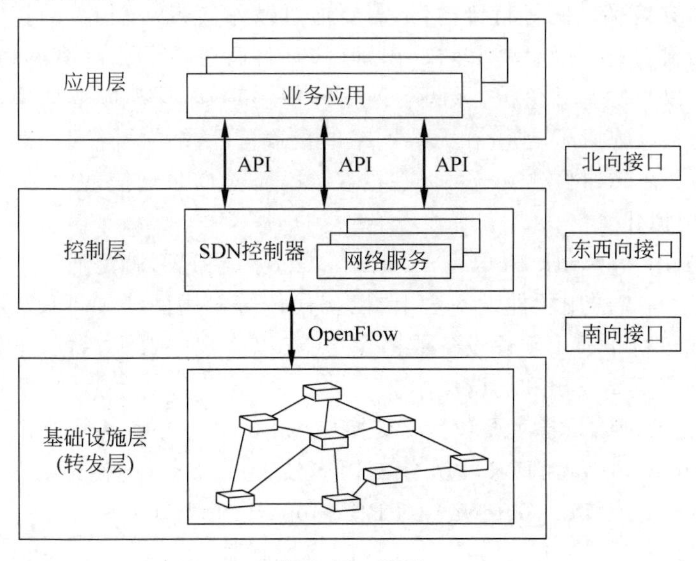

图2-25　SDN

4. Small Cells

5G 基站是 5G 网络的核心基础设施，主要提供无线覆盖以实现有线通信网络与无线终端之间的无线信号传输。5G 基站的架构、形态直接影响 5G 网络的部署和应用。图 2-26 所示为 5G 基站，图 2-27 所示为基站在通信中的作用。

图 2-26　5G 基站

Small Cells 就是小基站(小小区)，相较于传统宏基站，Small Cells 的发射功率更低，覆盖范围更小，通常覆盖 10m 到几百米的范围。根据覆盖范围的大小，通常将 Small Cells 依次分为微蜂窝、Picocell 和家庭 Femtocell。

Small Cells 的使命是不断填充宏站的覆盖盲点和容量，以更低的成本提高网络服务质量。考虑到 5G 无线频段越来越高，未来还将部署 5G 毫米波频段，无线信号频段更高，覆盖范围更小，加之未来多场景下的用户流量需求不断攀升，后 5G 时代必将部署大量 Small Cells，这些 Small Cells 将与宏站组成超级密集的混合异构(HetNet)网络，这将为网络管理、频率干扰等带来空前的复杂性挑战。

图 2-27　基站在通信中的作用

5. 设备到设备通信

设备到设备(D2D)通信是一种基于蜂窝系统的近距离数据直接传输技术。设备到设备通信会话的数据直接在终端之间进行传输，不需要通过基站转发，而相关的控制信令，如会话的建立、维持、无线资源分配以及计费、鉴权、识别、移动性管理等仍由蜂窝网络负责。蜂窝网络引入 D2D 通信，可以减轻基站负担，降低端到端的传输时延，提高频谱效率，降低终端发射功率。当无线通信基础设施损坏，或者在无线网络的覆盖盲区，终端可借助 D2D 实现端到端通信甚至接入蜂窝网络。在 5G 网络中，既可以在授权频段部署 D2D 通信，也可在非授权频段部署。

6. 网络功能虚拟化

网络功能虚拟化(Network Functions Virtualization，NFV)就是通过 IT 虚拟化技术将网络功能软件化，并运行于通用硬件设备之上，以替代传统专用网络硬件设备。NFV 将网络功能以虚拟机的形式运行于通用硬件设备或白盒之上，以实现配置灵活性、可扩展性和移动性，并以此希望降低网络资本支出和运营成本。

NFV 要虚拟化的网络设备主要包括：交换机(如 Open vSwitch)、路由器、归属位置寄存器(Home Location Register，HLR)、服务 GPRS 支持节点(Serving GPRS Support Node，SGSN)、网关 GPRS 支持节点(Gateway GPRS Support Node，GGSN)、结合 GPRS 服务节点(Combined GPRS Service Node，CGSN)、无线网络控制器(Radio Network Controller，RNC)、服务网关(Serving Gateway，SGW)、分组数据网络网关(Packet Data Network Gateway，

PGW)、无线接入网关(RAN Access Gateway,RGW)、宽带远程接入服务器(Broadband Remote Access Server,BRAS)、运营商级网络地址转换器(Carrier-Grade NAT)、深度包检测(Deep Packet Inspection,DPI)、PE路由器、移动管理实体(Mobility Management Entity,MME)等。

值得注意的是,NFV独立于SDN,可单独使用或与SDN结合使用。

7. 云无线接入网

云无线接入网(Cloud-Radio Access Network,C-RAN)将无线接入的网络功能软件化为虚拟化功能,并部署于标准的云环境中。C-RAN概念由集中式无线接入网(RAN)发展而来,目标是提升设计灵活性和计算可扩展性,提升能效和降低集成成本。在C-RAN构架下,室内基带处理单元(Building Baseband Unit,BBN)功能是虚拟化的,且集中化、池化部署,射频拉远单元(Remote Radio Unit,RRN)与天线分布式部署,RRU通过前传网络连接BBU池,BBU池可共享资源,灵活分配处理来自各RRU的信号。

C-RAN的优势是可以提升计算效率和能效,易于实现协同多点传输(Coordinated Multiple Points Transmission/Reception,COMP)、多无线电接入技术(Radio Access Technology,RAT)、动态小区配置等更先进的联合优化方案,但C-RAN的挑战是前传网络设计和部署的复杂性。

8. 毫米波

毫米波(mmWave)指射频频率为30～300GHz,波长为1～10ms的无线电波。5G与2/3/4G最大的区别之一是引入了毫米波。毫米波有极高的带宽,可利用总带宽高达135GHz,是传统微波波段带宽和的5倍,在频段资源紧张的今天具有巨大吸引力。而且,毫米波的波束很窄,能更精准地分辨目标物并还原目标物细节。与激光相比,毫米波对气候要求更低,与微波相比,毫米波元器件尺寸更小,毫米波设备更容易小型化。毫米波的缺点是传播损耗大,穿透能力弱;毫米波的优点是带宽大、速率高,因此5G毫米波适合在车站、机场、体育场这些同一区域、同一时间、大量用户的场景使用。

5G是一个复杂的体系,在5G基础上建立的网络,不仅要提升网络速度,同时还提出了更多的要求。未来5G网络中的终端也不仅是手机,而是有汽车、无人机、家电、公共服务设备等多种设备。4G改变生活,5G改变社会。5G将是社会进步、产业推动、经济发展的重要推进器。随着通信技术的不断发展,5G网络将推动中国传统产业加速技术改造和跨界整合,推动中国垂直产业数字化、智能化、网络化,使生产网络变得更有效率,提升产业发展的质量和效益,拓展产业创新发展的新空间。

2.4.3 工业互联网与5G

工业互联网作为我国新基建之一,在政策层面上受到国家的强力支撑,5G、云计算、物联网等其他新基建要素发展良好,也为工业互联网打下了良好的底层基础。目前越来越多的传统企业开始进行上云等数字化升级,而高精尖科技领域升级趋势也在不断深化,航天、军工、集成电路、高端生产制造已开始从生产自动化升级到生产智能化,通过工业互联网实现全生命周期数字化管理,打造数字制造闭环,综合竞争力和创新能力全面提升,工业互联网重要性不言而喻。

此外,工业互联网与其他新基建融合碰撞,还将加速产业转型升级。智能制造升级所需重点投入的领域主要包括云、网和端三大领域,云即云计算和工业大数据,网即覆盖产业链整体的工业互联网,端即与工业互联网融合一体的智能控制设备、工业机器人、智能机床等终端设备。工业互联网是连接智能制造产业云和端的连接枢纽,通过平台、软件、数据、算法将设备和信息互联,能够极大提升制造业智能化水平。根据新基建的定义,工业互联网能够与其他新基建形成良好的融合，通过与5G、物联网、人工智能、云计算等其他新基建融合赋能，加速产业转型升级。

工业互联网发展提速，工业互联网是5G重要应用领域之一。工业和信息化部印发的《工业互联网专项工作组2020年工作计划》指出，要从多方面提升工业互联网的基础能力，其中包括要推动基础电信企业建设覆盖全球所有地市的高质量外网，鼓励工业企业升级改造工业互联网内网以及推动重点行业龙头企业、地方骨干企业开展工业互联网内网改造升级等。

5G与工业互联网融合，从目前的进展来看，主要有3个层面：一是在边缘智能层面，5G有利于就近提供算力，将提高设备端的数据处理能力，实现设备的实时响应；二是在无线下沉层面，5G逐步下沉与TSN、工业互联网等融合，促进PLC、DCS等工业控制器通信能力的提升，让机器之间的互通更加扁平化；三是在应用升级层面，利用5G搭建更宽、更广、更快和更可靠的通信基础设施，同时利用云端的超强计算能力和人工智能(Artificial Intelligence，AI)技术对海量数据进行分析和学习，可以打造云、边、端一体化的工业大脑。

放眼全球市场，我国近年来在自主可控和科技创新领域取得出色成绩，且更为重要的是意识形态的改变，重视科技创新和知识产权，商业环境不断好转，加上政策加码领航，我国工业互联网未来成长值得期待。

2.5 本章小结

(1) 计算机网络是利用各种通信介质，以传输协议为基准，将分布在不同地理位置中的计算机系统或计算机终端连接起来，以实现资源共享的网络系统。

(2) 工业互联网的网络结构主要包含工业企业内网和工业企业外网。工业互联网的实现需要内网和外网的紧密联系。

(3) 现场总线是将自动化最底层的现场控制器和现场智能仪表设备互联的实时控制通信网络，它遵循ISO/OSI开放系统互联参考模型的全部或部分通信协议。

(4) 工业以太网由于其固有的可靠性、高性能和互操作性，已经渗透到工厂车间，成为自动化和控制系统的首选通信协议。

(5) 工业互联网标识解析体系通过条形码、二维码、无线射频识别标签等方式赋予物品唯一身份。工业互联网标识解析体系是工业互联网网络体系的重要组成部分，是支撑工业互联网互联互通的神经中枢，其作用类似于互联网领域的域名解析系统。

(6) 5G不仅仅是4G的扩展，而是让万物之间的连接和交互成为可能，让收集、共享和使用数十亿设备的海量数据成为可能。

扫一扫

自测题

习题2

(1) 什么是TCP/IP？

(2) 什么是工业以太网？

(3) 什么是工业互联网标识解析体系？

(4) 请阐述5G的关键技术。

第 3 章

物联网与工业物联网

本章学习目标

- 了解物联网的概念
- 了解物联网相关技术
- 了解工业物联网

3.1 物联网介绍

3.1.1 物联网概述

1. 什么是物联网

随着信息化的发展，物联网概念开始出现。物联网是新一代信息技术的重要组成部分，也是“信息化”时代的重要发展阶段。物联网通过智能感知、识别技术与普适计算等通信感知技术，广泛应用于网络的融合中，因此也被称为继计算机、互联网之后世界信息产业发展的第三次浪潮。

物联网(Internet of Things，IoT)是物物相连的互联网，基于互联网之上，使不可交流的物体与物体之间能进行交流通信。物联网的定义是：通过射频识别(RFID)、红外感应器、全球定位系统、激光扫描器等信息传感设备，按约定的协议，把任何物品与互联网相连接，进行信息交换和通信，以实现对物品的智能化识别、定位、跟踪、监控和管理的一种网络。因此，物联网是在互联网基础上延伸和扩展的网络，其用户端延伸和扩展到了任何物品与物品之间，进行信息交换和通信。

例如，人们将传感器装备到电网、铁路、桥梁、隧道、公路、建筑、供水系统、大坝、油气管道以及家用电器等各种真实物体上，通过互联网连接起来，进而运行特定的程序，达到远程控制或实现物与物的直接通信。

不过，需要注意的是，工业互联网并不是物联网概念的重新包装。人们常用的交通卡、购物商场内的停车场空位导引系统，甚至肉禽公司的来源追溯系统，通常都是将传感器、仪器仪表嵌入机器并接入互联网。这是物联网最基本的模式，也是工业互联网的基础。但是，这些数据一般都存在于一个比较封闭的系统之内，而且从机器内传感器和仪器仪表收集数据与数据分析并不同步进行，对历史数据的分析无法满足决策的时效性。而在工业互联网的系统内，数据可以实现开源共享，并且实时进行数据分析，甚至将社交网络等外部数据整合起来，给出最佳的机器运行方案。所以，工业互联网远远不限于把物联网的模式复制到工业行业，而是将物联网、运营技术及数字化完全融入工业世界的每个细胞当中，这将是脱胎换骨式的创新，也是数字工业的核心与根基。

2. 物联网的特点

从通信对象和过程来看，物与物、人与物之间的信息交互是物联网的核心。物联网的基本特征可概括为整体感知、可靠传输和智能处理。

（1）整体感知。利用射频识别、二维码、智能传感器等感知设备感知获取物体的各类信息。例如，物联网上部署的每个传感器都是一个信息源，不同类别的传感器所捕获的信息内容和信息格式不同。因此，人们可以在物联网上部署海量的多种类型传感器，传感器按一定的频率周期性地采集环境信息，并不断更新数据。

（2）可靠传输。物联网技术的重要基础和核心仍旧是互联网，物联网通过各种有线和无线网络与互联网融合，将物体的信息实时、准确地传递出去。

（3）智能处理。物联网本身也具有智能处理的能力，能够对物体实施智能控制。物联网将传感器和智能处理相结合，利用云计算、模式识别等各种智能技术，扩充其应用领域。例如，物联网从传感器获得的海量信息中分析、加工和处理有意义的数据，以适应不同用户的不同需求，发现新的应用领域和应用模式，并利用大数据、云计算等相关技术对海量的数据和信息进行分析和处理，对物体实施智能化控制。

3. 物联网的结构

物联网体系主要由 4 个层次组成：感知层、网络层、处理层和应用层。各层次所用的公共技术包括编码技术、标识技术、解析技术、安全技术和中间件技术。物联网体系结构如图 3-1 所示。

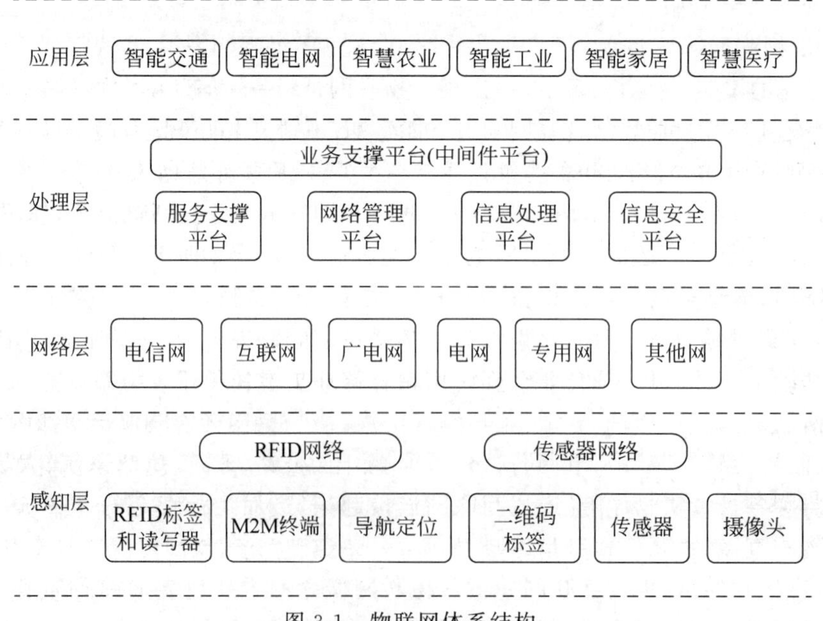

图 3-1　物联网体系结构

（1）感知层。感知层位于物联网体系结构的最底层，其功能为“感知”，即通过传感网络获取环境信息。感知层是物联网的核心，是信息采集的关键部分。感知层的主要参与者是传感器厂商、芯片厂商和终端及模块生产商，产品主要包括传感器、系统级芯片、传感器芯片和通信模组等底层元器件。感知层首先通过传感器、数码相机、摄像头等设备采集外部物理世界的数据,然后通过 RFID、条码、工业现场总线、蓝牙、红外等短距离传输技术传递数据。

(2) 网络层。网络层位于物联网体系结构的中间层,是物联网的神经系统,该层主要进行信息的传递。网络层借助已有的网络通信系统可以完成信息交互,把感知层感知到的信息快速、可靠地传送到相应的数据库,使物品能够进行远距离、大范围的通信。此外,网络层可以根据感知层的业务特征优化网络,更好地实现物与物、物与人以及人与人之间的通信。网络层的参与者是通信服务提供商,提供通信网络,其中通信网络可以分为蜂窝通信网络和非蜂窝网络。值得注意的是,随着物联网业务种类的不断丰富、应用范围的扩大、应用要求的提高,通信网络也会从简单到复杂、从单一到融合方向过渡。

(3) 处理层。处理层也称为系统平台层,该层作为物联网中连接感知控制层和终端应用层的重要环节,向下要实现对终端/用户的"管、控、营",向上要为终端应用层提供开发及运行环境、PaaS 服务,并为各垂直行业提供通用基础服务。

(4) 应用层。应用层是物联网的最顶层,为用户提供实际应用场景服务,是最贴近应用市场的一层。随着社会对智能化发展的需求增加,物联网应用的发展空间逐步扩大。作为最接近终端用户的服务主体,大多数产业内企业都在密切关注市场的动向,积极挖掘和响应用户的应用需求,使物联网的应用领域不断扩展,竞争最为激烈,呈现多样化、碎片化发展的特征。应用层可以分为消费驱动应用、政策驱动应用、产业驱动应用。消费驱动应用包括智慧出行、智能穿戴、智慧医疗、智能家居;政策驱动应用包括智慧城市、公共事业、智慧安防、智慧能源、智慧消防、智慧停车;产业驱动应用包括智慧工业、智慧物流、智慧零售、智慧农业、车联网、智慧地产等。目前,物联网已实际应用到家居、公共服务、农业、物流、服务、工业、医疗等领域,各细分场景都具备巨大的发展潜力。

值得注意的是,某些物联网体系也可由感知层、网络层和应用层 3 层架构组成。例如,在智能电网中的远程电力抄表应用了物联网的 3 层结构:安置于用户家中的电表就是感知层中的传感器,这些传感器在收集到用户用电的信息后,通过网络发送并汇总到发电厂的处理器上,该处理器及其对应工作就属于应用层,它将完成对用户用电信息的分析,并自动采取相关措施。

目前,随着 5G 的逐渐落地,人工智能、边缘计算、大数据等技术的逐渐成熟,需求侧相关应用场景的逐步发展,物联网产业链进入发展黄金期并逐步体现出规模效应。根据 Statista 数据显示,2020 年全球物联网市场规模达到 2480 亿美元,预计到 2025 年市场规模将超过 1.5 万亿美元,复合增长率达到 44.59%。

图 3-2 所示为物联网体系结构中的主要硬件终端。例如,在感知层中常见的硬件终端是通信模组,在网络层中常见的硬件终端是通信基站,而在应用层中常见的硬件终端是物联网管理平台。

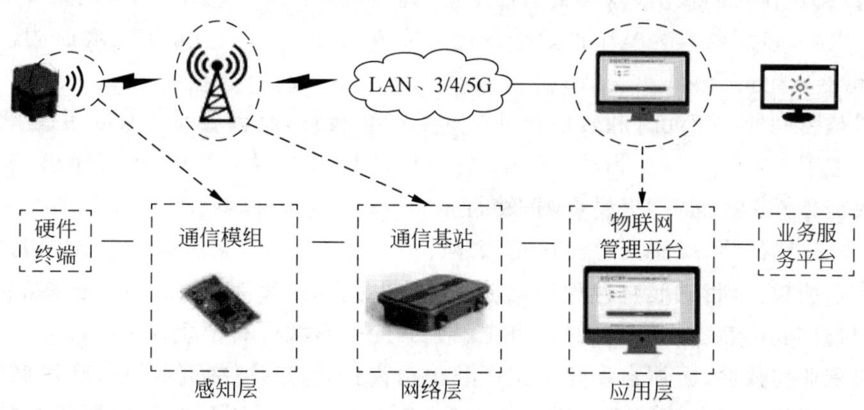

图 3-2 物联网体系结构中的主要硬件终端

4. 物联网的接入方式

根据物联网终端设备本身是否具备入网能力,物联网的接入可分为直接接入和网关接入两种方式。

1) 直接接入

物联网终端设备本身带有通信模块,具备联网能力直接接入网络,如图 3-3 所示。

2) 网关接入

物联网终端设备本身不具备入网能力,需要在本地组网后,统一通过网关再接入网络,如图 3-4 所示。

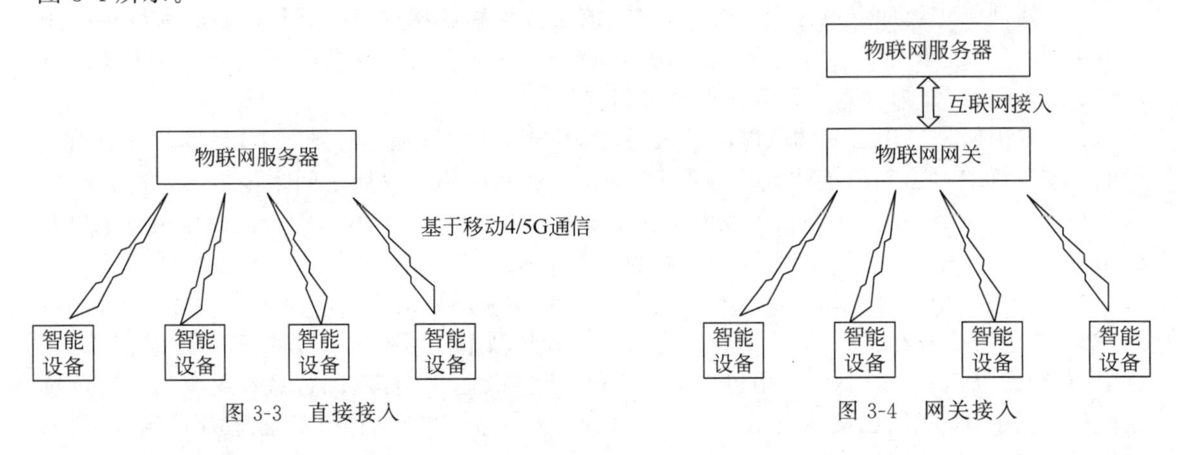

图 3-3 直接接入

图 3-4 网关接入

物联网网关用于实现内外网互联,是很重要的物联网设备。物联网网关是连接无线传感网络与传统通信网络的纽带,集数据监控和传输于一身,用于完成不同类型网络之间的协议转换以及实现节点的数据收集与远程控制。

物联网网关通常基于 ARM(Advanced RISC Machine)和嵌入式 Linux 平台方案进行设计,以满足对性能和应用的需求,并对整个系统的资源进行管理。在工业应用中受实时性、稳定性、环境与成本限制,物联网网关常以无线广域网(Wireless Wide Area Network,WWAN)和本地现场总线的结合为主,以适应各种复杂的工业环境。

3.1.2 物联网相关技术

1. 传感器技术

目前,传感器在科学技术领域、工农业生产以及日常生活中发挥着越来越重要的作用。作为物联网的关键,传感器成为整个产业链的优势环节,也代表了企业的核心竞争力。

1) 传感器概述

传感器是由一种敏感元件和转换元件组成的检测装置,能感受到被测量,并能将检测和感受到的信息按照一定规律转换为电信号(电压、电流、频率或相位等)的形式输出,最终为物联网应用的数据分析、人工智能提供数据来源。

用人体来比喻的话,敏感元件就像是人体的一个感官一样,它替人感受外界的信息,研究外界物体的一些规律,将它们转换为一定的参数,进行信息的传递。由于传感器的存在,一些没有生命的物体变得有了人类的触觉、嗅觉、感觉等感官,就像有了生命。

在现代工业化社会,一切自动化的生产几乎都需要传感器的存在,使一些机器代替人工,进行无人化的操作。除了工业生产需要传感器,自然开发、环境保护、旅游娱乐、城市建设、医学诊断、科技研发、生物工程等领域也都广泛地应用了传感器。图 3-5 所示为传感器。

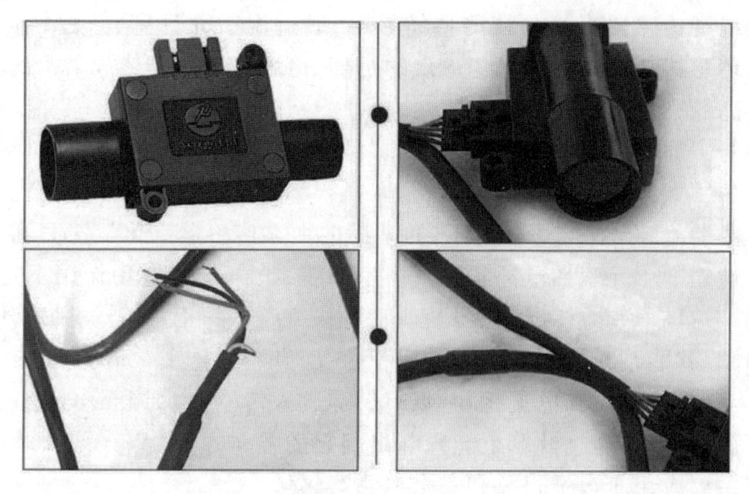

图 3-5　传感器

2）传感器的组成

传感器一般由敏感元件、转换元件、信号调理电路 3 部分组成，有时还需外加辅助电源电路提供转换能量。传感器的敏感元件是指传感器中能直接感受或响应被测量的部分；转换元件是指传感器中能将敏感元件感受或响应的被测量转换为适合传输或测量的电信号的部分；由于传感器输出信号一般都很微弱，因此传感器输出的信号一般需要进行信号调理、转换、放大、运算与调制之后才能进行显示和参与控制，这部分功能通常由信号调理电路完成。图 3-6 所示为传感器的组成。

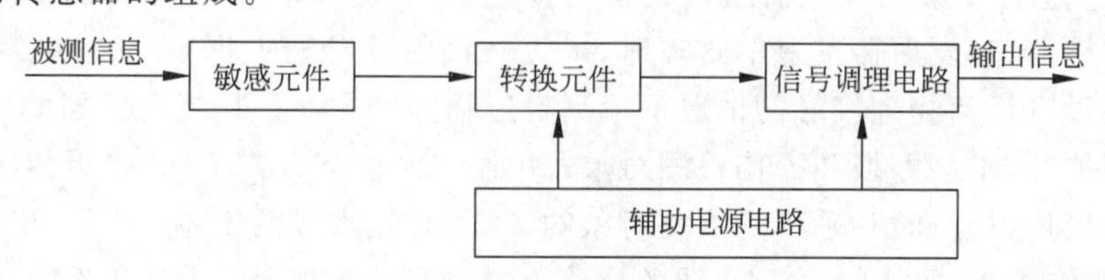

图 3-6　传感器的组成

3）传感器的分类

（1）距离传感器。距离传感器又叫作位移传感器，用于感应其与某物体间的距离以完成预设的某种功能。距离传感器根据测距时发出的脉冲信号不同，可以分为光学和超声波两种。二者的原理类似，都是通过向被测物体发送脉冲信号，接收反射，然后根据时差、角度差和脉冲速度计算出被测物体的距离。

距离传感器最广泛的应用就是手机，产品可以根据用户在使用过程中的不同距离产生不同的变化。除此之外，距离传感器还多用于矿井深度的测量、飞机高度的检查、野外环境的探查等方面。随着科技的不断发展，距离传感器在可穿戴设备中也有突出表现（如智能皮带）。

（2）光传感器。光传感器的工作原理就是利用光电效应，通过光敏材料将环境光线的强弱转换为电信号。此外，根据不同材质的光敏材料，光传感器又有多种不同的划分和敏感度。

光传感器主要应用在电子产品的环境光强监测上。数据显示在一般的电子产品中，显示器的电量消耗高达总电量消耗的 30％以上，因此随着环境光强的变化改变显示屏的亮度就成了关键的节能手段。

（3）温度传感器。温度传感器是指能感受温度并转换为可用输出信号的传感器，常见的转换方式是将温度转换为电信号。温度传感器从使用的角度大致可以分为接触式和非接触式两类。前者是让温度传感器直接与待测物体接触，通过温敏元件感知被测物体温度的变化；而后者是使温度传感器与待测物体保持一定的距离，检测从待测物体放射出的红外线强弱，从而计算出温度的高低。

温度传感器对于环境温度的测量非常准确，目前主要应用在智能保温和环境温度检测等与温度紧密相关的领域。

(4) 烟雾传感器。根据探测原理的不同，常用的烟雾传感器有化学探测和光学探测两种。前者利用了放射性镅241元素在电离状态下产生的正、负离子在电场作用下定向运动产生稳定的电压和电流，一旦有烟雾进入传感器，影响了正、负离子的正常运动，使电压和电流产生了相应变化，通过计算就能判断烟雾的强弱。后者通过光敏材料，正常情况下光线能完全照射在光敏材料上，产生稳定的电压和电流，而一旦有烟雾进入传感器，则会影响光线的正常照射，从而产生波动的电压和电流，通过计算也能判断出烟雾的强弱。

烟雾传感器主要应用于火情报警和安全探测等领域。

(5) 压力传感器。压力传感器是能感受压力信号，并能按照一定的规律将压力信号转换为可用的输出的电信号的器件或装置。压力传感器通常由压力敏感元件和信号处理单元组成。按不同的测试压力类型，压力传感器可分为表压传感器、差压传感器和绝压传感器。

压力传感器是工业实践中最常用的一种传感器，广泛应用于各种工业自控环境，涉及水利水电、铁路交通、智能建筑、生产自控、石化、油井、电力、船舶、机床、管道等众多行业。例如，在工业设备中，除了液柱式压力计、弹性式压力表外，目前更多采用可将压力转换为电信号的压力变送器和压力传感器。

(6) 接近传感器。接近传感器通常也称为接近开关，是一种具有感知物体接近能力的器件。在接近传感器中，发射器发射电磁辐射，接收器接收并分析返回信号的中断。因此，接近传感器可以在没有任何物理接触的情况下检测附近物体的存在。接近传感器的优点是能以非接触方式进行检测，不会磨损和损伤检测对象；并且与光检测方式不同，接近传感器可在有水和油的环境下使用，检测时几乎不受检测对象的污渍和油、水等的影响。

目前，接近传感器主要用于检测物体的位移，在航空、航天技术以及工业生产中都有广泛的应用。例如，在控制技术中，位移、速度、加速度等的测量和控制都使用了大量的接近传感器。

(7) 加速度传感器。加速度传感器是一种能感受加速度并转换为可用输出信号的传感器，具有测量精准、性能稳定、可靠性高、使用灵活等优点，被广泛用于多个领域中。加速度传感器有两种：一种是角加速度传感器，是由陀螺仪改进过来的；另一种就是线加速度传感器，它也可以按测量轴分为单轴、双轴和三轴加速度传感器。

目前，加速度传感器已经广泛应用于游戏控制、手柄振动和摇晃、汽车制动启动检测、地震检测、工程测震、地质勘探、振动测试与分析以及安全保卫振动侦察等多个领域。例如，加速度传感器可以检测交流信号以及物体的振动，人在走动时会产生一定规律性的振动，而加速度传感器可以检测振动的过零点，从而计算出人走或跑的步数，从而计算出人的位移，并且利用一定的公式可以计算出卡路里的消耗。

(8) 磁传感器。磁传感器是把磁场、电流、应力应变、温度、光等外界因素引起敏感元件磁性能的变化转换为电信号，以这种方式检测相应物理量的器件。磁传感器通常分为3类：指南针、磁场感应器以及位置传感器。

磁传感器广泛应用于现代工业和电子产品中，以感应磁场强度测量电流、位置、方向等物理参数。在现有技术中，有许多不同类型的传感器用于测量磁场和其他参数。

(9) 心律传感器。常用的心律传感器主要利用特定波长的红外线对血液变化的敏感性原理。由于心脏的周期性跳动,引起被测血管中的血液在流速和容积上的规律性变化,经过信号的降噪和放大处理,计算出当前的心跳次数。目前心律传感器主要应用在各种可穿戴设备和智能医疗器械上。

值得注意的是,随着高科技时代的来临,还出现了新的智能传感器。智能传感器相比于一般的传感器,多了一个微型的处理机(预处理器),能够进行自身数据的处理,将高精度采集的数据进行快速处理和高效率转换。智能传感器可以说是真正地实现了万物互联,具有非常优秀的人工智能技术,能够提高传感器的精度和可靠性,实现了传感器的多功能化。图 3-7 所示为智能传感器的结构。

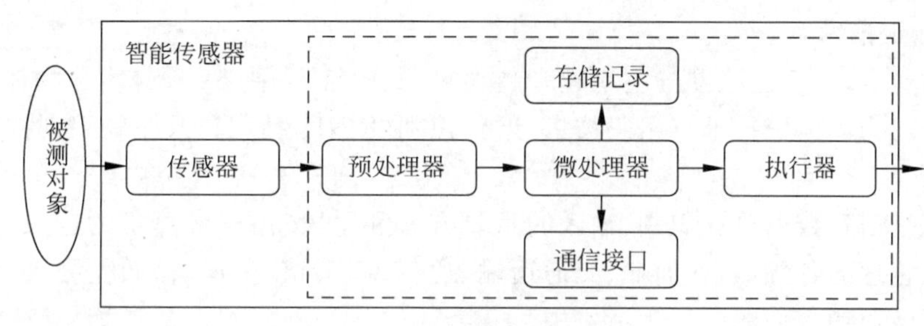

图 3-7 智能传感器的结构

4) 传感器的应用场景

(1) 智能手机。智能手机之所以智能,离不开各种各样的智能传感器。现在智能手机中比较常见的智能传感器有距离传感器、光线传感器、重力传感器、指纹识别传感器、图像传感器、三轴陀螺仪和电子罗盘等。例如,指纹识别传感器可以采集指纹数据,然后进行快速分析与认证,免去烦琐的密码操作,快速解锁。

(2) 智能机器人。传感器是人工智能最基础的硬件,类似于人类的感觉获取器官。大量的传感器即可实现“感知+控制”,而家庭自动化=感知+控制,这种层面的信息交互与人机交互,还需要人的参与。人工智能将人类的逻辑大脑赋予机器,最终实现“感知+思考+执行”的层次。例如,人们家里的空调不单单依靠温湿度传感器进行自我调节,还可以通过家庭成员的识别自动选择模式,如风向的调节、针对小孩和老人温度的调节等。这些新技术将带来无限大的想象空间,再结合机器增强学习的算法,将提供深度体验。

(3) 虚拟现实。虚拟现实中的传感设备主要包括两部分:一部分是用于人机交互而穿戴于操作者身上的立体头盔显示器、数据手套、数据衣等;另一部分是用于正确感知而设置在现实环境中的各种视觉、听觉、触觉、力觉等。实现 AR/VR,提升用户体验,需要用到大量用于追踪动作的传感器,如视场角(Field Angle of View,FOV)深度传感器、摄像头、陀螺仪、加速计、磁力计和近距离传感器等。当前,每家 VR 硬件厂商都在使用自己的技术,索尼使用 PlayStation 摄像头作为定位追踪器,而 Vive 和 Oculus 也在使用自己的技术。

(4) 智能家居。传感器是智能家居控制系统实现控制的基础,随着技术的发展,越来越多的传感器被应用到智能家居系统中。智能家居传感器是家居中的“眼、鼻、耳”,因为智能家居首先离不开对居住环境“人性化”的数据采集。也就是说,智能家居传感器是把家居环境中的各种物理量、化学量、生物量转换为可测量的电信号的装置与元件。此外,智能家居领域需要使用传感器测量、分析与控制系统设置,家中使用的智能设备涉及位置传感器、接近传感器、液位传感器、流量和速度控制、环境监测、安防感应等传感器等技术。

(5) 智慧工业。智能工厂利用物联网技术加强信息管理和服务,掌握产销流程,提高生产过程的可控性,减少生产线上人工的干预,及时、正确地采集生产线数据,以合理地安排生产计划与生产进度，并优化供应链。在工业生产领域，传感器应用非常广泛，工业生产各环节都需要传感器进行监测，并把数据反馈给控制中心，以便对出现异常的节点进行及时干预，保证工业生产正常进行。业界普遍认为，新一代的智能传感器是智能工业的“心脏”，它让产品生产流程持续运行，并让工作人员远离生产线和设备，保证人身安全和健康。

工业互联网时代，传感器是网络互联数据产生的根源，是工业互联网的“神经末梢”，为工业互联网全生态构建提供最基础的数据支撑。随着新型、低成本、微功耗、高性能工业传感器的不断推出，传感器应用的成本将不断降低。作为新基建的重要组成部分，工业互联网的建设将对传感器产业产生全方位、深层次、革命性的影响，我国传感器产业将迎来前所未有的发展机遇。

2. 物体标识技术

新基建环境下，工业互联网的主题越来越火热，其中绕不开的一项技术非物体标识技术莫属。目前主流的物体标识技术有条码技术、射频识别(RFID)技术以及生物识别技术。

1）条码技术

条码技术是信息数据自动识别、输入的重要方法和手段，由于计算机的普及，现已广泛地应用于自动化管理的各领域，如商业、交通运输、通信、图书馆、生产自动化、办公自动化，并逐步扩大到各行各业和人们的日常生活之中。

条码是利用光电扫描阅读设备识别并读取相关信息的一种特殊代码，条码是由一组按固定规则排列的条、空及字符、数字、字母组成的(“条”指对光线反射率较低的深色部分，“空”指对光线反射率较高的浅色部分)，用以表示一定信息。也就是说，条码是一个标记，表示一定的信息，不同的条码有不同的含义。在条码中条和空表示的信息是供光电扫描自动识别装置识读的，字符代码表示的信息主要方便工人们直接读取。在制造业中，每件产品的条码都是唯一的，条码技术通过对货物上的条码进行自动扫描，实现对货物信息的自动输入和确认。图 3-8 所示为条码。

1234567890

图 3-8　条码

条码技术可以大量、快速采集信息，从而满足物流管理系统中对大量化和高速化信息采集的要求，是实现营销终端(Point of Sale，POS)系统、电子数据交换(Electronic Data Interchange，EDI)、电子商务和供应链管理的重要基础。例如，在物流业中，条码技术可以提高分拣和运输的效率，充分满足用户的需求。另外，该项技术还提高了货物的识别效率，提升了物流的速度和准确性，减少了库存，缩短了货物的流动时间，使整个物流业的利润更加丰厚。

(1) 一维条码。一维条码只是在一个方向(一般是水平方向)表达信息，而在垂直方向则不表达任何信息，其一定的高度通常是为了便于阅读器的对准。

(2) 二维条码。在水平和垂直方向的二维空间存储信息的条码，称为二维条码(2-Dimensional Barcode)，英文标准名称为 417 Barcode。

表 3-1 所示为一维条码和二维条码的区别。

表 3-1　一维条码和二维条码的区别

项　目	一 维 条 码	二 维 条 码
资料密度与容量	密度低，容量小	密度高，容量大
错误检测及自我纠正能力	可以检查码进行错误检测，但没有错误纠正能力	有错误检测及错误纠正能力，并可根据实际应用设置不同的安全等级
垂直方向的信息	不存储信息，垂直方向的高度是为了识读方便，并弥补印刷缺陷或局部损坏	携带信息，对印刷缺陷或局部损坏等可以通过错误纠正机制恢复信息

续表

项 目	一 维 条 码	二 维 条 码
主要用途	主要用于对物品的标识	用于对物品的描述
资料库与网络依赖性	多数场合依赖数据库及通信网络的存在	可不依赖数据库及通信网络的存在而单独应用
识读设备	可用线扫描器识读，如光笔、线型CCD、激光枪	对于堆叠式，可用线扫描器多次扫描，或可用图像扫描仪识读，对于矩阵式，则仅能用图像扫描仪识读

2）射频识别

射频识别（RFID）是一种通信技术，可通过无线电信号识别特定目标并读写相关数据，而无须识别系统与特定目标之间建立机械或光学接触。RFID通过射频信号自动识别目标对象并获取相关数据，识别工作无须人工干预，可工作于各种恶劣环境。

2005年，国际电信联盟（ITU）发布了关于"物联网"的专题报告："物品通过RFID、传感器、智能组件、全球定位系统、激光扫描等种种装置与互联网等通信网络连接起来，实现智能化识别和管理。"这里直接提到了RFID，而且RFID处于物联网概念中非常核心的地位。

RFID技术的基本工作原理如下：标签进入磁场后，接收解读器发出的射频信号，凭借感应电流所获得的能量发送存储在芯片中的产品信息（Passive Tag，无源标签或被动标签），或者主动发送某一频率的信号（Active Tag，有源标签或主动标签）；解读器读取信息并解码后，传输至中央信息系统进行有关数据处理。

RFID技术可识别高速运动物体并可同时识别多个电子标签，操作快捷方便。短距离射频产品不受油渍、灰尘污染等恶劣环境影响，可在这样的环境中替代条码，如用在工厂的流水线上跟踪物体。而长距离射频产品多用于交通，识别距离可达几十米，如自动收费或识别车辆身份等。

目前RFID技术的应用主要在标签识别、信息检索与集成以及目标定位与追踪方面。

(1) 标签识别。由于RFID技术可以支持非接触式自动快速识别，因此，标签识别也就成了所有RFID技术相关应用最基本的功能。以此拓展出去，与各行业内相关技术结合，从而产生了很多新的应用产品，被广泛应用于物流管理、安全防伪、食品行业和交通运输等领域。

为实现标签识别功能，一个典型的RFID应用系统包括RFID标签、阅读器（含天线）和交互系统3个主要组成部分，如图3-9所示。

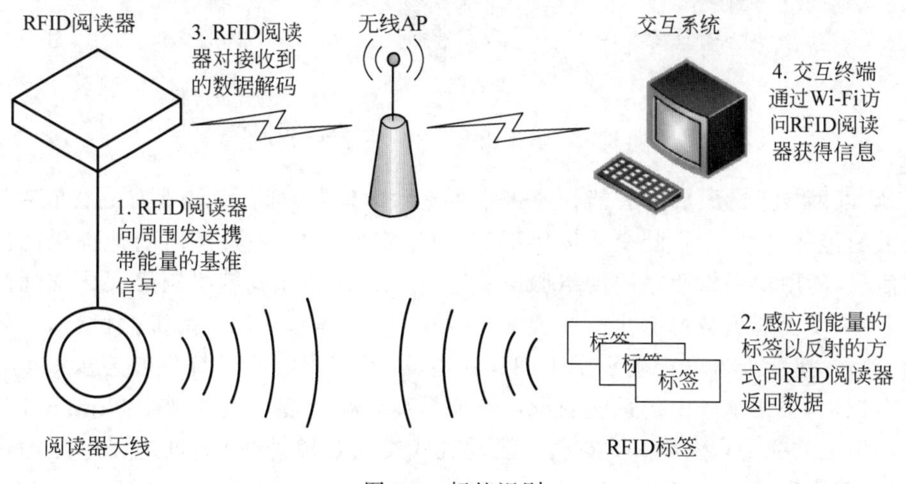

图3-9 标签识别

当物品进入阅读器天线辐射范围后，物品上的标签接收到阅读器发出的射频信号，无源的被动标签凭借感应电流所获得的能量发出存储在标签中的数据，有源的主动标签则主动发送存储在标签芯片中的数据。阅读器读取数据、解码并直接进行简单的数据处理，发送至交互系统；交互系统根据逻辑运算判断标签的合法性，针对不同的设定进行相应的处理和控制，由此实现 RFID 系统的基本功能。

目前，在物流业和智能交通中，RFID 的标签识别功能已得到广泛应用。在智能物流中，物体标识符(身份)用来唯一标识一个物体的信息。在物联网中，任何一个对象都具有一个区别于其他对象的身份标识符。其中，电子产品码(Electronic Product Code，EPC)是当前物联网中具有代表性的标识码。如果物流系统中所有物体或电子设备实现了互联，那么每个物体或设备均可看作该网络中的一个节点，具有唯一的标识码。通过读取该标识，就能够获取这个物体包含的信息。通常情况下，RFID 标签由于低成本、易读写、不易损坏等特点被选为物体标识信息的承载体，用来实现物体的识别。当所有物流企业都加入这样的 EPC 网络，并且使用统一的格式交互信息，就能够实现全球化的智能物流管理。

在物流系统中，仓储也是一个比较重要的部分，但是由于生产制造能力的大幅度发展以及运输系统更为发达等原因，仓储作业已经相较于以前有了质与量的变化。现代的仓储不仅要实现对货品的存放功能，还要对货品的种类、数量、所有者以及存储位置有明确的标记，而且有相应的数据支持以方便上下游衔接工作。RFID 技术可以对货品的入库、出库、移动、盘点等操作实现全自动的控制和管理，可以对货品进行全程跟踪管理，可以有效地利用仓库的存储空间，提高仓库的存储能力，从而降低企业的库存成本，提升企业市场的竞争力。图 3-10 所示为物流业中 RFID 的标签识别。

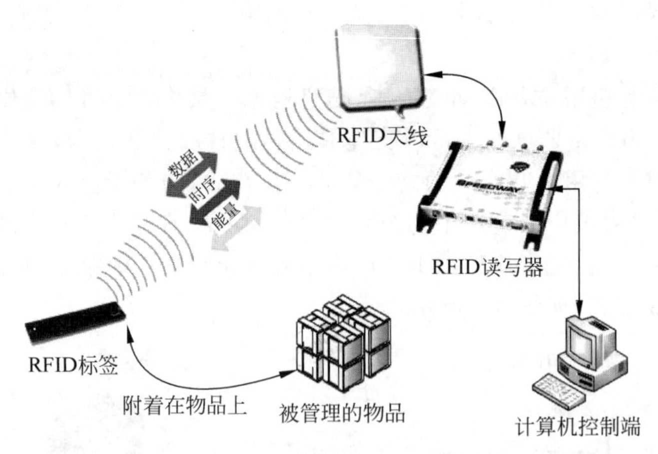

图 3-10　物流业中 RFID 的标签识别

此外，物联网技术的发展为智能交通带来了更大的发展空间，它能够有效获取来自基础设施和车辆中的传感信息，为智能交通提供更透彻的感知信息；通过随时随地提供路况信息和周边环境信息，为用户提供泛在的网络服务；通过交通管理和调度机制最大化交通网络流量并提高安全性，使交通更加智能化。在智能交通中，为了体现 RFID 系统的优势，一般需要系统在车辆较高的速度下可以正确识别 RFID 标签，如不停车收费系统一般要求 60km/h 速度下可以正确识别，铁路车号识别系统的设计性能最高识别速度可以达到 120km/h，RFID 技术则完全可以满足这些要求。RFID 技术对促进现代交通运输业发展，推进交通运输信息化有着重要意义，其体现了交通领域的管理智能化、物流可视化、信息透明化的理念和发展趋势，因此，目前越来越多的交通运输行业开始引入基于 RFID 的智能管理系统，以提升其工作效能和准确性。图 3-11 所示为电子不停车收费系统构架，其主要由阅读器、天线、车道机和汽车前挡风玻璃上的 RFID 标签构成。

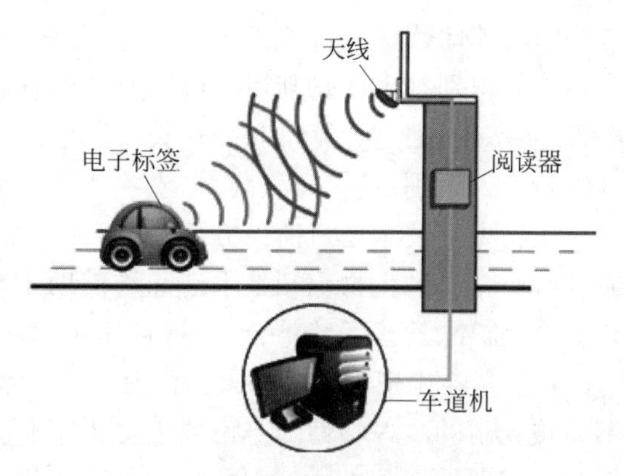

图 3-11　电子不停车收费系统构架

（2）信息检索与集成。标签识别为 RFID 应用提供了最关键的信息提取功能，然而，即使 RFID 的可存储的信息容量已经相较于其他识别技术有了很大改进，但其存储信息相较于整个互联网来看，还是极为有限。因此，基于标签有限的关键字信息，通过在互联网端进行信息抽取，使 RFID 标签成为接入广阔数字媒体世界的窗口，通过这种信息检索与集成的方式，提供更多维度的感知体验，实现快速高效的信息管理。

信息采集的过程采用 RFID 技术实现，工作过程如图 3-12 所示。RFID 阅读器以广播方式连续向周围发送携带能量的基准信号，感应到能量的 RFID 标签通过调制电路信号，以反射的方式立即向 RFID 阅读器返回自身携带的数据，RFID 阅读器对接收到的数据进行解码，并传输给主机进行处理。

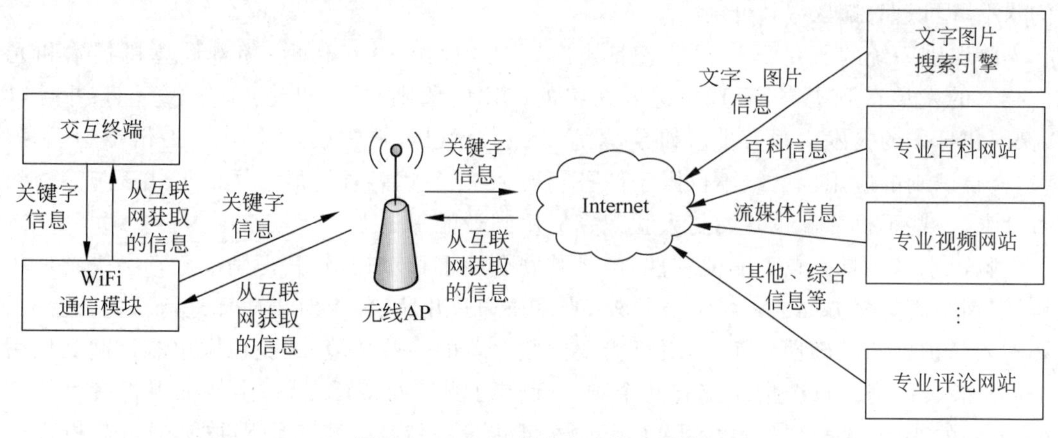

图 3-12　RFID 技术实现信息采集

（3）目标定位与追踪。基于 RFID 技术的目标定位与追踪具有广泛的应用领域，在许多应用场景都有巨大的应用需求。该技术可用于对物体的定位，如仓储货品定位、医院医疗设备管理等，还可以用于人员的定位，如对煤矿井下人员定位、博物馆游客导览、监狱犯人监管等重要领域。

在基于 RFID 技术的目标定位与追踪方法中，最基础的就是基于标签读取的方法，在物流运输物品的过程中，各关键节点都会对所有物品进行分发扫描，在此过程中即获知运输环节中某物品在什么位置，这些信息可以使物流过程具有可追踪性，当出现物品丢失情况，在查询及问责时有更多的参考信息。这种目标定位与追踪的方式比较基础，仅仅使用标签读取即可实现。但有些需求中，需要对室内环境中的目标进行实时定位，如医院对婴儿、病患者进行信息化管理时，需要对其进行实时定位，以方便医院管理。在这种情况下，最重要的就是要保证对目标定位的精确性和实时性。在传统定位方法中，GPS 定位、基站定位等技术已经得到广泛应用，但是这些技术在室外空旷环境中有较好表现，而对于室内环境却无法满足需求。RFID 定位技术以低成本、非接触性通信等特点，有望成为室内定位技术的首选。

3）生物识别

生物识别技术就是利用人体固有的生理特征（如人脸、虹膜、静脉等）和行为特征（如笔迹、声音、步态等）通过计算机和高科技手段（如光学、声学、生物传感器）和生物测定原理的紧密结合进行个人识别。

生物识别技术是目前最方便、安全的识别技术，利用生物识别技术进行身份认定，安全、可靠、准确。此外，生物识别技术产品均借助于现代计算机技术实现，很容易配合计算机、互联网和安全、监控、管理系统整合，实现自动化、智能化管理。

（1）人脸识别。人脸与人体的其他生物特征（指纹、虹膜等）一样与生俱来，它的唯一性和不易被复制的良好特性为身份鉴别提供了必要的前提。人脸识别是基于人的脸部特征信息进行身份识别的一种生物识别技术。人脸识别通常使用摄像机或摄像头采集含有人脸的图像或视频流，并自动在图像中检测和跟踪人脸，进而对检测到的人脸进行识别的一系列相关技术，通常也叫作人像识别或面部识别。目前在人脸识别技术中被广泛采用的区域特征分析算法，将计算机图像处理技术与生物统计学原理融合于一体；利用计算机图像处理技术从视频中提取人像特征点，利用生物统计学的原理进行分析建立数学模型，即人脸特征模板；利用已建成的人脸特征模板与被测者的人脸图像进行特征分析，根据分析结果给出一个相似值，最后通过这个值即可确定是否为同一人。与其他生物识别技术相比，人脸识别技术的识别精度处于较高的水平，误识率、拒认率较低。

人脸识别系统的研究始于20世纪60年代。20世纪80年代后，随着计算机技术和光学成像技术的发展得到提高，而真正进入初级的应用阶段则在20世纪90年代后期，并且以美国、德国和日本的技术实现为主。如今，人脸识别技术已经非常成熟，国内产业链也趋于完善。现在，人脸识别的应用也已经不仅限于商务场所，它已经以各种智能家居的形式逐步渗透到平常百姓家，一些手机厂商也开始将人脸识别应用到智能手机上。

人脸识别虽然具有较高的便利性，但是其安全性也相对较弱，其识别准确率会受到环境的光线、识别距离等多方面因素影响。另外，当用户通过化妆、整容对于面部进行一些改变时，也会影响人脸识别的准确性。而且，对于需要佩戴口罩的一些环境，人脸识别也难以起到作用。

（2）指纹识别。每个指纹都有几个独一无二可测量的特征点，每个特征点都有大约7个特征，人们的10根手指产生最少4900个独立可测量的特征。指纹识别技术通过分析指纹可测量的特征点，从中抽取特征值，然后进行认证。指纹识别处理过程如图3-13所示。当前，我国第二代居民身份证便实现了指纹采集，且各大智能手机都纷纷实现了指纹解锁功能。与其他生物识别技术相比，指纹识别早已在消费电子、安防等产业中广泛应用，通过时间和实践的检验，技术方面也在不断革新。

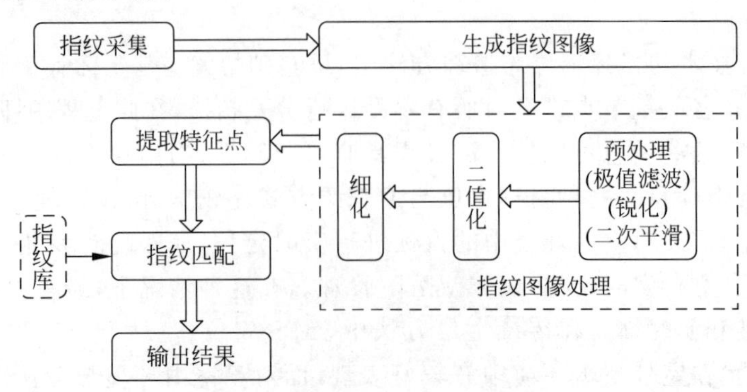

图3-13 指纹识别处理过程

不过值得注意的是，虽然每个人的指纹识别都是独一无二的，但并不适用于每个行业、每个人。例如，长期徒手作业的人们便会为指纹识别而烦恼；另外，在严寒区域或严寒气候下，特别是需要人们长时间佩戴手套时，指纹识别也会不那么便利。

（3）虹膜识别。人的眼睛结构由巩膜、虹膜、瞳孔晶状体、视网膜等部分组成。虹膜是位于黑色瞳孔和白色巩膜之间的圆环状部分，包含很多相互交错的斑点、细丝、冠状、条纹、隐窝等的细节特征，而且虹膜在胎儿发育阶段形成后，在整个生命历程中将保持不变。这些特征决定了虹膜特征的唯一性，同时也决定了身份识别的唯一性。因此，可以将眼睛的虹膜特征作为每个人的身份识别对象。虹膜识别的原理是将一幅人的虹膜图像变成一串编码，再对其进行匹配，虹膜识别过程如图 3-14 所示。此外，虹膜识别还具有唯一性、稳定性、不可复制性、活体检测等特点，目前安全等级是最高的。

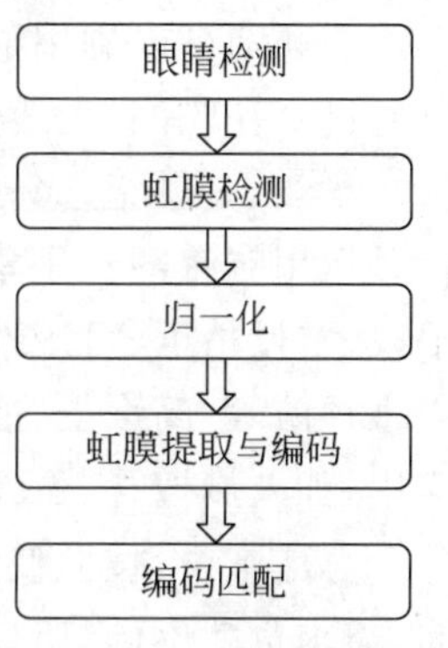

图 3-14　虹膜识别过程

目前，虹膜识别凭借其超高的精确性和使用的便捷性，已经广泛应用于金融、医疗、安检、安防、特种行业考勤与门禁、工业控制等领域。相比于其他生物识别技术，虹膜识别有很多的优势。不过，其问题在于对于识别距离的要求比较高，同时虹膜识别的应用成本也与其技术难度成正比，相比于其他识别技术成本要更高一些。

（4）声纹识别。人类语言的产生是人体语言中枢与发音器官之间一个复杂的生理物理过程，人在讲话时使用的发声器官——舌、牙齿、喉头、肺、鼻腔，在尺寸和形态方面每个人的差异很大，所以任何两个人的声纹图谱都有差异。这也使得声纹识别也可以成为身份认证的一种方式。

声纹识别是一种行为识别技术，是通过测试、采集声音的波形和变化，与登记过的声音模板进行匹配。声纹识别过程如图 3-15 所示。声纹识别是一种非接触式的识别技术，实现方式非常自然。但是，声纹识别的应用有一些缺点，如同一个人的声音具有易变性，易受身体状况、年龄、情绪等的影响；不同的麦克风和信道对识别性能有影响；环境噪声对识别有干扰；混合说话人的情形下人的声纹特征不易提取等。所以，声纹识别目前主要还是应用于一些对于身份安全性要求并不太高的场景中。

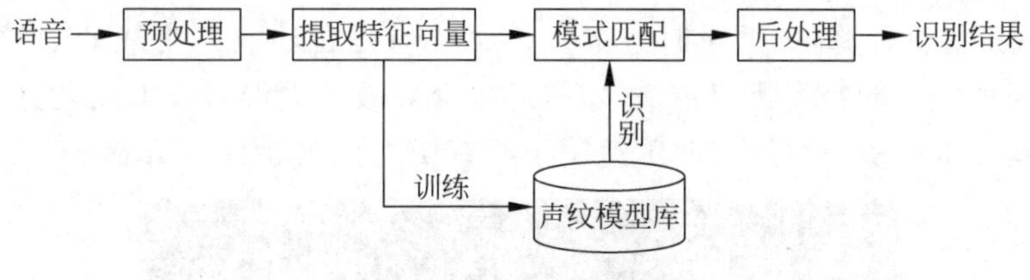

图 3-15　声纹识别过程

（5）手血管识别。不同于传统的生物识别，手血管识别是通过识别皮下位置的血管分布特性，与原版进行匹配。手血管识别主要是利用静脉血管的结构进行身份识别，由于人的静脉纹路包含大量的特征信息，因此可以作为验证的对象。总体来说，手血管识别是一种稳定、不可伪造的识别方式，只是相比于手掌血管，手背的血管更容易识别。

手血管识别的缺点在于由于采集方式受自身特点的限制，产品难以小型化；并且该识别方式对采集设备有特殊要求，设计相对复杂，制造成本高。

总体来说，随着时代的发展，技术的不断进步，生物识别技术也将迎来新的变化和需求，生物识别技术与互联网、物联网的交集将成为各行业的着力点。当前单一的生物识别技术各有优缺点，在应用上难免会出现一些问题。所以，在一些安全等级要求较高的应用场景当中，往往会采用两种甚至两种以上的生物识别技术进行验证。不过，随着物联网时代的到来，生物识别将拥有更广阔的市场前景。

3. 定位技术

物联网可以利用射频识别、二维码、智能传感器等感知设备感知获取物体的各类信息。可以通过对互联网、无线网络的融合，将物体的信息实时、准确地传送，以便信息交流、分享。

早在15世纪，当人类开始探索海洋时，定位技术也随之产生。当时的定位方法十分粗糙，就是运用航海图和星象图确定自己的位置。随着社会的进步和科技的发展，定位技术在技术手段、定位精度、可用性等方面均取得质的飞越，并且逐步从航海、航天、航空、测绘、军事、自然灾害预防等"高大上"的领域逐步渗透到社会生活的方方面面，成为人们日常不可或缺的重要应用，如人员搜寻、位置查找、交通管理、车辆导航与路线规划等。

总体来说，按照使用场景的不同，定位可划分为室内定位和室外定位两大类，因为场景不同，需求也就不同，所以分别采用的定位技术也不尽相同。

1）室外定位

目前应用于室外定位的主流技术主要有卫星定位和基站定位两种。

(1) 卫星定位。卫星定位即是通过接收卫星提供的经纬度坐标信号进行定位，卫星定位系统主要有美国全球定位系统（GPS）、俄罗斯格洛纳斯（GLONASS）、欧洲伽利略（GALILEO）系统、中国北斗卫星导航（北斗）系统，其中GPS是现阶段应用最广泛、技术最成熟的卫星定位技术。GPS由3部分组成：空间部分、地面控制部分、用户设备部分。空间部分由24颗工作卫星组成，它们均匀分布在6个轨道面上（每个轨道面4颗），卫星的分布使在全球任何地方、任何时间都可观测到4颗以上的卫星，并能保持良好定位解算精度的几何图像；控制部分主要由监测站、主控站、备用主控站、信息注入站构成，主要负责GPS卫星阵的管理控制；用户设备部分主要是GPS接收机，主要功能是接收GPS卫星发射的信号，获得定位信息和观测量，经数据处理实现定位。值得注意的是，GPS卫星定位以伪随机码（Pseudo Random Number，PRN）为基础传播卫星测距信号，所以GPS定位技术并不适用于所有应用场景，它只适用于室外开阔区域。在稠密的建筑街区中，形成的"城市峡谷"会阻挡GPS卫星信号，导致GPS定位性能降低，严重时甚至会导致GPS定位功能失效；而大气层中的电离层、雷雨云等自然因素也可能会干扰卫星信号，有时也会导致较大误差。因此，卫星定位虽然精度高、覆盖广，但其成本昂贵、功耗大，并不适用于所有用户。图3-16所示为卫星定位。

图3-16 卫星定位

北斗卫星导航系统是我国重要的时空基础设施，2019 年 12 月，北斗三号地球轨道卫星完成组网，标志着北斗三号系统核心星座部署完成。北斗导航技术与地基增强、5G 等多种技术融合，可以极大地扩展导航的范围，有效提升时空信息的精准度，为用户提供稳定可靠的服务。与此同时，北斗系统提供精准导航定位数据。随着北斗三号系统性能的持续提升，北斗作为物联网的重要组成部分，在感知层方面，其定位、授时功能可完成精准时间信息和位置信息感知；在网络层方面，其短报文通信功能可实现感知信息和控制信息的全天候、全天时、无缝传递。并且，北斗系统能够提供精准导航定位数据，大幅提升港口、物流等特定领域的数据精准度和实时性。

(2) 基站定位。基站定位一般应用于手机用户，手机基站定位服务又叫作移动位置服务(Location Based Service，LBS)，通过电信运营商的网络(如 GSM 网络)获取移动终端用户的位置信息。手机等移动设备在插入 SIM 卡开机以后，会主动搜索周围的基站信息，与基站建立联系，而且在可以搜索到信号的区域，手机能搜索到的基站不止一个，只不过在进行通信时会选取距离最近、信号最强的基站作为通信基站。图 3-17 所示为基站定位。

手机距离基站越近，信号越强；距离基站越远，则信号越差。因此，可以根据手机收到的信号强度大致估计距离基站的远近。

不过，值得注意的是，由于基站定位时，信号很容易受到干扰，所以先天就决定了其定位的不准确性。

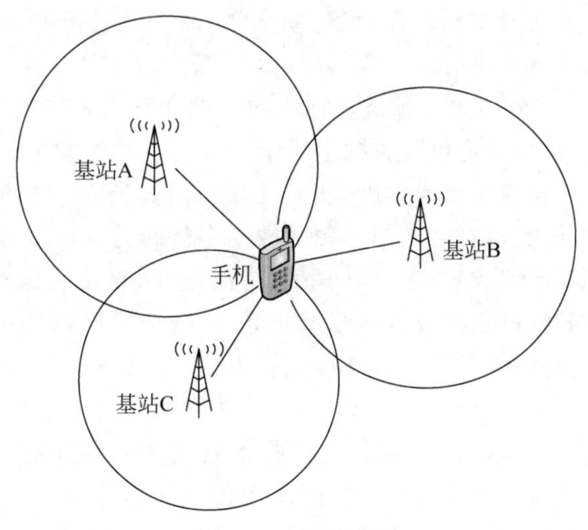

图 3-17　基站定位

2) 室内定位

GPS 和基站定位技术基本满足了用户在室外场景中对位置服务的需求。但是，个人用户、服务机器人、新型物联网设备等大量的定位需求发生在室内；而室内场景受到建筑物的遮挡，全球导航卫星系统(Global Navigation Satellite System，GNSS)信号快速衰减，甚至完全拒止，无法满足室内场景中导航定位的需要。因此，近年来，位置服务的相关技术和产业正从室外向室内发展，以提供无所不在的基于位置的服务，其主要推动力是室内位置服务所能带来的巨大的应用和商业潜能。

室内定位即通过技术手段获知人们在室内所处的实时位置或行动轨迹，基于这些信息能够实现多种应用。例如，大型商场中的商户能够通过室内定位技术获知哪些地方人流量最大，客人们通常会选择哪些行动路线等，从而更科学地布置柜台或选择举办促销活动的地点。此外，通过部署室内定位技术，电信运营商能够更好地找到室内覆盖的“盲点”和“热点”区域，更好地在室内为用户提供通信服务。

(1) Wi-Fi 定位技术。目前 Wi-Fi 是相对成熟且应用较多的技术，由于 Wi-Fi 已普及，因此不需要再铺设专门的设备用于定位。Wi-Fi 定位技术具有便于扩展、可自动更新数据、成本低的优势，因此最先实现了规模化。Wi-Fi 定位一般采用“近邻法”判断，即最靠近哪个热点或基站，就认为处在什么位置，若附近有多个信源，则可以通过交叉定位（三角定位）提高定位精度。Wi-Fi 定位可以实现复杂的大范围定位，但精度只能达到 2 米左右，无法做到精准定位，因此适用于对人或车的定位导航，可用于医疗机构、主题公园、工厂、商场等各种需要定位导航的场合。

(2) RFID 定位技术。RFID 定位的基本原理是通过一组固定的阅读器读取目标 RFID 标签的特征信息（如身份 ID、接收信号强度等），同样可以采用近邻法、多边定位法、接收信号强度等方法确定标签所在位置。尽管 RFID 定位作用距离短，一般最长为几十米，但它可以在几毫秒内得到厘米级定位精度的信息，且传输范围很大，成本较低。同时，由于其非接触和非视距等优点，RFID 定位有望成为优选的室内定位技术。

(3) 超声波定位技术。超声波定位目前大多数采用反射式测距法。系统由一个主测距器和若干个电子标签组成，主测距器可放置于移动机器人本体上，各电子标签放置于室内空间的固定位置。超声波定位过程如下：先由上位机发送同频率的信号给各电子标签，电子标签接收到后又反射传输给主测距器，从而可以确定各电子标签到主测距器之间的距离，并得到定位坐标。超声波定位的优点是精度比较高，可达厘米级，缺点是超声波在传输过程中衰减明显，从而影响其定位有效范围。

(4) 红外定位技术。红外线是一种波长在无线电波和可见光波之间的电磁波。红外定位主要有两种实现方法，一种是给定位对象附上一个会发射红外线的电子标签，通过室内安放的多个红外传感器测量信号源的距离或角度，从而计算出对象所在的位置。这种方法在空旷的室内容易实现较高精度，可实现对红外辐射源的被动定位。另一种红外定位方法是红外织网，即通过多对发射器和接收器织成的红外线网覆盖待测空间，直接对运动目标进行定位。这种方法的优势在于不需要定位对象携带任何终端或标签，隐蔽性强，常用于安防领域；劣势在于要实现精度较高的定位，需要部署大量红外接收和发射器，成本非常高，因此只有高等级的安防才会采用此技术。

(5) 超宽带定位技术。超宽带（UWB）定位技术是近年来兴起的一项全新的与传统通信技术有极大差异的无线通信新技术。它不需要使用传统通信体制中的载波，而是通过发送和接收具有纳秒或微秒级以下的极窄脉冲传输数据，从而具有吉赫兹量级的带宽。超宽带系统与传统的窄带系统相比，具有穿透力强、功耗低、安全性高、系统复杂度低、能提供精确定位等优点。因此，超宽带定位技术可以应用于室内静止或移动物体以及人的定位跟踪与导航，且能提供十分精确的定位精度。目前，包括美国、日本、加拿大等在内的国家都在研究这项技术，超宽带定位技术在无线室内定位领域具有良好的前景。

(6) 蓝牙定位技术。蓝牙定位基于接收信号场强指示（Received Signal Strength Indication, RSSI）定位原理，实现过程如下：在传输数据包中加入接收信号强度机制，由信标（Beacon，建立在低功耗蓝牙协议基础上的一种广播协议）每隔一定时间广播一个数据包到周围，作为独立的蓝牙主机或设备（如手机等），在执行扫描动作时，会间隔地接收到信标广播的数据包并反馈，当设备进入范围内时，估算系统中各蓝牙设备之间的距离。通过这种技术，定位系统在确定特定设备的位置时，精度可达到米级。目前蓝牙定位技术的应用场景非常多，具体的应用场景可以根据不同行业定制，如信标部署在停车场内就可以为用户导航、寻车。目前国内应用的场景主要包括智慧城市、景区、商圈、酒店、广告营销、博物馆、停车场、会展等。

3.2　工业物联网

3.2.1　工业物联网概述

1. 工业物联网介绍

工业物联网(Industrial Internet of Things,IIoT)指的是物联网在工业的应用。具体来说,工业物联网是物联网和互联网服务的交叉网络系统,同时也是自动化与信息化深度融合的突破口。

随着物联网技术的快速发展,以及"中国制造2025""美国先进制造伙伴计划""德国工业4.0"等一系列国家战略的提出和实施,工业物联网应运而生。工业物联网可以说是智能制造的基石(支撑级技术体系),成为全球工业体系智能化变革的重要推手。不过,工业物联网到目前为止还没有统一的定义,中国电子技术标准化研究院的《工业物联网白皮书(2017)》中尝试将其定义为"工业物联网是通过工业资源的网络互连、数据互通和系统互操作,实现制造原料的灵活配置、制造过程的按需执行、制造工艺的合理优化和制造环境的快速适应,达到资源的高效利用,从而构建服务驱动型的新工业生态体系。"

事实上,工业物联网是网络技术发展过程中与工业制造相结合的产物,也有学者将其定义为"机器、计算机和人员使用业务转型所取得的先进的数据分析成果实现智能化的工业操作"。工业物联网被认为是第四次工业革命,它具有从头到尾彻底改变工业运营流程的能力。工业物联网背后的驱动理念是智能机器不仅能够实时捕获和分析数据,还能更好地传达可用于更快、更准确地推动业务决策的重要信息。

2. 工业互联网与工业物联网的关系

工业物联网指的是物联网在工业中的应用。工业互联网涵盖了工业物联网,但进一步延伸到企业的信息系统、业务流程和人员。

工业互联网的概念实际上与国外提出的万物互联理念有相似之处,相当于是工业企业的万物互联。

其实,工业互联网、工业物联网都是在互联网发展到一定阶段,随着技术进步和产业需求,产生的解决工业领域中相关问题的网络。工业物联网是工业互联网的子集,内涵更注重"物"之间的连接与通信,而工业互联网不仅包括工业过程中的"物联",还包括工业过程中的信息系统、业务流程和人等要素。

3. 工业物联网的应用

工业物联网是物联网在工业领域的应用,在能源、交通运输(铁路和车站、机场、港口)、制造(采矿、石油和天然气、供应链、生产)等应用领域发挥重要作用。

工业物联网最受欢迎的优点之一是预测性维护。这涉及组织使用从工业物联网系统生成的实时数据预测机器中的缺陷。例如,使公司能够在部件发生故障或机器发生故障之前采取措施解决这些问题。

工业物联网的另一个优点是改进现场服务。工业物联网技术帮助现场服务技术人员在客户设备成为主要问题之前识别潜在问题,使技术人员能够在客户不方便之前解决问题。

资产跟踪是另一项工业物联网的实际应用特权。例如,供应商、制造商和客户可以使用资产管理系统跟踪整个供应链中产品的位置、状态和状况。如果货物损坏或有受损风险,系统将向利益相关者发送即时警报,使他们有机会采取立即或预防措施纠正这种情况。

此外,工业物联网还可以提高客户满意度。当产品连接到物联网时,制造商可以捕获和分析有关客户如何使用其产品的数据,使制造商和产品设计人员能够定制未来的物联网设备并构建更多以客户为中心的产品路线图。

不仅如此，工业物联网还改善了企业的智能化管理水平。工业物联网技术通过工业网关以及云平台的相结合使用，最终实现设备的智能化管理。例如，在空压机投产使用后，设备制造商想要了解相关运行数据，通过对空压机数据的采集，一方面了解设备正常的运转情况，另一方面可以将数据作为设备设计换代的参考因素。

4. 工业物联网的供应厂商

在物联网的发展过程中，包含了各类型的供应厂商，主要有设备制造商、平台供应商、网络运营商、系统集成商等。鉴于中国工业物联网产业链还处在形成初期，产业链条的界定和分工还不完全明晰，但随着产业整体竞争力的快速提升，行业必将迎来爆发。

1）设备制造商

设备制造商主要涵盖感知层、传输层、现场管理层、应用层等工业物联网各层级主要设备厂商。感知层企业包括芯片、RFID、传感器、工业仪表、工业相机、二维码、PLC 等企业；传输层企业主要包括芯片、通信模块、通信设备等企业，主要技术包括工业现场总线、工业以太网、无线传感器网络（5G、NB-IoT、LoRa、BLE）等技术；现场管理层主要包括工控机、DCS、SCADA、FCS 等；应用层涉及的设备主要包括服务器、智能装备等。

2）平台供应商

平台供应商主要为工业物联网应用提供支撑，能够为设备制造商提供终端监控和故障定位服务，为系统集成商提供代计费和客户服务，为终端用户提供可靠、全面的服务，为应用开发者提供统一、方便、低廉的开发工具等，主要包括工业物联网平台、工业数据平台、工业云平台提供商等。

3）网络运营商

网络运营商主要提供数据传输，是工业物联网网络层的主体，是连接传感数据和终端应用的中间环节。运营商将关注焦点放在了连接和应用这两个层面。其中连接是运营商最擅长的领域，而平台则是运营商未来突围的关键。

在网络部署方面，未来将存在两种典型应用场景：一方面，企业的工业物联网接入移动运营商的物联网网络，如移动物联网、NB-IoT 网络、5G 网络等，将数据汇总到公有云；另一方面，如果企业关注数据安全，更倾向于先建立专有的工业物联网络和数据中心，再将一些安全级别低的数据汇总到公有云。

4）系统集成商

系统集成商主要致力于解决各类设备、子系统间的接口、协议、系统平台、应用软件等与子系统、使用环境、施工配合、组织管理和人员配备相关的集成，相关企业包括自动化企业、工业控制系统企业、工业软件企业等各类工业系统解决方案企业。

5. 工业物联网目前存在的问题

1）基础支持力量薄弱

现阶段，我国在传感器关键技术、计算机系统设计技术、通信网络技术等物联网共性技术方面滞后于欧美日等发达国家，无法为我国的工业转型提供强有力的支撑。

2）产业尚处起步阶段

我国工业物联网的发展处于起步阶段，在技术研发、企业培育、产品推广等方面需要大量的资金支持，但目前我国的资金支持仍局限在国家科技计划，资金总量和覆盖面有限，限制了我国工业物联网的发展。

3）中小企业面临困难

《中国制造 2025》指出，我国制造业正面临信息化程度不高、与工业化融合程度不够的现状。当前,我国大多数制造业企业信息化水平处于初、中级水平,信息化覆盖的部门较窄,企业内部系统处于割裂状态,我国仍处于工业物联网发展的起步阶段。

工业物联网的发展越来越趋近于一个生态链的发展,各环节之间的良性整合越来越密切。随着物联网的深入发展,面临的问题将会得到进一步的调解,为物联网的发展迎来又一个爆发期。

3.2.2　工业物联网技术体系、发展趋势与应用

1. 工业物联网技术体系

工业物联网技术体系主要包含4部分:感知控制技术、网络通信技术、信息处理技术以及安全管理技术,如图3-18所示。

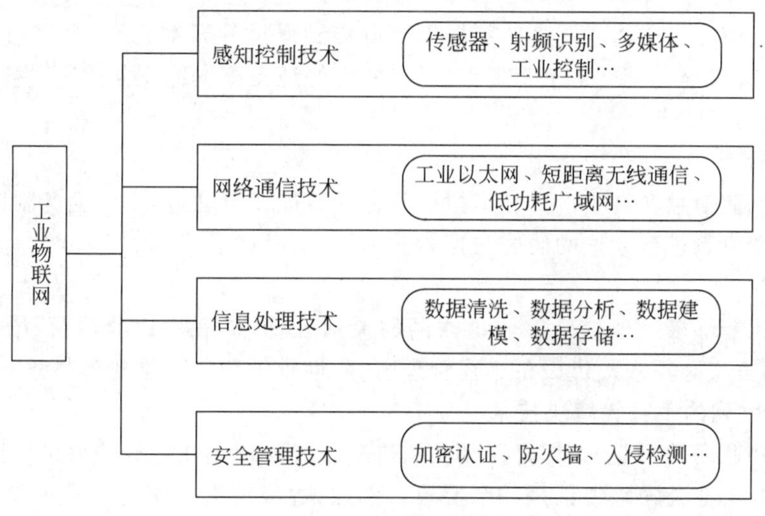

图3-18　工业物联网技术体系

1)感知控制技术

感知控制技术主要包括传感器(测量或感知特定物体的状态和变化,并转换为可传输、可处理、可存储的电子信号或其他形式的信息)、射频识别(非接触自动识别技术)、多媒体、工业控制(SCADA、DCS和PLC)等。值得注意的是,感知控制技术是工业物联网部署实施的核心。

2)网络通信技术

工业物联网三大主流技术分别是工业以太网、短距离无线通信技术和低功耗广域网。核心技术包括时间同步、确定性调度、跳信道、路由和安全技术等,这些技术可以使工业传感器的布线成本大大降低,有利于传感器功能的扩展,网络通信技术是工业物联网互联互通的基础。

3)信息处理技术

工业物联网中常见的信息处理技术主要包括数据清洗、数据分析、数据建模和数据存储等,数据处理技术为工业物联网的应用提供支撑。

4)安全管理技术

工业物联网中常见的安全管理技术包括加密认证、防火墙、入侵检测等,安全管理技术是工业物联网部署的关键。

工业物联网背后的逻辑是日趋成熟的感知控制技术以及信息处理技术,这些技术的结合使确定流程的工业应用能够向智能化转变。而感知控制技术和网络通信技术互联互通实现之后,数据模型的功能将进一步被挖掘,工业制造领域的覆盖面将进一步拓展,并最终激发产业创新。

2. 工业物联网的发展趋势

目前,工业物联网有以下几点发展趋势。

1）终端智能化

随着工业物联网的终端智能化水平不断提高，底层传感器设备自身向着微型化和智能化的方向发展，以及工业控制系统的开放逐渐扩大，会逐渐使工业控制系统与各种业务系统的协作成为可能。

2）连接泛在化

工业控制通信网络经历了现场总线、工业以太网和工业无线等多种工业通信网络技术，连接泛在化将会把监控设备与系统与生产现场的各种传感器、变送器、执行器、伺服驱动器、运动控制器，甚至数控机床、工业机器人和成套生产线等生产装备连接起来。

3）计算边缘化

计算边缘化使在工业物联网中的数据不用再传到遥远的云端，更适合实时的数据分析和智能化处理，具有安全、快捷、易于管理等优势，能更好地支撑本地业务的实时智能化处理与执行，满足网络的实时需求。

4）网络扁平化

网络扁平化使信息在真实世界和虚拟空间之间智能化流动，实现对生产制造的实时控制、精确管理和科学决策进行大量的研究与探索。

5）服务平台化

服务平台化能够极大地提升工业物联网的灵活性，并扩展用户的规模，增强数据的安全性，从而根据用户实际需求提供设备远程管理、预防性维护和故障诊断等服务。

3. 工业物联网的下一代解决技术

随着工业物联网的兴起，人们每天都在引进新技术处理正在生成的大量数据，而识别这些新技术对企业和工业公司来说都是一个挑战。例如，边缘计算和雾计算这两个术语经常被混用，因为它们都涉及将智能和处理能力推向更接近它们起源的地方。尽管在如何和为什么部署哪种类型基础设施之间有着明显区别，但二者对于成功的工业物联网战略来说都是至关重要的。

边缘计算和雾计算都配备了下一代工业物联网功能，并且是为未来大规模集成做准备的重要一步。在工业环境中，边缘计算足以满足系统中多个设施的数据和分析需求，但对于准备大规模扩张的行业，雾计算可能是实现长期增长和成功的更好选择。

1）边缘计算

边缘计算是一种基础技术架构，它是在靠近物或数据源头的网络边缘侧，融合网络、计算、存储、应用核心能力的开放平台。边缘计算可以在生产设施（设备）中现场收集、分析和存储数据，从而节省时间并帮助维护运营，而不是依赖于将所有数据存储在云中的较慢系统。因此，边缘计算也属于一种分布式计算，在网络边缘侧的智能网关上就近处理采集到的数据，而不需要将大量数据上传到远端的核心管理平台。边缘计算架构如图 3-19 所示。边缘计算已经对维持正常运行和提供接近实时的数据和分析产生了重大影响，以优化工业物联网的性能和工业自动化的未来。

应用边缘计算是迈向工业物联网集成的下一步，这将为自动化的未来做好准备。优化效率、生产力和质量的需求促使制造商将其智能转移到网络边缘，以更快地处理数据并应对竞争压力。这个系统对于拥有许多前哨站的设施很有价值，如数百个石油钻井平台都被接入一个中央数据中心，在石油钻井平台上安装边缘服务器使它们能够更快地共享数据，并在更靠近网络边缘的地方处理数据，而不是将数据发送到云中进行处理，因为如果数据发到云中处理，可能会延迟系统性能或异常警报。

随着物联网的发展，边缘计算已成为时下最热门的技术之一，引得华为、阿里、ARM、英特

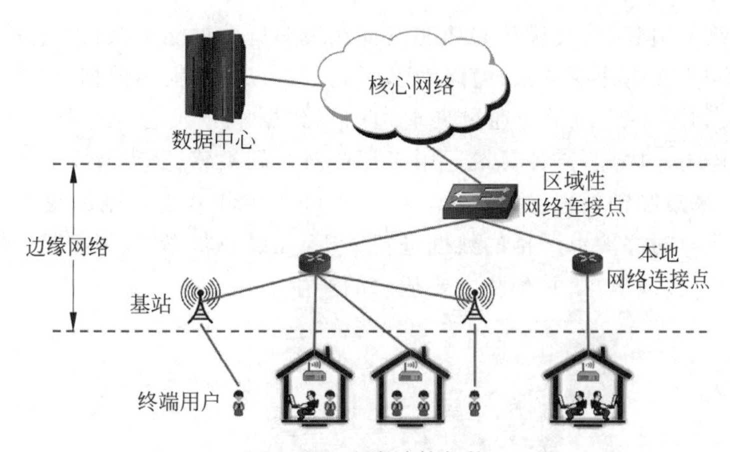

图 3-19 边缘计算架构

尔等行业巨头纷纷布局。边缘计算在物联网中的应用领域非常广泛，特别适合具有低时延、高带宽、高可靠、海量连接、异构汇聚和本地安全隐私保护等特殊业务要求的应用场景。并且，随着物联网通信技术与相关嵌入式设备的高速发展，边缘计算正在崛起并为云技术带来新的趋势。可以看到，各大云厂商业务从主要依赖超大规模数据中心、光缆高速互联的传统公有云，发展到企业私有云与公有云专线互联的混合云，逐步过渡到公有云为中心、边缘节点与中心专线或公网互联的边缘云。未来甚至可能出现去中心化，中心数据中心与边缘数据中心多路径互联的全分布式云。边缘计算将为未来的百亿终端提供 AI 能力，形成万物感知、万物互联、万物智能的智能世界。

如图 3-20 所示，以风力发电机为例，风力发电机装有测量风速、螺距、油温等多种传感器，每隔几毫秒测一次，用于检测叶片、变速箱、变频器等的磨损程度，一个具有 500 个风机的风场一年会产生 2PB 的数据。如此庞大的数据，如果实时上传到云计算中心并产生决策，则对算力和带宽提出了苛刻的要求，更不要说由于延迟而产生的即时响应问题。面对这样的场景，边缘计算就体现出它的优势了，由于部署在设备侧附近，可以通过算法即时反馈决策，并可以过滤绝大部分数据，有效降低云端的负荷，使海量连接和海量数据处理成为可能。

图 3-20 风力发电机

值得注意的是，边缘计算和云计算是共生互补的，作为云计算平台的延伸，边缘计算平台不应该是一个孤立的系统，它应该和云计算平台保持关联。由于边缘节点资源有限，很难完成复杂的业务流程，因此在实际业务场景中，边缘应用往往需要和云端应用互相配合，实现端到端的解决方案。

2）雾计算

雾计算是一种分布式协作架构，能够将实际数据来源与云端之间的各种特定应用程序或服务用在最有效的位置进行管理。因此，雾计算是为大量智能物联网设备提供节能、有效、可管理通信的关键因素。可以说，雾计算扩大了云计算的网络计算模式，将网络计算从网络中心扩展到网络边缘，从而更广泛地应用于各种服务。这种类型的计算正有效地将云端计算功能和服务扩展到网络的边际，将其优势和功能发挥在最贴近数据能被执行与操作之处。

雾计算是一种更接近边缘的云计算形式，因此它可以处理大量数据，而无须将数据推送到云中，雾计算定义如图3-21所示。通过处理边缘和数据中心云之间的实时物联网请求，雾计算将提高边缘的能力。因此，雾计算最适用于那些对时间敏感、要求有实时回应的物联网关键应用程序，如数据采集和预处理、短期数据存储、条件监控和基于规则的决策制定。能使用雾计算的设备目标是对时序要求严格的数据进行分析，如设备状态、故障警报、警告状态等，这样可以将延迟最小化，提高效率，并预防主要危害的产生。

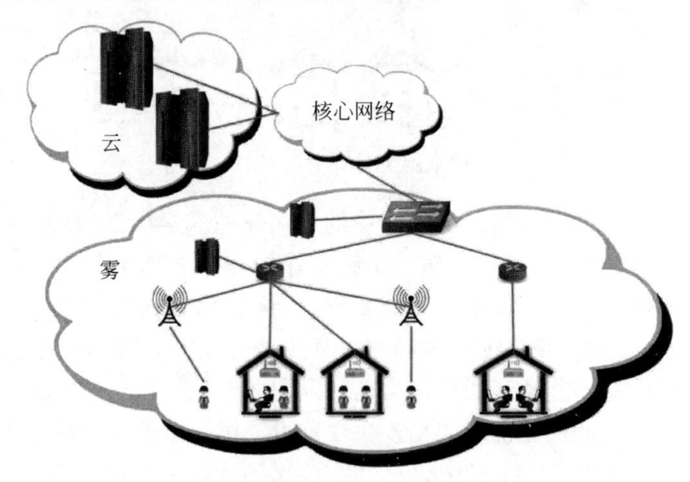

图3-21 雾计算定义

在物联网应用中，数据以万亿兆字节甚至更多的数量产生，需要快速、大量的数据处理但无法将其反复地传送至云端，在这种情况下，应用雾计算非常合适。凭借低时延、安全性、位置侦测、多服务器节点、实时连接和可移动性等突出特点，雾计算是为时延敏感的未来工业物联网自动化提供解决方案的关键范例。

(1) 智能家居。智能家居由多种设备和连接传感器组成。然而，这些设备有着不同的平台，从而难以整合。雾计算提供了一个统一的接口集合所有不同的独立设备，并为智能家居应用提供灵活的资源以实现存储、实时处理和降低延迟。

(2) 医疗保健活动追踪。雾计算提供了实时处理和事件回应功能，这对医疗保健活动极为重要。此外，雾计算还解决了与远程存储、处理和云检索医疗记录所需的网络连接和流量相关问题。

(3) 无人机。雾计算可以赋能无人机，使无人机实现全面自动化。因为无人驾驶，所以无人机需要足够的"智能"自主运行。首先，这需要无人机上的雾节点能够意识到任何邻近无人机的物体，包括天气状况、其他无人机、飞鸟或建筑。并且，无人机在空中自主飞行，也意味着无人机可以进行自我检查，保证所有系统可以正确操作。一旦发现问题，无人机上的雾计算节点可以采取适当的措施进行纠正或补偿，甚至返回调度中心进行维护。

(4)智能工厂。更加智能的工厂是工业用边缘计算最明显的应用之一。通过将边缘节点与雾计算相结合，工厂内的许多系统可以实现自动化，其中包括生产设备、环境控制、压缩空气系统、冷却剂循环、电力和其他电源等。

图3-22所示为雾计算在工业物联网中的应用，F-AP表示雾接入点，NB-IoT表示物联网。雾接入点是雾计算体系结构的核心部件，通常包含物理组件(如网关、交换机、路由器、服务器等)或虚拟组件。

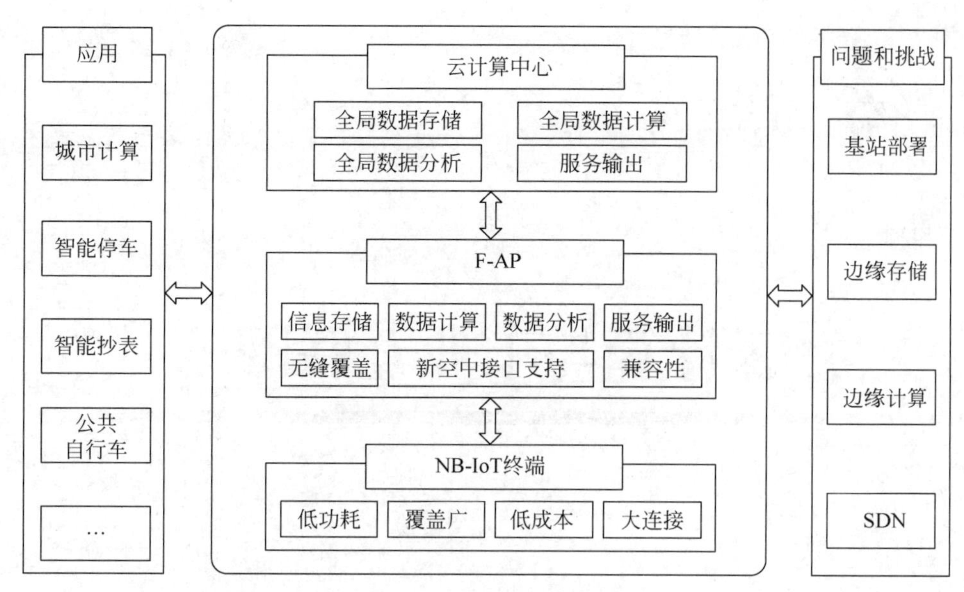

图 3-22 雾计算在工业物联网中的应用

值得注意的是，雾计算的成功直接取决于那些智能网关的灵活性，这些智能网关在网络上影响着无数的物联网设备。IT 弹性将成为物联网连续性的必要条件，为了具备安全性，要有冗余的电力和冷却监控以及故障转移解决方案，以确保最长的正常运行时间。

3.3 本章小结

(1) 物联网是新一代信息技术的重要组成部分，也是信息化时代的重要发展阶段。物联网通过智能感知、识别技术与普适计算等通信感知技术，广泛应用于网络的融合中，也因此被称为继计算机、互联网之后世界信息产业发展的第三次浪潮。

(2) 物联网体系结构主要由 4 个层次组成：感知层(感知控制层)、网络层、处理层和应用层(业务层)。

(3) 传感器是由一种敏感元件和转换元件组成的检测装置，能感受到被测量，并能将检测和感受到的信息按照一定规律转换为电信号(电压、电流、频率或相位等)的形式输出，最终为物联网应用的数据分析、人工智能提供数据来源。

(4) 目前主流的物体标识技术有条码技术、RFID 以及生物识别技术 3 种。

(5) 定位可以按照使用场景的不同划分为室内定位和室外定位两大类，因为场景不同，需求也就不同，所以分别采用的定位技术也不尽相同。

(6) 工业物联网指的是物联网在工业的应用。具体来说，工业物联网是物联网和互联网服务的交叉网络系统，同时也是自动化与信息化深度融合的突破口。

(7) 边缘计算和雾计算都配备了下一代工业物联网功能，并且是为未来大规模集成做准备的重要一步。

习题 3

扫一扫

自测题

(1) 什么是物联网?

(2) 什么是传感器? 它有哪些作用?

(3) 什么是室内定位技术?

(4) 什么是边缘计算?

(5) 什么是雾计算?

第 4 章

云计算与工业互联网

本章学习目标

- 了解云计算的概念
- 了解云计算的服务层次
- 了解云计算的服务类型
- 了解云计算的关键技术
- 了解常见的云计算平台
- 了解云计算与工业互联网的关系

4.1 云计算介绍

4.1.1 云计算概述

1. 什么是云计算

近年来，在社会和企业的数字化转型浪潮下，云计算产业呈现稳健发展的良好态势。随着云计算和大数据应用的普及，越来越多的企业开始“拥抱”云计算服务。

云计算(Cloud Computing)是分布式计算的一种，指的是通过网络“云”将巨大的数据计算处理程序分解成无数个小程序，然后通过多部服务器组成的系统进行处理和分析，并将结果返回给用户。

现阶段对云计算的定义有多种说法。广为接受的说法是美国国家标准与技术研究院(National Institute of Standards and Technology，NIST)的定义：云计算是一种按使用量付费的模式，这种模式提供可用的、便捷的、按需的网络访问，进入可配置的计算资源共享池(资源包括网络、服务器、存储、应用软件、服务)，这些资源能够被快速提供，只需要投入管理工作，或与服务供应商进行很少的交互。

因此，人们普遍认为云计算是一种基于互联网的计算方式，通过这种方式，共享的软硬件资源和信息可以按需提供给计算机和其他设备。云计算的核心思想是将大量用网络连接的计算资源统一管理和调度，构成一个计算资源池向用户按需服务。提供资源的网络称为“云”。狭义的云计算是指IT基础设施的交付和使用模式，指通过网络以按需、易扩展的方式获得所需资源；广义的云计算是指服务的交付和使用模式，指通过网络以按需、易扩展的方式获得所需服务。这种服务可以是IT和软件、互联网相关服务,也可是其他服务。

简单来说,云计算就是将互联网中千千万万的计算机统筹起来,一同在云计算的模式下运行。但是,云计算所使用的应用并不在个人计算机上运行,而是在云计算的服务器集群中运行。因此,云计算可以让个体乃至中小规模的企业无须购买大量设备,在独立搭建平台的基础上获取强大的计算服务。云计算模式的优势非常明显,可以多人共享资源池,提高互联网资源的利用率;降低用户获取服务的成本,提高计算服务的灵活度,既可以按照需要自助变更服务,也可以使用多种终端设备访问,硬件束缚少。

在云计算这种模式下,用户不需要具备互联网专业知识也能够轻松使用,降低了互联网计算服务的准入门槛,使用户及企业可以将更多的精力与资金投入其擅长的领域中,在一定程度上可以为各行各业的创新发展提供更有利的土壤。

2. 云计算的发展

云计算自19世纪60年代被提出以来,到现在已经历了数十年的发展。人们在日常生活中也经常能看到云服务的存在,如百度网盘、苹果手机的iCloud等。阿里巴巴、腾讯、快手等科技企业也在其运行架构中引入了云计算,降低了运营成本,提高了市场竞争力。

随着数字经济的不断推进,各项数字技术不断发展,云计算的应用潜力也将被不断挖掘。例如,云计算可以为人工智能的发展提供足够多的数据与足够强大的计算服务,打破人工智能在深度学习领域的瓶颈,促进人工智能的发展。人工智能的发展也可以帮助云计算优化中心系统的管理,提高云计算运行效率,降低能耗,提高系统自愈及防御能力,二者协同发展。此外,云计算对于智慧城市的发展也至关重要。智慧城市的建设会涉及海量的电子终端与网络数据,如何存储、处理、传输这些数据对于智慧城市的运行而言举足轻重,而云计算统筹海量终端、按需控制、共享资源等特点,正好可以满足智慧城市的运行需求。

目前,我国的云计算技术在经历了数年的发展之后,已经在一些层面取得了较大的成就。云计算是数字基础设施的重要部分,是驱动数字经济发展的原动力,在我国产业数字化转型和公共服务数字化水平提升中发挥着重要作用。云计算可以为各类数字技术发展提供强有力的数据存储、运算及应用服务,是数字经济时代不可忽略的基础设施,也是释放数字价值、驱动数字创新的重要动力。不过,值得注意的是,云计算不是万能的,也不是无懈可击的。一方面,云计算集合了海量的用户,很多用户担心自己的隐私数据外泄,而数据一旦在互联网中共享,就很难通过物理手段隔离,会造成难以挽回的损失;另一方面,用户也会担心云计算服务商或第三方是否会通过不当手段通过收集、处理用户私有数据获利。因此,云计算是否能够阻挡不正当的数据入侵或破坏,保证数据安全,提供更强有力的信用背书,是其发展的重要突破点之一。

人们有理由相信,在不远的未来,云计算将会不断完善,为科技与经济的发展不断提供更优质的数据服务。

3. 云计算的优势

云计算作为一种新兴技术架构,正在推动增长、生产和创新。它能有效地标准化IT基础设施,并将其外包给云服务提供商,代表了IT的工业化。对于IT,云计算是一种更好的经济模式,是功率更强大的"数字版电网"。云计算使企业和政府能够专注于其核心业务,从而推动专业化和劳动分工,使业务、运营、服务和使用它的一切都变得更好。

1) 云计算推动新的商业模式

云计算采用新的商业模式,在成本、生产力和业务灵活性方面提供卓越的价值。通常对企业来讲,节省成本是决定是否采用新技术的起点,但云计算的更大价值来自更大的灵活性、速度和对核心业务的专注。

2）云计算拥有强大的平台

云计算不仅可以提供基本服务，还能提供用户所需的绝大多数IT服务，且云服务远远超越了基本的IT服务。除此以外，云计算拥有的不仅仅是服务的集合，它还具有跨平台的通用架构，因此，人们认为它是一种卓越的生态系统。

3）云计算降低了交换成本

尽管存在锁定的担忧、多云最佳实践问题，但云计算打破了锁定，降低了交换成本（迁移到新的提供商），提高了可移植性（移动应用程序和数据），并提供了更多的互操作性（交换和使用信息）。

4）云计算提高了敏捷性、速度和创新

虽然节约成本常常是采用云计算的起点（而且成本也容易量化），但通常用户认为敏捷性、速度和创新更重要。云计算使用户能够以较低的成本快速试验产品，从而更快地将产品推向市场，还通过快速建立和拆除支撑其运营和工作流的IT功能，使企业变得更加敏捷。

5）作为代码的云基础设施实现了云计算的自动化、生产效率和专业化

云计算将软件模板视为可执行软件代码的"配置文件"，可作为一个完整的系统或"堆栈"来启动、删除和管理，管理员可以用这些模板更改IT基础架构。此外，在云计算中，人们可以不再只为单个应用程序编写程序，因为整个IT基础设施本身都是可编程的。因此，作为代码的云基础设施实现了云计算的自动化、生产效率和专业化。

4.1.2 云计算服务层次

云计算有以下几个层次的服务：基础设施即服务（IaaS），平台即服务（PaaS）和软件即服务（SaaS）。这里所谓的层次是分层体系架构意义上的"层次"。IaaS、PaaS、SaaS分别在基础设施层、软件开放运行平台层和应用软件层实现，如图4-1所示。

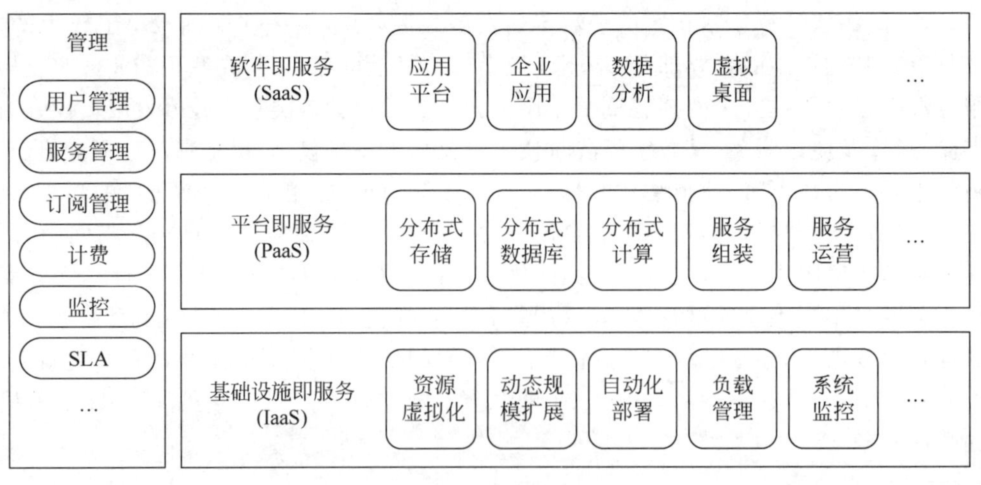

图4-1 云计算服务

1. IaaS

IaaS是Infrastructure as a Service的简称。消费者通过Internet可以从完善的计算机基础设施获得服务，这类服务称为基础设施即服务。基于Internet的服务（如存储和数据库）是IaaS的一部分。IaaS通常分为3种：公有云、私有云和混合云。

1）公有云

公有云通常指第三方提供商用户能够使用的云，一般可将虚拟化和云化软件部署在云计算供应商的数据中心中，用户无须硬件投入，只需要账号登录使用。公有云一般可通过

Internet 使用,可能是免费或成本低廉的。这种云有许多实例,可在当今整个开放的公有网络中提供服务。人们经常使用且比较典型的公有云有亚马逊 AWS、阿里云、微软 Azure、腾讯云、金山云、华为云等。公有云的核心属性是共享服务资源。公有云的最大意义是能够以低廉的价格为最终用户提供有吸引力的服务,创造新的业务价值。公有云作为一个支撑平台,还能够整合上游的服务(如增值业务、广告)提供者和下游最终用户,打造新的价值链和生态系统。公有云使客户能够访问和共享基本的计算机基础设施,其中包括硬件、存储和带宽等资源。图 4-2 所示为公有云。

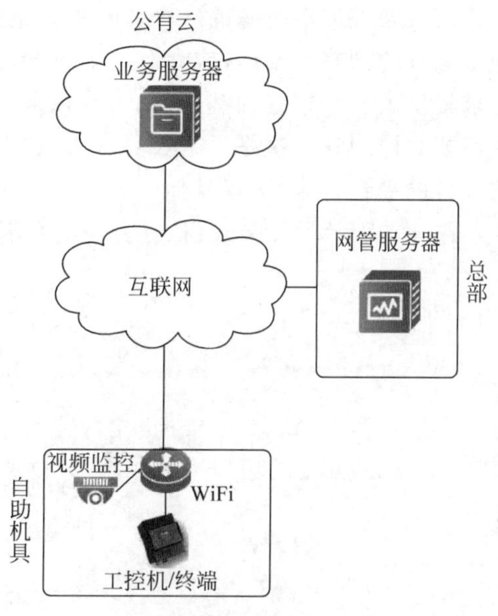

图 4-2 公有云

2) 私有云

私有云是一个公司或个人使用的特定云环境,是为一个用户单独使用而构建的,核心属性是专有资源,因此在数据安全性以及服务质量上自己可以有效地管控。不同于公有云模式中共享的设施使用,私有云模式中每个公司使用的服务器或存储应用都是单独的。通常来讲,私有云实现的基础是首先要拥有基础设施并可以控制在此设施上部署应用程序的方式,私有云可以部署在企业数据中心的防火墙内。图 4-3 所示为私有云。

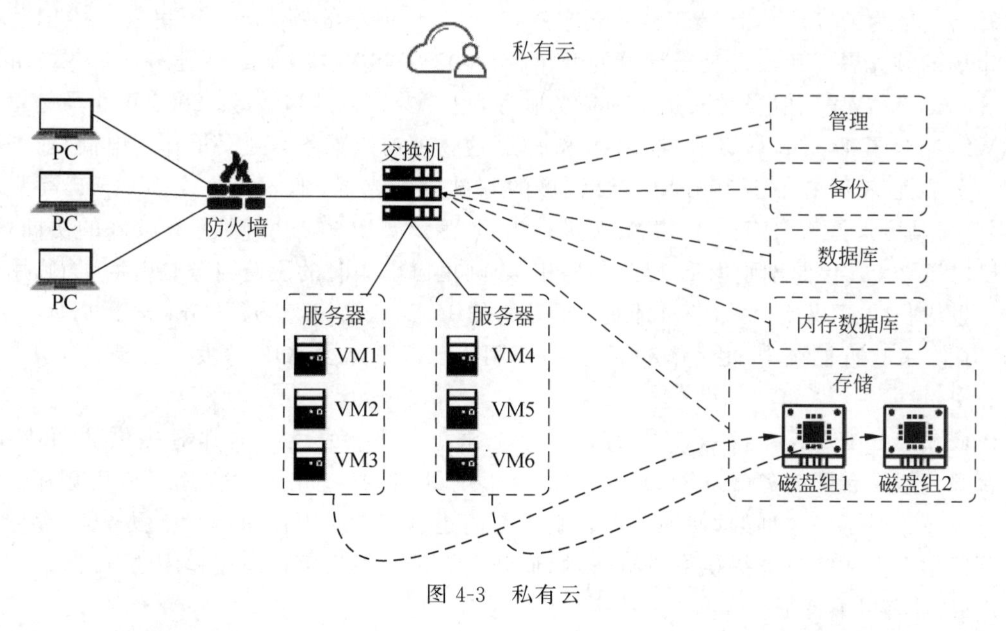

图 4-3 私有云

3) 混合云

混合云是公有云和私有云两种服务方式的结合,它融合了公有云与私有云的优、劣势。混合云综合了数据安全性以及资源共享性双重方面的考虑,个性化的方案达到了省钱、安全的目的,从而获得越来越多企业的青睐。由于安全和控制原因,并非所有企业信息都能放置在公有云上,这样大部分已经应用云计算的企业将使用混合云模式。很多企业选择同时使用公有云和私有云,有一些企业也会同时建立公众云。因为公有云会对用户使用的资源收费,所以集中云将变成处理需求高峰的一个非常便宜的方式。例如,对一些零售商来说,他们的操作需求会随着假日的到来而剧增,或者有些业务会有季节性的上扬。同时,混合云也为其他目的的弹性需求提供了一个很好的基础,如灾难恢复,这意味着私有云把公有云作为灾难转移的平台,并在需要时使用它。这是一个极具成本效应的理念。另一个好的理念是,使用公有云作为一个选择性的平台,同时选择其他的公有云作为灾难转移平台。

图 4-4 所示为公有云、私有云与混合云。

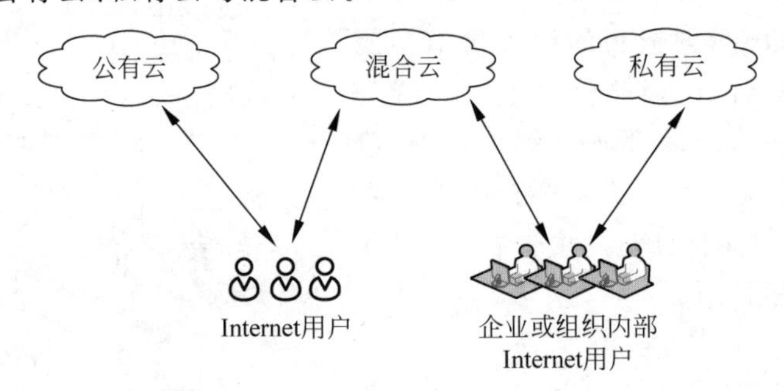

图 4-4 公有云、私有云与混合云

IaaS 通过虚拟化技术为组织提供云计算基础架构,包括服务器、网络、操作系统和存储等。这些云服务器通常通过仪表盘或 API 提供给客户端,IaaS 客户端可以完全控制整个基础架构。IaaS 提供与传统数据中心相同的技术和功能,而无须对其进行物理上的维护或管理。IaaS 客户端仍然可以直接访问其服务器和存储,但它们都通过云中的"虚拟数据中心"进行访问。

目前全球 IaaS 供应商主要有 AWS(亚马逊云)、Azure(微软云)、阿里云、Google 云、IBM 云、腾讯云、华为云等。其中,AWS 是全球公有云 IaaS 市场的领先者,阿里云是中国公有云 IaaS 市场的领先者。亚马逊是云计算的开拓者,2002 年首次推出了亚马逊网络服务(Amazon Web Services,AWS),但当时只是一项免费服务,包含少数工具和服务;2006 年亚马逊正式推出 AWS,结合了亚马逊 S3 云存储、SQS 和 EC2 这 3 种初始服务。亚马逊作为电商,业务具有明显的季节性特征,在业务高峰期需要较多的基础设施支撑,但闲时就会造成 IT 资源的闲置,因此亚马逊选择将自有闲置 IT 资源进行出租,因此 AWS 与电商业务有较好的协同效应。阿里巴巴于 2009 年推出阿里云,与亚马逊相似,阿里巴巴当时的主营业务是电商,面临用户量与数据量增长快、并发量大的业务难题,原采用的 IOE(IBM 小型机+Oracle 数据库+EMC 存储)IT 体系遭遇瓶颈,因此为解决算力问题,阿里巴巴开始去 IOE 并大力发展云计算。

2. PaaS

PaaS 是 Platform as a Service 的简称,是把服务器平台作为一种服务提供的商业模式。云平台服务或平台即服务(PaaS)为某些软件提供云组件,这些组件主要用于应用程序。PaaS 为开发人员提供了一个框架,使他们可以基于它创建自定义应用程序。所有服务器、存储和网络都可以由企业或第三方提供商进行管理,而开发人员可以只负责应用程序的管理。

PaaS 具有以下特征。

(1) PaaS 基于虚拟化技术,这意味着随着业务的变化,资源可以轻松扩展或缩小。

(2) 提供各种服务以协助开发、测试和部署应用程序。

(3) 许多用户可以访问相同的开发应用程序。

(4) Web 服务和数据库是集成的。

3. SaaS

SaaS 是 Software as a Service 的简称,是随着互联网技术的发展和应用软件的成熟,在 21

世纪开始兴起的一种完全创新的软件应用模式。SaaS与按需软件(On-demand Software)、应用服务提供商(Application Service Provider,ASP)、托管软件(Hosted Software)具有相似的含义。软件即服务(也称为云应用程序服务)代表了云市场中企业最常用的选项。SaaS利用互联网向其用户提供应用程序,这些应用程序由第三方供应商管理。大多数SaaS应用程序直接通过Web浏览器运行,不需要在客户端进行任何下载或安装。

SaaS应用软件的价格通常为"全包"费用,囊括了通常的应用软件许可证费、软件维护费以及技术支持费,将其统一为每个用户的月度租用费。对于广大中小型企业,SaaS是采用先进技术实施信息化的最好途径。但SaaS绝不只适用于中小型企业,所有规模的企业都可以从SaaS中获利。

SaaS具有以下特征。

(1) 在统一的地方管理。

(2) 托管在远程服务器上。

(3) 可通过互联网访问。

(4) 用户不负责硬件或软件更新。

4.1.3 云计算的服务类型

云计算服务是指可以拿来作为服务提供使用的云计算产品,常见的包括云主机、云空间、云开发、云测试和云应用等。

1. 云主机

云主机是云计算在基础设施应用上的重要组成部分,位于云计算产业链金字塔底层,产品源自云计算平台。通常来讲,云主机是整合了计算、存储与网络资源的IT基础设施能力租用服务,能提供基于云计算模式的按需使用和按需付费能力的服务器租用服务。客户可以通过Web界面的自助服务平台部署所需的服务器环境。

2. 云空间

云空间也就是大容量云空间集合,由多台服务器提供负载均衡,资源网站实际按需要进行动态分配,适合网站比较多的或网站建设公司。市场上常见的云空间产品主要有百度云空间、阿里云空间、景安云空间、华为云空间、小米云空间等。

3. 云开发

云开发是云端一体化的后端云服务,采用Serverless架构,免去了移动应用构建中烦琐的服务器搭建和运维。通常来讲,云开发与传统的前后端开发模式天然互补。基于云开发构建应用层,能够弥补传统开发模式的效率低、耗时多、依赖后台、不够灵活等问题,更快响应业务需求。

4. 云测试

云测试是一种利用云实现的测试方法,主要用来降低测试所耗时间或模拟应用的真实流量。此外,为了满足高流量Web应用的扩展需求,该测试需要具有扩展性。

5. 云应用

云应用是"云计算"概念的子集,是云计算技术在应用层的体现。云应用与云计算最大的不同在于,云计算作为一种宏观技术发展概念而存在,而云应用则是直接面对客户解决实际问题的产品。

4.2 云计算关键技术

4.2.1 虚拟化技术

云计算的核心技术之一就是虚拟化技术。所谓虚拟化,是指通过相关技术将一台计算机虚拟为多台逻辑计算机。在一台计算机上同时运行多台逻辑计算机,每台逻辑计算机可运行不同的操作系统,并且应用程序都可以在相互独立的空间内运行而互不影响,从而显著提高计算机的工作效率。虚拟化技术是一个广义的术语,根据不同的对象类型可以细分为平台虚拟化、资源虚拟化和应用程序虚拟化。

虚拟化的核心软件——虚拟机监控器(Virtual Machine Monitor,VMM),是一种运行在物理服务器和操作系统之间的中间层软件。严格地说,VMM是一种在虚拟环境中的"元"操作系统,它可以访问服务器上包括CPU、内存、磁盘、网卡在内的所有物理设备。VMM不但协调着这些硬件资源的访问,也同时在各虚拟机之间施加防护。当服务器启动并执行VMM时,它会加载所有虚拟机客户端的操作系统,同时会分配给每台虚拟机适量的内存、CPU、网络和磁盘。

虚拟化技术有很多实现方式,如根据虚拟化的程度和级别,有软件虚拟化和硬件虚拟化、全虚拟化和半虚拟化等。

1. 软件虚拟化

顾名思义,软件虚拟化就是采用纯软件的方法在现有的物理平台上实现物理平台访问的截获和模拟,该物理平台往往不支持硬件虚拟化。

常见的软件虚拟化技术QEMU,是通过纯软件方式仿真x86平台处理器的指令,然后解码和执行。该过程并不在物理平台上直接执行,而是通过软件模拟实现,因此往往性能比较差,但是可以在同一平台上模拟出不同架构平台的虚拟机。

VMware则采用了动态二进制翻译技术。VMM允许客户机的指令在可控的范围内直接运行。客户机指令在运行前会被VMM扫描,其中突破VMM限制的指令被动态替换为可以在物理平台上直接运行的安全指令,或者替换为对VMM的软件调用。因此,其性能比QEMU有大幅提升,但是失去了跨平台虚拟化的能力。

2. 硬件虚拟化

简单来说,硬件虚拟化就是物理平台本身提供了对特殊指令的截获和重定向的硬件支持,新的硬件会提供额外的资源帮助软件实现对关键硬件资源的虚拟化,从而提升性能。

例如x86平台,CPU带有特别优化过的指令集以控制虚拟过程,通过这些指令集,VMM会将客户机置于一种受限模式下运行,一旦客户机试图访问硬件资源,硬件会暂停客户机的运行,将控制权交回给VMM处理。同时,VMM还可以利用硬件的虚拟化增强技术,将客户机对硬件资源的访问完全由硬件重定向到VMM指定的虚拟资源。

由于硬件虚拟化可提供全新的架构,支持操作系统直接在上面运行,无须进行二进制翻译转换,降低了性能开销,极大地简化了VMM的设计,从而使VMM可以按标准编写,通用性更好,性能更强。

需要说明的是,硬件虚拟化技术是一套解决方案,完整的情况需要CPU、主板芯片组、BIOS(Basic Input Output System)和软件的支持。Intel在其处理器产品线中实现了Intel VT虚拟化技术(包括Intel VT-x/d/c),AMD也同样实现了其芯片级的虚拟化技术AMD-V。

3. 全虚拟化

全虚拟化是指虚拟机模拟了完整的底层硬件,包括处理器、物理内存、时钟、外设等,使得为原始硬件设计的操作系统或其他系统软件完全不做任何修改就可以在虚拟机中运行。简单来说,全虚拟化需要在 VMM 中模拟出一个包含了控制单元、运算单元、存储单元、指令集(Instruction Set,IS)的 CPU,以及模拟一张进行虚拟存储地址和物理存储地址转换的页表;此外,还需要在 VMM 模拟磁盘设备控制器、网络适配器等各种 I/O 外设接口。

因此,全虚拟化是虚拟机对真实计算环境的抽象和模拟,VMM 需要为每台虚拟机分配一套数据结构来管理它们的状态,包括虚拟处理器(vCPU)的全套寄存器、物理内存的使用情况、虚拟设备的状态等。VMM 调度虚拟机时,会将其部分状态恢复到 Host OS 中。

全虚拟化技术几乎能让任何一款操作系统不用改动就能安装到虚拟服务器上,而它们不知道自己运行在虚拟化环境下。其主要缺点是性能方面不如裸机,因为 VMM 需要占用一些资源,给处理器带来开销。

4. 半虚拟化

半虚拟化技术是后来才出现的技术,也叫作准虚拟化技术,就是在全虚拟化的基础上对客户操作系统进行了修改,增加了一个专门的 API,这个 API 可以将客户操作系统发出的指令进行最优化,即不需要 VMM 耗费一定的资源进行翻译操作。因此,VMM 的工作负担变得非常小,整体的性能也有很大的提高。不过,半虚拟化的缺点就是要修改包含该 API 的操作系统,因此对于某些不含该 API 的操作系统(主要是 Windows)就不能使用这种方法。

半虚拟化技术的优点是性能高。经过半虚拟化处理的服务器可与 VMM 协同工作,其响应能力几乎不亚于未经过虚拟化处理的服务器。它的客户操作系统集成了虚拟化方面的代码。该方法无须重新编译或引起陷阱,因为操作系统自身能够与虚拟进程进行很好的协作。

图 4-5 所示为虚拟化技术。

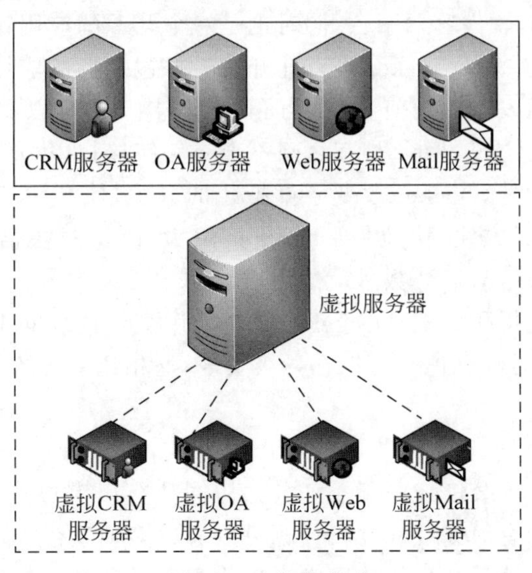

图 4-5　虚拟化技术

4.2.2　容器技术

1. 容器的概念

容器(Container)是用来隔离虚拟环境的基础设施。容器技术是一种全新意义上的虚拟化技术,按分类或实现方式来说,其属于操作系统虚拟化的范畴,由操作系统提供虚拟化的支持。

通常来讲,容器是一个允许人们在资源隔离的过程中运行应用程序和其依赖项的、轻量的、操作系统级别的虚拟化技术。在容器中运行应用程序所需的所有必要组件都打包为单个镜像，这个镜像是可以重复使用的。当镜像运行时，它是运行在独立的环境中，并不会和其他的应用共享主机操作系统的内存、CPU 或磁盘，从而保证了容器内的进程不会影响到容器外的任何进程。

更准确地说，所有在容器中的应用程序其实完全运行在宿主操作系统中，与其他真实运行在其中的应用程序在指令运行层面是完全没有任何区别的。

容器技术最早出现在 2016 年，由 Google、Docker、CoreOS、IBM、微软、红帽等厂商联合发起的 OCI(Open Container Initiative)组织推出第 1 个开放容器标准。标准主要包括 Runtime 运行时标准和 Image 镜像标准。标准的推出有助于为成长中的市场带来稳定性，让企业能放心采用容器技术。用户在打包、部署应用程序后，可以自由选择不同的容器运行时(Runtime)；同时，也都能按照统一的规范进行镜像打包、建立、认证、部署、命名。

2. 容器的优点

容器主要具有以下几个优点。

(1) 标准化。大多数容器实现技术基于开放标准，可以运行在所有主流的 Linux 发行版和 Windows 等操作系统上。

(2) 安全性。一台宿主机上可以运行多个容器，但这些容器内的进程是相互隔离的，且无法相互感知。其中一个容器升级或出现故障，不会影响其他容器。

(3) 部署方便。容器封装了所有运行应用程序所必需的相关细节，如应用依赖以及操作系统，这就使得镜像从一个环境移植到另一个环境更加灵活。例如，同一个镜像可以在 Windows 或 Linux 中进行开发、测试，或在生产环境中运行。

3. Docker 容器技术

Docker 是世界领先的软件容器平台，同时也是一个开源的应用容器引擎，它基于 Go 语言并遵从 Apache 2.0 协议开源。Docker 可以让开发者打包他们的应用以及依赖包到一个轻量级、可移植的容器中，然后发布到任何流行的 Linux 机器上，也可以实现虚拟化。

Docker 容器完全使用沙箱机制，相互之间不会有任何接口(类似于 iPhone 的 App)，从而使容器性能开销极低。此外，Docker 改变了虚拟化的方式，使开发者可以直接将自己的成果放入 Docker 中进行管理。方便、快捷是 Docker 的最大优势，过去需要用数天乃至数周的任务，在 Docker 容器的处理下只需要数秒就能完成。

作为一种轻量级的虚拟化方式，Docker 在运行应用上与传统的虚拟机方式相比具有显著优势：Docker 容器很快，启动和停止可以在秒级实现，这相比于传统的虚拟机方式要快得多。

4.2.3 并行计算技术

并行计算是将一个任务分解成若干小任务并协同执行以完成求解的过程，是增强复杂问题解决能力和提升性能的有效途径。并行计算可以通过多种途径实现，包括多进程、多线程以及其他多种方式。并行计算系统的架构通常表现为组件的同构性，每台处理器都是相同类型的，且拥有相同的处理性能。使用并行计算，可充分和更加高效地利用多核计算资源，从而缩短单个问题的求解时间，节省成本，也能够满足更大规模或更高精度要求的问题求解需求。

为提高计算效率，并行计算处理问题一般分为以下 3 步。

(1) 将工作分离成离散独立部分，有助于同时解决。

(2) 同时并及时地执行多个程序指令。

(3) 将处理完的结果返回主机经一定处理后显示输出。

并行计算需要满足的基本条件如下。

1）并行计算机

并行计算机至少包含两台处理机，这些处理机通过网络相互连接，相互通信。

2）应用问题必须具有并行度

应用问题必须具有并行度是指应用可以分解为多个子任务，这些子任务可以并行地执行。将一个应用分解为多个子任务的过程，称为并行算法的设计。

3）并行编程

在并行计算机提供的并行编程环境上，具体实现并行算法，编制并运行并行程序，从而达到并行求解应用问题的目的。

4.2.4 分布式计算技术

分布式计算是在两个或多个软件间共享信息，这些软件既可以在同一台计算机上运行，也可以在通过网络连接起来的多台计算机上运行。分布式计算比起其他技术具有以下 3 个优点。

（1）稀有资源可以共享。

（2）通过分布式计算可以在多台计算机上平衡计算负载。

（3）可以把程序放在最适合运行它的计算机上。其中，共享稀有资源和平衡负载是计算机分布式计算的核心思想之一。

图 4-6 所示为分布式计算。

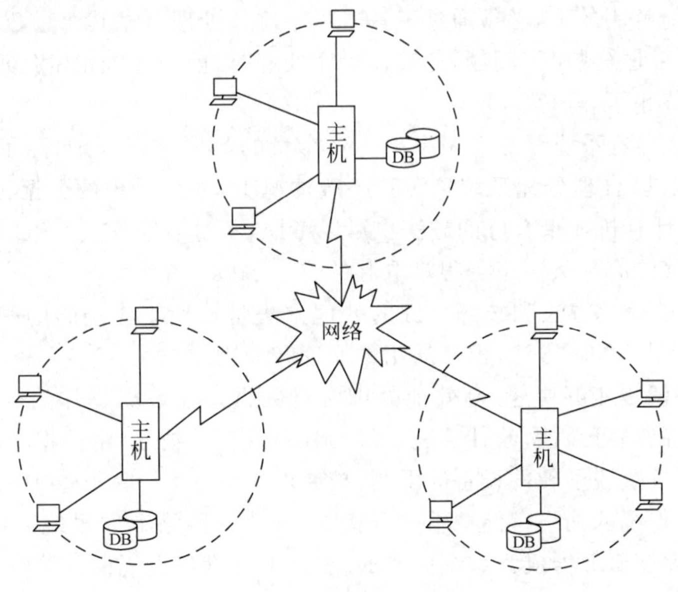

图 4-6　分布式计算

例如，Hadoop 就是出现得比较早的一个分布式计算框架，它由 Apache 基金会开发。用户可以在不了解分布式底层细节的情况下开发分布式程序。以 Hadoop 分布式文件系统(Hadoop Distributed File System，HDFS)和 MapReduce(Google MapReduce 的开源实现)为核心的 Hadoop 为用户提供了系统底层细节透明的分布式基础架构。HDFS 的高容错性、高伸缩性等优点允许用户将 Hadoop 部署在低廉的硬件上，形成分布式系统，为海量的数据提供了存储方法；MapReduce 分布式编程模型允许用户在不了解分布式系统底层细节的情况下开发并行应用程序，为海量的数据提供了计算方法。所以，用户可以利用 Hadoop 轻松地组织计算机资源，从而搭建自己的分布式计算平台，并可以充分利用集群的计算和存储能力，完成海量数据的处理。Hadoop 本质上起源于 Google 的集群系统,Google 的数据中心使用廉价 Linux PC 组成集群运行各种应用,即使是分布式开发新手也可以迅速使用 Google 的基础设施。如今广义的 Hadoop 已经包括 Hadoop 本身和基于 Hadoop 的开源项目,并已经形成了完备的 Hadoop 生态链系统。

值得注意的是,并行计算和分布式计算既有区别,也有联系。从解决对象上看,两者都是大任务化为小任务,这是它们的共同之处。并行计算的传统目的是提供单处理器无法提供的性能(处理器能力或存储器),因此,它的目的是使用多处理器求解单个问题。而分布式计算的目的主要是提供方便,这种方便包括可用性、可靠性以及物理的分布(能从许多不同场所访问分布式系统)。在并行计算中,处理器间的交互一般很频繁,往往具有细粒度和低开销的特征,并且被认为是可靠的。而在分布式计算中,处理器间的交互不频繁,交互特征是粗粒度,并且被认为是不可靠的。除此之外,并行计算注重短的执行时间,分布式计算则注重长的正常运行时间。

4.2.5 海量数据存储技术

在实际的工作环境中,许多人会遇到海量数据这个复杂而艰巨的问题,主要难点表现在以下几方面。

(1) 数据量过大,数据中什么情况都可能存在。如果说有 10 条数据,那么大不了逐条检查,人工处理;如果有上百条数据,也可以考虑人工处理;如果数据量达到千万级别,甚至过亿,那就不是手工能解决的了,必须通过工具或程序进行处理。尤其海量数据中什么情况都可能存在,如数据中某处格式出了问题,尤其在程序处理时,前面还能正常处理,突然到了某个地方出现问题,程序终止了,等等。

(2) 软硬件要求高,系统资源占用率高。对海量的数据进行处理,除了好的方法,最重要的就是合理使用工具,合理分配系统资源。一般情况下,如果处理的数据过 TB 级,是要考虑小型机的;普通的计算机如果有好的方法也可以考虑,不过必须加大 CPU 和内存。就像面对千军万马,光有勇气没有一兵一卒是很难取胜的。

(3) 要求很高的处理方法和技巧。好的处理方法是长期工作经验的积累,也是个人的经验的总结。没有通用的处理方法,但有通用的原理和规则。

云计算的优势就是能够快速、高效地处理海量数据。在数据爆炸的今天,这一点至关重要。为了保证数据的高可靠性,云计算通常采用分布式存储技术,将数据存储在不同的物理设备中。这种模式不仅摆脱了硬件设备的限制,扩展性也更好,能够快速响应用户需求的变化。

分布式存储与传统的网络存储并不完全相同,传统的网络存储系统采用集中的存储服务器存储所有数据,存储服务器成为系统性能的瓶颈,不能满足大规模存储应用的需要。分布式网络存储系统采用可扩展的系统结构,利用多台存储服务器分担存储负荷,利用位置服务器定位存储信息,不但提高了系统的可靠性、可用性和存取效率,还易于扩展。

在当前的云计算领域,Google 的 GFS(Google File System)和 Hadoop 的开源系统 HDFS 是比较流行的两种云计算分布式存储系统。

Google 非开源的 GFS 云计算平台满足大量用户的需求,并行地为大量用户提供服务,使云计算的数据存储技术具有了高吞吐量和高传输率的特点。

HDFS 是继 GFS 提出之后出现的另一种文件系统。它具有一定高度的容错性,且提供给了高吞吐量的数据访问,非常适合应用在大规模数据集上。首先,HDFS 是一个文件系统,用于存储文件,通过目录树定位文件;其次,HDFS 是分布式的,它由很多服务器联合起来实现其功能,集群中的服务器有各自的角色。HDFS 适合一次写入,多次读出的场景,且不支持文件的修改；适合数据分析，并不适合用来做网盘应用。

大部分 ICT 厂商，如 Yahoo、Intel，其“云”计划采用的都是 HDFS 数据存储技术。未来的发展将集中在超大规模的数据存储、数据加密和安全性保证，以及继续提高 I/O 速率等方面。

4.3　常见云计算平台介绍

云计算平台也称为云平台，基于硬件资源和软件资源的服务，提供计算、网络和存储能力。云计算平台可以划分为 3 类：以数据存储为主的存储型云平台、以数据处理为主的计算型云平台以及计算和数据存储处理兼顾的综合云计算平台。

简单地说，云计算平台就是将任何开发者都可能需要的软件集成到一个平台上，开发者只要登录这个平台，就可以选择自己所需要的软件、数据库、开发环境等，不必耗费本地内存和资源，并具有更高的安全性。

1. Amazon 云计算平台

Amazon（亚马逊）是美国的一家电子商务企业，同时也是全球最知名的云计算供应商。AWS（Amazon Web Services）是亚马逊提供的专业云计算服务平台，于 2006 年推出，以 Web 服务的形式向企业提供 IT 基础设施服务。

AWS 云计算平台提供了大量基于云的全球性产品，其中包括计算、存储、数据库、分析、联网、移动产品、开发人员工具、管理工具、物联网、安全性和企业应用程序。这些服务可帮助组织快速发展、降低 IT 成本以及进行扩展。因此，全球很多大型企业和初创公司通过 AWS 为各种工作负载提供技术支持，其中包括 Web 和移动应用程序、游戏开发、数据处理与仓库、存储、存档及很多其他工作负载。

AWS 云基础设施围绕区域和可用区域（Availability Zone，AZ）构建。区域是指全球范围内的某个物理节点，每个区域有多个独立的配套设施，其中包括冗余电源、联网和连接。可用区域能提高应用程序和数据库的运行效率，使其具备比单个数据中心更强的可用性、容错能力以及可扩展性。

2. Google 云计算平台

Google 的硬件条件优势、大型的数据中心、搜索引擎的支柱应用，促进 Google 云计算迅速发展。因此，Google 的云计算技术实际上是针对 Google 特定的网络应用程序而定制的。针对内部网络数据规模超大的特点，Google 提出了一整套基于分布式并行集群方式的基础架构，利用软件的能力处理集群中经常发生的节点失效问题。

研究机构对 Google 近几年发表的论文进行分析后发现，Google 使用的云计算基础架构模式包括 4 个相互独立又紧密结合在一起的系统，包括 Google 建立在集群之上的文件系统 Google File System、针对 Google 应用程序的特点提出的 Map/Reduce 编程模式、分布式的锁机制 Chubby 以及 Google 开发的模型简化的大规模分布式数据库 BigTable。

除了上述云计算基础设施之外，Google 还在其云计算基础设施之上建立了一系列新型网络应用程序。由于借鉴了异步网络数据传输的 Web 2.0 技术，这些应用程序给予用户全新的界面感受以及更加强大的多用户交互能力。其中，典型的 Google 云计算应用程序就是与 Microsoft Office 软件进行竞争的 Docs 网络服务程序。

3. IBM 云计算平台

IBM 在 2007 年 11 月 15 日推出了“蓝云”计算平台，为客户提供即买即用的云计算平台。它包括一系列云计算产品，使计算不仅仅局限在本地机器或远程服务器农场（即服务器集群），通过架构一个分布式、可全球访问的资源结构，数据中心可以在类似于互联网的环境下运行计算。

"蓝云"计算平台建立在IBM大规模计算领域的专业技术基础上，基于由IBM软件、系统技术和服务支持的开放标准和开源软件。简单地说，"蓝云"计算平台基于IBM Almaden研究中心的云基础架构，包括Xen和PowerVM虚拟化、Linux操作系统映像以及Hadoop文件系统与并行构建。并且，"蓝云"计算平台由IBM Tivoli软件支持，通过管理服务器确保基于需求的最佳性能。

"蓝云"解决方案是由IBM云计算中心开发的企业级云计算解决方案，可以对企业现有的基础架构进行整合，通过虚拟化技术和自动化技术，构建企业自己拥有的云计算中心，实现企业硬件资源和软件资源的统一管理、统一分配、统一部署、统一监控和统一备份，打破应用对资源的独占，从而帮助企业实现云计算理念。

4. 微软云计算平台

虽然微软介入云计算领域比较迟，但是在企业级云服务方面，其云计算服务Azure也为成千上万的Windows平台开发者提供支持。

The Azure Services Platform(Azure)是一个互联网级的运行于微软数据中心系统上的云计算服务平台，它提供操作系统和可以单独或一起使用的开发者服务。Azure是一种灵活和支持互操作的平台，它可以被用来创建云中运行的应用或通过基于云的特性加强现有应用。Azure开放式的架构给开发者提供了Web应用、互联设备的应用、个人计算机、服务器或最优在线复杂解决方案的选择。

同时，微软开始涉足非Windows平台，希望借此与Amazon展开竞争。除了Azure，微软还有针对消费者的云服务，如云存储SkyDrive以及云端办公软件套件Office 365。

5. 其他计算平台

除此之外，我国还有阿里云、华为云、腾讯云、金山云、百度云等多家大型的云计算平台服务提供商。

4.4 云计算与工业互联网

1. 云计算与工业互联网的关系

工业是我国支柱产业，2020年我国工业产业增加值达到31万亿人民币，占GDP比重达到30.8%，是数字经济转型的重要组成部分。工业互联网是将新一代信息通信技术与工业经济深度融合的生态，通过对人、机、物、系统等的全面连接，构建起覆盖全产业链、全价值链的全新制造和服务体系，是推动中国工业转型升级的重要手段。

云计算是推动工业互联网发展的一项关键技术力量，甚至可以这样讲，如果没有云计算，以及在云计算平台上所运行的大数据技能，工业互联网就不会存在。对于工业互联网，云计算蕴藏着多个未来可能会出现的大的产业机会。例如，工业领域中常用的设计软件、管理软件、数据平台、运营平台，都可以放在虚拟化的云计算平台上进行管理，进而这些软件开发商和服务提供商可以用服务的方式提供公共的软件服务，乃至运营支持，这就是有名的SaaS模式。

图4-7 云计算与工业互联网的关系

图4-7所示为云计算与工业互联网的关系。通过云计算的应用，可以让更多的企业员工及管理者使用工业互联网，也能够让开发者有更大的空间设计更好的应用。不仅如此，云计算还可以为企业与企业之间、工厂与供应

链之间、工厂与经销商之间提供接口，进行指定数据的共享，甚至还能提供工厂与最终消费者用户之间的接口，方便用户对产品进行个性化定制。

2. 企业上云

企业上云是指企业通过网络将企业的基础设施、管理及业务部署到云端，利用网络便捷地获取云服务商提供的计算、存储、软件、数据服务，以此提高资源配置效率，降低信息化建设成本，促进共享经济发展，加快新旧动能转换。

目前，当企业开始考虑转型时，上云是比较好的捷径，而且云计算服务商提供的云主机优势较为明显，被很多企业偏爱。数据表明，许多小公司都在云端重塑核心竞争力。云计算减少了很多维护工作，节约了 IT 基础和人员支出，更新了小公司的业务模式。

企业上云与工业互联网密切相关。工业互联网作为新一代信息技术与工业系统深度融合的产物，日益成为实现生产制造领域全要素、全产业链、全价值链连接的关键支撑和工业经济数字化、网络化、智能化的重要基础设施。如今全球各国重新认识到制造业的重要性，纷纷提出“再工业化”“产业回归”战略，以继续稳固科技发展的制高点地位。企业上云可以使企业成本下降、效率提升。企业上云后，包括企业资料储备信息、企业工作计划、销售等文件全部从纸质转为信息化存储，避免了账目易损坏丢失等问题，而且以前需要很多员工统计完成的工作量，现在依靠云服务就可以完成，可以为公司节省一大笔开支。

2022 年 1 月 12 日，国务院发布了《“十四五”数字经济发展规划》(以下简称“《规划》”)，提出数字经济是继农业经济、工业经济之后的主要经济形态。《规划》提出要推行普惠性“上云用数赋智”服务，推动企业上云、上平台，降低技术和资金壁垒，加快企业数字化转型。

如图 4-8 所示，企业上云可以将企业以往的垂直管理变为扁平化管理，文件决策实时共享传递。此外，企业上云还可以将数据直接在平台上显示出来，做到实时的监控预警，有助于企业智能决策，助力企业的管理。

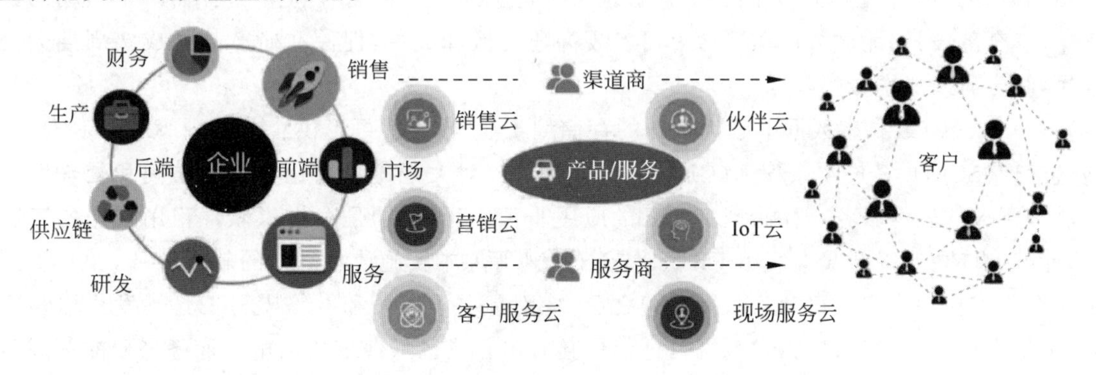

图 4-8 企业上云

3. 工业云

云计算是推动信息技术能力实现按需供给，促进信息技术和数据资源充分利用的全新业态，是信息化发展的重大变革和必然趋势。随着国务院《关于促进云计算创新发展培育信息产业新业态的意见》和《中国制造 2025》的印发，云计算在工业领域的落地发展成为“十三五”期间进一步推进两化深度融合的重点工作之一，工业云成为信息企业和工业企业共同关注的热点。

1) 工业云概述

工业云通常指基于云计算架构的工业云平台和基于工业云平台提供的工业云服务，涉及产品研发设计、实验和仿真、工艺设计、加工制造、运营管理及企业决策等诸多环节。工业云能够使用云计算模式为工业企业提供软件服务，使工业企业的社会资源实现共享化。值得注意的是，工业云是云计算按应用领域分类的一种，其本质还是云计算，只不过是将工业领域所需的软件与应用搬到了云上。工业云服务常见的方式有工业 SaaS 云服务、工业 IaaS 云服务、工业 PaaS 云服务等。

工业云的本质是实现工业领域全面互联，分析数据和资源流通，利用前端的数字化互联网技术，形成工业智能化变革，使工业物联网具有新的业态和运行模式。

2）工业云的分类

工业云的功能特征基本继承了云计算的通用功能。但对于工业领域的 IT 应用，不同应用场景的软件服务对计算设施的要求不尽相同，大体可分为两种：一是计算处理资源密集型应用，即软件服务对 CPU 和图形处理器（Graphics Processing Unit，GPU）的计算处理能力有较高要求；二是存储资源密集型应用，即软件服务对数据存储系统的容量和处理速度有较高要求。上述两类应用决定了目前市场上常见的、按功能特征区分的两种工业云。

（1）以公共超算中心或企业私有计算中心为依托的计算型工业云，通常可提供计算机辅助设计（Computer Aided Design，CAD）、计算机辅助工程（Computer Aided Engineering，CAE）等对数学建模、求解分析、三维图像处理等处理能力有较高要求的软件服务。计算型工业云的应用场景一般对应于工业领域的研发设计环节，特别是企业从事大型研发项目，有多个子系统研发工作同时推进，并都需要 IT 资源支持时，使用工业云可根据各项目团队的动态进度和需求，灵活调度企业 IT 资源，实现研发资源的最大化配置。计算型工业云一旦在企业部署应用，就会自然从 IT 资源配置调度平台加速演变为产品研发不同工序间的协同合作平台，继而成为企业管理层统筹企业全局研发活动的集中管控平台。例如，商飞公司已经部署的全球协同研发云平台，已经成为能够集中管理供应链上跨地域的合作伙伴的各类研发活动的调度中心，全部设计、测试数据在平台上可实现高速交换和共享，促使在研产品的成熟周期大大缩短，综合研发成本大幅降低。

（2）以公有或私有数据中心为依托的存储型工业云，通常可提供企业资源管理（ERP）、供应链管理（SCM）、客户关系管理（CRM）、财务管理等对大规模结构化数据的访问和处理性能有较高要求的软件服务。存储型工业云的应用非常广泛，特别是可提供软件租用服务的工业云，能够允许企业以低成本使用 ERP、SCM、CRM 等原本实施成本高昂的软件服务，尤其受到中小企业用户的欢迎。移动互联网兴起之后，特别是电子商务和网络支付工具爆发式增长以来，大量中小企业主从移动端“触网”，他们所接入的正是已经演变成为电子商务平台的存储型工业云。在云平台的支持下，企业管理人员可以通过手机实现企业的人员管理、订单管理、财务管理、物流管理等工作，并可以与交易合作伙伴在线结算。例如，创捷通公司在深圳运营的供应链管理云平台，可以帮助智能手机投资人在线与全球范围内的手机设计公司、零部件供应商、组装代工厂等有关上下游企业建立业务合作，并提供电子结算、供应链金融、跨境报关/报税等增值服务。

随着工业云应用的逐步推开，云计算能够培育产业新型业态的功能也在工业领域逐步显现，不仅催生出工业软件服务的新业态，还带动工业企业创新形成了一批服务化转型的新模式。图 4-9 所示为工业云的功能。其中，SDN 表示软件定义网络，是一种拥有逻辑集中式的控制平面、抽象化的数据平面的新网络架构；CDN 是指内容分发网络（Content Delivery

Network),是构建在现有网络基础之上的智能虚拟网络,依靠部署在各地的边缘服务器,通过中心平台的负载均衡、内容分发、调度等功能模块,使用户就近获取所需内容,降低网络拥塞,提高用户访问响应速度和命中率。

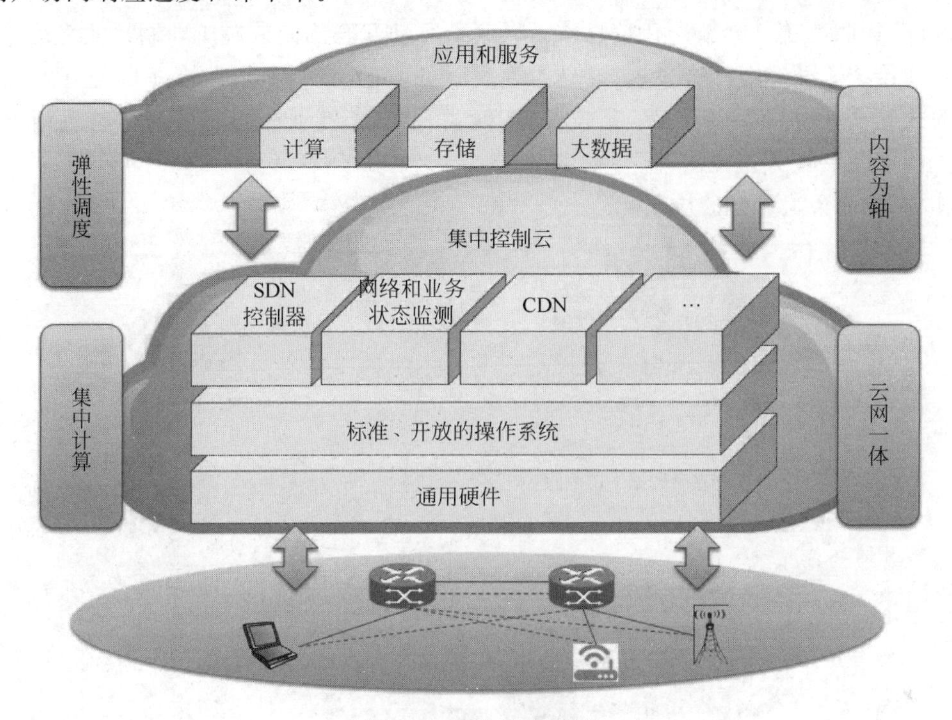

图 4-9 工业云的功能

3) 工业云技术与发展趋势

我国高度重视工业云的发展。近年来,国家出台了一系列政策鼓励工业云的发展,在国家政策的指引下,全国各地方政府纷纷进行工业云发展规划,积极推进工业云的发展。随着经济发展步入新常态化和"两化深度融合",通过利用先进的信息化技术手段加大生产经营管控力度,促进降本增效,全面提高企业管理水平,提高企业核心竞争力。

(1) 资源的利用。工业云使企业的各种资源和业务能力得到集中并优化,为后续的大数据处理、智能分析提供了基础。企业工业云的建设和完善,实现对存储资源、计算资源、数据资源、生产资源等各类资源的集中管理,同时将生产所需的资金流、信息流、物流、服务流进行集成,形成统一规划与共享的资源池。

(2) 互联与集成。工业云不是孤立的平台,而是企业与各行业、技术领域的充分连接的渠道。工业云将资源和能力汇集并有机结合,打破了传统工业企业间的基础技术能力与信息壁垒,提升工业企业整体的产品与服务能力。各工业云平台间也将通过互联实现充分的信息共享,宏观上构筑工业领域整体的信息化格局,结合信息安全方面的协同防护,面向用户在业务上提供专业、广泛、协同、安全的服务。

(3) 新技术融合。工业云将与人工智能、数字孪生、虚拟现实、增强现实、区块链、软件定义等方面充分结合,使工业整体上实现快速更新升级。工业云平台作为工业大数据的基础设施,能够使人工智能在工业领域得到快速发展,提高资源分配效率,优化生产过程并提升决策能力。工业云在未来的发展中,将进一步与云计算、工业物联网、工业大数据、工业软件、虚拟现实、增强现实、人工智能等技术融合,并深化在工业研发设计、生产制造、市场营销、售后服务等产品全生命周期、产业链全流程各环节的应用,使新技术在工业领域得到普遍应用,迎来工业领域的全面升级。

云计算、大数据将成为未来5年乃至更长时间新一代信息技术和产业的关键和核心,其与移动互联网、物联网等其他新一代信息技术一起正驱动互联网向传统工业制造业渗透,推动互联网企业和传统工业企业融合发展,并作为现代服务业的有机组成部分,不断与新业务形态、新商业模式互动融合,催生新产品、新技术、新模式。未来,产业中各行业边界将逐渐模糊,全新的工业经济发展模式正在出现。

图4-10所示为工业云的应用。

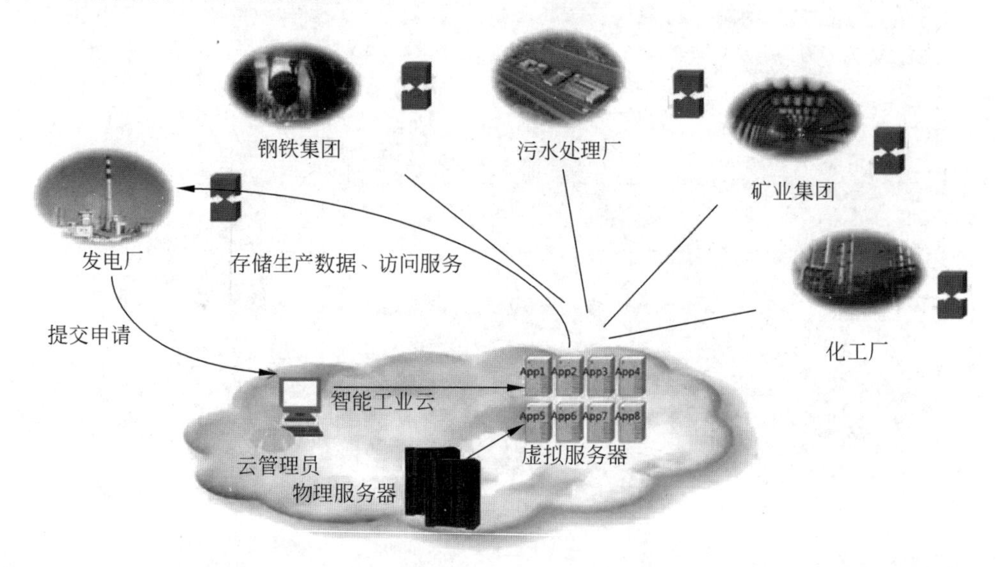

图4-10 工业云的应用

4. IDC云

互联网数据中心(Internet Data Center,IDC)是用来存放机房的地方,是一个实体服务器的集群。随着互联网的发展,服务器的租用、托管、运维等服务逐渐涌入市场,IDC就是一个提供场所和服务的地方,让各大政府机构和公司企业无需网络工程师也可以管理维护自己的服务器。IDC云是在IDC原有数据中心的基础上,加入更多云的基因,如系统虚拟化技术、自动化管理技术和智慧的能源监控技术等,通过IDC云平台,用户能够使用到虚拟机和存储等资源。图4-11所示为互联网数据中心。

5. 工业云平台

工业云平台是工业物联网的一个分支,是连接工业和互联网的一个纽带,是建立在物联网系统基础上的基于数字互联网发展起来的新平台。工业云平台一般包含了软件和虚拟的服务器,具备对数据进行接收和处理的能力。因此,工业云平台可以说是物联网完整解决方案中最基础的一个,它非常灵活且功能非常多,但是需要通过专业的人士进行功能的添加,从而搭建一个完整的物联网解决方案。

不过,值得注意的是,其实工业云平台自身还不算是一整套解决方案,需要通过其他的组件才可以充分地将它的功能发挥出来。例如,工业互联网平台就是工业云平台的延伸发展。工业互联网平台组成如图4-12所示。目前应用广泛的工业互联网平台本质是在传统云平台的基础上叠加物联网、大数据、人工智能等新兴技术,构建更精准、实时、高效的数据采集体系,建设包括存储、集成、访问分析和管理功能的使能平台，实现工业技术、经验知识模型化软件复用化，以工业 App 的形式为制造企业提供各类创新应用，最终形成资源富集、多方参与、合作共赢、协同演进的制造业生态。

图 4-11 互联网数据中心

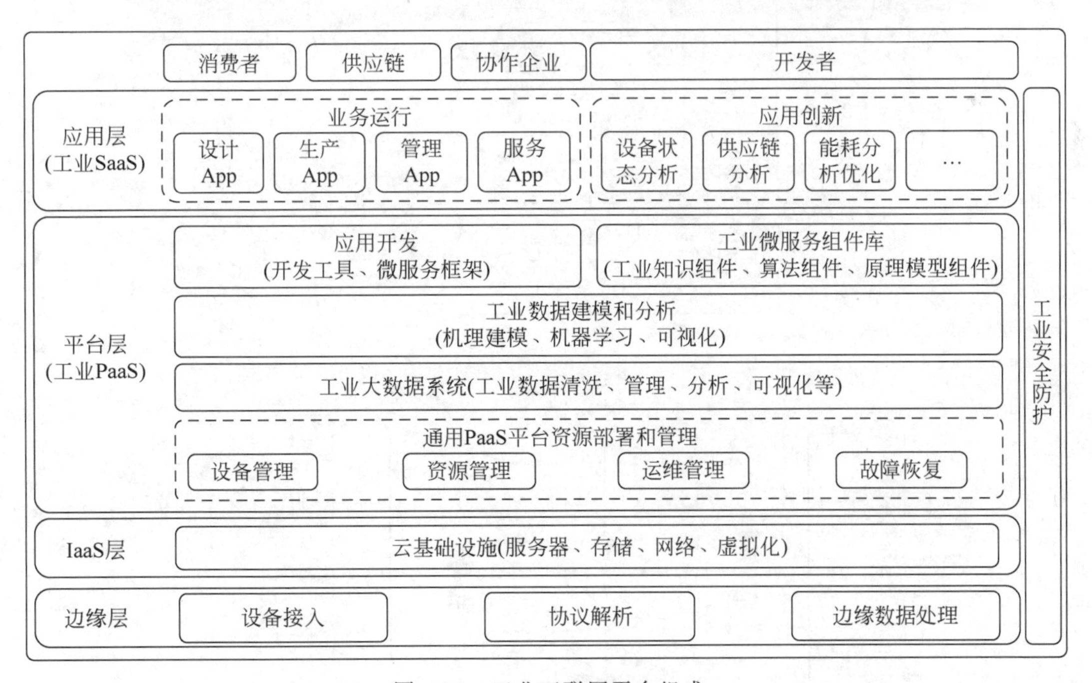

图 4-12 工业互联网平台组成

使用工业云平台能够支撑企业智能制造、云制造、协同制造 3 类制造，逐步促进企业的能力上云、业务上云、设备上云和管理上云，帮助企业实现数字化转型，提升企业的核心竞争力，增强企业的智能化水平。例如，早期，云平台在远程设备运维和工艺流程优化管理上容易获取阶段性成果；后期，通过与大数据、AI 等技术的深度融合及应用，云平台将产生更宏观的产业效果，帮助企业实现创新改革。图 4-13 所示为云平台在智能制造中的应用。

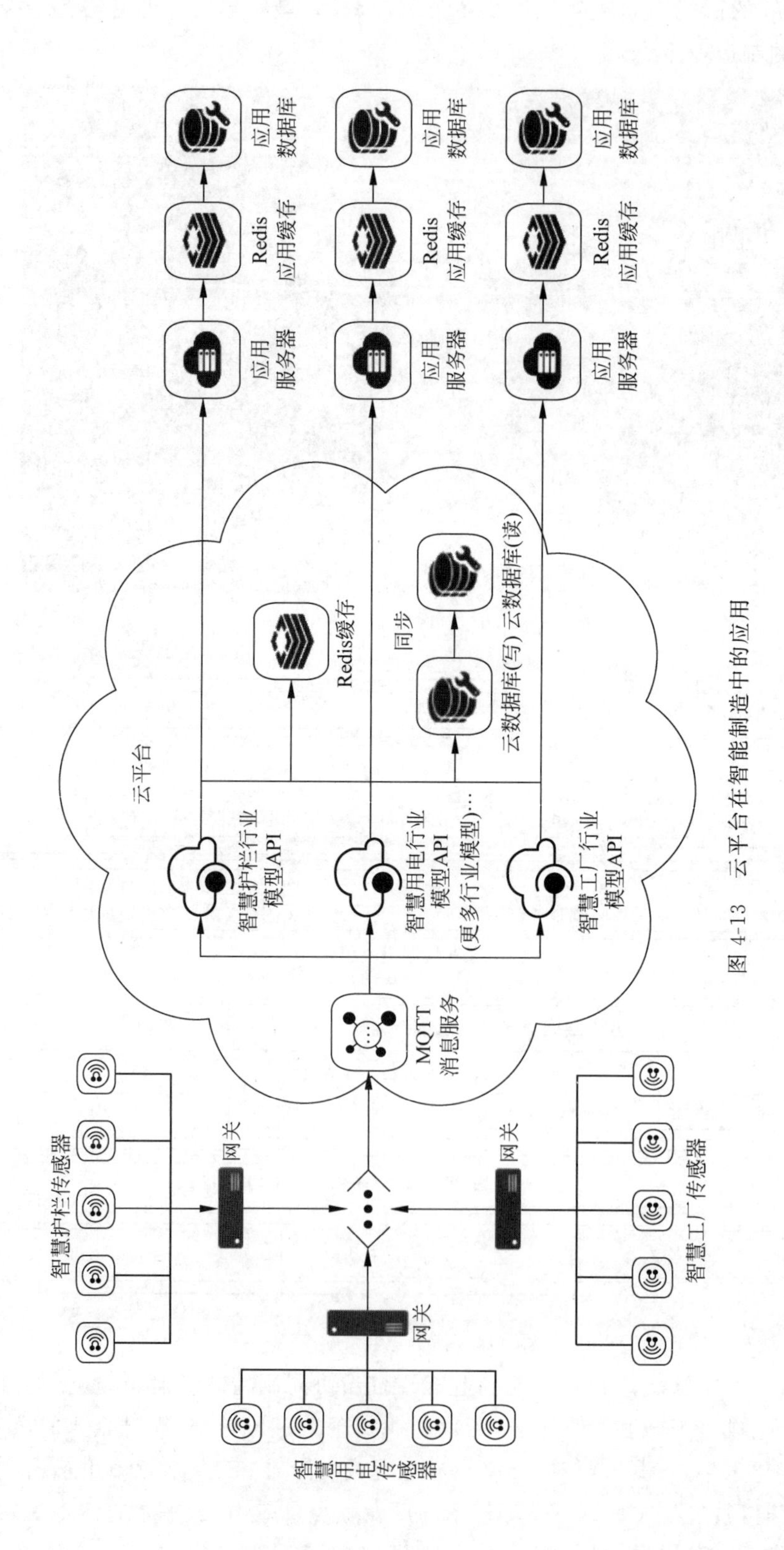

图 4-13 云平台在智能制造中的应用

4.5 本章小结

(1) 人们普遍认为云计算是一种基于互联网的计算方式。通过这种方式,共享的软硬件资源和信息可以按需提供给计算机和其他设备。

(2) 云计算是数字基础设施的重要部分,是驱动数字经济发展的原动力,在我国产业数字化转型和公共服务数字化水平提升中发挥着重要作用。

(3) 云计算有以下几个层次的服务:基础设施即服务(IaaS)、平台即服务(PaaS)和软件即服务(SaaS)。

(4) IaaS 通常分为 3 种:公有云、私有云和混合云。

(5) 企业上云是指企业可通过网络便捷地按需使用资源(包括计算资源、存储资源、应用软件、服务及网络等),且高度可扩展、灵活易管理的业务模式,具有大规模、虚拟化、高可靠及弹性配置等属性。

(6) 云计算是推动信息技术能力实现按需供给,促进信息技术和数据资源充分利用的全新业态,是信息化发展的重大变革和必然趋势。

(7) IDC 云是在 IDC 原有数据中心的基础上,加入更多云的基因,如系统虚拟化技术、自动化管理技术和智慧的能源监控技术等。通过 IDC 云平台,用户能够使用到虚拟机和存储等资源。

(8) 云计算的核心技术之一就是虚拟化技术。所谓虚拟化,是指通过相关技术将一台计算机虚拟为多台逻辑计算机。

(9) 容器技术是一种全新意义上的虚拟化技术,按分类或实现方式来说,其属于操作系统虚拟化的范畴,由操作系统提供虚拟化的支持。

(10) 并行计算是将一个任务分解成若干个小任务并协同执行以完成求解的过程,是增强复杂问题解决能力和提升性能的有效途径。

(11) 分布式计算是在两个或多个软件间共享信息,这些软件既可以在同一台计算机上运行,也可以在通过网络连接起来的多台计算机上运行。

习题 4

扫一扫

自测题

(1) 什么是云计算?

(2) 什么是 IaaS?

(3) 什么是分布式计算?

(4) 什么是企业上云?

(5) 请阐述云计算与工业互联网的关系。

第 5 章

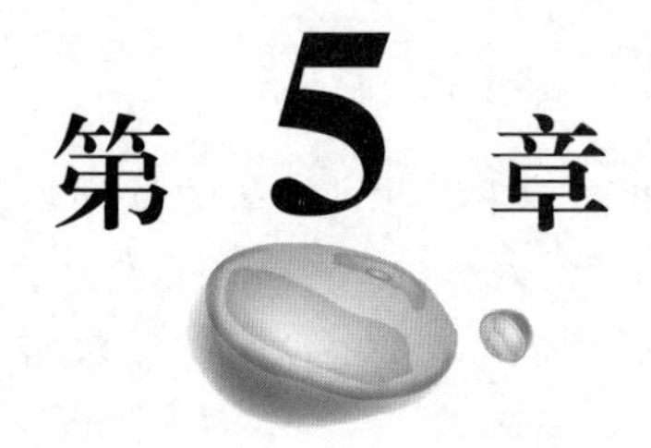

工业大数据

本章学习目标

- 了解大数据的概念
- 了解工业大数据的概念
- 了解工业大数据处理过程
- 了解工业大数据治理相关概念

5.1 大数据概述

1. 什么是大数据

信息技术的快速发展，引发了数据规模的爆炸式增长，大数据引起了国内外学术界、工业界和政府部门的高度重视，被认为是一种新的非物质生产要素，蕴含巨大的经济和社会价值，并将导致科学研究的深刻变革，对国家的经济发展、社会发展、科学进展具有战略性、全局性和长远性的意义。

大数据(Big Data)指无法在一定时间范围内使用常规软件工具进行捕捉、管理和处理的数据集合。相对于传统的数据分析，大数据是海量数据的集合，它以采集、整理、清洗、存储、挖掘、共享、分析、应用为核心，正广泛地应用在军事、金融、工业、农业、教育、环境保护、通信等各个行业中。

人类利用数据的历史非常悠久，最早可以追溯到数字发明时期，不同文明均掌握了利用数字记录和管理生产生活的能力。从文明之初的“结绳记事”，到文字发明后的“文以载道”，再到近现代科学的“数据建模”，数据一直伴随着人类社会的发展变迁，承载了人类基于数据和信息认识世界的努力和取得的巨大进步。纵观人类利用数据的历史，虽然数据的本质没有变化，但是在制度、技术和经济发展的交织作用下，数据完成了从数字到资产的转变，在这个过程中，数据的规模、价值和影响不断扩大。当前，数据在社会发展中正扮演着愈发重要的作用。从早期仅限于学术研究、军事领域，到后面应用到企业经营活动，再到个人互联网应用，直到云与物联网时代。数据作为一种经济资源和生产要素，是人工智能等新兴技术发展的动力，没有海量的数据积累和应用场景，人工智能很难冲破瓶颈快速发展。

2. 大数据的特点

随着对大数据认识的不断加深，人们认为大数据一般具有 4 个特征：数据量大、数据类型繁多、数据产生速度快以及数据价值密度低。

1）数据量大

大数据中的数据量大，就是指海量数据。由于大数据往往是采取全样分析，因此大数据的“大”首先体现在其规模和容量远远超出传统数据的测量尺度。一般的软件工具难以捕捉、存储、管理和分析的数据，通过大数据的云存储技术都能保存下来，形成浩瀚的数据海洋，目前的数据规模已经从TB级升级至PB级。大数据之“大”还表现在其采集范围和内容的丰富多变，能存入数据库的不仅包含各种具有规律性的数据符号，还囊括了各种如图片、视频、声音等非规则的数据。

2）数据类型繁多

据国际信息技术咨询企业国际数据公司（International Data Corporation，IDC）的调查报告，拜互联网和通信技术近年来迅猛发展所赐，如今的数据类型早已不是单一的文本形式，除了网络日志、音频、视频、图片、地理位置信息等多类型的数据对数据的处理能力提出了更高的要求，数据来源也越来越多样，不仅产生于组织内部运作的各个环节，也来自组织外部的开放数据。其中，内部数据主要包含政府数据（如征信、户籍、犯罪记录等）、企业数据（如阿里巴巴的消费数据、腾讯的社交数据、滴滴的出行数据等）、机构数据（如第三方咨询机构的调查数据）；而开放数据主要包含网站数据和各种App终端数据，以及大众媒介数据等。

例如，苹果公司在iPhone手机上应用的一项语音控制功能Siri就是多样化数据处理的代表。用户可以通过语音、文字输入等方式与Siri对话交流，并调用手机自带的各项应用，读短信，询问天气，设置闹钟，安排日程，乃至搜索餐厅、电影院等生活信息，收看相关评论，甚至直接订位、订票，Siri则会依据用户默认的家庭地址或所在位置判断、过滤搜索的结果。利用射频识别、二维码、智能传感器等感知设备感知获取物体的各类信息。例如，物联网上部署的每个传感器都是一个信息源，不同类别的传感器所捕获的信息内容和信息格式不同。因此，人们可以在物联网上部署海量的多种类型传感器，传感器按一定的频率周期性地采集环境信息，并不断更新数据。

3）数据产生速度快

在数据处理速度方面，有一个著名的“一秒定律”，即要在秒级时间范围内给出分析结果，超出这个时间，数据就失去价值了。大数据是一种以实时数据处理、实时结果导向为特征的解决方案，它的“快”体现在以下两个层面。

（1）数据产生得快。有的数据是爆发式地产生，如欧洲核子研究中心的大型强子对撞机在工作状态下每秒产生PB级的数据；有的数据是涓涓细流式地产生，但是由于用户众多，短时间内产生的数据量依然非常庞大，如点击流、日志、论坛、博客、发邮件、射频识别数据、GPS（全球定位系统）位置信息。

（2）数据处理得快。正如水处理系统可以从水库调出水进行处理，也可以处理直接对涌进来的新水流，大数据也有批处理（“静止数据”转换为“正使用数据”）和流处理（“动态数据”转换为“正使用数据”）两种范式，以实现快速的数据处理。

4）数据价值密度低

随着互联网以及物联网的广泛应用，信息感知无处不在，但现实世界所产生的数据中，有价值的数据占比很小。因此，如何结合业务逻辑并通过强大的机器算法挖掘数据价值，是大数据时代最需要解决的问题。以监控视频为例，一部一小时的视频，在连续不间断监控过程中，可能有用的数据只有一两秒。但是，为了能够得到想要的视频，人们不得不投入大量资金用于购买网络设备、监控设备等。

在大数据时代，由于数据采集得不及时、数据样本不全面、数据可能不连续等，数据可能会失真，但当数据量达到一定规模时，可以通过更多的数据获得更真实全面的反馈。相比于传统的小数据，大数据最大的价值在于从大量不相关的各种类型数据中挖掘出对未来趋势与模式预测分析有价值的数据，并通过机器学习、人工智能或数据挖掘方法深度分析，发现新规律和新知识，并运用于农业、金融、医疗等各个领域，从而最终达到改善社会治理、提高生产效率、推进科学研究的效果。

大数据处理技术在具体的应用方面，可以为国家支柱企业的数据分析和处理提供技术和平台支持，为企业进行数据分析、处理、挖掘，提取出重要的信息和知识，再转化为有用的模型，应用到研究、生产、运营和销售过程中。同时，国家大力倡导"智慧城市"建设，在城市化与信息化融合等背景下，围绕改善民生、增强企业竞争力、促进城市可持续发展等关注点，综合利用物联网、云计算等信息技术手段，结合城市现有信息化基础，融合先进的城市运营服务理念，建立广泛覆盖和深度互联的城市信息网络，对城市的资源、环境、基础设施、产业等多方面要素进行全面感知，并整合构建协同共享的城市信息平台，对信息进行智能处理利用，从而为城市运行和资源配置提供智能响应控制，为政府社会管理和公共服务提供智能决策依据及手段，为企业和个人提供智能信息资源及开放式信息应用平台的综合性区域信息化发展过程。

3. 大数据技术

大数据带来的不仅是机遇，同时也是挑战。传统的数据处理手段已经无法满足大数据的海量实时需求，需要采用新一代的信息技术应对大数据的爆发。人们把大数据技术归纳为以下几类。

1）数据采集

大数据的应用离不开数据采集。数据采集又称为数据获取，是指利用某些装置，从系统外部采集数据并输入系统内部的一个接口。在互联网行业快速发展的今天，数据采集已经被广泛应用于互联网及分布式领域，如摄像头、麦克风以及各类传感器等都是数据采集工具。

数据采集技术是数据处理的必备条件，首先需要有数据采集的手段，只有先把信息收集上来，之后才能应用上层的数据处理技术。数据采集除了各类传感设备等硬件软件设施之外，主要涉及数据的 ETL（采集、转换、加载）过程，能对数据进行清洗、过滤、校验、转换等各种预处理，将有效的数据转换为适合的格式和类型。同时，为了支持多源异构的数据采集和存储访问，还需要设计企业的数据总线，方便企业各个应用和服务之间数据的交换和共享。

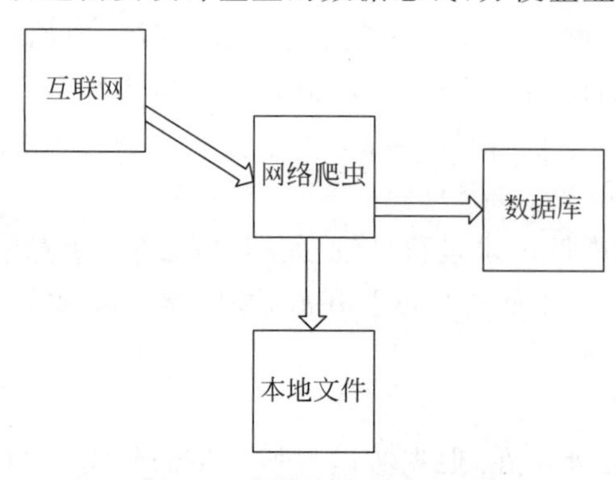

图 5-1　网络爬虫采集流程

区别于小数据采集，大数据采集不再仅仅使用问卷调查、信息系统的数据库取得结构化数据，大数据的来源有很多，主要包括使用网络爬虫获取的网页文本数据、使用日志收集器收集的日志数据、从关系型数据库中获得的数据和由传感器收集到的时空数据等，而对于一些图像和语音数据，则需要高端技术才能使其转换为普通的大数据分析师需要的数据。图 5-1 所示为网络爬虫采集流程。

网络爬虫是一种按照一定的规则，自动地抓取 Web 信息的程序或脚本。网络爬虫可以自动采集所有其能够访问到的页面内容，为搜索引擎和大数据分析提供数据来源。在大数据时代，网络爬虫更是从互联网上采集数据的有力工具。网络爬虫按照系统结构和实现技术，大致可以分为通用网络爬虫（General Purpose Web

Crawler)、聚焦网络爬虫(Focused Web Crawler)、增量式网络爬虫(Incremental Web Crawler)、深层网络爬虫(Deep Web Crawler)。实际的网络爬虫系统通常是几种爬虫技术相结合实现的。

2) 数据存储

如今大数据的火热,带来的第1道障碍就是关于大数据存储的问题。大数据因为规模大、类型多样、新增速度快,所以在存储和计算上都需要技术支持,依靠传统的数据存储和处理工具,已经很难实现高效处理了。

以往的数据存储,主要是基于关系数据库,而关系数据库在面对大数据时,存储设备所能承受的数据量是有上限的,当数据规模达到一定的量级之后,数据检索的速度就会急剧下降,对于后续的数据处理也带来了困难。为了解决这个问题,主流的数据库系统纷纷给出解决方案,如MySQL提供了MySQL proxy组件,实现了对请求的拦截,结合分布式存储技术,从而可以将一张很大的表中的记录拆分到不同的节点上进行查询,对于每个节点,数据量不会很大,从而提高了查询效率。但是实际上,这样的方式没有从根本上解决问题。

目前常见的大数据存储方式主要有分布式存储、NoSQL数据库和云数据库3种。

(1) 分布式存储。分布式存储是相对于集中式存储来说的。在分布式存储出现之前,企业级的存储设备都是集中式存储。所谓集中式存储,从概念上可以看出是具有集中性的,也就是整个存储是集中在一个系统中的。但集中式存储并不是一个单独的设备,是集中在一套系统中的多个设备。在这个存储系统中包含很多组件,除了核心的机头(控制器)、磁盘阵列和交换机等设备外,还有管理设备等辅助设备。

分布式存储最早由Google提出,其目的是通过廉价的服务器提供适用于大规模、高并发场景的Web访问问题。与常见的集中式存储技术不同,分布式存储技术并不是将数据存储在某个或多个特定的节点上,而是通过网络使用企业中的每台机器上的磁盘空间,并将这些分散的存储资源构成一个虚拟的存储设备,数据分散地存储在企业的各个角落。分布式存储目前多借鉴Google的经验,在众多的服务器搭建一个分布式文件系统,再在这个分布式文件系统上实现相关的数据存储业务。图5-2所示为使用Hadoop实现分布式存储。

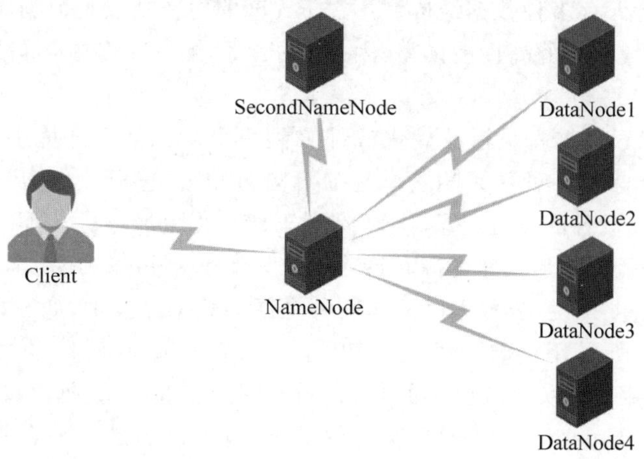

图5-2 使用Hadoop实现分布式存储

(2) NoSQL数据库。传统的关系型数据库采用关系模型作为数据的组织方式,但是随着对数据存储要求的不断提高,在大数据存储中,之前常用的关系型数据库已经无法满足Web 2.0的需求,主要表现为无法满足海量数据的管理需求、无法满足数据高并发的需求、高可扩展性和高可用性的功能太低。在这种情况下,NoSQL数据库应运而生。

NoSQL 数据库又叫作非关系数据库，和数据库管理系统(RDBMS)相比，NoSQL 数据库不使用结构化查询语言(Structured Query Language，SQL)作为查询语言，其存储也可以不需要固定的表模式，用户操作 NoSQL 时通常会避免使用 RDBMS 的 JOIN 操作。NoSQL 数据库一般都具备水平可扩展的特性，并且可以支持超大规模数据存储，灵活的数据模型也可以很好地支持 Web 2.0 应用，还具有强大的横向扩展能力。典型的 NoSQL 数据库种类有键值数据库、列族数据库、文档数据库和图形数据库。值得注意的是，每种类型的数据库都能够解决传统关系数据库无法解决的问题。图 5-3 所示为 Redis 在 Windows 下的运行界面。

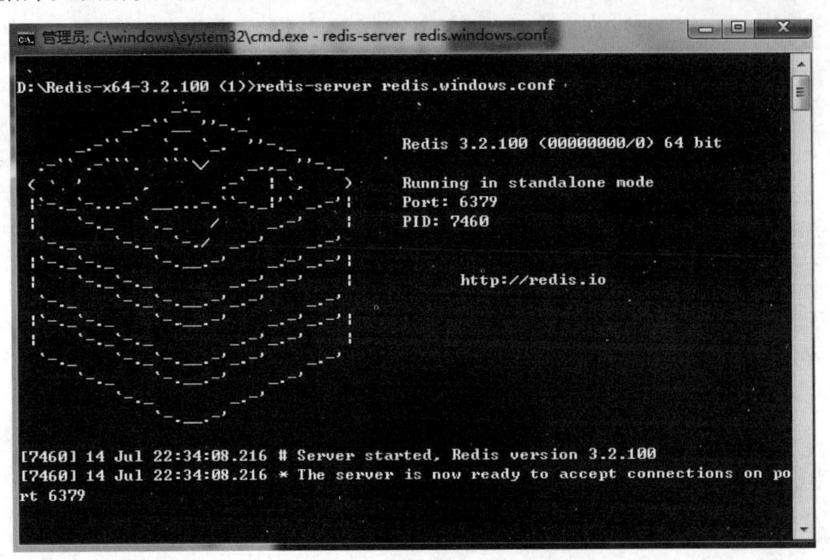

图 5-3 Redis 在 Windows 下的运行界面

Redis 是使用 C 语言开发的一个高性能键值数据库，该数据库可以通过一些键值类型存储数据。Redis 的性能十分优越，可以支持每秒十几万次的读/写操作，其性能超数据库，并且支持集群、分布式、主从同步等配置，还支持一定事务能力。Redis 的出色之处不仅仅是性能，它最大的魅力是支持保存多种数据结构。不过 Redis 的主要缺点是数据库容量受到物理内存的限制，不能用作海量数据的高性能读写，因此 Redis 适合的场景主要局限在较小数据量的高性能操作和运算上。

(3) 云数据库。云数据库是指被优化或部署到一个虚拟计算环境中的数据库，是在云计算的大背景下发展起来的一种新兴的共享基础架构的方法，它极大地增强了数据库的存储能力，消除了人员、硬件、软件的重复配置，让软、硬件升级变得更加容易。因此，云数据库具有高可扩展性、高可用性、采用多组形式和支持资源有效分发等特点，可以实现按需付费和按需扩展。

从数据模型的角度来说，云数据库并非一种全新的数据库技术，如云数据库并没有专属于自己的数据模型，它所采用的数据模型可以是关系数据库所使用的关系模型，也可以是 NoSQL 数据库所使用的非关系模型。并且，针对不同的企业，云数据库可以提供不同的服务，如云数据库既可以满足大企业的海量数据存储需求，也可以满足中小企业的低成本数据存储需求，还可以满足企业动态变化的数据存储需求。

3) 数据清洗

由于大数据中有更大可能包含各种类型的数据质量问题，这些数据质量问题为大数据的应用带来了困扰，甚至灾难性后果。因此，在大数据分析与应用中，数据清洗是最重要的步骤之一。

在大数据时代，数据清洗通常是指把“脏数据”彻底洗掉。所谓“脏数据”，是指不完整、不规范、不准确的数据，只有通过数据清洗才能从根本上提高数据质量。数据清洗是发现并纠正数据文件中可识别错误的一道程序，该步骤针对数据审查过程中发现的明显错误值、缺失值、异常值、可疑数据，选用适当方法进行清理，使"脏"数据变为"干净"数据，有利于后续的统计分析得出可靠的结论。当然，数据清洗还包括对重复记录进行删除以及检查数据一致性等。

在数据清洗定义中包含两个重要的概念：原始数据和干净数据。

（1）原始数据是来自数据源的数据，一般作为数据清洗的输入数据。由于原始数据的来源纷杂，因此不适合直接进行分析。值得注意的是，对于未清洗的数据集，无论尝试什么类型的算法，都无法获得准确的结果。

（2）干净数据也称为目标数据，即符合数据仓库或上层应用逻辑规格的数据，也是数据清洗过程的结果数据。

因此，数据清洗的目的主要有两个：第一是通过清洗让数据可用；第二是让数据变得更适合进行后续的分析工作。据统计，在大数据项目的实际开发工作中，数据清洗通常占开发过程总时间的50%～70%。

图5-4所示为数据清洗中的异常值检测，图5-5所示为检查数据缺失值。

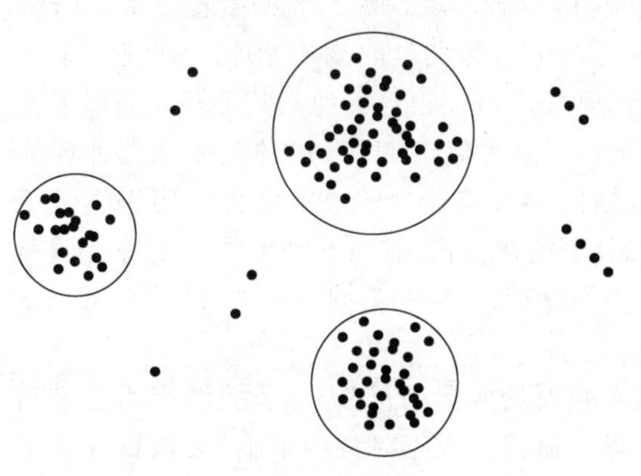

图5-4　数据清洗中的异常值检测

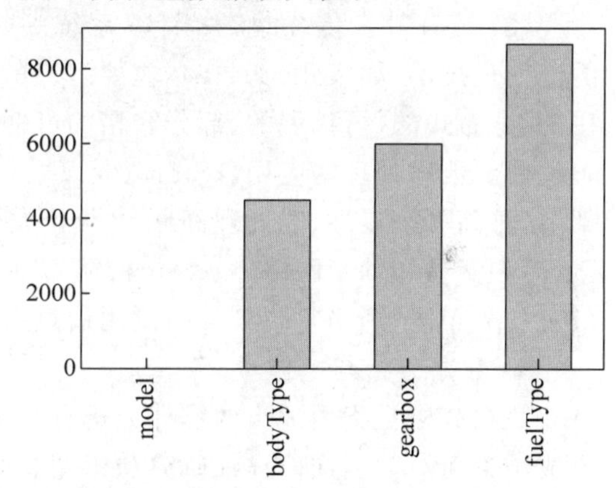

图5-5　检查数据缺失值

4）数据计算

面向大数据处理的数据查询、统计、分析、挖掘等需求，产生了大数据计算的不同计算模式，整体上人们把大数据计算分为离线批处理计算、实时交互计算和流计算3种。

（1）离线批处理计算。随着云计算技术的广泛应用和发展，基于开源的Hadoop分布式存储系统和MapReduce数据处理模式的分析系统也得到了广泛的应用。Hadoop通过数据分块及自恢复机制，能支持PB级的分布式数据存储，以及基于MapReduce分布式处理模式对这些数据进行分析和处理。MapReduce编程模型可以很容易地将多个通用批数据处理任务和操作在大规模集群上并行化，而且有自动化的故障转移功能。MapReduce编程模型在Hadoop这样的开源软件的带动下被广泛采用，应用到Web搜索、欺诈检测等各种各样的实际应用中。除了MapReduce计算模型之外，以Swift为代表的工作流计算模式、以Pregel为代表的图计算模式，也都可以处理包含大规模计算任务的应用流程和图算法。Swift系统作为科学工作流和并行计算之间的桥梁，是一个面向大规模科学和工程工作流的快速、可靠的定义、执行和管理的并行化编程工具。

Hadoop是一个能够对大量数据进行分布式处理的软件框架，而且是以一种可靠、高效、可伸缩的方式进行处理。通过不断增加廉价的商用服务器提高计算和存储能力，用户可以轻松地在上面开发和运行处理海量数据的应用程序。

(2) 实时交互计算。当今的实时计算一般都需要针对海量数据进行,除了要满足非实时计算的一些需求(如计算结果准确)以外,实时计算最重要的一个需求是能够实时响应计算结果,一般要求为秒级。实时和交互式计算技术中,Google 的 Dremel 系统表现最为突出。Dremel 是 Google 的交互式数据分析系统,可以组建成规模上千的集群,处理 PB 级别的数据。作为 MapReduce 的发起人,Google 开发了 Dremel 系统,将处理时间缩短到秒级,成为 MapReduce 的有力补充。Dremel 作为 Google Big Query 的 Report 引擎,获得了很大的成功。Spark 是由加州大学伯克利分校 AMP 实验室开发的实时数据分析系统,采用一种与 Hadoop 相似的开源集群计算环境,但是 Spark 在任务调度、工作负载优化方面设计和表现更加优越。Spark 启用了内存分布数据集,除了能够提供交互式查询,还可以优化迭代工作负载。Spark 是在 Scala 语言中实现的,它将 Scala 语言用作其应用程序框架,Spark 和 Scala 语言能够紧密集成,其中的 Scala 可以像操作本地集合对象一样轻松地操作分布式数据集。创建 Spark 可以支持分布式数据集上的迭代作业,是对 Hadoop 的有效补充,支持对数据的快速统计分析。此外,Spark 也可以在 Hadoop 文件系统中并行运行。

(3) 流计算。传统的流式计算系统一般是基于事件机制,所处理的数据量也不大。新型的流处理技术,如 Yahoo 的 S4,主要解决的是高数据率和大数据量的流式处理。S4 是一个通用的、分布式的、可扩展的、部分容错的可插拔平台,开发者可以很容易地在其上开发面向无界不间断流数据处理的应用。Storm 是 Twitter 开源的一个类似于 Hadoop 的实时数据处理框架,这种高可拓展性、能处理高频数据和大规模数据的实时流计算解决方案将应用于实时搜索、高频交易和社交网络上。Storm 可以用来并行处理密集查询,其拓扑结构是一个等待调用信息的分布函数,当它收到一条调用信息后,会对查询进行计算,并返回查询结果。

5) 数据分析与挖掘

数据分析是指用适当的统计分析方法对收集来的大量数据进行分析,为提取有用信息和形成结论而对数据加以详细研究和概括总结的过程。随着大数据时代的来临,大数据分析也应运而生。一般来讲,大数据分析通常是指对规模巨大的数据进行分析,其目的是提取海量数据中的有价值内容,找出内在的规律,从而帮助人们作出最正确的决策。

大数据分析主要有描述性统计分析、探索性数据分析以及验证性数据分析等多种类型。

(1) 描述性统计分析。描述性统计是指运用制表和分类、图形以及计算概括性数据描述数据特征的各项活动。描述性统计分析要对调查总体所有变量的有关数据进行统计性描述,主要包括数据的频数分析、集中趋势分析、离散程度分析、分布以及一些基本的统计图形。

(2) 探索性数据分析。探索性数据分析是指为了形成值得假设的检验而对数据进行分析的一种方法,是对传统统计学假设检验手段的补充。它是对已有的数据(特别是调查或观察得来的原始数据)在尽量少的先验假定下进行探索,通过作图、制表、方程拟合、计算特征量等手段探索数据的结构和规律的一种数据分析方法。特别是在大数据时代,人们面对各种杂乱的“脏数据”,往往不知所措,不知道从哪里开始了解目前拿到手上的数据时,探索性数据分析就非常有效。

从逻辑推理上讲,探索性数据分析属于归纳法,有别于从理论出发的演绎法。因此,探索性数据分析成为大数据分析中不可缺少的一步并且走向前台。

(3) 验证性数据分析。验证性数据分析注重对数据模型和研究假设的验证,侧重于已有假设的证实或证伪。假设检验是根据数据样本所提供的证据,肯定或否定有关总体的声明,一般包含以下流程。

① 提出零假设,以及对应的备择假设。

② 在零假设前提下,推断样本统计量出现的概率(统计量可符合不同的分布,对应不同的概率分布有不同的检验方法)。

③ 设定拒绝零假设的阈值,样本统计量在零假设下出现的概率小于阈值,则拒绝零假设,承认备择假设。

数据挖掘(Data Mining)是指通过大量数据集进行分类的自动化过程,通过数据分析识别趋势和模式,建立关系,解决业务问题。换句话说,数据挖掘是从大量的、不完全的、有噪声的、模糊的、随机的数据中提取隐含在其中的、人们事先不知道的但又是潜在有用的信息和知识的过程。

数据挖掘的基本流程可以总结为以下几个阶段:商业理解、数据理解、数据准备、数据建模、模型评估和模型部署应用,如图 5-6 所示。

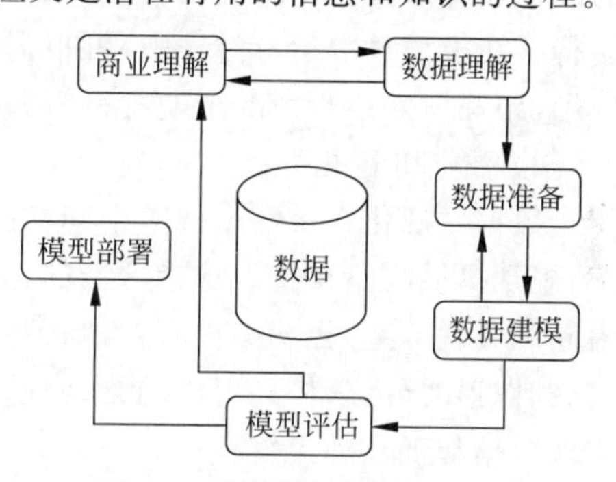

图 5-6 数据挖掘的基本流程

(1) 商业理解。商业理解主要是明确业务需求,并根据业务背景进行资源评估,最后确定业务的具体目标。

(2) 数据理解(数据探索)。数据理解是对建模分析数据进行先导性的洞察分析,利用绘制图表、计算某些特征量等手段,对样本数据集的结构特征和分布特性进行分析的过程。该步骤有助于选择合适的数据预处理和数据分析技术,它是数据建模的依据。例如,数据探索发现数据稀疏,建模时则选择对稀疏数据支持相对较好的分析方案;如果数据包含文本数据,建模时则需要考虑基于自然语言处理相关技术等。

(3) 数据准备(数据预处理)。数据准备是将不规整的业务数据整理为相对规整的建模数据,如数据缺失处理、异常值检测处理等操作。数据的质量决定了模型输出的结果,即数据决定了模型的上限,所以人们需要花大量的时间对数据进行处理。在数据预处理阶段,如果数据存在缺失值情况而导致建模过程混乱甚至无法进行建模,则需要进行缺失值处理,缺失值处理分为删除存在缺失值的记录、对可能值进行插补和不处理 3 种情况;如果建模数据存在数据不均衡情况,则需要考虑数据平衡处理。如果建模分析数据存在量纲、数量级上的差别,则需要进行数据规约处理消除量纲数量级的影响;如果异常数据对分析结果影响巨大,则需要进行异常值检测处理排除影响。

理论上,数据和特征决定了模型的上限,而算法只是逼近这个上限而已,这里的数据指的是经过特征工程得到的数据,因此特征工程是人们进行机器学习必须重视的过程。特征工程的目的是最大限度地从原始数据中提取特征以供算法和模型使用。一般认为特征工程包括特征选择、特征规约、特征生成 3 部分。其中,特征选择在降低模型复杂度、提高模型训练效率、增强模型的准确度方面影响较大;在建模字段繁多的情况下,通过特征规约降低建模数据维度,降低特征共线特性对模型准确度的不利影响,从而提升模型的训练效率;特征生成是在特征维度信息相对单一的情况下为了提升模型准确性能而采取的维度信息扩充的方法体系。

(4) 数据建模。数据挖掘的核心阶段是基于既定的数据和分析目标选择适宜的算法模型进行建模训练和迭代优化。数据建模涉及的技术包括机器学习、统计分析、深度学习,相关技术之间没有一个明显的区分界线,且功能互补。值得注意的是,深度学习领域涉及多种模型框架和操作使用技巧,其本身可以作为机器学习的特例,同样适用于机器学习的多个应用场景。深度学习作为一种实现机器学习的技术,往往在数据量大、业务数据指标难以人工提取的情形下发挥着举足轻重的作用,它在图像处理、语音识别、自然语言处理等领域具有其他机器学习算法无法企及的准确性能。

(5) 模型评估。模型评估是评估所构建的模型是否符合既定的业务目标,有助于发现表达数据的最佳模型和所选模式将来工作的性能如何。模型评估秉承的准则是在满足业务分析目标的前提下优先选择简单化的模型。每个分析场景可以基于多种算法构建多个模型,也可以依据模型优化的方法体系进行模型训练优化,而如何在训练得到的多个模型中选择最优模型,可以选择性能度量作为指标体系,进而基于一定的评估方法择优选择。

(6) 模型部署应用。模型部署及应用是将数据挖掘结果作用于业务过程,即将训练得到的最优模型部署到实际应用中;模型部署后,可使用调度脚本控制数据挖掘模型实现流程化运行。在模型日常运行过程中,可根据实际需求检查模型运行结果是否满足前端业务的实际应用,跟踪模型运行情况定期进行模型结果分析,并适时进行模型优化。

6) 数据可视化

数据可视化在大数据技术中同样至关重要,因为数据最终需要为人们所使用,为生产、运营、规划提供决策支持。选择恰当的、生动直观的展示方式能够帮助人们更好地理解数据及其内涵和关联关系,也能够更有效地解释和运用数据,发挥其价值。在展现方式上,除了传统的报表、图形之外,人们还可以结合现代化的可视化工具及人机交互手段,甚至增强现实技术等实现数据与现实的无缝接口。

与传统的立体建模等特殊技术方法相比,数据可视化所涵盖的技术方法要广泛得多,它是以计算机图形学及图像处理技术为基础,将数据转换为图形或图像形式显示到屏幕上,并进行交互处理的理论、方法和技术。数据可视化涉及计算机视觉、图像处理、计算机辅助设计、计算机图形学等多个领域,并逐渐成为一项研究数据表示、数据综合处理、决策分析等问题的综合技术。

值得注意的是,由于对海量的数据作出有意义的理解非常困难,而许多大数据集中又包含了有价值的数据,因此数据可视化已成为决策者的重要方法。为了利用所有这些数据,许多企业认识到数据可视化的价值在于清晰有效地理解重要信息,使决策者能够理解困难的概念,识别新的模式,并获得数据驱动的洞察力,以便做出更好的决定。确定呈现数据集的最佳方式,并遵循数据可视化最佳实践,对于图形设计人员在创建这些视觉效果时非常重要。特别是在处理非常大的数据集时,开发有张力的表达方式,对于创建既有用又具有视觉吸引力的可视化至关重要。图 5-7 所示为数据可视化中的柱状图表。

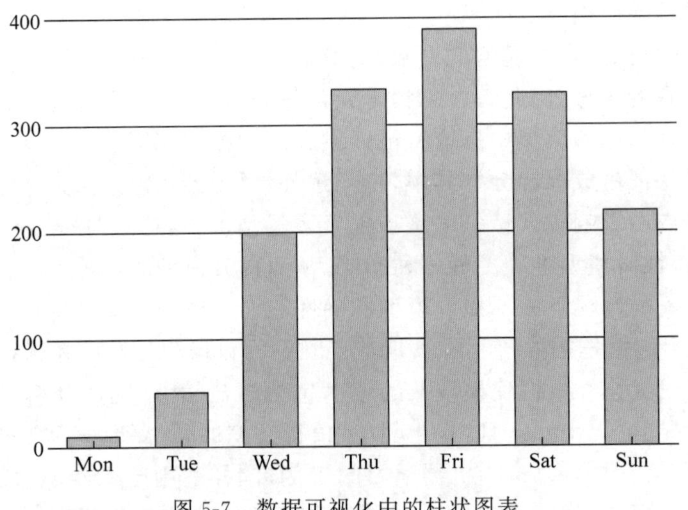

图 5-7 数据可视化中的柱状图表

数据可视化越来越普及，在工业物联网、电信、智慧医疗、智能交通、现代农业等多个行业都有广泛的应用。

(1) 金融可视化。在当今互联网金融激烈的竞争下，市场形势瞬息万变，金融行业面临诸多挑战。通过引入数据可视化可以对企业各地日常业务动态实时掌控，对客户数量和借贷金额等数据进行有效监管，帮助企业实现数据实时监控，加强对市场的监督和管理；通过对核心数据多维度的分析和对比，指导公司科学调整运营策略，确定发展方向，不断提高公司风控管理能力和竞争力。例如，金融数据可视化大屏和智能可视化图表直观地跟踪流动性、预算、支出、现金流量和许多其他财务指标；同时，通过实时利用财务数据全面地概述财务信息，帮助企业避免货币危机。

(2) 工业可视化。数据可视化在工业生产中有着重要的应用，特别是在智慧工厂中。智慧工厂是在工业一系列科学管理实践的基础上，深度融合自动化技术、信息通信技术和智能科学技术，结合数据、信息和知识建立更具核心竞争力的新一代制造业企业及其生态系统。要实现智慧工厂，将海量工厂数据进行采集、展示与分析的可视化技术不可或缺。

例如，在工业生产中使用可视化平台，与工厂内原有的自动控制系统(主流工控系统)相结合，通过虚拟现实和数据仪表盘等多种展现手段，为大数据时代的工业生产监控和虚拟制造应用，提供效果最优异的可视化解决方案。

又如，在智慧工厂中对厂房和车间进行三维可视化展示，标识内部工作区域，可以帮助工作和管理人员对生产环境有一个全面的了解。工人通过数据展示终端可以实时了解各生产线情况，平台支持异常告警并及时推送告警信息，帮助操作人员迅速应对，保障顺利生产。

(3) 农业可视化。近年来，农业物联网、无线网络传输等技术的蓬勃发展，极大地推动了监测数据的海量爆发，农业跨步迈入大数据时代。数据可视化在农业生产中也得到了极大的应用。

例如，在智慧农业中可以利用物联网设备监控农产品生长过程，将数据信息公开透明地展示给消费者，让消费者买得放心、吃得安心。

又如，将可视化技术应用在视频直播、休闲农业的发展当中，这些更加灵活、亲民的应用方式，不但可以给原有的业务增添新的亮点，而且能够让可视农业的新概念更快地得到普及，而这样的一种正向互动，也会为可视农业的发展提供长期动力。

(4) 医疗可视化。数据可视化可以帮助医院将之前分散、凌乱的数据加以整合，构建全新的医疗管理体系模型，帮助医院领导快速解决关注的问题，如一些门诊数据、用药数据、疾病数据等。此外，大数据可视化还可以应用于诊断医学以及一些外科手术中的精确建模，通过三维图像的建立帮助医生确定是否进行外科手术或进行何种手术。不仅如此，数据可视化还可以加快临床疾病预防、流行疾病防控等的预测和分析能力。

例如，在医院实施医疗数据可视化系统，在有效展示数据的同时，让数据表达的内容更容易被理解，也能保证信息的有效传递，使医院的医疗信息从简单的医疗业务数据采集与存储发展到对医疗业务数据的共享和交换，并逐步向医疗业务数据的分析与挖掘方向延伸。

(5) 教育可视化。在我国对教育科研越来越重视的情况下，可视化教学也逐渐替代传统的教学模式。可视化教学是指在计算机软件和多媒体资料的帮助下，将被感知、被认知、被想象、被推理的事物及其发展变化的形式和过程用仿真化、模拟化、形象化及现实化的方式在教学过程中尽量表现出来。在可视化教学中，知识可视化能帮助学生更好地获取、存储、重组知识，并能将知识迁移应用，促进多元思维的养成，帮助学生更好地关注知识本身的联系和对本质的探求，减少由于教学方式带来的信息损耗，提高有效认知负荷。

(6) 交通可视化。城市交通与每个人的生活息息相关，也给现代化城市带来了巨大的难题，如交通拥堵、空气污染等经济环境问题。随着大数据技术的不断发展，可视分析技术在交通数据分析的过程中扮演着十分重要的角色。

7）数据治理

数据为人类社会带来机遇的同时也带来了风险，围绕数据产权、数据安全和隐私保护的问题也日益突出，并催生了一个全新的命题——数据治理。

数据治理是指从使用零散数据转变为使用统一数据、从具有很少或没有组织流程到企业范围内的综合数据管控、从数据混乱状况到数据井井有条的一个过程。数据治理强调的是一个从混乱到有序的过程。从范围来讲，数据治理涵盖了从前端业务系统、后端业务数据库再到业务终端的数据分析，从源头到终端再回到源头，形成一个闭环负反馈系统。从目的来讲，数据治理就是要对数据的获取、处理和使用进行监督管理。

在数据治理中既包含了企业各种前端数据的输入（企业交易数据、运营数据等），也包含了三方数据（通信数据、客户数据等），甚至还包含了各种采集数据（社交数据、传感数据、图像数据等）。在实施数据治理后，能够为企业带来新的数据价值。随着大数据在各个行业领域应用的不断深入，数据作为基础性战略资源的地位日益凸显，数据标准化、数据确权、数据质量、数据安全、隐私保护、数据流通管控、数据共享开放等问题越来越受到国家、行业、企业各个层面的高度关注，这些内容都属于数据治理的范畴。因此，数据治理的概念就越来越多地受到关注，成为目前大数据产业生态系统中的新热点。

一般来说，数据治理主要包括以下 3 部分工作。

（1）定义数据资产的具体职责和决策权，应用角色分配决策需要执行的确切任务的决策和规范活动。

（2）为数据管理实践制定企业范围的原则、标准、规则和策略。数据的一致性、可信性和准确性对于确保增值决策至关重要。

（3）建立必要的流程，以提供对数据的连续监视和控制实践，并帮助在不同组织职能部门之间执行与数据相关的决策，以及业务用户类别。

因此，数据治理能够有效帮助企业利用数据建立全面的评估体系，实现业务增长；通过数据优化产品，提高运营效率，真正实现数据系统赋能业务系统，提升以客户为中心的数字化体验能力，实现生意的增长。

目前常见的数据治理涉及的领域主要包括数据资产、数据模型、元数据与元数据管理、数据标准、主数据管理、数据质量管理、数据管理生命周期、数据存储、数据交换、数据集成、数据安全、数据服务、数据价值、数据开发和数据仓库。在数据治理时，各领域需要有机结合，如数据标准、元数据、数据质量等几个领域相互协同和依赖。例如，通过数据标准的管理，可以提升数据合法性、合规性，进一步提升数据质量，减少数据生产问题；在元数据管理的基础上，可进行数据生命周期管理，有效控制在线数据规模，提高生产数据访问效率，减少系统资源浪费；通过元数据和数据模型管理，将表、文件等数据资源按主题进行分类，可明确当事人、产品、协议等相关数据的主数据源归属、数据分布情况，有效实施数据分布的规划和治理。因此，数据治理领域是随着企业业务发展而不断变化的，领域之间的关系也需要不断深入挖掘和分布，最终形成一个相互协同与验证的领域网，全方位地提升数据治理成效。

图 5-8 所示为《信息技术服务　治理》（GB/T 34960—2018）系统国家标准的数据治理框架。该数据治理框架比较符合我国企业和政府的组织现状，更加全面和精练地描述了数据治理的工作内容，包含顶层设计、数据治理环境、数据治理域和数据治理过程。

图 5-9 所示为数据治理中的企业业务架构。业务架构是企业治理结构、商业能力与价值

流的正式蓝图，并将企业的业务战略转化为日常运作的渠道。业务架构定义了企业的治理架构（组织结构）、业务能力、业务流程以及业务数据。其中，业务能力定义企业做什么，而业务流程定义企业该怎么做。此外，在具体实施中业务架构还包括企业业务的运营模式、流程体系、组织结构、地域分布等内容，并体现企业大到板块、小到最细粒度的流程环节之间的所有业务逻辑。

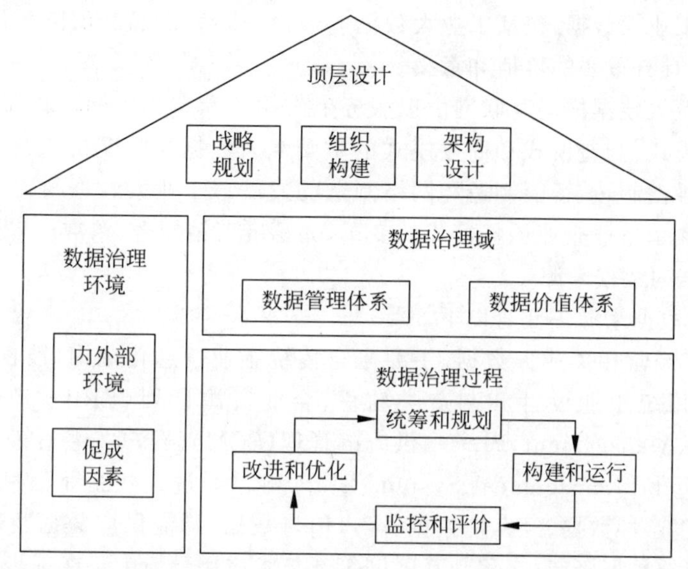

图 5-8　《信息技术服务　治理》(GB/T 34960—2018)系统国家标准的数据治理框架

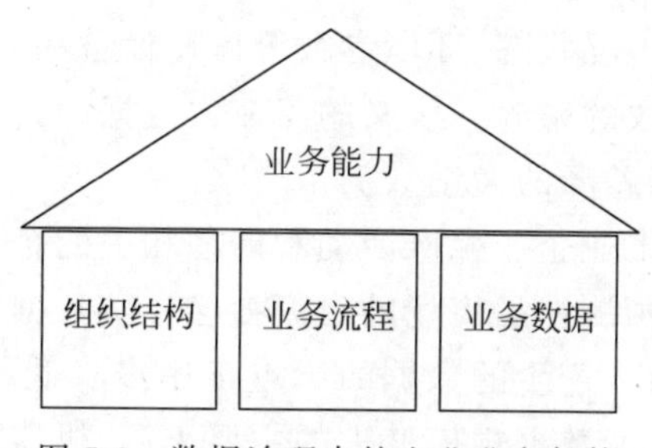

图 5-9　数据治理中的企业业务架构

5.2　工业大数据及其应用

5.2.1　工业大数据概述

1. 认识工业大数据

社会经济的快速发展，信息化和工业化技术不断发展创新，智能制造在工业领域引起了新一轮的工业革命。随着智能制造的发展以及互联网技术的发展，工业大数据作为贯穿整个产品生产的新的要素，在一定程度上推动了智能制造的升级。大数据时代的来临，对工业制造的变革、发展起到了重要的作用。

工业大数据即难以通过传统的分析工具进行有效分析的工业数据的集合，具备明显的大数据的容量大、数据类型多、数据价值高、数据更新快的特性。利用大数据技术有效对工业大数据进行分析，深入挖掘其中的数据价值，才能创造出新的商业价值。通过工业大数据，可以以全方位、数字化的视角对工业的发展进行剖析，对结构化、非结构化的数据进行有效分析，从而建立相应的数据模型，使企业实现智能化的生产制造。

工业大数据是指在工业领域中，围绕典型智能制造模式，从客户需求到销售、订单、计划、研发、设计、工艺、制造、采购、供应、库存、发货和交付、售后服务、运维、报废或回收再制造等整个产品全生命周期各个环节所产生的各类数据及相关技术和应用的总称。工业大数据是工业数据的总称，包括企业信息化数据、工业物联网数据以及外部跨界数据，是工业互联网的核心要素。因此，发展工业大数据，包括工业大数据的理论、技术、产品和保障条件，对于促进工业互联网的蓬勃发展具有重要的价值和意义。

总体来看，工业大数据推动互联网由以服务个人用户消费为主转向以服务生产性应用为主，由此导致产业模式、制造模式和商业模式的重塑。大数据与智能机床、机器人、3D 打印等技术结合，推动了柔性制造、智能制造和网络制造的发展。工业大数据与智能物流、电子商务的联动，进一步加速了工业企业销售模式的变革，如精准营销配送、精准广告推送等。

1）工业大数据的数据来源

工业大数据的数据来源主要有以下 3 类。

第 1 类是生产经营相关业务数据，主要来自传统企业信息化范围，被收集存储在企业信息系统内部，包括传统工业设计和制造类软件、企业资源计划（ERP）、产品生命周期管理（Product Lifecycle Management，PLM）、供应链管理（SCM）、客户关系管理（CRM）和环境管理系统（Environmental Management System，EMS）等。通过这些企业信息系统已累积大量的产品研发数据、生产性数据、经营性数据、客户信息数据、物流供应数据及环境数据，这类数据是工业领域传统的数据资产，在移动互联网等新技术应用环境中正在逐步扩大范围。

第 2 类是设备物联数据，主要指工业生产设备和目标产品在物联网运行模式下实时产生收集的涵盖操作和运行情况、工况状态、环境参数等体现设备和产品运行状态的数据。这类数据是工业大数据新的、增长最快的来源。狭义的工业大数据即指这类数据，即工业设备和产品快速产生的并且存在时间序列差异的大量数据。

第 3 类是外部数据，指与工业企业生产活动和产品相关的企业外部互联网来源数据，如评价企业环境绩效的环境法规、预测产品市场的宏观社会经济数据等。

值得注意的是，近年来，由人产生的数据的比重正逐步降低，企业信息化和工业物联网中机器产生的海量时序数据是工业数据规模变大的主要来源，机器数据的比重将越来越大。

2）工业大数据特征

一般意义上，大数据具有数据量大、数据种类多、商业价值高、处理速度高的特点，在此基础上，工业大数据还有三大特点。

一是多模态。工业大数据形态多样，特别是非结构化数据，这是由工业生产社会化的属性所决定的。生产环节复杂、产业链跨度长、上下游发展程度不均衡、各参与主体任务属性特征差异巨大等因素，导致了数据的多样组织、表达、定义和呈现共同构成多模态特性。

二是实时性强。工业大数据重要的应用场景是实时监测、实时预警、实时控制。在工业生产中，每时每刻都在产生大量数据，如生产机床的转速和能耗、食品加工的温湿度、火力发电机组的燃烧和燃煤消耗、汽车的装备数据、物流车队的位置和速度等。尤其是自工业从社会生产中独立成为一个门类以来，工业生产的数据采集、使用范围就逐步加大。特别是随着信息、电子、数字技术以及传感器、物联网等的发展，一批智能化、高精度、长续航、高性价比的微型传感器面世，以物联网为代表的新一代网络技术在移动数据通信的支持下，能做到任何时间、任何地点采集和传输数据。

三是强关联。工业大数据具有强关联的特点，这个特点尤其重要。工业现场的数据在语义层有复杂的显性和隐性强关联，不同物理变量之间的关系，既有工业机理方面，也有统计分析方面,不能孤立、局部、片面地看待,否则满足不了工业对于严格性、可靠性和安全性方面的要求。值得注意的是,工业领域行业 Know-How(机理模型)是工业生产的核心。工业机理模型(Model Based)是根据对象、生产过程的内部机制或物质流的传递机理建立起来的精确数学模型。工业机理模型来自工业生产设备,包括飞机、汽车、冶金制造过程的零件模板,以及设备故障诊断、性能优化和远程运维等背后的原理、知识、经验和方法;来自业务流程逻辑,包括 ERP、供应链管理、客户关系管理、生产效能优化等这些业务系统中蕴含着的流程逻辑框架;来自研发工具以及生产工艺中的工艺配方、工艺流程、工艺参数等模型。近代工业无论是信息技术的引入还是自动控制的革新都紧紧围绕工业机理模型在进行。

2. 工业大数据与大数据的关系

工业大数据应用是基于工业数据,运用先进的大数据相关思维、工具、方法,贯穿于工业的设计、工艺、生产、管理、服务等各个环节,使工业系统、工业产品具备描述、诊断、预测、决策、控制等智能化功能模式和结果。工业领域的数据累积到一定量级,超出了传统技术的处理能力,就需要借助大数据技术、方法提升处理能力和效率,大数据技术为工业大数据提供了技术和管理的支撑。

首先,工业大数据可以借鉴大数据的分析流程及技术,实现工业数据采集、处理、存储、分析、可视化。例如,大数据技术应用在工业大数据的集成与存储环节,支撑实现高实时性采集、大数据量存储及快速检索;大数据处理技术的分布式高性能计算能力为海量数据的查询检索、算法处理提供性能保障等。其次,工业制造过程中需要高质量的工业大数据,可以借鉴大数据的治理机制对工业数据资产进行有效治理。图 5-10 所示为使用大数据技术对工业生产进行优化。

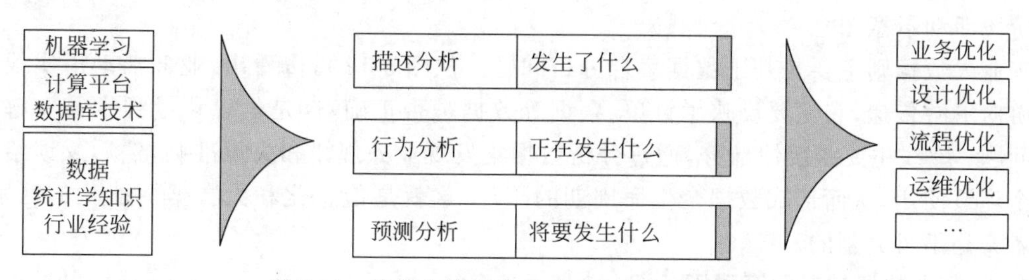

图 5-10 使用大数据技术对工业生产进行优化

3. 工业大数据与智能制造

工业大数据是智能制造的关键技术,主要作用是打通物理世界和信息世界,推动生产型制造向服务型制造转型。工业大数据在智能制造中有着广泛的应用前景,在产品市场需求获取、产品研发、制造、运行、服务直至报废回收的产品全生命周期过程中,工业大数据在智能化设计、智能化生产、网络化协同制造、智能化服务、个性化定制等场景都发挥出巨大的作用。图 5-11 所示为工业大数据在智能制造中的应用。

在智能化设计中,通过对产品数据分析,实现自动化设计和数字化仿真优化;在智能化生产过程中,工业大数据技术可以实现在生产制造中的应用,如人机智能交互、工业机器人、制造工艺的仿真优化、数字化控制、状态监测等,提高生产故障预测准确率,综合优化生产效率;在网络化协同制造中,工业大数据技术可以实现智能管理的应用,如产品全生命周期管理、客户关系管理、供应链管理、产供销一体等,通过设备联网与智能控制,达到过程协同与透明化;在智能化服务中,工业大数据通过对产品运行及使用数据的采集、分析和优化,可实现产品智能化及远程维修。同时,工业大数据可以实现智能检测监管的应用,如危险化学品、食品、印染、

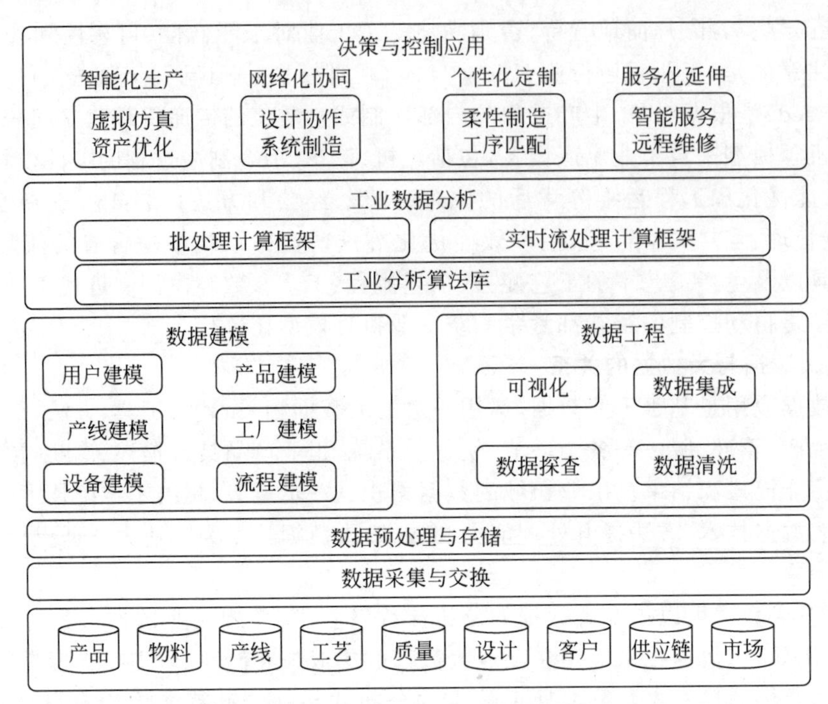

图 5-11　工业大数据在智能制造中的应用

稀土、农药等重点行业智能检测监管应用。此外，通过工业大数据的全流程建模，对数据源进行集成贯通，可以支撑以个性化定制为代表的典型智能制造模式。图 5-12 所示为制造业复杂装备阶段活动示意图。

工业大数据则主要是基于数据集合分析问题。从图 5-12 可以看出，业务活动沿实线部分从上游向下游传递，它主要反映了订单、票据等数据是否正确，这是信息化过程中需要解决的核心问题；虚线主要是反馈部分，通过分析数据集发现业务规律和决策准则，然后反馈给前面的各个环节使用，从而形成数据全生命周期的闭环，这就是信息化和大数据智能化的区别，然而两者又是不可分割的。

4. 工业大数据与工业互联网

当前，大数据已成为业界公认的工业升级的关键技术要素。在“中国制造 2025”的技术路线图中，工业大数据是作为重要突破点来规划的，而在未来的 10 年，以数据为核心构建的智能化体系会成为支撑智能制造和工业互联网的核心动力。

1）基于数字孪生的智慧研发场景应用

如今我国工业正向产业的高价值链环节迈进，工业产品的复杂度和集成度越来越高，设计更改频繁，模型一经修改，改变的内容还会影响到分析测试模型、生产模型、工程图等其他相关模型。利用数字孪生技术进行可视化建模，通过数字化模型的虚拟现实交互、仿真、快速成型，可及早发现设计缺陷，优化产品外形、尺寸和结构，克服以往被动、静态、单纯依赖人的经验的缺点，实现产品制造行业研发设计与生产过程在虚拟空间的实时监控和动态优化，促进制造资源的智能物联及共享协同，并有利于制造知识积累及高效重用。通过基于模型的设计生产一体化协同，缩短产品研制周期缩短，降低产品不良品率，提高生产率。图 5-13 所示为数字孪生模型。

2）基于柔性生产的大规模个性化定制场景

柔性生产是指让系统在制造过程中根据产品加工状况的改变自动进行调整，在原有的自

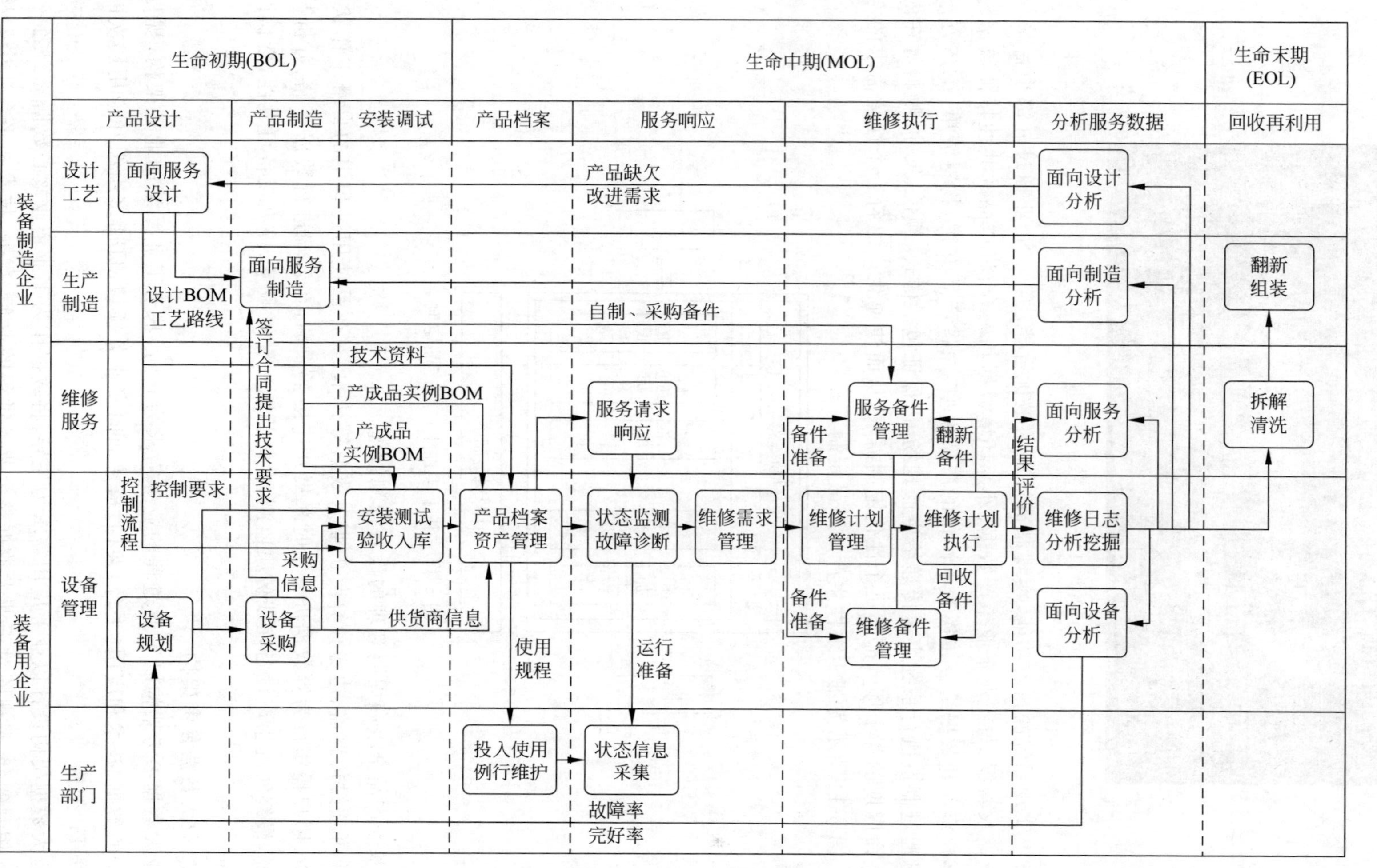

图 5-12 制造业复杂装备阶段活动示意图

图 5-13 数字孪生模型

动化基础上实现系统的自省功能，实现制造过程的最优智能决策。企业通过外部平台采集客户个性化需求数据，与工业企业生产数据、外部环境数据相融合，将产品的共性特征数据与收集到的客户定制化数据结合转换为个性化的产品模型，并将产品方案、物料清单、工艺方案等数据信息通过制造执行系统快速传递给生产现场，以保证包括样式、颜色、尺寸、物料等在内的产品全生命周期的各个环节都满足个性化定制需求，从而快速生产出符合个性化需求的定制化产品。图 5-14 所示为基于柔性生产的产品定制。

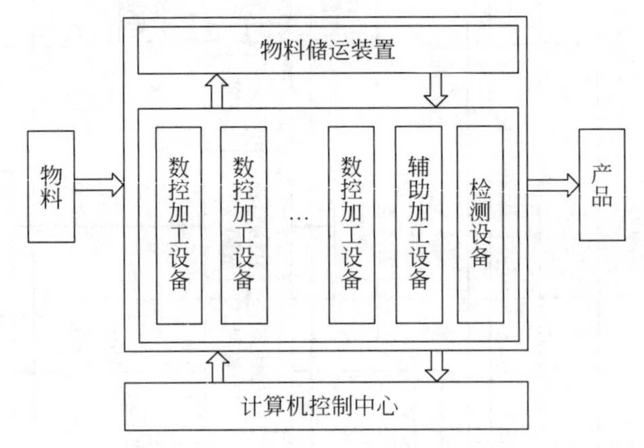

图 5-14 基于柔性生产的产品定制

3）基于产品全生命周期管理的设备预测管理

企业可通过传感器、边缘计算与工业大数据等技术，对产品使用过程中的自身工作状况、周边环境、用户操作行为等数据进行实时采集并连接至云端，在云端进行数据存储、分析与可视化展现，最终实现生产设备在线健康监测、故障诊断预警等服务，提高设备可靠性，延长设备使用寿命。

5. 工业大数据参考架构

工业大数据参考架构以工业过程的业务需求为导向，基于工业系统的业务架构，规划工业大数据的数据、技术和应用（平台）架构，搭建面向多业务领域、贯通多组织和应用层次的工业大数据 IT 架构。

工业大数据架构设计以业务应用需求为先导，将数据作为工业企业核心数据资产之一，与业务流程相互融合，多视图对工业大数据整个业务过程的业务、数据、技术和平台 4 个架构维度进行建模，如图 5-15 所示，实现企业以人流、物流、资金流和信息流等各业务线的顺畅运作。业务架构决定工业大数据的应用目标、价值实现和业务流程模型，树立了工业大数据需求和问

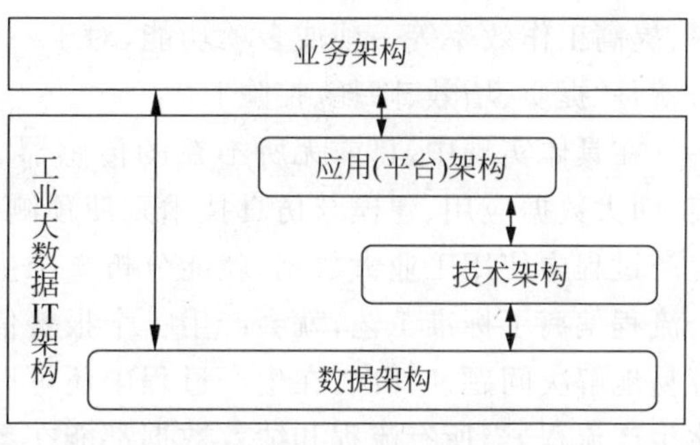

图 5-15　工业大数据架构

题导向的应用指导思想，既防止企业不重视数据应用、忽略数据资产价值的倾向，同时也防止脱离业务实际需求，避免出现数据处理过载的问题。数据架构实现业务架构所确定的业务模式向数据模型转变，以及业务需求向数据功能的映射。应用(平台)架构以数据架构为基础，建立支撑业务运行的各个业务系统，通过应用系统的集成运行，实现数据的自动化流动。技术架构定义工业大数据应用的主要技术、实现手段和技术途径，实现工业大数据应用的技术标准化，支撑其技术选择、开发技术组件。

5.2.2　工业大数据的应用

工业大数据是提升工业生产效率，降低能耗，转变高耗能、低效率、劳动密集的粗放型生产面貌的必要手段。工业大数据结合数控机床、工业机器人等自动生产设备的使用，并建立从经营到生产系统贯通融合的数据流，做到数据全打通和数据流通不落地，可以提升企业整体生产效率，降低劳动力投入，有效管理并优化各种资源的流转与消耗。

同时，大数据也是实现工业企业从制造向服务转型的关键支撑技术。大数据技术兴起后，诞生了一大批以工业大数据为核心应用方向的企业，推出了一系列智能预测分析解决方案，对生产过程中的不同阶段进行归类，有多个主要的应用方向，分别是预防性维修、生产过程优化、智慧供应链、智能营销以及工业污染与环保监测。

1. 预防性维修

预防性维修主要面向设备的运用环节。工业运维经历了 4 个阶段，目前已经从事后维修逐渐向预防性维修发展。通过实施预防性维修，而不是应对性维修，可以降低设备整个生命周期内的费用，这样大多数的生产设施都有机会大幅提升它们的盈利水平。这有助于优化能源利用，减少设备停机，以及获得在其他方面的提升。

预防性维修主要依赖于数据和建模，主要有两种思路，一种基于机理辨别，对未知对象建立参数估计，进行阶次判定、时域分析、频域分析，或者建立多变量系统，进行线性和非线性、随机或稳定的系统分析等，试图揭示系统的内在规律和运行机理；另一种则是基于人工智能相关的灰度建模思路，利用专家系统、决策树、基于主元分析的聚类算法、支持向量机(Support Vector Machine，SVM)和深度学习等深度学习相关方法，对数据进行分析和预测。

例如，某风电装备企业利用大数据结冰动力模型对风机特征进行动态观测，重点观测和分析风机利用率、环境温度等特征，并对监测和诊断到的早期结冰状况进行及时处理，防止出现严重结冰，由此提高风机运行效率和电网的安全。

又如，为了实时监控发动机的状况，现代民航大多安装了飞机发动机健康管理系统。发动机健康管理系统可以分析由发射系统、信号接收系统、信号分析系统等方式采集的大量数据，从而实现对发动机运行状况的实时监控。

2. 生产过程优化

传统方法的生产过程优化以系统理论的实际应用为主，具有较大的局限性，不能针对具体的问题进行调整优化。而基于大数据的生产过程优化，在制造过程数字化监控的基础上，用大数据、人工智能算法建立模型，研究不同参数变化对设备状态与整体生产过程的影响，并根据实时数据与现场工况动态调优，提供智能设备故障预警、工艺参数优推荐、降低能耗、提升良品率、提高工作效率等一项或多项功能，对于一些危险生产行业，还能用于控制降低风险，概括起来就是“提质、增效、降耗、控险”。

在具体实现中，目前无所不在的传感器、互联网技术的引入使产品故障实时诊断变为现实，而大数据应用、建模与仿真技术则使预测动态性成为可能。首先，在生产工艺改进方面，在生产过程中使用工业大数据，就能分析整个生产流程，了解每个环节是如何执行的。一旦有某个流程偏离了标准工艺，就会产生一个报警信号，能更快速地发现错误或瓶颈所在，也就能更容易地解决问题。其次，在生产过程中还可以对工业产品的生产过程建立虚拟模型，仿真并优化生产流程，当所有流程和绩效数据都能在系统中重建时，这种透明度将有助于制造商改进其生产流程。最后，在能耗分析方面，在设备生产过程中利用传感器集中监控所有生产流程，能够发现能耗的异常或峰值情形，由此便可在生产过程中优化能源的消耗，对所有流程进行分析将会大大降低能耗。

例如，某生产企业通过对工艺流程中相关参数的数据采集和筛选，利用筛选出的关键参数建立模型，并依据该模型优化实际生产的燃煤消耗，最终达到了能耗优化的目的。

又如，在半导体行业，芯片在生产过程中会经历许多次掺杂、增层、光刻和热处理等复杂的工艺制程，每步都必须达到极其苛刻的物理特性要求，高度自动化的设备在加工产品的同时，也同步生成了庞大的检测结果。如果按照传统的工作模式，人们需要按部就班地分别计算多个过程能力指数，对各项质量特性一一考核，过程十分烦琐。但是，当企业利用大数据质量管理分析平台，除了可以快速地得到一个长长的传统单一指标的过程能力分析报表之外，更重要的是，还可以从同样的大数据集中得到很多崭新的分析结果。

3. 智慧供应链

“智慧供应链”是结合物联网技术和现代供应链管理的理论、方法和技术，在企业中和企业间构建的实现供应链的智能化、网络化和自动化的技术与管理综合集成系统。与传统供应链相比，智慧供应链具有以下几个特征。

(1)智慧供应链的技术渗透性更强。在智慧供应链的语境下，供应链管理和运营者会系统地主动吸收包括物联网、互联网、人工智能等在内的各种现代技术，主动将管理过程适应引入新技术带来的变化。

(2) 智慧供应链可视化、移动化特征更加明显。智慧供应链更倾向于使用可视化的手段表现数据，采用移动化的手段访问数据。

(3) 智慧供应链更人性化。在主动吸收物联网、互联网、人工智能等技术的同时，智慧供应链更加系统地考虑问题，考虑人机系统的协调性，实现人性化的技术和管理系统。

例如，某家电制造企业利用大数据技术对供应链进行优化，改变了传统供应链系统对于固定提前期概念的严重依赖。通过分析相关数据创建更具有弹性的供应链，能够缩短供应周期，使企业获得更大的利润。

又如，某电子商务企业通过大数据提前分析和预测各地商品需求量，从而提高配送和仓储的效能，保证了次日到货的客户体验。

4. 智慧营销

智慧营销是大数据、物联网等信息技术与当代品牌营销领域新思维、新理念、新方法新工具以及人的创造性、创造力、创意智慧融合的产物。面对消费者无时无刻的个性化、碎片化需求，为满足消费者动态需求，建立在工业 4.0、柔性生产与数据供应链基础上的全新营销模式，将消费者纳入企业生产营销环节，实现全面的商业整合。智慧营销是以人为中心、以网络技术为基础、以创意为核心、以内容为依托、以营销为本质目的的消费者个性化营销，实现品牌与实效的完美结合，将体验、场景、感知、美学等消费者主观认知建立在文化传承、科技迭代、商业利益等企业生态文明之上，最终整合虚拟与现实的当代创新营销理念与技术。

5. 工业污染与环保监测

工业大数据对环保具有巨大价值。目前，我国环境监测体系初步形成，但对于海量数据的运用仍然存在巨大的提升空间。大数据技术的植入，可明显增加环保数据解析的维度，透视众多企业的环境治理状况，开发出多种打击环保违法行为的手段，增强环境监管的效力。例如，企业可在传统人工手动监测的基础上，使用先进技术，创新监测手段，推动开展环境质量连续自动监测和环境污染遥感监测；可以预测排污和预警、监控，并提供关闭排污口的阈值。百度上线“全国污染监测地图”就是一个很好的环保方式，结合开放的环保大数据，百度地图加入了污染检测图层，任何人都可以通过它查看全国及自己所在区域内所有在环保局监控之下的排放机构(包括各类火电厂、国控工业企业和污水处理厂等)的位置信息、机构名称、排放污染源的种类，以及最近一次环保局公布的污染排放达标情况等。

5.3　工业大数据处理过程

5.3.1　工业大数据采集

1. 工业大数据在线采集

实现工业 4.0，需要高度的工业化、自动化基础，是漫长的征程。工业大数据是未来工业在全球市场竞争中发挥优势的关键。无论是德国工业 4.0、美国工业互联网还是“中国制造2025”，各国制造业创新战略的实施基础都是工业大数据的搜集和特征分析，以及以此为未来制造系统搭建的无忧环境。无论智能制造发展到何种程度，数据采集都是生产中最实际最高频的需求，也是工业 4.0 的先决条件。

互联网的数据主要来自互联网用户和服务器等网络设备，主要是大量的文本数据、社交数据以及多媒体数据等，而工业数据主要来源于机器设备数据、工业信息化数据和产业链相关数据。从数据采集的类型上看，不仅要涵盖基础的数据，还将逐步包括半结构化的用户行为数据、网状的社交关系数据、文本或音频类型的用户意见和反馈数据、设备和传感器采集的周期性数据、网络爬虫获取的互联网数据，以及未来越来越多有潜在意义的各类数据。工业数据在线采集方式主要包括以下几种。

(1) 海量的 Key-Value 数据。在传感器技术飞速发展的今天，包括光电、热敏、气敏、力敏、磁敏、声敏、湿敏等不同类别的工业传感器在现场得到了大量应用，而且很多时候机器设备的数据大概要到毫秒级的精度才能分析海量的工业数据，因此，这部分数据的特点是每条数据内容很少，但是频率极高。

(2) 文档数据，包括工程图纸、仿真数据、设计的 CAD 图纸等，还有大量的传统工程文档。

(3) 信息化数据。由工业信息系统产生的数据，一般是通过数据库形式存储的，这部分数据是最好采集的。

(4) 接口数据。由已经建成的工业自动化或信息系统提供的接口类型的数据，包括 TXT 格式、JSON 格式、XML 格式等。

(5) 视频数据。工业现场会有大量的视频监控设备，这些设备会产生大量的视频数据。

(6) 图像数据，包括工业现场各类图像设备拍摄的图片，如巡检人员用手持设备拍摄的设备、环境信息图片。

(7) 音频数据，包括语音及声音信息，如操作人员的通话、设备运转的音量等。

（8）其他数据，包括遥感遥测信息、三维高程信息等。

图 5-16 所示为工业大数据的现场数据采集。该方式属于物联网终端传感器系统的一种，通过装在机器上的无线模块采集指定机器 PLC 工作信息，上传到主机，主机处理数据后上传到云服务器。用户可在手机、平板电脑、计算机上查看机器工作信息，并可以有限度地设置机器工作参数。

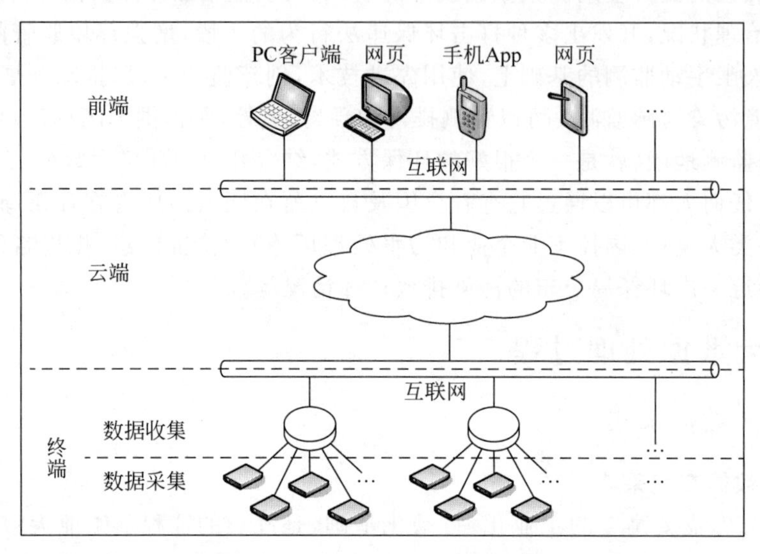

图 5-16　工业大数据的现场数据采集

2. 工业大数据离线采集

离线数据是相对于在线数据而言的。所谓在线数据，就是可以通过数据采集终端直接采集到的数据，如适配器对接设备控制器后直接采集到的数据；反之，离线数据就是不能通过数据采集终端直接采集的数据。例如，一个数控机床加工出来的工件，人们需要知道它的几何尺寸，就需要进行测量。又如，一个化工产品被生产出来，人们要进行化验，看看它的化学成分，就需要用到化验仪器，而化验结果可能显示在屏幕上，也可能是打印出来的。再如，人们需要知道某个仪表上的读数，而这个仪表是一个模拟表，没法对接什么适配器，人们就只好用眼睛去看这个仪表的读数。在制造行业中对上述这些数据进行采集，就是所谓的离线数据采集。

1）日志数据

在大数据离线采集中，特别是在互联网应用中，不管是采用哪一种采集方式，其基本的数据来源大都是日志数据。例如，许多公司的业务平台每天都会产生大量的日志数据，对于这些日志信息，人们可以得到出很多有价值的数据。尤其对于 Web 应用，日志数据极其重要，它包含用户的访问日志、用户的购买数据或用户的点击日志等。

2）离线数据采集方式

通常在采集离线数据库数据时，企业可使用 Redis、MongoDB 以及 HBase 等 NoSQL 数据库来完成，通过在采集端部署大量分布式数据库，并在这些数据库之间进行负载均衡和分片完成大数据采集工作。

例如，人们可以先将日志数据采集到 HDFS 中，再进一步使用 MapReduce、Hive 等对数据进行分析，这也是可行的。

又如，处理离线数据，可以使用开源的 Kafka。Kafka 是由 Apache 软件基金会开发的一个开源流处理平台，由 Scala 和 Java 语言编写。Kafka 是一种高吞吐量的分布式发布订阅消息系统，它可以处理消费者规模的网站中的所有动作流数据。互联网关采集到变化的路由信息，通过 Kafka 的 Producer 将归集后的信息批量传入 Kafka。Kafka 按照接收顺序对归集的信息进行缓存，并加入待消费队列。Kafka 的 Consumer 读取队列信息，并以一定的处理策略将获取的信息更新到数据库，完成数据到数据中心的存储。

值得注意的是，随着工业物联网的快速发展，工业企业在生产经营过程中会采集大量的数据，并进行实时处理，这些数据都是时序的(按时间顺序记录的数据列)。在工业场景中，80%以上的监测数据都是实时数据，且都是带有时间戳并按顺序产生的数据，这些来源于传感器或监控系统的数据被实时地采集并反馈出系统或作业的状态。工业上的实时数据有这些特征：都带有时间戳，并且是按时间顺序生成的；大多为结构化数据；采集频率高、数据量大等。在工业上，通常会使用实时/历史数据库作为核心枢纽，对这些数据进行采集、存储以及查询分析。在工业领域之外，随着移动互联网、物联网、车联网、智能电网等新概念的迅速发展，也形成了对实时数据的分析处理需求，另一种全新架构的解决方案也悄然形成，被称作时序数据库，主要面向互联网场景下海量数据的实时监控和分析需求。

数字化工厂产生的时序数据量是巨大的，处理它有相当的技术挑战。以数控机床加工生产为例，由于工业行业的要求，需要将包括报警在内的各种工况数据存储起来。假设企业每个厂区具有 2000 个监测点，5s 为一个采集周期，全国一共 200 个厂区，这样粗略估算起来每年将产生惊人的几十万亿个数据点。假设每个点有 0.5KB 数据，数据总量将达 PB 级别(如果每台服务器的硬盘容量是 10TB，那么总共需要 100 多台服务器)。这些数据不仅要实时生成，写入存储，还要支持快速查询，实现可视化的展示，帮助管理者分析决策；并且也能够用来做大数据分析，发现深层次的问题，帮助企业节能减排，增加效益。

目前，时序数据处理应用于智慧城市、物联网、车联网、工业互联网领域的过程数据采集、过程控制，并与过程管理建立一个数据链路，属于工业数据治理的新兴领域。例如，工业企业为了监测设备、生产线以及整个系统的运行状态，在各个关键点都配有传感器、采集各种数据。这些数据是周期或准周期产生的，有的采集频率高，有的采集频率低，这些采集的数据一般会发送至服务器，进行汇总并实时处理，对系统的运行进行实时监测或预警。这些时序数据常常被长期保存下来，用以进行离线数据分析。

图 5-17 所示为使用时序数据分析工业生产中的机器异常状况。

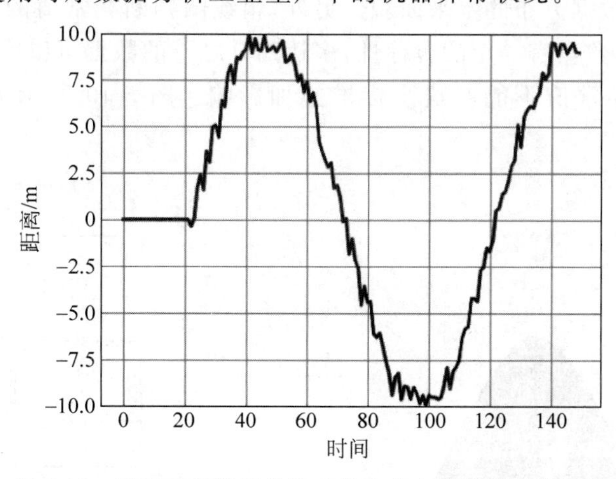

图 5-17　使用时序数据分析工业生产中的机器异常状况

5.3.2　工业大数据预处理

工业过程中产生的数据由于传感器故障、人为操作、系统误差、网络传输乱序等因素的影响极易出现噪声(异常值)、缺失值以及数据不一致的情况,直接用于数据分析会对模型的精度和可靠性产生严重的负面影响。因此,在工业数据分析之前,需要采用一定的数据预处理技术,如消除数据中的噪声、纠正数据的不一致、删除异常值等,来提高模型鲁棒性。

1. 数据异常处理

异常值也叫作离群值,通常是指采集数据时可能因为技术或物理原因,数据取值超过数据值域范围。值得注意的是,异常值是数据分布的常态,处于特定分布区域或范围之外的数据通常被定义为异常或噪声。异常值通常分为两种:伪异常和真异常。伪异常是由于特定的业务运营动作产生,是正常反映业务的状态,而不是数据本身的异常;真异常不是由于特定的业务运营动作产生,而是数据本身分布异常,即离群值。

异常值会导致某些模型问题。例如,线性回归模型会显得异常值偏离,影响决策树模型的建立。通常,如果我们能找到合理移除异常值的理由,那么将会大大改善模型的表现,但这不意味着是异常值就一定要排除。例如,我们不能因为一个值"特别大"而将其归为异常值而不予以考虑。大数值可能为我们的模型提供重要的信息,这里不展开阐述。总之,在移除任何异常值之前,必须有充分的理由。

处理异常值,首先要识别异常值。目前对于异常值的检测可以通过分析统计数据的散度情况(即数据变异指标)来对数据的总体特征有更进一步的了解。常用的数据变异指标有极差、四分位数间距、均差、标准差、变异系数等。此外,也可以使用 3σ 原则检测异常数据。该方法是指若数据存在正态分布,那么在 3σ 原则下,异常值为一组测定值中与平均值的偏差超过 3 倍标准差的值。如果数据服从正态分布,距离平均值 3σ 之外的值出现的概率为 $P(|x-\mu|>3\sigma)\leqslant 0.003$,属于极个别的小概率事件。图 5-18 所示为 3σ 原则。

此外,箱线图也提供了识别异常值的一个标准:异常值通常被定义为小于 QL$-$1.5IQR 或大于 QU$+$1.5IQR 的值。其中,QL 称为下四分位数,表示全部观察值中有四分之一的数据取值比它小;QU 称为上四分位数,表示全部观察值中有四分之一的数据取值比它大;IQR 称为四分位距,是上四分位数 QU 与下四分位数 QL 之差,其间包含了全部观察值的一半。

箱线图依据实际数据绘制,对数据没有任何限制性要求,如服从某种特定的分布形式,它只是真实直观地表现数据分布的本来面貌。另外,箱线图判断异常值的标准以四分位数和四分位距为基础,四分位数具有一定的鲁棒性,多达四分之一的数据可以变得任意远而不会严重扰动四分位数,所以异常值不能对这个标准施加影响。图 5-19 所示为使用箱线图检测异常值。

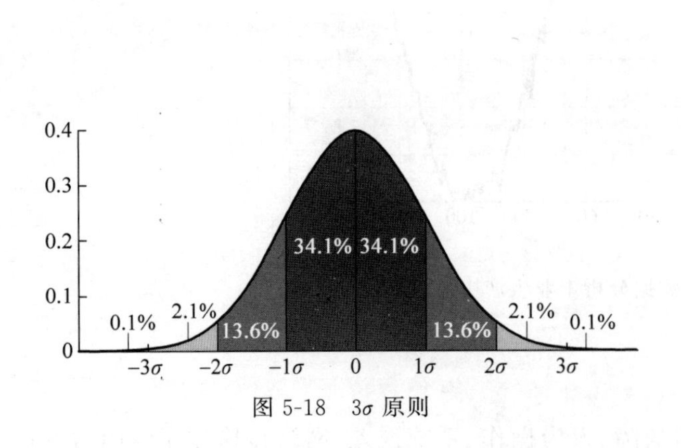

图 5-18 3σ 原则

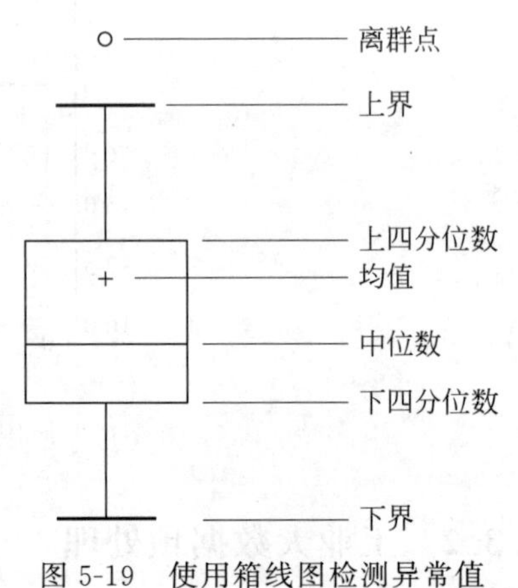

图 5-19 使用箱线图检测异常值

2. 数据缺失处理

现实世界的数据大多都是不完整的，工业大数据更是如此。在数据集中，若某记录的属性值被标记为空白或"-"等，则认为该记录存在缺失值(空值)，也常指不完整的数据。造成数据缺失的原因是多种多样的，如空值条件的设置、业务数据的脱密、异常数据的删除等，都会造成一定程度的数据缺失。图 5-20 所示为数据表中的缺失数据。

year	month	day	hour	minute	temp_o	hum_out	pre_out	hum_in	pre_in	y
2019	3	24	6	13	10.7	93	990.5	88	989.6	11.4
2019	3	24	6	14	10.8	94	989.8	88	989.6	11.5
2019	3	24	6	15				88	989.6	11.5
2019	3	24	6	16	10.7	93	990.1	88	989.3	11.5
2019	3	24	6	17	10.7	93	990.2	88	989.6	11.5
2019	3	24	6	18	10.8	93	990.1	88	989.3	11.6
2019	3	24	6	19	10.8	93	990	88	989.3	11.5
2019	3	24	6	20	10.8	93	927.6	88	989.3	11.4
2019	3	24	6	22	10.8	93	989.6	88	989.45	11.3
2019	3	24	6	23	10.75	92	990.1	88	989.5	11.4
2019	3	24	6	24	10.7	92	989.9	88	989.5	11.4
2019	3	24	6	25	10.8	92	989.8	88	989.3	11.4
2019	3	24	6	26	10.8	93	989.6	88	989.3	11.5
2019	3	24	6	27	10.8	92	989.6	88	989.3	11.5
2019	3	24	6	28	10.8	92	989.6	88	989.5	11.5
2019	3	24	6	29				88	989.3	11.5

图 5-20 数据表中的缺失数据

缺失数据在机器学习应用中是比较棘手的问题。首先，不能简单地忽略数据集中缺失的数据值，而是必须以合理的理由处理这类数据，因为大多数算法是不接受缺失数据值的。对于缺失数据的清洗方法较多，如将存在遗漏信息属性值的对象(元组、记录)删除，或者将数据过滤出来，按缺失的内容分别写入不同数据库文件并要求客户或厂商重新提交新数据，要求在规定的时间内补全，补全后才继续写入数据仓库中。有时也可以用一定的值去填充空值，从而使信息表完备化。填充空值通常基于统计学原理，根据初始数据集中其余对象取值的分布情况对一个缺失值进行填充。

处理缺失值可以按照以下 4 个步骤进行。

(1) 确定缺失值范围。对每个字段都计算其缺失值比例，然后按照缺失比例和字段重要性，分别制定策略。

(2) 对于一些重要性高、缺失率较低的缺失值数据，可根据经验或业务知识估计，也可通过计算进行填补(插值)。常见的缺失值填补方式有线性插值法、拉格朗日插值法、牛顿插值法等。简单地说，插值就是通过离散的数据点求一条经过所有数据点的多项式函数去逼近未知的函数 $f(x)$。例如，某公司收集到了最近一周的气温数据，如图 5-21 所示，但是由于某些原因，星期四的数据丢失了。如果要处理缺失数据，首先，数据工程师将数据转换为坐标点画在坐标图上，并用观察到的 6 天的气温值去填补缺失的那一天的气温值。然后画出一条曲线经过所有点(插值条件)，那么这条曲线就体现了 7 天内气温的波动趋势，如图 5-22 所示。最后，人们就可从图中找出星期四的对应的温度估值是 22。

日期	星期一	星期二	星期三	星期四	星期五	星期六	星期日
气温	17	20	21	不知道	23	22	19

图 5-21 最近一周的气温数据

(3) 对于指标重要性高、缺失率也高的缺失值数据，需要和取数人员或业务人员沟通，看是否有其他渠道可以取到相关数据，必要时进行重新采集。若无法取得相关数据，则需要对缺失值进行填补。

(4) 对于指标重要性低、缺失率也低的缺失值数据，可只进行简单填充或不作处理；对于指标重要性低、缺失率高的缺失值数据，可备份当前数据，然后直接删掉不需要的字段。

5.3.3 工业大数据建模

1. DIKW 模型

DIKW 模型是一个关于数据(Data)、信息(Information)、知识(Knowledge)、智慧(Wisdom)的模型，如图 5-23 所示。

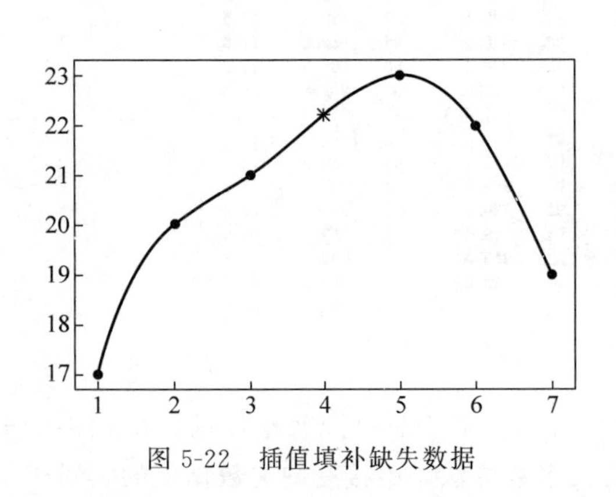

图 5-22 插值填补缺失数据

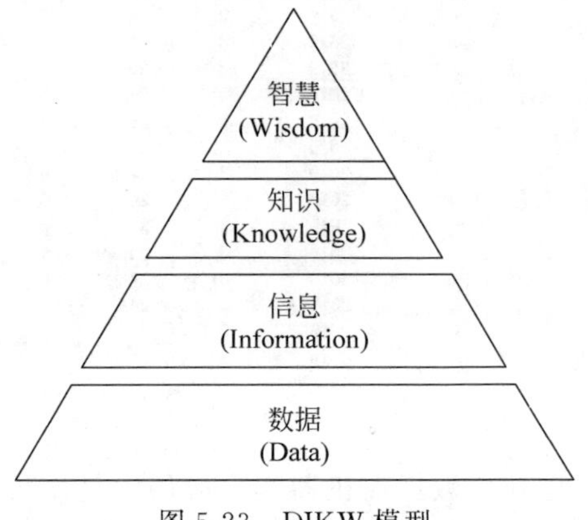

图 5-23 DIKW 模型

DIKW 模型将数据分为 4 个层级，由低到高分别是数据、信息、知识及智慧的体系。

数据是使用约定俗成的关键字，对客观事物的数量、属性、位置及其相互关系进行抽象表示，以适合在特定领域中使用人工或自然的方式进行保存、传递和处理。

信息是具有时效性、有一定含义的、有逻辑的、经过加工处理的对决策有价值的数据流。信息＝数据＋时间＋处理。

通过人们的参与对信息进行归纳、演绎、比较等手段进行挖掘，使其有价值的部分沉淀下来，并与已存在的知识体系相结合，这部分有价值的信息就转变为知识。

智慧是人类基于已有的知识，针对物质世界中运动过程中产生的问题根据获得的信息进行分析、对比、演绎找出解决方案的能力。这种能力运用的结果是将信息的有价值部分挖掘出来并使之成为知识架构的一部分。

DIKW 模型中提及的数据、信息、知识及智慧，它们之间的转化依赖于人们个人的经验、创造力和对内容的理解程度。结合气象数据的例子，就可以直观地了解这个分级模型。

某个观测站观测到某日的最高气温是 35℃，这就是一个数据。数据必须放到相应的环境中一起分析，这样才能了解数据之间的关系，可以分析出问题的根本原因(Root Cause)。例如，每款新机型在交付给航空公司之前都会接受一系列残酷的飞行测试，极端天气测试就是多项严酷的测试之一。该测试的目的是确保飞机的发动机、材料和控制系统能在极端天气条件下正常运行。

综合整月、全年乃至更长时段的气温数据，便能得到这个站点的气温序列，这就是信息。

基于某城市多个观测站的常年观测资料，人们就能够判断当地的气候条件如何，就形成了知识。

如果人们能够对知识进行进一步挖掘分析，利用它提炼出正确的决策，就进一步提升到了智慧。

DIKW 模型将数据、信息、知识、智慧纳入一种金字塔形的层次体系，展现了数据是如何一步步转化为信息、知识乃至智慧的方式。当系统采集到原始的数据后，通过加工处理得到有逻辑的信息，再通过提炼信息之间的联系获得规则和知识、形成行动的能力和完成任务，最终对各种知识进行归纳和综合形成关注未来不确定性业务的预测能力，这样系统才能真正做到感知、分析、推理、决策、控制功能。

例如，系统通过传感器采集到实时的温度，再把该数据与其他数据关联（如批次、条码、机台、原料、产品质量等级等），同时可以计算生产过程中温度点的各种统计值，这些信息既可以根据已知的知识（工艺要求）进行过程控制，也可以进行相关性分析归纳出模型。

从最底层的观测结果到最高层的智慧，数据就是在这样的阶梯中上升，在递增中产生巨大的价值。知识是人类文明的结晶，涵盖了人类或智能体对世界的各种认知，数据建模的本质是发现知识。但目前工业领域的知识往往是相当丰富的，很少会发现全新的知识。因此，在这种背景下，工业领域的数据建模需要把分析结果和领域知识结合起来，并对已有领域的知识进行深入理解。

2. 知识工程

知识是指人类认识的成果或结晶。常见的知识可分为两种，一种是以书面文字、图表和数学公式加以表述的显性知识，如方案、图纸、源程序等；另一种是技能、经验、诀窍等未被表述的知识，称为隐性知识。

知识工程的研究方向是专家知识的获取、表达和推理过程的系统方法。知识获取研究的问题有对专家或书本知识的理解、认识、选择、抽取、汇集、分类和组织的方法，从已有的知识和实例中产生新知识的机理和方法，检查或保持已获取知识集合的一致性和完全性约束的方法，保证已获取的知识集合无冗余的方法等。知识表示是对知识的一种描述或是关于如何描述事物的一组约定，是一种计算机可以接受的、用于描述知识的数据结构。知识表示的方法有很多，如谓词逻辑表示法、脚本表示法、框架表示法、产生式表示法、函数式表示法、语义网络表示法、状态过程表示法、面向对象表示法等。知识的运用和处理主要包括推理、搜索、知识的管理及维护以及匹配和识别。

工业领域的知识按照其属性可以分为隐性知识、显性知识以及工业大数据三大类，并通过知识之间互相作用、互相转化，应用到企业创新业务活动中。例如，可以通过学习、理解、综合、观察、模仿、感知、试错、实践、试验、数据收集、归纳、分析、总结等方法完成知识之间的转化与关联，获得与掌握工业技术（知识）。这一过程中，人脑作为主要载体，使工业技术（知识）被掌握、被理解并应用到工业过程。

3. 工业建模基础

数据建模的本质是根据一部分能够获得的数据获得另一部分不统一直接获得的数据。不失一般性，某个工业对象可以用函数 $Y=F(X)$ 描述，在这里 F 是一个固定的映射，输入 X 则可计算 Y。不过在现实中，X 往往是无法准确获得的。这时，人们要设法在可以得到的数据中，寻找一些与 X 相关的变量，如 Z。于是，现实的数据模型往往就变成 $Y=H(Z)$。

例如，某厂发现一种材料的合格率与生产这种材料的班组有关。事实上，合格率与某个工艺参数有关，不同班组采用的工艺参数不一样。但每个班组采用的参数不同，也没有记录。所以，人们看到的是合格率与班组有关。在这个例子中，工艺参数就是 X，而班组就是 Z。

又如，人们经常发现材料的性能与生产的季节相关。本质上，材料的性能与生产材料时的温度、湿度、空气流动的综合情况有关。在这里，温度、湿度、空气流动情况是人们需要的 X，而生产季节就是 Z。

因此，对于复杂的工业建模过程，充分利用知识领域是成功的前提。不过，需要注意的是，在工业领域，由于应用场景的不同以及数据采集条件的不断变化，模型的误差可能会变得很大，而这些变化会对人们的建模过程产生深刻的影响。

1）复杂模型的建立

在工业数据建模中最常见的困难是部分数据无法获得。对此，一般的解决方法是从可以获得的数据中找到一些与之相关的数据，再用间接的手段确定模型。例如，人们可以把输入 X 分成两部分：可以准确获得的记为 X_1，难以准确获得的记为 X_2。而为了获得 X_2，人们可以考虑以下几类相关数据，分别记为 Z_1、Z_2 和 Z_3。用公式描述为

$$Y=G(X_1,Z)$$

其中，$Z=(Z_1,Z_2,Z_3)$，表示建模时可供选择的数据；G 表示工业实际建立的模型。

2）工业大数据模型的理解

事实上，工业大数据的方法早已出现在前人的实践中。这类方法的基本思路就是找一个类似的做法，在此基础上进行修订。例如，冶炼钢水前，需要给出合适的工艺参数。计算过程涉及很多参数，不容易算对，解决这个问题的思路是先从历史数据中找类似的成功案例，以此为基础，根据案例炉与本炉次的参数差异进行修正。工业大数据的根本优势是数据的质量好。质量好的一个方面就是数据分布范围大，覆盖了各种可能发生的情况。这就是所谓的"样本等于全体"。在这样的前提下，就总能从历史上找到类似的案例。所以，大数据的本质优势是数据来源全面，而不是数量多到什么程度。如果数据存储得足够久，场景存储得足够多，新问题就会越来越少，这类方法就容易走向实用了。以设备故障诊断为例，针对单台设备研究问题时，故障样本就少，甚至每次都不一样。但是，如果把成千上万台设备的信息收集起来，情况就不一样了，每次出现问题，都容易在历史数据库中找到类似的案例。这时，人们研究的重点往往是如何利用理论的指导，更加准确地寻找类似案例，更加准确地修正。

不过，值得注意的是，在工业数据建模中，变量的选取是非常重要的。变量的选择不同，最终的模型就不一样，其中一个重要的差别是模型的精度和适用范围不同。对于科学理论模型，模型的精度高往往意味着适用范围大，而现实的模型则不一定。从这种意义上说，模型精度未必越高越好。有些人开发的模型精度比较高，却不能得到生产厂的认可。背后的原因是模型在生产稳定时精度很高，在生产不稳定时精度较低。由于多数时间的生产是稳定的，模型的平均精度往往较高。但是，生产稳定时，工人对模型没有需求；工人对模型有需求时，往往是生产不稳定的时候。

理论上讲，许多工业过程都可以用科学公式描述，但现实的影响因素太多。化工、冶金等行业的一种典型的现象是在同一个生产过程中同时存在着几十种化学反应。每种化学反应都可以用简单的化学反应方程来描述。但反应之间互相影响，许多参数会动态变化、无法准确确定，整体的化学反应过程就很难准确描述。对于这样的情况，传统的办法很难建立准确的模型。除了本身复杂外，一个重要的原因就是许多干扰是不可见的。这就会对模型的验证带来巨大的困难。在大数据的背景下，解决这类困难成为可能。一个重要的原因是当数据量足够大时，随机干扰是可以通过平均的方法滤除的，这相当于数据的精度可以大大提高。同时，大数据还可能为人们提供较好的样本分布，有助于复杂问题的解耦，即把复杂的、变量多的模型简化为若干变量数目少的简单模型。

4. 工业大数据的参考模型 CRISP-DM

CRISP-DM 模型是欧盟起草的跨行业数据挖掘标准流程（Cross-Industry Standard Process for Data Mining）的简称。这个标准以数据为中心，将相关工作分为业务理解、数据理解、数据准备、构建模型、模型评估、模型部署 6 个基本的步骤，如图 5-24 所示。在该模型中，

相关步骤不是顺次完成,而是存在多处循环和反复。在业务理解和数据理解之间、数据准备和构建模型之间,都存在反复的过程。这意味着这两对过程是在交替深入的过程中进行的,更大的一次反复出现在模型评估之后。

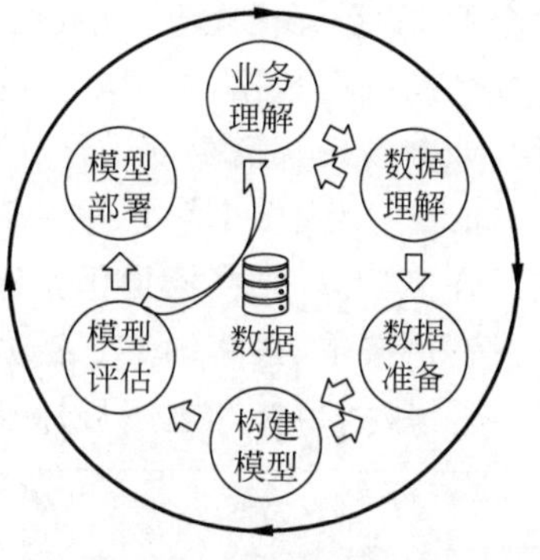

图 5-24　CRISP-DM 模型

1）业务理解

该阶段的目标是明确业务需求和数据分析的目标,将模糊的用户需求转化为明确的分析问题,必须清晰到计划采取什么手段、解决什么问题,要将每个分析问题细化为明确的数学问题,同时基于业务理解制定分析项目的评估方案。

2）数据理解

该阶段的目标是建立数据和业务的关联关系,从数据的角度去深度地解读业务,包括发现数据的内部属性、探测引起兴趣的子集形成隐含信息的假设、识别数据的质量问题、对数据进行可视化探索等。

3）数据准备

该阶段的目标是为数据的建模分析提供干净、有效的输入数据源。首先,基于业务目标筛选有效数据,筛选的数据能够表征业务问题的关键影响因素；其次,对数据的质量进行检查和处理,处理数据的缺失情况、异常情况等；最后,对数据进行归约、集成、变换等,输出建模可用的数据源。

4）构建模型

该阶段是基于业务和数据的理解,选择合适的算法和建模工具,对数据中的规律进行固化、提取,最后输出数据分析模型。首先,基于业务经验、数据建模经验,对业务问题进行逻辑化描述,探索解决问题的算法,反复迭代选择一个最优算法方案；其次,基于输入数据加工关键因子的特征变量,作为建模输入变量,建立有效可靠的数据模型。

5）模型评估

该阶段首先从业务的角度评估模型的精度问题,是否能够满足现有业务的要求；其次分析模型的中影响因子的完备性,为模型的下一步迭代指明优化路径；最后考查模型的假设条件,是否满足实际落地的条件,对模型的部署进行可行性验证。

6）模型部署

在该阶段中,首先,要基于分析目标,制定模型的使用方案和部署方案,并提前为模型的部署做好环境的准备工作；其次,针对模型部署过程中出现的质量问题、运行问题、精度问题等提前做好预备方案；最后,基于模型试运行后的结果,制定模型的持续优化方案。

值得注意的是,在实际工作中,不能单纯只通过数据理解工业对象及相关业务,而是要结合一定的专业领域知识,才能理解数据的含义。业务理解是数据理解的基础,是数据理解的起点；反过来,离开数据,人们对对象的理解将会是粗糙的、模糊的,不利于对系统和业务的精准控制和优化。所以,数据理解支撑对业务理解的深化。

5. 工业大数据建模应用

工业大数据的建模要求用数理逻辑严格地定义业务问题。由于工业生产过程中本身受到各种机理约束条件的限制,利用历史过程数据定义问题边界往往达不到工业的生产要求,因此,人们往往需要采用数据驱动＋模型驱动＋场景部署的多轮驱动方式,实现数据和机理的深度融合,解决实际的工业问题。图 5-25 所示为工业大数据建模的常见流程,其中数据场景化也称为数据场景化分析,它并非只是简单地基于对业务场景的数据分析,而是建构于数字化时代企业IT新架构之上，以数据为基础的应用。数据场景化分析通过从数据和计算层级中实时接入的有用数据，基于丰富的业务模型开展数据的应用，使数据赋能企业业务和经营。不是所有业务场景都需要场景化分析。企业可基于对业务场景的深刻理解和对业务痛点的清晰洞察，选择一个或多个场景开展场景化分析，并随着业务的开展随时调整或拓展场景化分析的领域。在实际应用中，场景化分析将日常的执行和长周期的前瞻性规划连接在一起，可以实现按日、按月、按季、按年的上下横纵协同，通过滚动和整合的计划方法进行市场目标、财务目标、库存目标、服务目标和生产目标等的适时合理调整，提高企业整体的运营效率。

图 5-25 工业大数据建模的常见流程

图5-26所示为数控车床寿命预测模型。该模型设备部件为主轴，设备名称为数控车床，通过建立模型预测其寿命，并通过可视化图表显示模型参数，如图5-27所示。

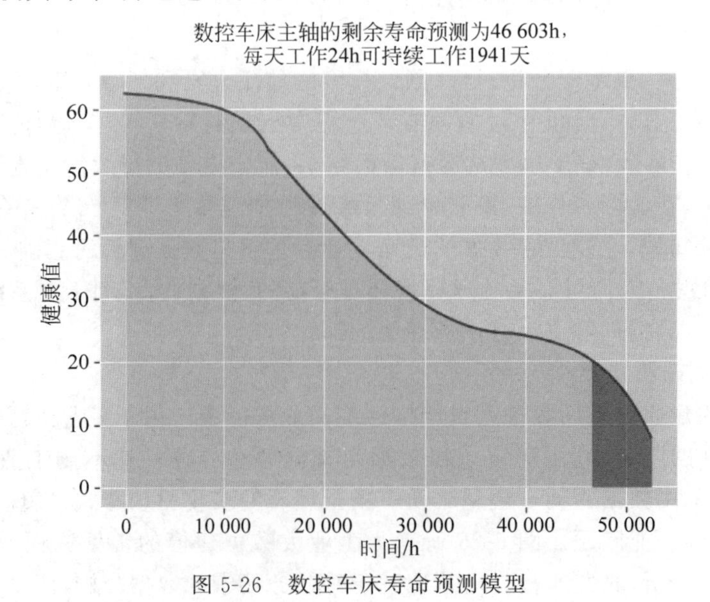

图 5-26 数控车床寿命预测模型

场景参数

设备部件: 主轴

设备名称: 数控车床

配置参数

健康阈值: 20

图 5-27 数控车床寿命预测模型参数

5.3.4 工业大数据分析

1. 认识工业大数据分析

工业大数据分析是利用统计学分析技术、机器学习技术、信号处理技术等技术手段，结合业务知识对工业过程中产生的数据进行处理、计算、分析并提取其中有价值的信息、规律的过程。

工业大数据分析的直接目的是获得业务活动所需各种的知识，贯通大数据技术与大数据应用之间的桥梁，支撑企业生产、经营、研发、服务等各项活动的精细化，促进企业转型升级。当代大数据处理技术的价值在于技术进步，同时也是因为技术进步，使大数据成为商业中有价值的核心驱动因素。作为智能制造的核心环节，工业大数据分析已经被多数制造企业所认知并接受。图 5-28 所示为大数据分析在工业中的应用。

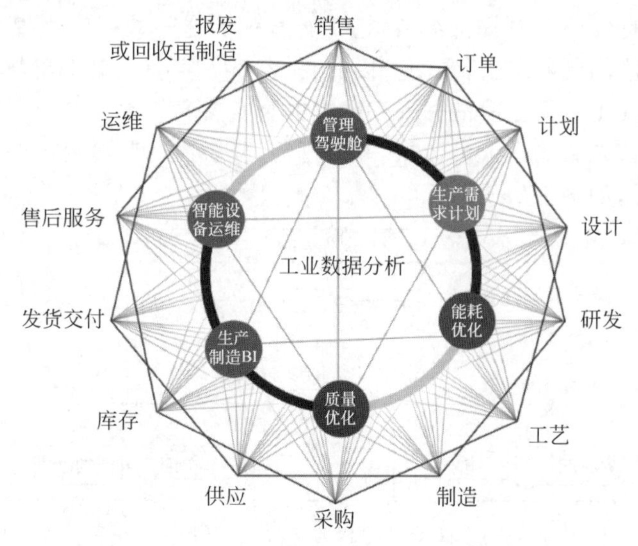

图 5-28 大数据分析在工业中的应用

2. 工业大数据分析的类型

工业大数据分析常见的类型可分为描述类、诊断类、预测类、决策类和控制类等。

1）描述类

描述类主要利用报表、可视化等技术，汇总展现工业互联网各个子系统的状态，使操作管理人员可以在一个仪表盘(Dashboard)上总览全局状态。此类应用一般不给出明确的决策建议，完全依靠人作出决策。

2）诊断类

诊断类通过采集工业生产过程相关的设备物理参数、工作状态数据、性能数据及其环境数据等，评估工业系统生产设备等运行状态并预测其未来健康状况，主要利用规则引擎、归因分析等，对工业系统中的故障给出告警并提示故障可能的原因，辅助人工决策。

3）预测类

预测类通过对系统历史数据的分析挖掘，预测系统的未来行为。预测类主要是利用逻辑回归、决策树等预测未来系统状态，并给出建议。

4）决策类

决策类通过对影响决策的数据进行分析与挖掘，发现决策相关的结构与规律，主要是利用随机森林、决策树等多种机器学习算法，提出生产调度、经营管理与优化方面的决策建议。

5）控制类

控制类根据确定的规则，直接通过数据分析产生行动指令，控制生产系统采取行动。该类分类主要目前应用在智能制造业中。

3. 机器学习

机器学习是一门涉及多领域的交叉学科，其包含高等数学、统计学、概率论、凸分析和逼近论等多门学科。机器学习的研究方法通常是根据生理学、认知科学等对人类学习机理的了解，建立人类学习过程的计算模型或认识模型，发展各种学习理论和学习方法，研究通用的学习算法并进行理论上的分析，建立面向任务的具有特定应用的学习系统。

通俗地讲，就是机器学习让机器实现学习的过程，让机器拥有学习的能力，从而改善系统自身的性能。让机器具备人工智能的前提就是需要用一定量的数据集对机器进行“训练”。对于机器而言，这里的“学习”指的是从数据中学习，从数据中产生“模型”的算法，即“学习算法”。有了学习算法，只要把经验数据提供给它，它就能够基于这些数据产生模型，在面对新的情况时，模型能够提供相应的判断，进行预测。因此，机器学习实质上是基于数据集的，通过对数据集的研究，找出数据集中数据之间的联系和数据的真实含义。

在机器学习中，首先要输入大量数据，并根据需要训练模型，再对训练后的模型进行应用，以判断算法的准确性，如图 5-29 所示。

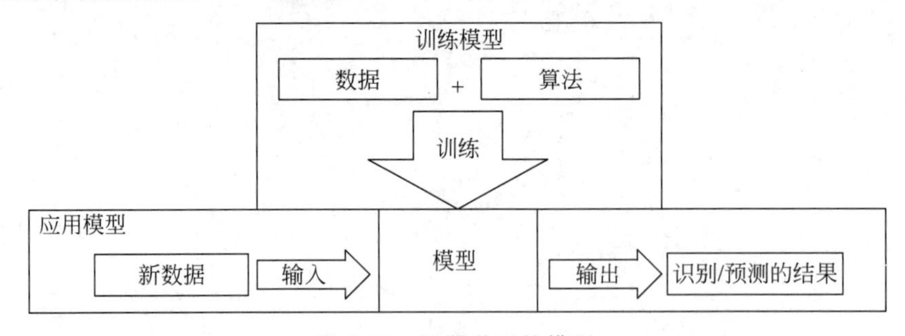

图 5-29　机器学习的模型

机器学习应用广泛，无论是在工业领域还是商用领域，都有机器学习算法施展的机会。近年来，机器学习的研究与应用在国内越来越受重视。机器学习已经广泛应用于语音识别、图像识别、数据挖掘等领域。

1）机器学习的分类

机器学习可分为监督学习、无监督学习和半监督学习。

(1) 监督学习。监督学习是指利用一组已知类别的样本调整分类器的参数，使其达到所要求性能的过程，也称为监督训练或有教师学习。

(2) 无监督学习。无监督学习和监督学习是一个相对的概念。在监督学习的过程中，人们需要给训练数据打上标签，这是必不可少的一步。而无监督学习中，就不再需要提前对数据进行人工标记。所以,无监督学习常常被用于数据挖掘,用于在大量无标签数据中发现一些信息。

(3) 半监督学习。半监督学习突破了传统方法只考虑一种样本类型的局限,综合利用有标签与无标签样本,是在监督学习和无监督学习的基础上进行的研究。

2) 机器学习与流程工业大数据建模

流程工业也称为过程工业,是指通过物理变化和/或化学变化进行生产的行业。典型的流程工业包括石油、化工、冶金、造纸、医药、食品等行业。常见的流程工业系统模型为具有高度非线性的代数、微分方程混合组成的数学模型,并且在模型中包含大量的过程参数和高维状态变量,且高度交联、耦合。因此,现代流程工业具有操作可调、工艺灵活、产品多样、控制系统化等诸多特点。

蓬勃发展的大数据时代对流程工业产生了巨大影响,为实现智能制造提供了前所未有的机遇,这种新的生产方式不仅要求机器能够帮助人类减轻繁重的体力劳动,还要能有效地承担智力劳动,实现自主创新。在现代流程工业中,可以收集和存储越来越多的蕴藏有价值信息的数据。通过利用数据,数据分析和机器学习可以帮助感知环境、发现知识,并自动智能地作出决策。目前,机器学习已经成为工业大数据制造领域的一个热点话题,为处理和分析机器数据提供了许多有用的工具。

在当前的大数据时代,数据分析和机器学习在流程工业中得到了越来越广泛的应用,这些方法渗透到流程工业的各个层次,既包括在过程监控和软测量等底层控制回路中的应用,也包括最优控制和顶层决策等应用。前者的目的是帮助工程人员更好地监测和操作过程,识别过程的关键变化,而不是直接作出决策;相反,最优控制和顶层决策会对工业生产过程造成直接的影响。

工业大数据建模任务一般可以分为无监督学习和监督学习。在无监督学习中,通过建立描述性模型描绘输入数据中的隐藏结构,主要用于描述过程数据的分布,在此基础上实现过程监控。监督学习主要建立输入与输出之间的函数映射,包括回归和分类,因此输出的预测精度是一个关键的因素。在工业生产过程中,快速采样的过程变量多被用于关键质量变量的软测量建模与预报。近年来,表示学习或特征学习得到了越来越多的关注,其要点在于需要在构建模型时紧密结合特定领域的知识。这样,模型的可解释性能够得到显著增强,从而进一步提高模型性能。表示学习的一个具体例子是具有分片线性的神经网络在计算机视觉中的广泛应用。由于图形的抽象特征具有局部不变性,即分片线性,因此将特定领域的知识抽象为分片线性单元有助于提高模型的性能。

4. 特征工程

在信息化时代,数据已经成为现代企业的重要的资产。任何智能系统都需要由数据驱动。这些系统的核心,都是由一个或多个基于某种数据学习的方法或算法,如机器学习、深度学习或统计方法,系统通过分析和利用数据而生成知识,并以此提供决策支持。算法无法直接利用原始数据,而是需要从原始数据中提取有意义的特征,然后人们才能理解和使用数据。

特征是建立在原始数据基础之上的特定表示,是一个单独的可测量的属性,通常由数据集中的列表述。对于一个通用的二维数据集,每个数值由一行表示,特征用列表示,所有数据形成一个二维矩阵,这就是特征集。直接在原始数据之上构建模型是很困难的,无法直接获得期望的结果,需要进行数据准备,对原始数据进行预处理和分析,从中提炼出有意义的属性或特征,这就是特征工程。特征工程是将原始数据转换为特征的过程,这些特征可以更好地描述这些数据和潜在问题,并且利用它们建立的模型,在未知数据上的表现性能可以达到或接近最佳性能,从而提高模型的准确性。图 5-30 所示为特征工程的重要性,在工业大数据中一个好的解决方案来源于对业务的深入理解和对数据的细致分析。

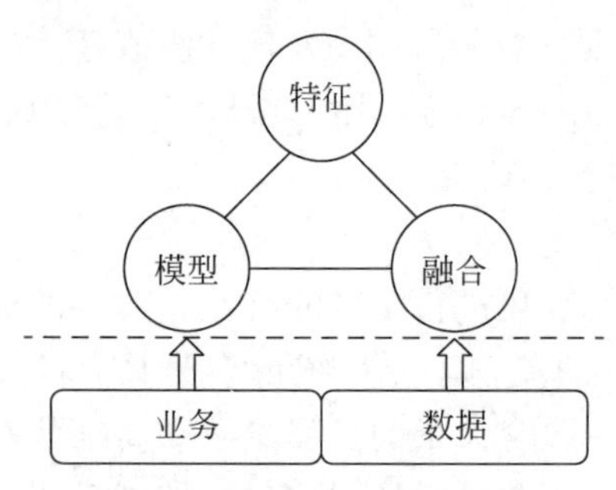

图 5-30 特征工程的重要性

5. 工业大数据分析的常见算法

1) 聚类分析

聚类分析是指对一批没有标出类别的样本(可以看作数据框中的一行数据)按照样本之间的相似度进行分类,将相似的归为一类,不相似的归为另一类的过程。这里的相似度指样本特征之间的相似程度。把整个样本集的特征向量看作分布在特征空间中的一些点,点与点之间的距离即可作为相似度的测量依据,也就是将特征空间中距离较近的观察样本归为一类。两个样本的距离越近,相似度就越大。通俗地讲,聚类分析最终的目标就是实现"物以类聚,人以群分"。将样本的群体按照相似性和相异性进行不同群组的划分,经过划分后,每个群组内部各个对象间的相似度会很高,而在不同群组的样本彼此间将具有较高的相异度。

聚类分析适用于很多不同类型的数据集合,很多研究领域,如数学、计算机科学、统计学、生物学和经济学等,都对聚类分析的发展和应用起到了推动作用。

聚类分析实现的一般步骤为根据已知数据(一批观察个体的许多观测指标),按照一定的数学公式计算各观察个体或变量(指标)之间亲疏关系的统计量(距离或相关系数等),根据某种准则(最短距离法、最长距离法、中间距离法、重心法等),使同一类内的差别较小,而类与类之间的差别较大,最终将观察个体或变量分为若干类。

(1) 计算样本间的距离。假设每个样本(看作数据框的行属性)有 p 个变量(看作数据框不同的列属性),则每个样本都可以看作 p 维空间中的一个点,n 个样本就是 p 维空间中的 n 个点,则第 i 个样本与第 j 个样本之间的距离记为 d_{ij}。设 $x_i=(x_{i1},x_{i2},\cdots,x_{ip})'$ 和 $x_j=(x_{j1},x_{j2},\cdots,x_{jp})'$ 分别是第 i 个和 j 个样本的观测值,则二者之间的常用距离有以下几种。

① 欧氏(Euclidean)距离,用公式表示为

$$d_{ij}=\sqrt{\sum_{k=1}^{p}(x_{ik}-x_{jk})^2}$$

② 绝对值距离,用公式表示为

$$d_{ij}=\sum_{k=1}^{p}|x_{ik}-x_{jk}|$$

③ 切贝雪夫(Chebychev)距离,用公式表示为

$$d_{ij}=\max_{k=1}^{p}|x_{ik}-x_{jk}|$$

④ 闵氏(Minkowski)距离,用公式表示为

$$d_{ij}=\left(\sum_{k=1}^{p}|x_{ik}-x_{jk}|^p\right)^{\frac{1}{p}},\quad p>0$$

⑤ 兰氏(Lance & Williams)距离,用公式表示为

$$d_{ij}(L)=\frac{1}{p}\sum_{k=1}^{p}\frac{|x_{ik}-x_{jk}|}{x_{ik}+x_{jk}},\quad x_{ij}>0$$

⑥ 马氏(Mahalanobis)距离,这是印度著名统计学家马哈拉诺比斯(P. C. Mahalanobis)所定义的一种距离,用公式表示为

$$d_{ij}^2=(x_i-x_j)'\boldsymbol{\Sigma}^{-1}(x_i-x_j)$$

其中,$\boldsymbol{\Sigma}$ 为观测变量之间的协方差矩阵。

(2) K-Means 聚类。K-Means 聚类也称为动态聚类、逐步聚类、迭代聚类、K-均值聚类,

快速聚类，适用于大型数据。K-Means 聚类中的 K 代表类簇的个数，Means 代表类簇内数据对象之间的均值(这种均值是一种对类簇中心的描述)，因此，K-Means 算法又称为 K-均值算法。K-Means 聚类是一种基于划分的聚类算法，以距离作为数据对象间相似性度量的标准，即数据对象间的距离越小，它们的相似性越高，它们就越有可能在同一个类簇。数据对象间距离的计算有很多种，K-Means 聚类通常采用欧氏距离计算数据对象间的距离。

首先导入一组具有 n 个对象的数据集，给出聚类个数 K，K-Means 聚类的思想可描述如下。

① 首先初始化 K 个类簇中心；

② 根据欧氏距离计算各个数据对象到聚类中心的距离，把数据对象划分至距离其最近的聚类中心所在的类簇；

③ 根据所得类簇，更新类簇中心；

④ 继续计算各个数据对象到聚类中心的距离，把数据对象划分至距离其最近的聚类中心所在的类簇；

⑤ 根据所得类簇，继续更新类簇中心，一直迭代，循环步骤②～步骤④直到达到最大迭代次数，或者两次迭代的差值小于某一阈值时，迭代终止；

⑥ 得到最终聚类结果。

图 5-31 所示为 K-Means 聚类算法的实现，将数据聚为 3 类，并以不同的颜色区分。

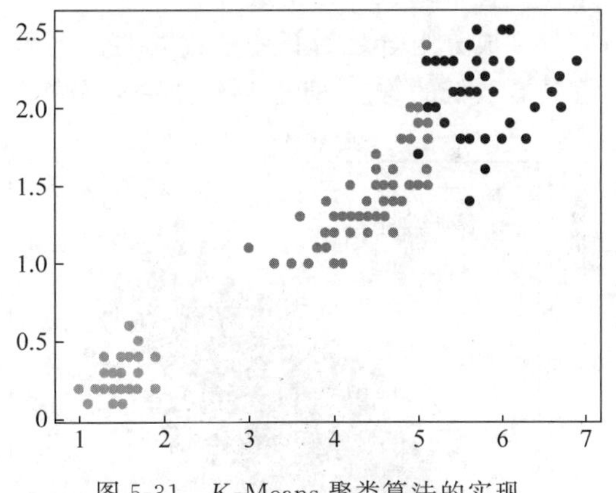

图 5-31　K-Means 聚类算法的实现

在工业生产中，聚类算法往往应用于工艺优化，如对车间生产历史数据进行聚类分析，得到工艺参数与产品质量、能耗水平的影响关系，从而提升制造水平；对生产过程和设备使用过程中异常点进行聚类，为设备潜在性能提升提供依据。

例如，在数控机床中，主轴是最核心的部件，在加工中担任重要的角色。主轴发生故障时，因为故障原因难以确定，导致维修时间过长，降低了机器生产的效率。所以，对故障进行聚类识别进而缩短设备的维修时间，可以提高设备工作效率，从而提高工厂产量。模型使用收集的主轴发生不同类型的故障时产生的特征组成的多维向量作为输入，利用故障聚类算法得到故障的分类结果。

2）降维算法分析

在互联网大数据场景下，人们经常需要面对高维数据，在对这些数据进行分析和可视化时，人们通常会面对高维这个障碍。在数据挖掘和建模的过程中，高维数据也同样带来大的计算量，占据更多的资源，而且许多变量之间可能存在相关性，从而增加了分析与建模的复杂性。人们希望找到一种方法，在对数据完成降维压缩的同时，尽量减少信息损失。由于各变量之间存在一定的相关关系，因此可以考虑将关系紧密的变量转换为尽可能少的新变量，使这些新变量两两不相关，那么就可以用较少的综合指标分别代表存在于各个变量中的各类信息。降维就是这样一类算法。数据降维，一方面可以解决“维数灾难”，缓解“信息丰富、知识贫乏”的现状，降低复杂度；另一方面可以更好地认识和理解数据。

常用的降维算法有主成分分析和因子分析。

图 5-32 所示为数据集在三维特征空间中的分布，图 5-33 所示为数据集在二维特征空间中的分布。

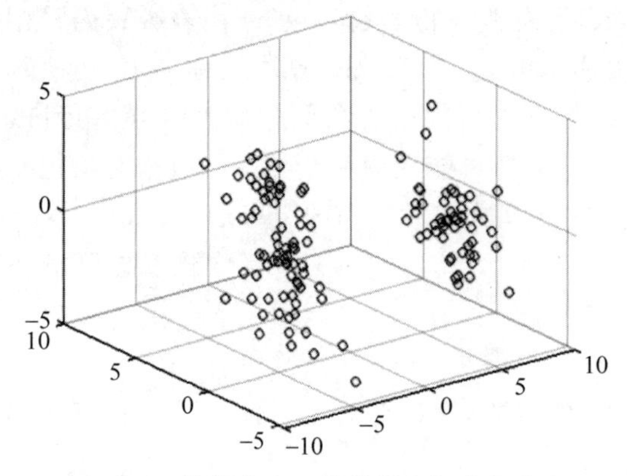

图 5-32 数据集在三维特征空间中的分布

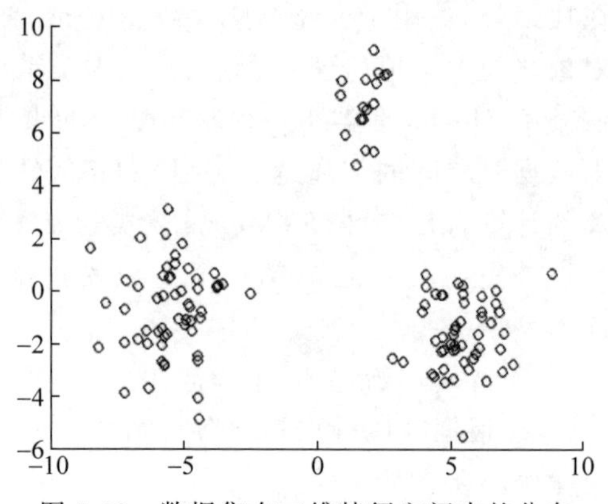

图 5-33 数据集在二维特征空间中的分布

(1) 主成分分析(Principal Component Analysis,PCA)是利用降维的思想,在保持数据信息丢失最少的原则下,对高维的变量空间进行降维,利用正交变换把一系列可能线性相关的变量转换为一组线性不相关的新变量,即在众多变量中找出少数几个综合指标(原始变量的线性组合),并且这几个综合指标将尽可能多地保留原来指标的信息,且这些综合指标互不相关。这些综合指标就称为主成分。

主成分组合之后新变量数据的含义不同于原有数据,但包含了原有数据的大部分特征,并且具有较低的维度,便于后续进一步分析。

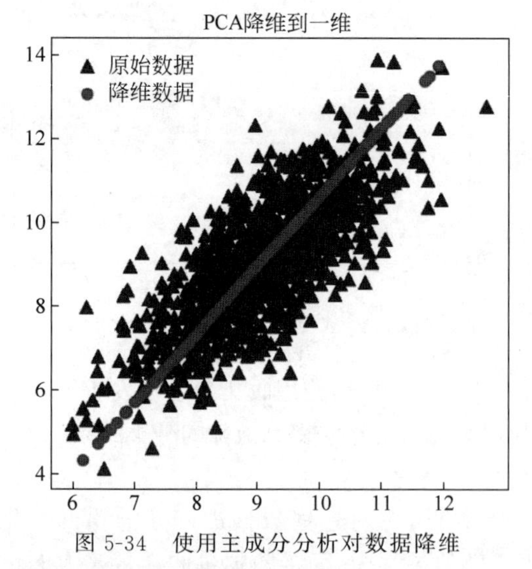

图 5-34 使用主成分分析对数据降维

图 5-34 所示为使用主成分分析对数据降维。

(2) 因子分析是从假设出发,假设所有自变量 x 出现的原因是背后存在一个潜变量 f(也就是所说的因子),在这个因子的作用下,x 可以被观察到。因子分析是通过研究变量间的相关系数矩阵,把这些变量间错综复杂的关系归结为少数几个综合因子,并据此对变量进行分类的一种统计分析方法。因子分析就是将原始变量转变为新的因子,这些因子之间的相关程度较低,而因子内部的变量相关程度较高。例如,一个学生考试,数学、化学、物理都考了满分,那么认为这个学生理性思维较强,理性思维就是一个因子,在这个因子的作用下,偏理科的成绩才会那么高。

因子分析法的主要目的,一是进行结构的探索,在变量之间存在高度相关性时,我们希望用较少的因子概括其信息;二是把原始变量转换为因子得分后,使用因子得分进行其他分析,从而简化数据,如聚类分析、回归分析等;三是通过每个因子得分计算出综合得分,对分析对象进行综合评价。

例如,在工业系统中常常通过部署传感器监控和收集系统运行的数据。传感器读数通常会有噪声,而且噪声的维度比常规数据高得多。因此,可以采用自动编码器去除噪声,降低维度。

3) SVM

支持向量机(Support Vector Machine,SVM)是一种支持线性分类和非线性分类的二元分类算法,经过演进现在也支持多元分类,目前被广泛地应用在回归以及分类当中。SVM 于

1963 年由瓦普尼克等提出,解决了传统方法中遇到的问题,可以很好地解决非线性、小样本和高维的问题,并且根据实践检验,SVM 在这些方面都表现出了良好的性能。在实际应用中,支持向量机不仅可用于二分类,也可用于多分类。支持向量机在垃圾邮件处理、图像特征提取及分类、空气质量预测等多方面领域都有应用。因此,支持向量机已成为机器学习领域中的不可缺少的一部分。

支持向量机主要分为线性可分支持向量机、线性不可分支持向量机和非线性支持向量机这三大类。线性可分支持向量机指在二维平面内可以用一条线清晰地分开两个数据集;线性不可分支持向量机指在二维平面内用一条线分开两个数据集时会出现误判点;非线性支持向量机指用一条线分开两个数据集时会出现大量误判点,此时需要采取非线性映射将二维平面扩展为三维立体,然后寻找一个平面清晰地切开数据集。

支持向量机的原理可以简单地描述为对样本数据进行分类,实际是对决策函数进行求解。首先,要找到分类问题中的最大分类间隔,然后确定最优分类超平面,并将分类问题转化为二次规划问题进行求解。图 5-35 所示为线性可分支持向量机,关于超平面的定义如下。

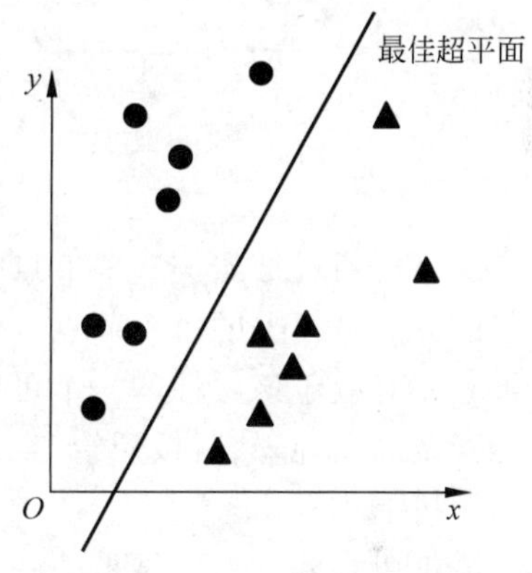

图 5-35　线性可分支持向量机

(1) 在二维空间中,两类点被一条直线完全分开叫作线性可分。线性可分严格的数学定义如下。

D_1 和 D_2 为 n 维欧氏空间中的两个点集。如果存在 n 维向量 $\boldsymbol{w}$ 和实数 b,使得所有属于 D_1 的点 $\boldsymbol{x}_1$ 都有 $\boldsymbol{w}\boldsymbol{x}_1+b>0$,所有属于 D_2 的点 $\boldsymbol{x}_2$ 都有 $\boldsymbol{w}\boldsymbol{x}_2+b<0$,则称 D_1 和 D_2 线性可分。

(2) 从二维扩展到多维空间中时,将 D_1 和 D_2 完全正确地划分开的 $\boldsymbol{w}\boldsymbol{x}+b=0$ 就成为一个超平面。

(3) 为了使这个超平面更具鲁棒性,需要寻找最佳超平面,即以最大间隔把两类样本分开的超平面,也称为最大间隔超平面。其特点是两类样本分别分布在该超平面的两侧,两侧距离超平面最近的样本点到超平面的距离被最大化了。

在工业生产中,可以通过训练和操作支持向量机,分析产品内部缺陷检测的性能。

4) 决策树算法

决策树是应用最广的归纳推理算法之一,它是一种逼近离散值函数的方法,对噪声数据有很好的健壮性且能够学习析取表达式。决策树算法搜索一个完整表示的假设空间,从而避免了受限假设空间的不足,决策树学习的归纳偏置是优先选择较小的树。

通过决策树学习到的函数被表示为一棵决策树,学习得到的决策树也能再被表示为多个决策树选择的规则以提高可读性。决策树算法是最流行的归纳推理算法之一,已经被成功地应用到从学习医疗诊断到学习评估贷款申请的信用风险等的广阔应用领域中。

一个典型的决策树示例如图 5-36 所示,用于预测贷款用户是否具有偿还贷款的能力。贷款用户主要具备是否拥有房产、是否结婚和平均月收入这 3 个属性。每个内部节点都表示一个属性条件判断,叶子节点表示贷款用户是否具有偿还能力。例如,用户甲没有房产,没有结婚,月收入 5000 元。通过决策树的根节点判断,用户甲符合右边分支(拥有房产为“否”);再判断是否结婚,用户甲符合左边分支(是否结婚为“否”);然后判断月收入是否大于 4000 元,用户甲符合左边分支(月收入大于 4000 元),该用户落在“可以偿还”的叶子节点上,所以预测用户甲具备偿还贷款的能力。

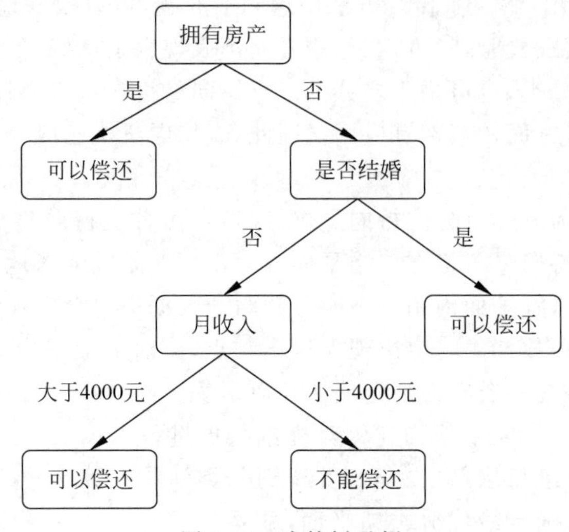

图 5-36　决策树示例

决策树通过把实例从根节点排列(Sort)到某个叶子节点来分类实例,叶子节点即为实例所属的分类。树上的每个节点说明对实例的某个属性(Attribute)的测试,并且该节点的每个后继分支对应于该属性的一个可能值。分类实例的方法是从这棵树的根节点开始,测试这个节点指定的属性,然后按照给定实例的该属性值对应的树枝向下移动,这个过程在以新节点为根的子树上重复。

决策树是附加概率结果的一个树状的决策图,是直观地运用统计概率分析的图法。机器学习中的决策树是一个预测模型,它表示对象属性和对象值之间的一种映射,树中的每个节点表示对象属性的判断条件,其分支表示符合节点条件的对象。树的叶子节点表示对象所属的预测结果。

决策树算法可以应用于很多领域,如根据地理位置预测产品的需求量、根据疾病分类患者、根据起因分类设备故障、根据拖欠支付的可能性分类贷款申请。对于这些问题,核心任务都是要把样例分类到各可能的离散值对应的类别中,因此这些问题经常被称为分类问题。

例如,在工业制造中,机床最核心的问题就是刀具问题。实际上,刀具之于机床就如同牙齿之于人类,只有在刀具发生问题前感知到,才能第一时间去修复。如果在问题发生之后再去修复则意义不大,也会给企业生产造成难以挽回的损失。某公司通过控制器收集了不同机床运行的数据,包括电流、电压等,可以使用决策树算法建立数据模型,预测设备使用多久后会发生故障。

5) 关联规则算法

关联规则算法是一种很重要的数据挖掘的知识模式。1993 年,Agrawal 等率先提出关联规则的概念,关联规则是数据中一种简单但具有很大实际意义的规则。关联规则算法常用来描述数据之间相关关系的描述型模式,挖掘关联规则的算法和聚类算法类似,属于无监督学习的方法。

关联规则是反映一个事物与其他事物之间的相互依存性和关联性,是数据挖掘的一个重要技术,用于从大量数据中挖掘出有价值的数据项之间的相关关系。

关联规则的定义是:两个不相交的非空集合 X、Y,如果有 $X \rightarrow Y$,就说 $X \rightarrow Y$ 是一条关联规则。其中,X 表示的是两个互斥事件,X 称为前因(Antecedent),Y 称为后果(Consequent),上述关联规则表示 X 会导致 Y。关联规则的强度用支持度(Support)和置信度(Confidence)

描述。其中，支持度表示 X 和 Y 同时出现的概率，置信度表示 X 和 Y 同时出现的概率与 X 出现概率的比值。支持度和置信度越高，说明规则越强，关联规则挖掘就是挖掘出满足一定强度的规则。例如，在商场的购物数据中，常常可以看到多种物品同时出现，这背后隐藏着联合销售或打包销售的商机，在大数据分析中的关联规则分析（Association Rule Analysis）就是为了发掘购物数据背后的商机而诞生的。

由关联规则定义可知，任意事务中的两个项集，都可以通过算法挖掘出关联规则，只不过挖掘出的关联规则在属性值上不尽相同。如前所述，在关联规则中通常用支持度和置信度这两个属性值直接描述关联规则的性质。在挖掘关联规则过程中，如果不考虑支持度和置信度阈值，就会从数据库中寻找到无穷多的关联规则。但实际生活中，需要有实际意义的关联规则体现数据隐含的规律。因此，为了更好地挖掘出有实际意义的关联规则，需要为这两个值事先设定一个最小值，即最小支持度和最小置信度。挖掘出的关联规则必须满足最小支持度和最小置信度，通常情况下把同时满足这两个要求的规则称为强关联规则。

关联规则挖掘的过程主要包含：第 1 阶段，必须从数据集中找到所有频繁项集；第 2 阶段，再从这些频繁项集中产生强关联规则。挖掘的第 1 阶段必须要在原始数据集中进行，目的是找出所有频繁项集。当某一项目出现的频率相对于其他项目而言是“频繁”的，就将其称为频繁项集。项目组出现的频率称为支持度，以包含 A 与 B 两个项目的 2-项集为例，可以求得包含$\{A,B\}$项目组的支持度，若支持度大于最小支持度阈值，则$\{A,B\}$称为频繁项集，一个满足最小支持度的 K-项集被称为频繁 K-项集。关联规则的第 2 阶段是产生强关联规则，利用第 1 阶段所得到的频繁项集产生规则，在最小置信度阈值下，若一个规则的置信度满足最小置信度，则称为强关联规则。

用于挖掘关联规则的主要算法有 Apriori 算法、FP-Growth 算法和基于划分的关联规则算法。

（1）Apriori 算法。关联规则问题是数据挖掘领域的一个最基本、最重要的问题，其可以通俗地理解为两个或多个项之间的描述。由于生活中很多事物的联系并不能精确地表示，于是出现了以概率统计为基础的经典算法，Apriori 算法就是其中最具影响力的算法。Apriori 算法是以两阶段频集思想递推算法为核心的，把所有满足最小支持度阈值的项集称为频繁项集，简称为频集。Apriori 算法是最有影响力的挖掘布尔关联规则频繁项集的算法，挖掘出的关联规则属于单维、单层、布尔型的关联规则。Apriori 算法的基本思想是：首先在原始数据集找出所有频繁项集，这些项集的频繁性至少满足事先定义的最小支持度阈值。然后使用第 1 步寻找到的频繁项集生成关联规则，剔除其中不满足最小置信度阈值的关联规则，剩下的关联规则就是同时满足最小支持度和最小置信度阈值的强关联规则。

（2）FP-Growth 算法。Apriori 算法虽然简单准确，但因其需要多次迭代生成大量的候选项集，所以在效率上存在一定缺陷，Han 等提出了一种利用频繁模式树（FP-Tree）进行频繁模式挖掘的 FP-Growth 算法，这种算法不会产生候选项集。算法在第 1 遍扫描之后，先将数据库中的频繁项集生成为一棵频繁模式树，并且保留数据之间的关联信息，再将这棵频繁模式树分化为若干个条件库，其中每个库都有一个长度为 1 的频繁项集与之对应，最后再分别挖掘这些条件库寻找频繁项集。该算法使用的是一种典型的“分而治之”的策略。如果原始数据量很大，可以使用划分的方法，使一棵庞大的频繁模式树同样可以放入主存储器中。FP-Growth 算法不但具有 Apriori 算法的准确性和良好的适应性，同时还有效地解决了 Apriori 算法存在的效率缺陷。

（3）基于划分的关联规则算法。基于划分的关联规则算法先从逻辑上将数据库分为几个互不相交的分块，每次只对一个分块的数据进行独立分析，生成分块中所有频繁项集，然后把所有分块中产生的频繁项集汇总，得到可能的频繁项集，最后计算这些项集在整个数据库中的支持度，一次生成所有频繁项集。在划分时要限制分块的大小，至少要保证每个分块都能成功地放入主存储器中。因为每个局部频繁项集都能保证在某个分块中是频繁的，所以算法的正确性得以保证。划分算法是可以高度并行的，可以为每个分块都分配一个独立的处理器用于生成频繁项集。当一个循环结束后，寻找到了每个分块的局部的频繁项集，处理器之间就会以通信的方式产生全局候选项集，即可能的频繁项集。然而，在实际应用中，通信过程和每个独立处理器生成频繁项集的时间差异往往是限制算法执行效率的主要瓶颈。

随着关联规则挖掘技术的不断进步，关联规则已经在各行各业中广泛应用，如国内外的知名电商、银行的理财服务等都从关联规则算法中受益。电商网站分析用户的购买信息，挖掘出其中潜在的关联规则，然后根据关联规则的指导设置相应的交叉销售，即购买一件商品时推荐一些类似的商品，或者将多个具有强相关的商品进行捆绑销售。金融行业企业中，基于挖掘出的关联规则，银行可以成功地预测客户需求，改善自身营销方式，为客户提供合适的理财产品。例如，在 ATM 机或手机 App 应用上根据客户的行为信息，宣传银行的相应产品供用户了解，推动产品的购买量。目前关联规则挖掘的应用正进一步向医疗等领域扩展。

6）朴素贝叶斯算法

贝叶斯算法是统计模型决策中的一个基本方法，其基本思想是已知条件概率密度参数表达式和先验概率，利用贝叶斯公式转换为后验概率，再根据后验概率大小进行决策分类。贝叶斯是一种使用先验概率进行处理的模型，其最后的预测结果就是具有最大概率的那个类，在概率的计算中，贝叶斯算法是一个很重要的算法。

在贝叶斯分类过程中，属性的选择对分类结果很重要，用不同的属性分类出来的结果会有差别。朴素贝叶斯的一个特点是条件独立性，也就是说，在使用朴素贝叶斯算法进行分类时，不考虑属性之间的任何联系，可以将问题简单化。贝叶斯算法主要用于计算概率以完成分类及预测等问题，如新闻、文本以及病人等各种情况的分类及预测等。

朴素贝叶斯算法是最常用的一种贝叶斯算法，它是基于贝叶斯公式建立的，朴素贝叶斯算法计算式为

$$P(A \mid B)=\frac{P(B \mid A)P(A)}{P(B)}$$

其中，A 和 B 是两个事件；$P(A)$为没有前提条件时 A 发生的概率，其结果是一个常数；$P(B)$为没有前提条件时 B 发生的概率，其结果同样是一个常数；$P(A|B)$为 B 确定已经发生时 A 发生的概率。朴素贝叶斯公式的“朴素”二字是基于一种假定——所有特征都是独立的，只有满足了这个假定才能使用朴素贝叶斯算法。朴素贝叶斯模型原理可以概率为当一个样本有可能属于多个类别时，简单地选择其中概率最大的那个。

朴素贝叶斯算法主要用于分类问题，如新闻分类、文本分类、病人分类、邮件分类等。例如，在企业中如果已经收集了大量垃圾邮件和非垃圾邮件，则可以使用朴素贝叶斯算法过滤垃圾邮件。此外，在工厂生产中还可以使用并行高斯分布朴素贝叶斯分类算法处理大规模连续型数据。

企业的核心问题是解决和提高资源配置效率。大数据支撑企业决策，就是将正确的数据在正确的时间以正确的方式传递给正确的人和机器。通过工业大数据分析可以建立从局部到全局、从建模到决策的层级化数据分析，发现数据中隐藏的规律，形成可视化图表，预测和分析未知错误和潜在问题，以帮助企业实现智能决策、智能诊断、智能调度、智能预测以及智能设计等。图 5-37 所示为工业大数据分析在工业大数据中的作用。

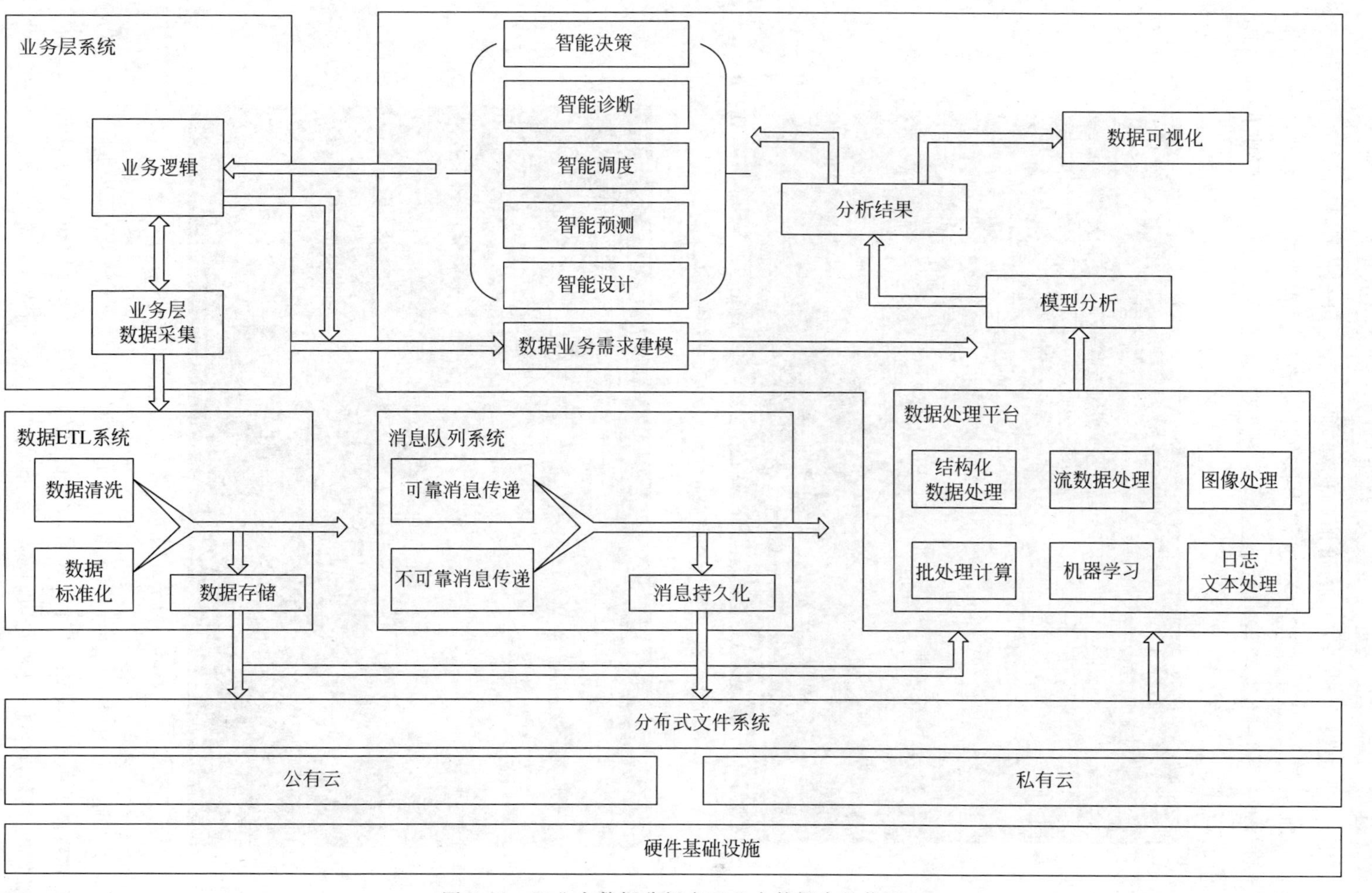

图 5-37　工业大数据分析在工业大数据中的作用

5.3.5 工业大数据可视化

让大数据有意义，使之更贴近大多数人，最重要的手段之一就是数据可视化。通过增加数据可视化使用，企业能够发现其追求的价值。例如，通过三维可视化技术将整个工厂环境和生产设备进行三维呈现，对整个生产过程进行虚拟仿真，结合不断进步的物联网技术和监控技术，真正帮助企业从数字化生产迈向智慧工厂。图 5-38 和图 5-39 所示为三维可视化技术在工业生产中的应用。

图 5-38　三维可视化技术在工业生产中的应用(1)

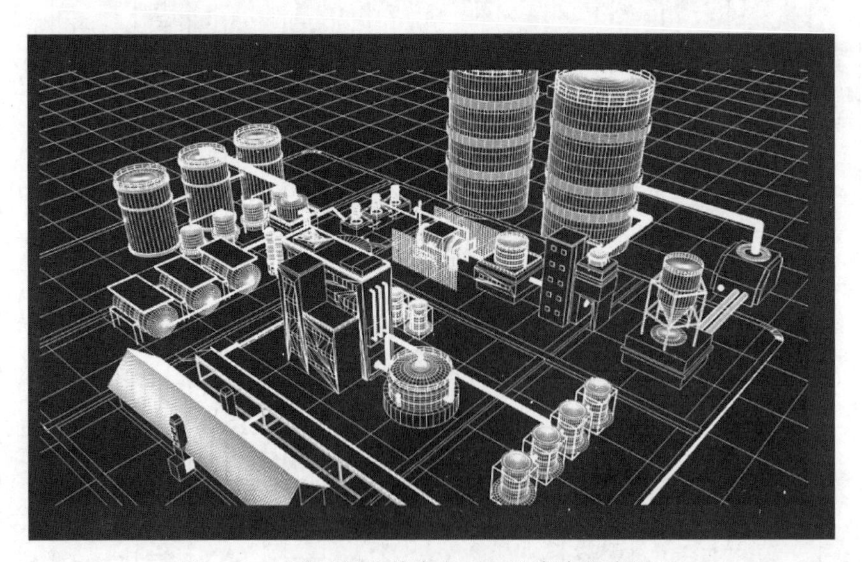

图 5-39　三维可视化技术在工业生产中的应用(2)

此外，在工业可视化中，大屏数据可视化也是常见的实施方案。大屏数据可视化是以大屏为主要展示载体的数据可视化设计。大屏具有面积大、可展示信息多的特点，因此可以通过酷炫的动画效果、色彩丰富的可视化设计给人留下震撼的观感印象，营造仪式感。此外，设计团队或部门决策层也可通过关键信息大屏共享的方式进行讨论和决策，因此在数据分析监测中也常常使用到大屏数据可视化技术。图 5-40 所示为云计算服务监控大屏。

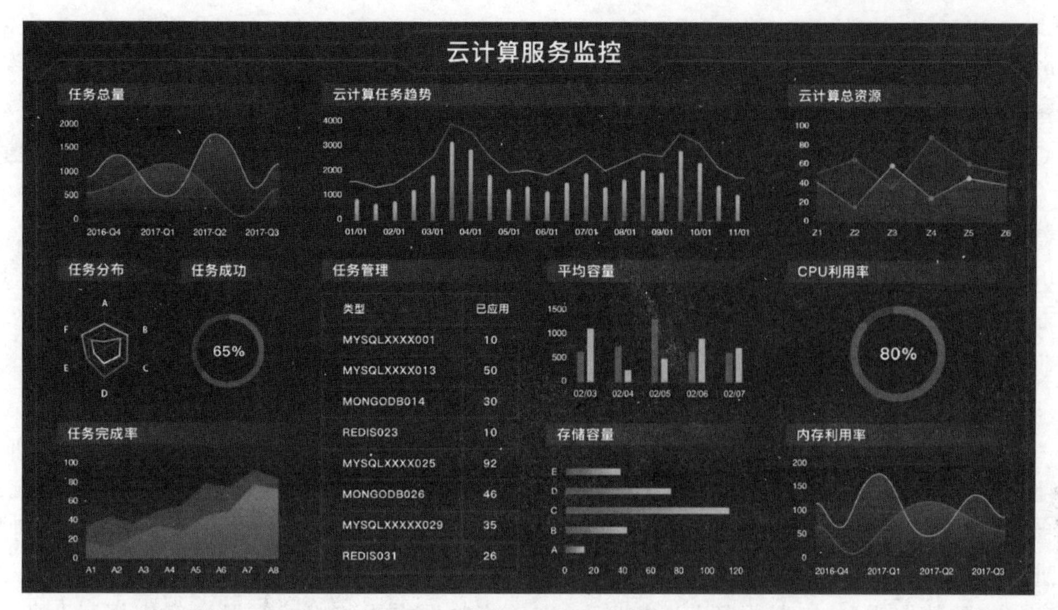

图 5-40 云计算服务监控大屏

5.4 工业大数据治理

5.4.1 工业大数据治理概述

1. 认识工业大数据治理

1）工业大数据治理简介

工业大数据是工业互联网价值实现的核心要素，工业互联网以数据为核心要素实现全要素、全产业链、全价值链的全面连接，同时以数据驱动实现从感知控制到决策优化的闭环反馈。大数据治理可以为业务提供持续的、可度量的价值。工业界 IBM 数据治理委员会给数据治理的定义如下：数据治理是一组流程，用来改变组织行为，利用和保护企业数据，将其作为一种战略资产。

数据治理是指从使用零散数据变为使用统一数据、从具有很少或没有组织流程到企业范围内的综合数据管控、从数据混乱状况到数据井井有条的一个过程。数据治理强调的是一个从混乱到有序的过程。从范围来讲，数据治理涵盖了从前端业务系统、后端业务数据库再到业务终端的数据分析，从源头到终端再回到源头，形成一个闭环负反馈系统。具体来讲，数据治理就是以服务组织战略目标为基本原则，通过组织成员的协同努力、流程制度的制定，以及数据资产的梳理、采集清洗、结构化存储、可视化管理和多维度分析，实现数据资产价值获取、业务模式创新和经营风险控制的过程。

2）工业大数据治理发展

在企业发展初期，数据研发模式一般紧贴业务的发展而演变，数据体系也是基于业务单元垂直建立，不同的垂直化业务带来不同的烟囱式的体系。但随着企业的发展，一方面，数据规模在快速膨胀，垂直业务单元也越来越多；另一方面，基于大数据的业务所需要的数据不仅仅是某个垂直单元的，使用数据类型繁多的数据才能具备核心竞争力。跨垂直单元的数据建设接踵而至，混乱的数据调用和复制、重复建设带来的资源浪费、数据指标定义不同而带来的歧义、数据使用门槛越来越高等，这些问题日益凸显，解决这些问题促进企业发展迫在眉睫。因此，使用底层平台（数据库）数据存储也经历了不同的发展阶段，从层次、网状模型到关系模型，从单机到集群，从单体架构到集群架构，从线下到云端，以此满足对数据的承载能力、使用特点差异。

针对以上情况，作为数据使用的上层建筑，数据治理逐渐受到企业的高度关注。这主要是因为：一方面，数据的多源、异构、价值差异等特点导致复杂度提高；另一方面，数据价值正在被更多的企业所关注。如何在企业内部用统一视角看待数据，让数据在企业中存好用好，发挥出更大价值，是企业数字化转型必然面临的问题。数据治理正是解决这一问题的利器。过去，数据治理往往在高价值数据集中且规范程度较高的企业（如金融业）受到重视，但现在更多的企业（包括互联网）也重视数据治理的建设。

2. 工业大数据治理的主要环节

数据治理不仅需要完善的保障机制，还需要理解具体的治理内容，如企业数据该如何进行规范、元数据又该如何管理、每个过程需要哪些系统或工具进行配合，这些问题都是数据治理过程中最实际的问题，也是最复杂的问题。因此，数据治理是专注于将数据作为企业的商业资产进行应用和管理的一套管理机制，它能够消除数据的不一致性，建立规范的数据应用标准，提高组织的数据质量，实现数据广泛共享，并能够将数据作为组织的宝贵资产应用于业务、管理、战略决策中，发挥数据资产的商业价值。

1）数据资产

随着大数据时代的来临，对数据的重视提到了前所未有的高度，“数据即资产”已经被广泛认可。数据就像企业的根基，是各企业尚待发掘的财富，即将被企业广泛应用。数据资产可定义为企业过去的交易或事项形成的、由企业拥有或控制的、预期会给企业带来经济利益的、以物理或电子的方式记录的数据资源，如文件资料、电子数据等。不过，值得注意的是，在企业中，并非所有数据都构成数据资产，数据资产是能够为企业产生价值的数据资源。因此，只有那些能够给企业带来可预期经济收益的数据资源才能够被称为数据资产。而数据治理正是一门将数据视为一项企业资产的学科，是针对数据管理的质量控制规范，它将严密性和纪律性植入企业的数据管理、利用、优化和保护过程中，并涉及以企业资产的形式对数据进行优化、保护和利用的决策权利。

2）数据模型

数据模型是数据治理中的重要部分。理想的数据模型应该具有非冗余、稳定、一致、易用等特征。逻辑数据模型能涵盖整个集团的业务范围，以一种清晰的表达方式记录跟踪集团单位的重要数据元素及其变动，并利用它们之间各种可能的限制条件和关系表达重要的业务规则。为了满足将来不同的应用分析需要，数据模型必须在设计过程中保持统一的业务定义，逻辑数据模型的设计应该能够支持最细粒度的详细数据的存储，以支持各种可能的分析查询。同时，保障逻辑数据模型能够最大程度上减少冗余，并保障结构具有足够的灵活性和扩展性。

3）数据质量管理

数据质量管理已经成为企业数据治理的有机组成部分，完善的数据质量管理是保障各项数据治理工作能够得到有效落实，达到数据准确、完整的目标，并能够提供有效的增值服务的重要基础。高质量的数据是企业进行分析决策、业务发展规划的重要基础，只有建立完整的数据质量体系，才能有效提升数据整体质量，从而更好地为客户服务，提供更为精准的决策分析数据。

4）数据存储

企业只有对数据进行合理的存储，有效地提高数据的共享程度，才能尽可能地降低数据冗余带来的存储成本。数据存储作为大数据的核心环节之一，可以理解为方便对既定数据内容进行归档、整理和共享的过程。

(1) 分布式文件系统。分布式文件系统是由多个网络节点组成的向上层应用提供统一的文件服务的文件系统。分布式文件系统中的每个节点可以分布在不同的地点，通过网络进行节点间的通信和数据传输。分布式文件系统中的文件在物理上可能被分散存储在不同的节点上，在逻辑上仍然是一个完整的文件。使用分布式文件系统时，无须关心数据存储在哪个节点上，只需要像本地文件系统一样管理和存储文件系统的数据。

(2) 文档存储。文档存储支持对结构化数据的访问，不同于关系模型的是，文档存储没有强制的架构。事实上，文档存储以封包键值对的方式进行存储。在这种情况下，应用对要检索的封包采取一些约定，或者利用存储引擎的能力将不同的文档划分成不同的集合，以管理数据。

(3) 列式存储。列式存储将数据按行排序、按列存储，将相同字段的数据作为一个列族聚合存储。当只查询少数列族数据时，列式数据库可以减少读取数据量，缩短数据装载和读入读出的时间，提高数据处理效率。按列存储还可以承载更大的数据量，获得高效的垂直数据压缩能力，降低数据存储开销。

(4) 键值存储。键值存储即 Key-Value 存储，简称为 KV 存储，它是 NoSQL 存储的一种方式。它的数据按照键值对的形式进行组织、索引和存储。KV 存储非常适合不涉及过多数据关系和业务关系的业务数据，同时能有效减少读写磁盘的次数，比 SQL 数据库存储拥有更好的读写性能。键值存储一般不提供事务处理机制。

(5) 图形数据库。图形数据库主要用于存储事物及事物之间的相关关系，这些事物整体上呈现复杂的网络关系，可以简单地称之为图形数据。使用传统的关系数据库技术已经无法很好地满足超大量图形数据的存储、查询等需求，如上百万或上千万个节点的图形关系，而图形数据库采用不同的技术能很好地解决图形数据的查询、遍历、求最短路径等需求。在图形数据库领域，有不同的图模型映射这些网络关系，如超图模型，以及包含节点、关系及属性信息的属性图模型等。图形数据库可用于对真实世界的各种对象进行建模，如社交图谱，以反映这些事物之间的相互关系。

(6) 关系数据库。关系模型是最传统的数据存储模型，它使用记录(由元组组成)按行进行存储，记录存储在表中，表由架构界定。表中的每列都有名称和类型，表中的所有记录都要符合表的定义。SQL 是专门的查询语言，提供相应的语法查找符合条件的记录，如表连接(Join)。表连接可以基于表之间的关系在多表之间查询记录。表中的记录可以被创建和删除，记录中的字段也可以单独更新。关系数据库通常提供事务处理机制，为涉及多条记录的自动化处理提供了解决方案。

5) 数据交换

数据交换是企业进行数据交互和共享的基础，合理的数据交换体系有助于企业提高数据共享程度和数据流转时效。从功能上讲，数据交换用于实现不同机构、不同系统之间数据或文件的传输和共享，提高信息资源的利用率，保证了分布在异构系统之间信息的互联互通，完成数据的收集、集中、处理、分发、加载、传输，构造统一的数据及文件的传输交换。在实施中，企业一般会对系统间数据的交换规则制定一些原则，如对接口、文件的命名、内容进行明确，规范系统间、系统与外部机构间的数据交换规则，指导数据交换工作有序进行。建立统一的数据交换系统，一方面可以提高数据共享的时效性，另一方面也可以精确掌握数据的流向。

6) 数据集成

数据集成是把不同来源、格式、特点性质的数据在逻辑上或物理上有机地集中，从而为企业提供全面的数据共享。数据集成的核心任务是要将互相关联的异构数据源集成到一起，使用户能够以透明的方式访问这些数据资源。因此，数据集成可对数据进行清洗、转换、整合、模型管理等处理工作，它既可以用于问题数据的修正，也可以用于为数据应用提供可靠的数据模型。值得注意的是，在企业中并不是所有地方都要数据治理，数据治理只出现在需要干净数据、需要直观数据呈现的场景中。而数据集成正是把不同来源、格式、特点性质的数据在逻辑上或物理上有机地集中，从而为企业提供全面的数据共享。

7）数据服务

数据的管理和治理是为了更好地利用数据，是数据应用的基础。企业应该以数据为根本，以业务为导向，通过对大数据的集中、整合、挖掘和共享，实现对多样化、海量数据的快速处理及价值挖掘，利用大数据技术支持产品快速创新，提升以客户为中心的精准营销和差异化客户服务能力，增强风险防控实时性、前瞻性和系统性，推动业务管理向信息化、精细化转型，全面支持信息化和数字化的建设。

8）数据安全

企业的重要且敏感数据大部分集中在应用系统中，如客户的联络信息、资产信息等，如果不慎泄露，不仅给客户带来损失，也会给企业自身带来不利的声誉影响，因此数据安全在数据管理和治理过程中是相当重要的。数据安全主要提供数据加密、脱敏、模糊化处理、账号监控等各种数据安全策略，确保数据在使用过程中有恰当的认证、授权、访问和审计等措施。

5.4.2 工业大数据治理核心内容

1. 主数据与元数据管理

1）主数据

主数据是用来描述企业核心业务实体的数据，它是具有高业务价值的、可以在企业内跨越各个业务部门被重复使用的数据，并且存在于多个异构的应用系统中。主数据可以涵盖很多方面，除了常见的客户主数据之外，不同行业的客户还可能拥有其他各种类型的主数据。例如，对于电信行业客户，电信运营商提供的各种服务可以形成其产品主数据；对于航空业客户，航线、航班是其企业主数据的一种。对于某个企业的不同业务部门，其主数据也不同，如市场销售部门关心客户信息，产品研发部门关心产品编号、产品分类等产品信息，人事部门关心员工结构、部门层次关系等信息。

（1）主数据管理。主数据通常需要在整个企业范围内保持一致性（Consistent）、完整性（Complete）、可控性（Controlled），为了达成这一目标，就需要进行主数据管理（Master Data Management，MDM）。集成、共享、数据质量、数据治理是主数据管理的四大要素。主数据管理要做的就是从企业的多个业务系统中整合最核心的、最需要共享的数据（主数据），集中进行数据的清洗和丰富，并且以服务的方式把统一的、完整的、准确的、具有权威性的主数据分发给全企业范围内需要使用这些数据的操作型应用和分析型应用，具体包括各个业务系统、业务流程和决策支持系统等。

一方面，MDM可以保障主数据的规范性和唯一性。按规则和流程规范管理主数据，如规定主数据名称要使用营业执照上的名称、社会统一信用代码等条件校验，系统内编码唯一，主数据要经流程审核后方能生效等。另一方面，MDM使主数据能够集中管理。主数据全部在MDM中产生或受控，保障来源唯一从而避免歧义。同时，MDM能够把主数据分发给相关系统，也可以接收外部系统产生的主数据，经处理后再分发出去。

（2）主数据管理平台。主数据是企业最基础、最核心的数据，企业的一切业务基本都是基于主数据开展的，是企业最重要的数据资产。所以，主数据管理也使企业数据治理成为最核心部分。

为了更好地管理主数据，企业常常需要建设主数据管理平台，该平台从功能上主要包括主数据模型、主数据编码、主数据管理、主数据清洗、主数据质量、主数据集成等。

① 主数据模型：提供主数据的建模功能，管理主数据的逻辑模型和物理模型以及各类主数据模板。

② 主数据编码：编码功能是主数据产品的初级形态，也是主数据产品的核心能力，平台应当支持各种形式主数据的编码，提供数据编码申请、审批、集成等服务。

③ 主数据管理：主要提供主数据的增、删、改、查功能。

④ 主数据清洗：主要包括主数据的采集、转换、清理、装载等功能。

⑤ 主数据质量：主要提供主数据质量从质量问题发现到质量问题处理的闭环管理功能。

⑥ 主数据集成：主要提供主数据采集和分发服务，完成与企业其他异构系统的对接。

2）元数据

元数据是描述企业数据的相关数据（包括对数据的业务、结构、定义、存储、安全等各方面对数据的描述），一般是指在IT系统建设过程中所产生的有关数据定义、目标定义、转换规则等相关的关键数据，在数据治理中具有重要的地位。元数据不仅表示数据的类型、名称、值等信息，它可以理解为是一组用来描述数据的信息组/数据组，该信息组/数据组中的一切数据、信息都描述或反映了某个数据的某方面特征，则该信息组/数据组可称为一个元数据。例如，元数据可以为数据说明其元素或属性（名称、大小、数据类型等）、结构（长度、字段、数据列）、相关数据（位于何处、如何联系、拥有者）。

（1）元数据管理模型。元数据管理是构建企业信息单一视图的重要组成部分，元数据管理可以保证在整个企业范围内跨业务竖井协调和重用主数据。元数据管理不会创建新的数据或新的数据纵向结构，而是提供一种方法使企业能够有效地管理分布在整个信息供应链中的各种主数据（由信息供应链各业务系统产生）。元数据管理一直比较困难，一个很重要的原因就是缺乏统一的标准。在这种情况下，各公司的元数据管理解决方案各不相同。近几年，随着元数据联盟（Meta Data Coalition，MDC）的开放信息模型（Open Information Model，OIM）和对象管理组织（Object Management Group，OMG）的公共仓库模型（Common Warehouse Model，CWM）标准的逐渐完善，以及MDC和OMG组织的合并，为数据仓库厂商提供了统一的标准，从而为元数据管理铺平了道路。

（2）元数据集成体系结构。元数据集成体系结构涉及多个概念，如元模型、元-元模型、公共仓库元模型等。值得注意的是，统一完整的元数据管理，特别是清晰的主题域划分、完善的元模型和元-元模型有利于更好地管理主数据。

① 元模型。元模型（Meta Model）也就是模型的模型（或元-元数据），是用来描述元数据的模型。元模型的使用目的在于：识别资源；评价资源；追踪资源在使用过程中的变化；简单、高效地管理大量网络化数据；实现信息资源的有效发现、查找、一体化组织和对使用资源的有效管理。

② 元-元模型。元-元模型就是元模型的模型，有时也被称为本体，是模型驱动的元数据集成体系结构的基础，其定义了描述元模型的语言，规定元模型必须依照一定的形式化规则建立，以便所有软件工具都能够对其进行理解。

③ 公共仓库元模型。公共仓库元模型是被OMG采纳的数据仓库和业务分析领域元数据交换开放式行业标准，在数据仓库和业务分析领域为元数据定义公共的元模型和基于可扩展标记语言（Extensible Markup Language，XML）的元数据交换（XML Metadata Interchange，XMI）。CWM作为一个标准的接口，可以帮助分布式、异构环境中的数据仓库工具与数据仓库平台和

数据仓库元数据存储库之间轻松实现数据仓库和业务分析元数据交换。CWM 提供一个框架为数据源、数据目标、转换、分析、流程和操作等创建和管理元数据，并提供元数据使用的世系信息。因此，CWM 实际上就是一个元数据交换的标准，为各种数据仓库产品提出的一个标准。

2. 数据质量与数据管理

数据无处不在，它贯穿整个数据生命周期，为企业决策提供了可靠的基础支撑，是企业成功的关键。在大数据时代，随着企业数据规模的不断扩大，数据数量的不断增加以及数据来源复杂性的不断变化，为了能够充分地利用数据价值，企业需要对数据进行管理。

1）ISO 8000 数据质量标准

ISO 8000 数据质量标准是针对数据质量制定的国际标准化组织标准，致力于管理数据质量，具体来说，包括规范和管理数据质量活动、数据质量原则、数据质量术语、数据质量特征（标准）和数据质量测试。根据 ISO 8000 数据质量标准的要求，数据质量高低程度由系统数据与明确定义的数据要求进行对比而得到。通过 ISO 8000 的标准规范，可以保证用户在满足决策需求和数据质量的基础上，在整个产品或服务的周期内高质量地交换、分享和存储数据，从而保证用户可以依托获取的数据高效地作出最优化的安全决策。

通过将 ISO 8000 标准应用于组织内部，可以对组织内数据进行规范化整合和管理，对各个部门的数据进行统一识别和管理，从组织的整体层面进行资源与信息的协调管理，从而降低因为信息沟通不畅带来的运营成本。此外，如果在合作公司之间或整个行业采用 ISO 8000 标准，数据或信息将会更有可用性。例如，在医疗卫生领域，各个医疗机构的信息系统不能很好地兼容，导致同一病人在不同医院的信息无法快速共享和传递。通过全国范围内应用 ISO 8000 数据质量标准，可以将病历信息与特定信息系统分离，病历的所有信息可以独立于医疗信息系统存在，并可被任意一个根据 ISO 8000 数据质量标准的信息系统读取，患者可以更加自主地选择就医医院，而不用担心由于自身的健康信息缺失导致的医疗误判。

2）数据质量管理

数据价值的成功发掘必须依托于高质量的数据，唯有准确、完整、一致的数据才有使用价值。因此，需要从多维度分析数据的质量，如偏移量、非空检查、值域检查、规范性检查、重复性检查、关联关系检查、离群值检查、波动检查等。需要注意的是，优秀的数据质量模型的设计必须依赖于对业务的深刻理解，在技术上也推荐使用大数据相关技术保障检测性能和降低对业务系统的性能影响，如 Hadoop、MapReduce、HBase 等。

数据质量管理是指对数据从计划、获取、存储、共享、维护、应用、消亡生命周期的每个阶段中可能引发的各类数据质量问题，进行识别、度量、监控、预警等一系列管理活动，并通过改善和提高组织的管理水平使数据质量获得进一步提高。数据质量管理是企业数据治理一个重要的组成部分，企业数据治理的所有工作都是围绕提升数据质量目标而开展的。

不过，值得注意的是，在数据治理方面，不论是国际的还是国内的，人们能找到很多数据治理成熟度评估模型这样的理论框架，作为企业实施的指引。而说到数据质量管理的方法论，其实业内还没有一套科学、完整的数据质量管理的体系。因为数据质量管理不单纯是一个概念，不单纯是一项技术，也不单纯是一个系统，更不单纯是一套管理流程，数据质量管理是一个集方法论、技术、业务和管理为一体的解决方案。通过有效的数据质量控制手段，进行数据的管理和控制，消除数据质量问题，进而提升企业数据变现的能力。

3）数据周期管理

数据生命周期从数据规划开始，中间是一个包括设计、创建、处理、部署、应用、监控、存档、销毁这几个阶段并不断循环的过程。企业的数据质量管理应贯穿数据生命周期的全过程，覆盖数据标准的规划设计、数据的建模、数据质量的监控、数据问题诊断、数据清洗、优化完善等各方面。

以典型的工业生产设备资产为例，如图 5-41 所示，其全生命周期一般包括 6 个环节：设计、采购、安装、运行、维护和报废。从设备设计、采购开始，直至设备运行、维护、报废进行全生命周期管理；将基建期图纸、采购、资料信息记录到设备台账中，实现对设计数据、采购数据、施工数据、安装数据、调试数据等后期移交和设备系统生产运维所需要的完整数据平滑过渡，实现基建、生产一体化，提高企业资产利用率和企业投资回报率。同时，结合成本管理、财务管理，既实现对资产过程管控，更实现对资产价值的管理。

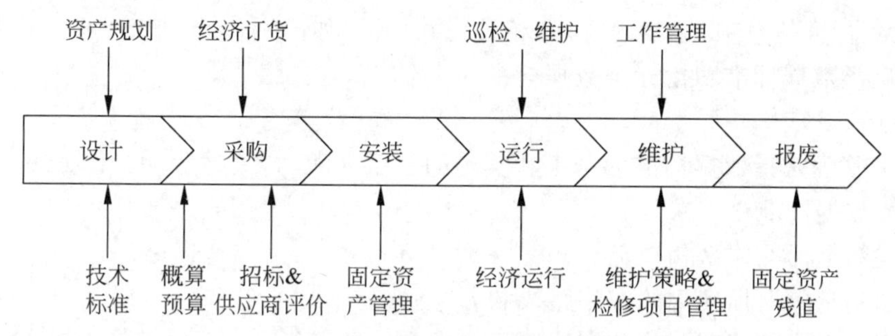

图 5-41 设备资产生命周期

在数据全周期管理中，最重要的几方面为数据规划、数据设计、数据创建和数据使用。

(1) 数据规划。从企业战略的角度不断完善企业数据模型的规划，把数据质量管理融入企业战略中，建立数据治理体系，并融入企业文化。

(2) 数据设计。推动数据标准化制定和贯彻执行，根据数据标准化要求统一建模管理，统一数据分类、数据编码、数据存储结构，为数据的集成、交换、共享、应用奠定基础。

(3) 数据创建。利用数据模型保证数据结构完整、一致，执行数据标准、规范数据维护过程，加入数据质量检查，从源头系统保证数据的正确性、完整性、唯一性。

(4) 数据使用。利用元数据监控数据使用；利用数据标准保证数据正确；利用数据质量检查加工正确。元数据提供各系统统一的数据模型进行使用，监控数据的来源去向，提供全息的数据地图支持；企业从技术、管理、业务 3 方面进行规范，严格执行数据标准，保证数据输入端的正确性；数据质量提供了事前预防、事中预警、事后补救的 3 方面措施，形成完整的数据治理体系。

要做好数据质量的管理，应抓住影响数据质量的关键因素，设置质量管理点或质量控制点，从数据的源头抓起，从根本上解决数据质量问题。在企业的数据治理中，数据质量管理必须识别相应产品规范或用户需求中的质量信息，在元数据、质量评价报告中形成正确的质量描述，并且这些规范上的质量结果均要为“合格”。

3. 数据标准

标准是指为了在一定的范围内获得最佳秩序，经协商一致制定并由公认机构批准，共同使用的和重复使用的一种规范性文件。数据标准是指对数据的表达、格式及定义的一致约定，包括数据业务属性、技术属性和管理属性的统一定义。其中，业务属性包括中文名称、业务定义、业务规则等；技术属性包括数据类型、数据格式等；管理属性包括数据定义者、数据管理者等。因此，对于数据标准的定义，通俗地讲，就是给数据一个统一的定义，让各系统的使用人员对同一指标的理解是一样的。

数据标准对于企业来说是非常重要的。因为大数据时代数据应用分析项目特别多，如果数据本身存在非常严重的问题，如数据统计口径不统一、数据质量参差不齐、数据标准不统一等，往往会影响到项目正常交付，甚至后续数据应用和战略决策。在整个项目实施过程中，应用系统之间需要上传下达、信息共享、集成整合、协同工作。如果没有数据标准，会严重影响企业的正常运行。因此，在大数据行业中，对数据全生命周期进行规范化管理，可以从根本上解决诸多的数据问题。

1）数据标准的分类

数据标准是进行数据标准化、消除数据业务歧义的主要参考依据。数据标准的分类是从更有利于数据标准的编制、查询、落地和维护的角度进行考虑的。数据标准一般包括3个要素：标准分类、标准信息项（标准内容）和相关公共代码（如国别代码、邮政编码）。数据标准通常可分为基础类数据标准和指标类数据标准。

2）数据标准管理

数据标准管理是指数据标准的制定和实施的一系列活动，关键活动具体如下。

（1）理解数据标准化需求。

（2）构建数据标准体系和规范。

（3）规划制定数据标准化的实施路线和方案。

（4）制定数据标准管理办法和实施流程要求。

（5）建设数据标准管理工具，推动数据标准的执行落地。

（6）评估数据标准化工作的开展情况。

数据标准管理的目标是通过统一的数据标准制定和发布，结合制度约束、系统控制等手段，实现大数据平台数据的完整性、有效性、一致性、规范性、开放性和共享性管理，为数据资产管理活动提供参考依据。

3）数据标准建设的好处

通过数据标准的建设，可以有效消除数据跨系统的非一致性，从根源上解决数据定义和使用的不一致问题，为企业数据建设带来诸多好处。

（1）数据标准的统一制定与管理，可保证数据定义和使用的一致性，促进企业级单一数据视图的形成，促进信息资源共享。

（2）通过评估已有系统标准建设情况，可及时发现现有系统标准的问题，支撑系统改造，减少数据转换，促进系统集成，提高数据质量。

（3）数据标准可作为新建系统参考依据，为企业系统建设整体规划打好基础，减少系统建设工作量，保障新建系统完全符合标准。

4. 数据治理框架

要实现工业大数据治理，数据治理框架必不可少。目前国内外常见的数据治理框架有国际标准化组织ISO 38500治理框架、国际数据管理协会数据治理框架、国际数据治理研究所数据治理框架、IBM数据治理框架、DCMM数据治理框架以及ISACA数据治理框架等。

1）国际标准化组织ISO 38500治理框架

国际标准化组织于2008年推出第1个IT治理的国际标准——ISO 38500，它的出现标志着IT治理从概念模糊的探讨阶段进入了正确认识的发展阶段，而且也标志着信息化正式进入IT治理时代。ISO 38500提出了IT治理框架（包括目标、原则和模型），并认为该框架同样适用于数据治理领域。

在目标方面，ISO 38500认为IT治理的目标就是促进组织高效、合理地利用IT。在原则方面，ISO 38500定义了IT治理的6个基本原则：职责、策略、采购、绩效、符合和人员行为，这些原则阐述了指导决策的推荐行为，每个原则描述了应该采取的措施，但并未说明如何、何时及由谁实施这些原则。在模型方面，ISO 38500 认为组织的领导者应重点关注 3 项核心任务：一是评估现在和将来的 IT 利用情况；二是对治理准备和实施的方针和计划作出指导；三是建立"评估→指导→监控"的循环模型。

2）国际数据管理协会数据治理框架

国际数据管理协会（DAMA International）成立于 1988 年，借助其丰富的数据管理经验，提出了最为完整的数据治理体系。

DAMA 数据治理的核心逻辑可以概括如下：在商业驱动因素下，从数据治理的输入端（Input），到主要的活动（Activities），再到主要的交付成果。在此过程中，需要首先明确数据治理过程对供应方、参与方与消费者的影响，并在每个数据治理的模块上，都认真地思考商业价值导向与目标导向，最终才形成可以实施的数据治理的可行方案。因此，尽管数据治理的 DAMA 体系非常复杂，但商业价值驱动目标导向是 DAMA 体系的最大特点。理解数据治理的商业驱动，有利于在数据治理时保证正确的方向，使数据治理真正服务于企业的经营，服务于企业市场竞争能力的提升，从而使数据化转型不能只为转型而转型，必须服务于企业战略。

此外，DAMA 认为数据治理是对数据资产管理行使权力和控制，包括规划、监控和执行。它还对数据治理和 IT 治理进行了区分：IT 治理的对象是 IT 投资、IT 应用组合和 IT 项目组合，而数据治理的对象是数据。

3）国际数据治理研究所数据治理框架

国际数据治理研究所（Data Governance Institute，DGI）认为数据治理不同于 IT 治理，应建立独立的数据治理理论体系。DGI 认为数据治理指的是对数据相关事宜的决策制定与权利控制，具体来说，数据治理是处理信息和实施决策的一个系统，即根据约定模型实施决策，包括实施者、实施步骤、实施时间、实施情境以及实施途径与方法。因此，DGI 从组织、规则、流程 3 个层面总结了数据治理的十大关键要素，创新地提出了 DGI 数据治理框架。DGI 数据治理框架以一种非常直观的方式，展示了 10 个基本组件间的逻辑关系，形成了一个从方法到实施的自成一体的完整系统。组件按职能划分为 3 组：规则与协同工作规范、人员与组织结构、流程。

DGI 数据治理框架以其简单、明了、目的清晰著称，在实施的过程中以数据治理的价值判断其实施的效果，并形成关键的管理闭环，是一种可以操作的、实际可行的数据治理框架。

4）IBM 数据治理框架

IBM 可能是最先提出数据治理概念的公司。基于其非凡的管理咨询与 IT 咨询的经验，同时也基于其大数据平台的开发，IBM 提出了数据治理统一流程理论（The IBM Data Governance Unified Process）。这个数据治理流程由 14 个步骤组成，具体包含定义业务问题、获取高层支持、执行成熟度评估、创建路线图、建立组织蓝图、创建数据字典、理解数据、创建元数据存储库、定义度量指标、主数据治理、治理分析、管理安全和隐私、治理信息生命周期、度量结果。

IBM 的数据治理流程是一个操作流程和项目导向的流程，最终形成了一次数据治理的闭环。值得注意的是，IBM 的数据治理流程拥有 InfoSphere Business Glossary 与 IBM InfoSphere Discovery 工具，能够把数据管理的深层次问题揭示出来，方便企业进行大数据配置方案的选择，从而使其数据治理方案能够彻底落地实施。

5）DCMM 数据治理框架

数据管理能力成熟度评估模型（Data Management Capability Maturity Assessment Model，DCMM）是我国首个数据管理领域国家标准。与欧美国家相比，在数据管理领域，我国一直缺乏完善的数据管理成熟度体系的研究，DCMM 填补了这一空白，为国内组织的数据管理能力建设和发展提供了方向性指导。DCMM 国家标准结合数据生命周期管理各个阶段的特征，按照组织、制度、流程、技术对数据管理能力进行了分析、总结，提炼出组织数据管理的八大过程域（数据战略、数据治理、数据架构、数据应用、数据安全、数据质量管理、数据标准、数据生命周期），并对每项能力域进行了二级过程项（28 个过程项）和发展等级的划分（5 个等级）以及相关功能介绍和评定指标（441 项指标）的制定。

6）ISACA 数据治理框架

ISACA（Information System Audit and Control Association）是国际信息系统审计和控制协会的简称。ISACA 制定的 COBIT（Control Objectives for Information and Related Technology）是 IT 治理的一个开放性标准，该标准目前已成为国际上公认的最先进、最权威的信息技术管理和控制的标准。COBIT 标准体系已在世界 100 多个国家的重要组织与企业中运用，指导这些组织有效利用信息资源管理与信息相关的风险。

ISACA 数据治理框架从企业愿景和使命、策略与目标、商业利益和具体目标出发，通过对治理过程中人的因素、业务流程的因素和技术的因素进行融合和规范，提升数据管理的规范性、标准化、合规性，保证数据质量。ISACA 认为，要实现数据治理的目标，企业应在人力、物力、财力给予相应的支持，同时进行全员数据治理的相关培训和培养，通过管理指标的约束和企业文化的培养双重作用，使相关人员具备数据思维和数据意识，是企业数据治理成功落地的关键。

5.5 本章小结

（1）相对于传统的数据分析，大数据是海量数据的集合，它以采集、整理、存储、挖掘、共享、分析、应用、清洗为核心，正广泛地应用于军事、金融、工业、农业、教育、环境保护、通信等各个行业中。

（2）随着对大数据认识的不断加深，人们认为大数据一般具有 4 个特征：数据量大、数据类型繁多、数据产生速度快以及数据价值密度低。

（3）工业大数据是指在工业领域中，围绕典型智能制造模式，从客户需求到销售、订单、计划、研发、设计、工艺、制造、采购、供应、库存、发货和交付、售后服务、运维、报废或回收再制造等整个产品全生命周期各个环节所产生的各类数据及相关技术和应用的总称。

（4）工业大数据是智能制造的关键技术，主要作用是打通物理世界和信息世界，推动生产型制造向服务型制造转型。

（5）工业领域的数据累积到一定量级，超出了传统技术的处理能力，就需要借助大数据技术、方法提升处理能力和效率，大数据技术为工业大数据提供了技术和管理的支撑。

（6）工业大数据是工业互联网价值实现的核心要素，工业互联网以数据为核心要素实现全要素、全产业链、全价值链的全面连接，同时以数据驱动实现从感知控制到决策优化的闭环反馈。大数据治理的核心是为业务提供持续的、可度量的价值。

扫一扫

自测题

习题 5

（1）什么是大数据？

（2）请阐述大数据的特征。

（3）什么是工业大数据？

（4）什么是工业大数据建模？

（5）什么是机器学习？

（6）什么是工业大数据治理？

第 6 章

工业人工智能

本章学习目标

- 了解人工智能的概念
- 了解人工智能核心技术与理论模型
- 了解工业人工智能

6.1 人工智能概述

6.1.1 认识人工智能

1. 什么是人工智能

人工智能(Artificial Intelligence,AI)是研究、开发用于模拟、延伸和扩展人的智能的理论、方法、技术及应用系统的一门新的技术科学。

1) 人工智能的定义

关于人工智能的定义较多,目前采用较多的是在维基百科上的定义。维基百科的"人工智能"词条采用的是斯图亚特·罗素(Stuart Russell)与彼得·诺维格(Peter Norvig)在《人工智能:一种现代的方法》一书中的定义,他们认为:人工智能是有关"智能主体(Intelligent Agent)的研究与设计"的学问,而智能主体是指一个可以观察周遭环境并作出行动以达到目标的系统。这一定义既强调人工智能可以根据环境感知作出主动反应,又强调人工智能所作出的反应必须满足目标,同时不再强调人工智能对人类思维方式或人类总结的思维法则的模仿。

从根本上讲,人工智能是研究使计算机模拟人的某些思维过程和智能行为(如学习、推理、思考、规划等)的学科,主要包括计算机实现智能的原理、制造类似于人脑智能的计算机,使计算机能实现更高层次的应用。此外,人工智能还涉及计算机科学、心理学、哲学和语言学等学科,可以说几乎是自然科学和社会科学的所有学科,其范围已远远超出了计算机科学的范畴。

2) 人工智能的应用前景

Gartner 把人工智能的应用分为以下 5 个复杂等级。

(1) 响应对象遵循简单规则,但可应对不断变化的环境,如无人机。

(2) 分类装置或系统能识别物件的类型,并能在受控的环境中采取简单的操作对物品进行处理,如仓储机器人。

(3) 响应对象通过对问题和情境的理解服务于另一对象,如无人驾驶汽车、个人助理等。

(4) 从多个资源采集信息进行学习以解决复杂问题,如IBM的Watson、全自动军用无人机。

(5) 创建者发动范式转移或思考方式的转变,如创造一种新的业务模型。

最后一种人工智能的应用不仅是人们使用的工具,还具有潜力创建危害人类的动作,改变人与技术的关系以及人在社会和经济中的角色。因此,对于这类人工智能的应用,开发者必须事先深思熟虑。

2. 人工智能的分类

人工智能可分为3类:弱人工智能、强人工智能与超人工智能。

弱人工智能就是利用现有智能化技术改善我们经济社会发展所需要的一些技术条件和发展功能,也指单一做一项任务的智能。例如,曾经战胜世界围棋冠军的人工智能"阿尔法狗"(AlphaGo),尽管它很厉害,但它只会下围棋;再如,苹果公司的Siri就是一个典型的弱人工智能,它只能执行有限的预设功能。同时,Siri目前还不具备智力或自我意识,它只是一个相对复杂的弱人工智能体。

强人工智能则是综合的,它是指在各方面都能和人类比肩的人工智能,人类能干的脑力活它都能干,如能干很多事情的机器人。总的来说,强人工智能非常接近于人的智能,但也需要脑科学的突破才能实现。

哲学家、牛津大学人类未来研究院院长尼克·波斯特洛姆(Nick Bostrom)把超人工智能(Artificial Super Intelligence,ASI)定义为"在几乎各种领域都大大超过人类认知表现的任何智力"。首先,超人工智能能实现与人类智能同等的功能,即可以像人类智能实现生物的进化一样,对自身进行重编程和改进,也就是"递归自我改进功能"。其次,波斯特洛姆还提到:"生物神经元的工作峰值速度约为200Hz,比现代微处理器(约2GHz)慢了整整7个数量级",同时,"神经元在轴突上120m/s的传输速度也远远低于计算机比肩光速的通信速度"。这使得超人工智能的思考速度和自我改进速度将远远超过人类,人类作为生物上的生理限制将都不适用于机器智能。

3. 人工智能研究的主要流派

若从1956年正式提出人工智能学科算起,人工智能的研究发展已有60多年的历史。这期间,不同学科或学科背景的学者对人工智能给出了各自的理解,提出了不同的观点,由此产生了不同的学术流派。目前对人工智能研究影响较大的主要有符号主义、连接主义和行为主义三大学派。

1) 符号主义

符号主义(Symbolism)是一种基于逻辑推理的智能模拟方法,又称为逻辑主义(Logicism)、心理学派(Psychologism)或计算机学派(Computerism),其原理主要为物理符号系统假设和有限合理性原理,长期以来,一直在人工智能中处于主导地位。

符号主义学派认为人工智能源于数学逻辑。数学逻辑从19世纪末起就获得迅速发展,到20世纪30年代开始用于描述智能行为,计算机出现后,又在计算机上实现了逻辑演绎系统。符号主义学派认为人类认知和思维的基本单元是符号,而认知过程就是在符号表示上的一种运算。符号主义致力于用计算机的符号操作模拟人的认知过程,实质就是模拟人的左脑抽象逻辑思维,通过研究人类认知系统的功能机理,用某种符号描述人类的认知过程,并把这种符号输入能处理符号的计算机中,从而模拟人类的认知过程,实现人工智能。

2) 连接主义

连接主义(Connectionism)又称为仿生学派(Bionicsism)或生理学派(Physiologism),是

一种基于神经网络及网络间的连接机制与学习算法的智能模拟方法。其原理主要为神经网络和神经网络间的连接机制和学习算法。连接主义学派认为人工智能源于仿生学,特别是人脑模型的研究。

连接主义学派从神经生理学和认知科学的研究成果出发,把人的智能归结为人脑的高层活动的结果,强调智能活动是由大量简单的单元通过复杂的相互连接后并行运行的结果。其中人工神经网络就是其典型代表性技术。

3) 行为主义

行为主义又称为进化主义(Evolutionism)或控制论学派(Cyberneticsism),是一种基于"感知-行动"的行为智能模拟方法。

行为主义最早来源于20世纪初的一个心理学流派,认为行为是有机体用以适应环境变化的各种身体反应的组合,它的理论目标在于预见和控制行为。维纳和麦洛克等提出的控制论和自组织系统以及钱学森等提出的工程控制论和生物控制论,影响了许多领域。控制论把神经系统的工作原理与信息理论、控制理论、逻辑以及计算机联系起来。早期的研究工作重点是模拟人在控制过程中的智能行为和作用,对自寻优、自适应、自校正、自镇定、自组织和自学习等控制论系统的研究,并进行"控制动物"的研制。到20世纪60～70年代,上述这些控制论系统的研究取得一定进展,并在20世纪80年代诞生了智能控制和智能机器人系统。

4. 人工智能研究的应用

当前,几乎每个科学与技术的分支都在共享着人工智能领域所提供的理论和技术。下面简单列举一些在人工智能领域最重要和最具代表性的应用。

1) 专家系统

与传统的计算机程序相比,专家系统是以知识为中心,注重知识本身而不是确定的算法。专家系统所要解决的是复杂而专门的问题,对这些问题人们还没有精确的描述和严格的分析,因而一般没有解法,而且经常要在不确定或不精确的信息基础上作出判断,需要专家的理论知识和实际经验。标准的计算机程序能精确地区分出每项任务应该如何完成,而专家系统则是告诉计算机做什么,而不区分如何完成,这是两者最大的区别。另外,专家系统突出了知识的价值,大大减少了知识传授和应用的代价,使专家的知识迅速变成社会的财富。再者,专家系统采用的是人工智能的原理和技术,如符号表示、符号推理、启发式搜索等,与一般的数据处理系统不同。

从不同角度,专家系统也可分为多种类型。根据其完成的功能分类,专家系统有诊断、解释、修理、规划、设计、监督、控制等多种类型,这些功能又可分为两大类:分析型和综合型。分析型专家系统所要解决的问题有明确的、有限个数的解,系统的任务在于根据实际的情况选择其中一个或几个解。综合型专家系统的任务是根据实际的需要构造问题的解,包括设计、规划等问题。此外,也可根据知识的特征和推理的类型对专家系统进行分类。近年来,在专家系统或知识工程的研究中已出现了成功和有效应用人工智能技术的趋势。人类专家由于具有丰富的知识,所以才能具有优异的解决问题的能力。那么,计算机程序如果能体现和应用这些知识,也应该能解决人类专家所解决的问题,而且能帮助人类专家发现推理过程中出现的差错,现在这一点已被证实。例如,在矿物勘测、化学分析、规划和医学诊断方面,专家系统已经达到了人类专家的水平。成功的例子有:PROSPECTOR系统发现了一个钼矿沉积,价值超过1亿美元;DENDRL系统的性能已超过一般专家的水平,可供数百人在化学结构分析方面的使用;MY CIN系统可以对血液传染病的诊断治疗方案提供咨询意见,经正式鉴定,对细菌血液病、脑膜炎方面的诊断和提供治疗方案已超过了这方面的专家。

目前,专家系统在各个领域的应用已经产生了很可观的经济效益,这也从另一方面促进了对专家系统的理论和技术方面的研究。

2）模式识别

模式识别就是通过计算机用数学技术方法研究模式的自动处理和判读,这里把环境与客体统称为"模式"。随着计算机技术的发展,人类有可能研究复杂的信息处理过程,其过程的一个重要形式是生命体对环境及客体的识别。模式识别以图像处理与计算机视觉、语音信息处理、脑网络组、类脑智能等为主要研究方向,研究人类模式识别的机理以及有效的计算方法。它与人工智能、图像处理的研究有交叉关系。例如,自适应或自组织的模式识别系统包含了人工智能的学习机制;人工智能研究的景物理解、自然语言理解也包含模式识别问题。又如,模式识别中的预处理和特征抽取环节应用图像处理的技术;图像处理中的图像分析也应用模式识别的技术。

3）自然语言处理

自然语言处理是人工智能早期的研究领域之一,也是一个极为重要的领域,主要包括人机对话和机器翻译两大任务,是一门将语言学、计算机科学、数学融为一体的科学。由于以乔姆斯基为代表的新一代语言学派的贡献和计算机技术的发展,自然语言理解正变得越来越热门。有很多理由值得人们去研究如何使计算机程序能以某种方式使用自然语言的问题。目前该领域的主要课题是计算机系统如何以主题和对话情境为基础,注重大量的常识——世界知识和期望作用,生成和理解自然语言,显然这是一个极其复杂的编码和解码问题。

4）机器人学

机器人和机器人学是人工智能研究的另一个重要的应用领域,促进了许多人工智能思想的发展,由它衍生而来的一些技术可用来模拟现实世界的状态,描述从一种状态到另一种状态的变化过程,而且对于规划如何产生动作序列以及监督规划执行提供了较好的帮助。随着人工智能技术的不断发展,机器人的应用范围也越来越广,已开始走向第三产业,如商业中心、办公室自动化等。目前,机器人学的研究方向主要是研制智能机器人,智能机器人将极大地扩展机器人的应用领域。智能机器人本身能够认识工作环境、工作对象及其状态,根据人给出的指令和自身的知识,独立决定工作方式,由操作机构和移动机构实现任务,并能适应工作环境的变化。今天,在仿真人各种外在功能的各个方面,机器人的设计都有很大的进展,并且有一些科学家正在研究如何从生物工程的角度去研制高逼真度的仿真机器人。不过,目前的机器人离人们心目中的能够做各种家务活、任劳任怨,并会揣摩主人心思的所谓"机器仆人"的目标还相去甚远,因为机器人所表现的智能行为都是由人预先编好的程序决定的,机器人只会做人要他做的事,人的创造性、意念、联想、随机应变乃至当机立断等都难以在机器人身上体现出来。因此,要想使机器人融入人类的生活,目前看来还是比较遥远的事情。

5）智能操纵

人工智能的进展促进自动操纵向智能操纵发展。智能操纵是一类无需(或需要尽可能少的)人的干预就能够独立地驱动智能机器实现其目标的自动操纵。或者说,智能操纵是驱动智能机器自主地实现其目标的过程。

随着人工智能和计算机技术的进展,已可能把自动操纵和人工智能以及系统科学的某些分支结合起来,建立一种适用于复杂系统的操纵理论和技术。智能操纵正是在这种条件下产生的,它是自动操纵的最新发展时期,也是用计算机模拟人类智能的一个重要研究领域。1965年,傅京孙首先提出把人工智能的启发式推理规则用于学习操纵系统。10多年后,建立有用智能操纵系统的技术逐步成熟。1971年,傅京孙提出把人工智能与自动操纵结合起来的思想。1977年,美国的萨里迪斯提出把人工智能、操纵论和运筹学结合起来的思想。1986年,蔡自兴提出把人工智能、操纵论、信息论和运筹学结合起来的思想。按照这些结构理论研究出一些智能操纵的理论和技术,用来构造用于不同领域的智能操纵系统。智能操纵的核心在高层操纵,即组织级操纵。其任务在于对实际环境或过程进行组织,即决策和规划,以实现广义咨询与求解。目前提出的用以构造智能操纵系统的理论和技术有分级递阶操纵理论、分级操纵器设计的熵方法、智能逐级增高而精度逐级降低原理、专家操纵系统、学习操纵系统和基于神经网络的操纵系统等。智能操纵有专门多研究领域,它们的研究课题既具有独立性,又相互关联。目前研究得较多的是以下6方面:智能机器人规划与操纵、智能过程规划、智能过程操纵、专家操纵系统、语音操纵和智能仪器。

6）感知问题

感知问题是人工智能的一个经典研究课题,涉及神经生理学、视觉心理学、物理学、化学等学科领域,具体包括计算机视觉和声音处理等。例如,计算机视觉研究的是如何对由视觉传感器(如摄像机)获得的外部世界的景物和信息进行分析和理解,也就是说,如何使计算机"看见"周围的东西。而声音处理则是研究如何使计算机"听见"讲话的声音,对语音信息等进行分析和理解。因此,感知问题的关键是必须把数量巨大的感知数据以一种易于处理的精练的方式,进行简练、有效的表征和描述,而感知智能就是机器具备了视觉、听觉、触觉等感知能力,将多元数据结构化,并用人类熟悉的方式去沟通和互动。在感知智能研究中最为重要的一环就是要重视类脑科学研究,用创新的理论指导人工智能的发展。

以新能源智能汽车为例,新一代智能汽车除了应用系统感知的智能,实现对周边环境的感知和处理外,还必须通过车网协同、车路协同,甚至综合处理超感知的因素,如地理、交通、路口、信号、气象等实时信息,从而实现更加安全、便捷、高效的智能服务。

6.1.2　人工智能对社会的影响

随着人工智能的充分发展,劳动生产率和生产力水平的提升,人们的生活体验将更加丰富多彩,可以更多地将人们从体力劳动,乃至常规性的脑力劳动中解放出来,投入创造性活动当中,人类自身与社会得到更充分的发展。当前,人工智能技术的突飞猛进正不断改变着零售、农业、物流、教育、医疗、金融、商务等领域的发展模式,重构生产、分配、交换、消费等活动各环节。

从技术专家到科幻作者,从知识精英到社会大众,都将人工智能视为人类迄今为止最具开放性、变革性的创新,它是可以深刻改变世界但同时又难以准确预估后果的颠覆性技术。包括控制论提出者维纳、已故著名科学家霍金、《人类简史》作者赫拉利以及特斯拉创始人马斯克在内的一大批有识之士均指出:人工智能的兴起与快速演进,在为人们带来极大便利的同时也蕴藏着巨大的风险,会挑战既有的社会价值观,甚至人类本身存在的价值,使人们不得不重新思考人与机器之间的关系,乃至未来社会的前途。

例如,在教育与就业问题上,随着技术的发展,机器会逐步替代人类从事大部分烦琐重复的工作或体力劳动,在给人们带来福利的同时也带来前所未有的挑战。可以判断,在人工智能重塑产业格局和消费需求的情境下,一部分工作岗位终将被历史淘汰,但是也会伴随着人工智能技术孵化出一系列新的岗位。另外,新型的人机关系正在构建,非程序化的认知类工作会变得愈发难以替代,对人的创新、思考与想象力提出更新的要求。

又如,在隐私与安全问题上,人工智能的普遍使用使"人机关系"发生了趋势性的改变,人机频繁互动,可以说已形成互为嵌入式的新型关系。时间与空间的界限被打破,虚拟与真实也被随意切换,这种趋势下的不可预测性与不可逆性很有可能会触发一系列潜在风险。与人们容易忽略的“信息泄露”不同，人工智能技术也可能被少数别有用心的人有目的地用于欺诈等犯罪行为。例如，基于不当手段获取的个人信息形成“数据图像”，并通过社交软件等冒充熟人进行诈骗。再如，使用人工智能技术进行学习与模拟，生成包括图像、视频、音频、生物特征在内的信息，突破安防屏障，此前报道的新款苹果手机“刷脸”解锁功能被破解即是这类例子。而从潜在风险来看，无人机、无人车、智能机器人等存在遭到非法入侵与控制，造成财产损失或被用于犯罪目的的可能。

此外，人工智能作为新一轮产业变革的核心驱动力，正在释放历次科技革命和产业变革积蓄的巨大能量，持续探索新一代人工智能应用场景，将重构生产、分配、交换、消费等经济活动各环节，催生新技术、新产品、新产业。

6.2 人工智能核心技术与理论模型

6.2.1 深度学习概述

1. 认识深度学习

近年来，以机器学习、知识图谱为代表的人工智能技术逐渐普及。从车牌识别、人脸识别、语音识别、智能助手、推荐系统到自动驾驶，人们在日常生活中都可能有意无意地用到了人工智能技术。例如，Google将深度学习应用于语音识别和图像识别，而亚马逊则利用深度学习了解客户的行为习惯。这些技术的背后都离不开人工智能领域研究者的长期努力。特别是近几年，得益于数据的增多、计算能力的增强、学习算法的成熟以及应用场景的丰富，越来越多的人开始关注这个崭新的研究领域——深度学习(Deep Learning)。

深度学习的本质就是人工神经网络，人工神经网络就是通过模拟生物神经网，使机器能够具备学习能力，从而具备智能。深度学习以神经网络为主要模型，一开始用来解决机器学习中的表示学习问题，但是由于其强大的能力，深度学习越来越多地用来解决一些通用人工智能问题，如推理、决策等。目前，深度学习技术在学术界和工业界取得了广泛的成功，受到高度重视，并掀起新一轮的人工智能热潮。图6-1所示为神经网络，神经网络主要由相互连接的神经元(图中的圆圈)组成。

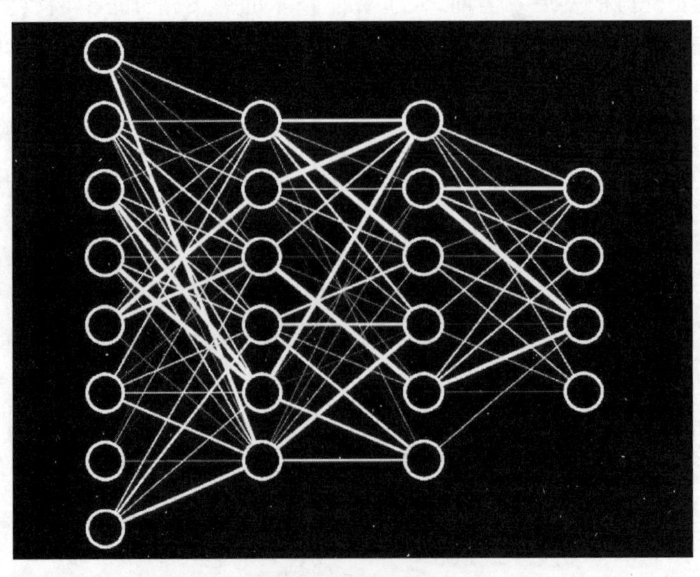

图6-1 神经网络

深度学习与传统机器学习系统的不同之处在于，它能够在分析大型数据集时进行自我学习和改进，因此能应用于许多不同的领域。深度学习模型只需要编程人员提供少许指导，就可以自己学习去关注正确特征。从基本上来讲，深度学习模仿的是人类大脑运行的方式——从经验中学习。众所周知，人类的大脑是由数十亿个神经元组成的，正因为这些神经元，人类才能有惊人的行为。即使是一岁的小孩子，他也可以解决复杂的问题，而这些问题是超级计算机也很难解决的。因此，研究深度学习的动机在于建立模拟人脑进行分析学习的神经网络，它模仿人脑的机制解释数据，如图像、声音和文本等。

2. 深度学习的应用

1）图像识别

图像识别是深度学习最早的应用领域之一，其本质是一个图像分类问题，早在神经网络刚刚出现时，美国人就实现了对手写数字的识别，并进行了商业化。图像识别的基本原理是输入图像，输出为该图像属于每个类别的概率。例如，输入一幅狗的图片，人们就期望其输出属于“狗”这个类别的概率值最大，这样就可以认为这幅图片中是一只狗。

2）机器翻译

传统的机器翻译模型采用基于统计分析的算法模型，可想而知，对于复杂的语言表达逻辑，效果并不佳。而基于深度学习的机器翻译，让机器翻译出来的结果更加接近人类的表达逻辑，正确率大大提高。

3）机器人

借助深度学习的力量，机器人可以在真实复杂的环境中代替人执行一定的特殊任务，如人员跟踪、排爆等，这在过去是完全不可能的事。目前在机器人研发中做得最好的要数美国波士顿动力公司，其开发的机器人在复杂地形行走、肢体协调等方面取得了巨大的进步。

4）自动驾驶

现在很多互联网大公司都在自动驾驶上投入了大量的资源，如国内的百度、美国的Google、Uber等。在自动驾驶中，就应用了大量的深度学习技术，如马路线与路标的检测、周边行走车辆的三维信息等。

5）预测自然灾害

人类的生存发展依赖于自然，但自然灾害的发生不但会给人们的正常生活和生产秩序带来破坏，同时也会造成人们生命财产的巨大损失。现在，研究人员发现可以利用深度学习系统对数据进行分析预测自然灾害。这不仅可以拯救成千上万的生命，还可以提前采取有针对性的措施减少财产损失。

6）检测儿童是否发育迟缓

语言障碍、孤独症和发育障碍可能会降低患有这类疾病儿童的生活质量。早期诊断和干预可以对儿童的身体、精神和情绪健康产生良好的影响。因此，深度学习最重要的应用之一就是早期发现和纠正这些与婴幼儿有关的问题。这是机器学习和深度学习的主要区别，机器学习通常只用于特定的任务，而深度学习则帮助人类解决最重要的问题。

6.2.2 深度学习技术

1. 感知机

许多研究表明，为了能够学习表示高阶抽象概念的复杂函数，解决目标识别、语音感知和语言理解等人工智能相关的任务，需要引入深度学习。深度学习架构由多层非线性运算单元组成，每个较低层的输出作为更高层的输入，可以从大量输入数据中学习有效的特征表示，学习到的高阶表示中包含输入数据的许多结构信息，能够用于分类、回归和信息检索等数据分析和挖掘的特定问题中。

感知机称为深度学习领域最基础的模型。虽然感知机是最基础的模型，但是它在深度学习的领域中有着举足轻重的地位，它是神经网络和支持向量机学习的基础，可以说是最古老的分类方法之一。

1）感知机概述

感知机(Perceptron)由罗森布拉特于1957年提出，是神经网络与支持向量机的基础。感知机是一种非常特殊的神经网络，是最早被设计并实现的人工神经网络，它在人工神经网络的发展史上有着非常重要的地位，尽管它的能力非常有限，主要用于线性分类。感知机还包括多层感知机，简单的线性感知机用于线性分类器，多层感知机（含有隐藏层的网络）可用于非线性分类器。

2）感知机原理

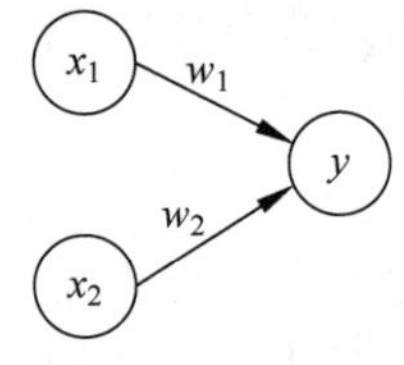

图 6-2　感知机

感知机接收多个输入信号，输出一个信号。这里所说的"信号"可以想象成电流或河流那样具备"流动性"的东西。像电流流过导线，向前方输送电子一样，感知机的信号也会形成流，向前方输送信息。但是，与实际的电流不同的是，感知机的信号只有"流/不流"(1/0)两种取值，一般人们认为0对应"不传递信号"，1对应"传递信号"。图6-2所示为一个接收两个输入信号的感知机，x_1 和 x_2 是输入信号，y 是输出信号，w_1 和 w_2 是权重（w 是 Weight 的首字母）。图6-2中的圆圈称为"神经元"或"节点"。输入信号被送往神经元时，会被分别乘以固定的权重（w_1x_1、w_2x_2）。神经元会计算传送过来的信号的总和，只有当这个总和超过了某个界限值时，才会输出1，这也称为"神经元被激活"。这里将这个界限值称为阈值，用符号 θ 表示。

感知机的数学公式如下。

$$f(x)=\begin{cases}0, & w_1x_1+w_2x_2\leqslant\theta\\ 1, & w_1x_1+w_2x_2>\theta\end{cases}$$

值得注意的是，感知机的多个输入信号都有各自固有的权重，这些权重发挥着控制各个信号的重要的作用。也就是说，权重越大，对应该权重的信号的重要性就越高。事实上，感知器不仅能实现简单的布尔运算，它还可以拟合任何线性函数，任何线性分类或线性回归问题都可以用感知器来解决。在数据集线性可分性方面，在二维平面中，如果感知机可以用一条直线将+1类和−1类完美分开，那么这个样本空间就是线性可分的。因此，感知机都基于一个前提，即问题空间线性可分。图6-3所示为使用感知机划分二维平面。

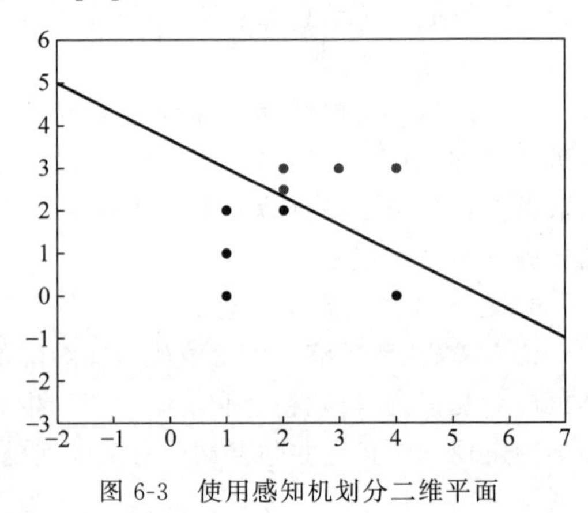

图 6-3　使用感知机划分二维平面

2. 神经网络

神经网络(Neural Network，NN)也称为人工神经网络(Artificial Neural Network，ANN)，是由大量神经元(Neurons)广泛互联而成的网络，是对人脑的抽象、简化和模拟，应用了一些人脑的基本特性。神经网络与人脑的相似之处可概括为两方面：一是通过学习过程利用神经网络从外部环境中获取知识；二是内部神经元用来存储获取的知识信息。

1）神经网络概述

神经网络是一种由大量的节点（或称为神经元）相互连接构成的运算模型。通俗地讲，人工神经网络是模拟、研究生物神经网络的结果。详细地讲，人工神经网络是为获得某个特定问题的解，根据生物神经网络机理，按照控制工程的思路及数学描述方法，建立相应的数学模型并采用适当的算法，有针对性地确定数学模型参数的技术。

神经网络的信息处理是由神经元之间的相互作用实现的，知识与信息的存储主要表现为网络元件互相连接的分布式物理联系。人工神经网络具有很强的自学习能力，它可以不依赖于"专家"的大脑，自动从已有的实验数据中总结规律。由此，人工神经网络擅长处理复杂多维的非线性问题，不但可以解决定性问题，也可以解决定量问题，同时还具有大规模并行处理和分布信息存储能力，具有良好的自适应性、自组织性、容错性和可靠性。

2）单个神经元

首先以监督学习为例，对于一个带有标签的数据样本集(x_i, y_i)，神经网络算法通过建立一种具有参数$\boldsymbol{w}$、$\boldsymbol{b}$的复杂非线性假设模型$h_{w,b}(\boldsymbol{x})$拟合样本数据。

以最简单的单个神经元为例讲述神经网络模型的架构，一个最简单的单个神经元网络模型如图6-4所示，它只包含一个神经元。人工神经网络中最小也是最重要的单元叫作神经元。与生物神经系统类似，这些神经元也互相连接并具有强大的处理能力。每个神经元都有输入连接和输出连接。这些连接模拟了大脑中突触的行为。与大脑中突触传递信号的方式相同——信号从一个神经元传递到另一个神经元，这些连接也在人造神经元之间传递信息。每个连接都有权重，这意味着发送到每个连接的值要乘以这个因子。再次强调，这种模式是从大脑突触得到的启发，权重实际上模拟了生物神经元之间传递的神经递质的数量。所以，如果某个连接重要，那么它将具有比那些不重要的连接更大的权重值。

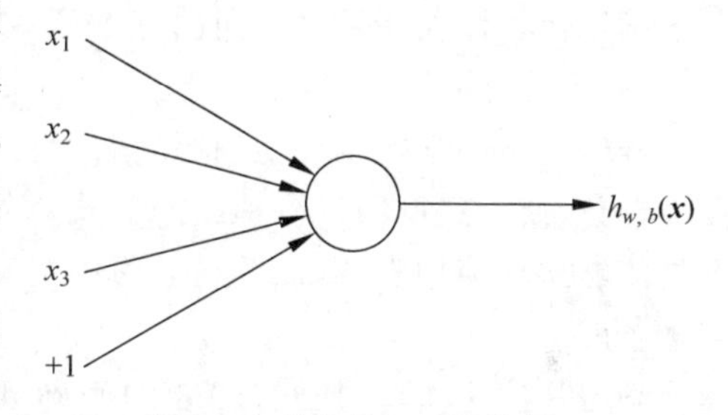

图6-4　单个神经元网络模型

图6-4中单个神经元是一个运算单元，它的输入是训练样本x_1、x_2、x_3，其中+1是一个偏置项。该运算单元的输出结果是$h_{w,b}(\boldsymbol{x})=f(\boldsymbol{w}^{\mathrm{T}}\boldsymbol{x})=f\left(\sum_{i=1}^{3}w_ix_i+\boldsymbol{b}\right)$，其中$f$是这个神经元的激活函数。图6-4中单个神经元的输入和输出映射关系本质上是一个逻辑回归，此处可以使用Sigmoid函数作为神经节点激活函数，Sigmoid函数的公式如下。

$$f(z)=\frac{1}{1+\mathrm{e}^{-z}}$$

也可以采用双曲正切(tanh)函数作为神经元的激活函数，tanh函数的公式如下。

$$f(z)=\tanh(z)=\frac{\mathrm{e}^{z}-\mathrm{e}^{-z}}{\mathrm{e}^{z}+\mathrm{e}^{-z}}$$

3）前馈神经网络

前馈神经网络是深度学习中最基本的网络结构，它通常由3部分组成：输入层、隐藏层和输出层。前馈神经网络最左边一层称为输入层，最右边一层称为输出层，中间一层称为隐藏层。输入层从外部世界获取输入信息，在输入节点中不进行任何的计算，仅向隐藏节点传递信息。隐藏层中的节点对输入信息进行处理，并将信息传递到输出层中，隐藏层是由处于中间位置的所有神经节点组成，因为不能在神经网络训练过程中直接观测到它们的值而得名。输出

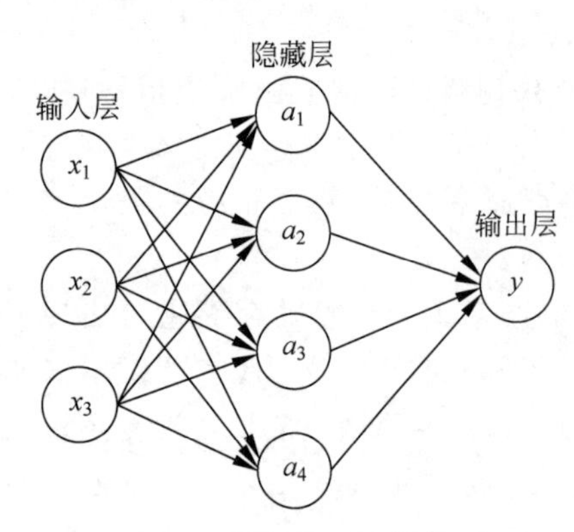

图 6-5　前馈神经网络模型

层负责计算输出值,并将输出值传递到外部世界。前馈神经网络模型如图 6-5 所示。

下面分别解释一下前馈、神经和网络这 3 个词的含义。

前馈代表所有信息都从输入 x 经过某些中间的计算而最终输出到 y,而不存在从模型的输出到输入的反馈,对于有反馈的情况,即为循环神经网络。

神经代表它的灵感部分受到神经科学的影响。每个隐藏层通常是向量值,而这些隐藏层的维度定义了网络的宽度。可以将每层看作从一个大的从向量到向量的函数映射,但从另一方面也可以将向量的每个元素看作一个小的神经元,每个神经元进行了向量到标量的映射操作(这一操作又被称作激活函数),而每层是不同的神经元并行运算的综合。

网络代表该模型是将不同的基本函数组合在一起形成的模型。

4) 神经网络的学习

神经网络的学习也称为训练,指的是通过神经网络所在环境的刺激作用调整神经网络的自由参数,使神经网络以一种新的方式对外部环境作出反应的一个过程。神经网络最大的特点是能够从环境中学习,以及在学习中提高自身性能。经过反复学习,神经网络对其环境会越来越了解。

学习算法是指针对学习问题的明确规则集合。学习类型是由参数变化发生的形式决定的,不同的学习算法对神经元的权值调整的表达式有所不同。没有一种独特的学习算法可以用于设计所有神经网络,选择或设计学习算法时,还需要考虑神经网络的结构及神经网络与外界环境相连的形式。

神经网络整个的学习过程,首先是使用结构指定网络中的变量和它们的拓扑关系。例如,神经网络中的变量可以是神经元连接的权重(Weights)和神经元的激励值(Activities of the Neurons)。其次是使用激励规则(Activity Rule),大部分神经网络模型都具有一个短时间尺度的动力学规则,用来定义神经元如何根据其他神经元的活动改变自己的激励值,一般激励函数依赖于网络中的权重(即该网络的参数)。最后是训练学习规则(Learning Rule),学习规则指定了网络中的权重如何随着时间推进而调整,它被看作是一种长时间尺度的动力学规则。一般情况下,学习规则依赖于神经元的激励值,它也可能依赖于监督者提供的目标值和当前权重的值。通过对神经网络结构的理解,使用激励函数进行训练,再加上最后的训练即可完成神经网络的整个学习。

5) 激活函数

激活函数(Activation Functions)对于人工神经网络模型和卷积神经网络模型学习理解非常复杂和非线性的函数来说具有十分重要的作用。神经网络的输出是上一层输入的加权和,所以网络线性关系过于显著,属于线性模型,对于解决复杂问题存在难度。但是,当每个神经元都经过一个非线性函数,那么输出就不再是线性的了,整个网络模型也就是非线性模型,如此一来,网络就能够解决比较复杂的问题,激活函数就是这个非线性函数。

如果激活函数为线性函数,那么线性方程组也仅有线性的表达能力,无论网络内部有多少层,最终也只是相当于一个隐藏层,这样无法解决复杂问题,也就是无法用非线性逼近任意函数。所以,激活函数的非线性增强了神经网络模型的非线性,使神经网络具有了更实际的意义。最初的激活函数会将输入值归化至某一区间内,因为当激活函数的输出值有限时,基于梯度下降的优化算法会更加稳定,但是随着优化算法的发展,激活函数也不断发展,目前激活函数已不仅仅是将输出值归化至某一区间内。

常见的激活函数有 Sigmoid、tanh 和 ReLU,下面对这 3 种激活函数进行简单介绍。

(1) Sigmoid 函数。

Sigmoid 激活函数公式定义如下。

$$f(x)=\frac{1}{1+\mathrm{e}^{-x}}$$

Sigmoid 激活函数导数公式如下。

$$f'(x)=f(x)[1-f(x)]$$

Sigmoid 激活函数的取值范围为(0,1),求导非常容易,为反向传播中梯度下降法的计算提供了便利,因此 Sigmoid 函数在早期人工神经网络中十分受欢迎。但是,现在 Sigmoid 函数很少被使用,主要是因为当 Sigmoid 函数的值在 0 或 1 时梯度几乎为 0,因此在反向传播时,这个局部梯度会与整个损失函数关于该单元输出的梯度相乘,结果也会接近为 0,这样就无法对模型的参数进行更新。

Sigmoid 激活函数曲线如图 6-6 所示。

(2) tanh 函数。

tanh 激活函数公式定义如下。

$$f(x)=\frac{\mathrm{e}^{x}-\mathrm{e}^{-x}}{\mathrm{e}^{x}+\mathrm{e}^{-x}}$$

tanh 激活函数导数公式如下。

$$f'(x)=1-f^{2}(x)$$

tanh 激活函数的取值范围为(−1,1),求导也十分容易。tanh 激活函数与 Sigmoid 激活函数十分相似,但是与 Sigmoid 函数相比,tanh 函数的收敛速度更快。tanh 函数存在的问题和 Sigmoid 函数一样,容易产生梯度为 0 的问题,造成参数不能再更新。在实际应用中,tanh 函数的使用比 Sigmoid 函数更频繁。

tanh 激活函数曲线如图 6-7 所示。

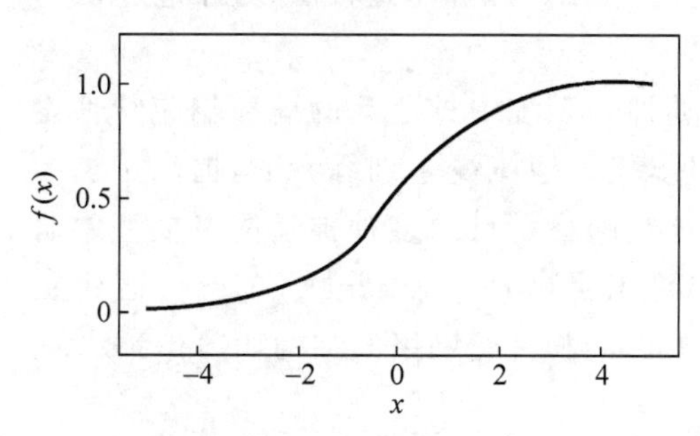

图 6-6 Sigmoid 激活函数曲线

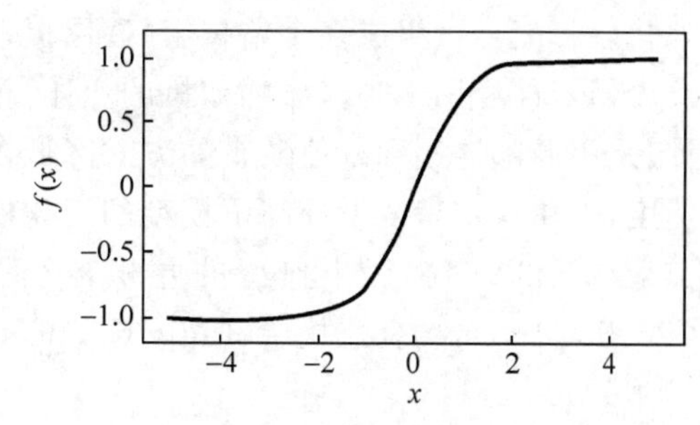

图 6-7 tanh 激活函数曲线

(3) 线性整流(Rectified Linear Unit,ReLU)函数。

ReLU 激活函数公式定义如下。

$$f(x)=\begin{cases}x, & x\geqslant 0\\ 0, & x<0\end{cases}$$

ReLU 激活函数导数公式如下。

$$f'(x)=\begin{cases}1, & x\geqslant 0\\ 0, & x<0\end{cases}$$

相较于 Sigmoid 和 tanh 函数，ReLU 函数对于随机梯度下降法的收敛有着巨大的加速作用，同时 ReLU 函数的计算仅需要一个阈值判断，不像 Sigmoid 和 tanh 激活函数需要指数运算，相比于这两个激活函数，使用 ReLU 激活函数为整个神经网络学习训练过程节省了很多计算量。ReLU 函数会使一部分神经元的输出为 0，为神经网络提供了稀疏表达能力，并且同时减少了参数的相互依存关系，缓解了过拟合问题的发生。ReLU 函数还有一个巨大优势，它能够有效地缓解梯度消失，也就是梯度容易为 0 的问题。

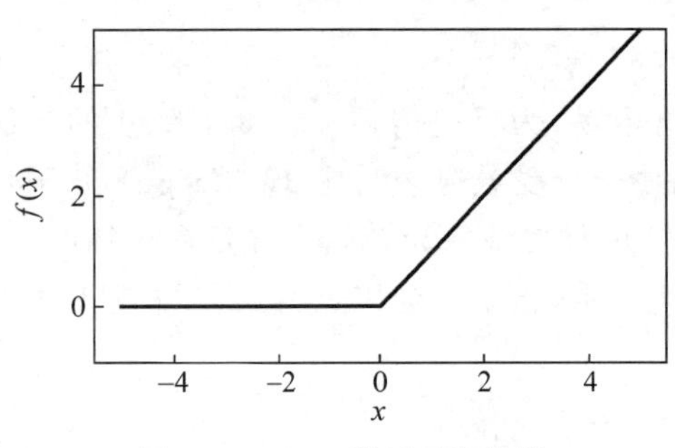

图 6-8　ReLU 激活函数曲线

ReLU 激活函数曲线如图 6-8 所示。

6）损失函数

损失函数是模型对数据拟合程度的反映，拟合得越差，损失函数的值就越大。与此同时，当损失函数值比较大时，其对应的梯度也会随之增大，这样就可以加快变量的更新速度。

常见的损失函数有均方误差（Mean Squared Error，MSE），计算如下。

$$L(y,y')=\frac{(y-y')^2}{2}$$

其中，y 表示真实输出；y'表示逻辑输出。

3. 卷积神经网络

顾名思义，卷积神经网络是在神经网络的基础上加入了卷积运算，通过卷积核局部感知图像信息提取其特征，多层卷积之后能够提取出图像的深层抽象特征，凭借这些特征达到更准确的分类或预测的目标。卷积神经网络与一些传统的机器学习方法相比，能够更加真实地体现数据内在的相关特征，因此目前卷积神经网络是图像、行为识别等领域的研究热点。

卷积神经网络（Convolutional Neural Network，CNN）作为一个深度学习架构被提出时，它的最初诉求是降低对图像数据预处理的要求，以避免烦琐的特征工程。CNN 由输入层、输出层以及多个隐藏层组成，隐藏层可分为卷积层、池化层、ReLU 层和全连接层，其中卷积层与池化层相配合可组成多个卷积组，逐层提取特征。

卷积神经网络是多层感知机的变体，根据生物视觉神经系统中神经元的局部响应特性设计，采用局部连接和权值共享的方式降低模型的复杂度，极大地减少了训练参数，提高了训练速度，也在一定程度上提高了模型的泛化能力。卷积神经网络是目前多种神经网络模型中研究最活跃的一种，一个典型的卷积神经网络主要由卷积层（Convolutional Layer）、池化层（Pooling Layer）、全连接层（Fully-Connected Layer）构成，卷积神经网络的结构如图 6-9 所示。

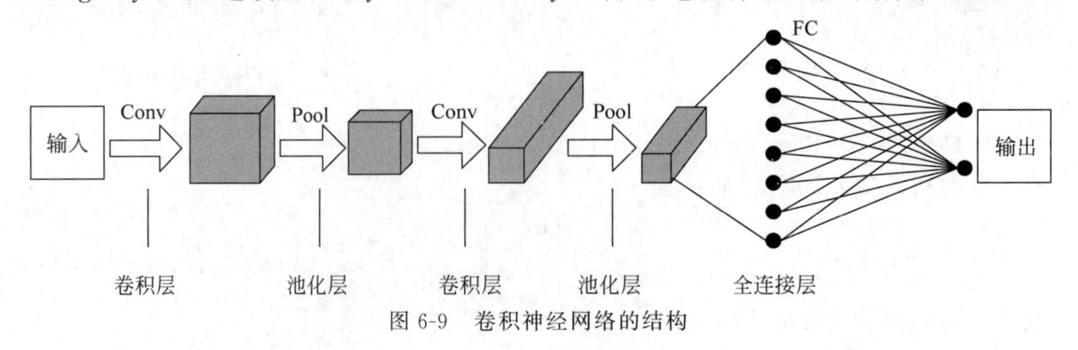

图 6-9　卷积神经网络的结构

1）卷积层

卷积是一种线性计算过程，卷积运算实际是分析数学中的一种运算方式，在卷积神经网络中通常是仅涉及离散卷积的情形。整个卷积层的卷积过程是：首先选择某一规格大小的卷积核，其中卷积核的数量由输出图像的通道数量决定；然后将卷积核按照从左到右、从上到下的顺序在二维数字图像上进行扫描，分别将卷积核上的数值与二维图像上对应位置的像素值进行相乘求和；最后将计算得到的结果作为卷积后相应位置的像素值，这样就得到了卷积后的输出图像。第1次扫描卷积的计算过程如图6-10所示。

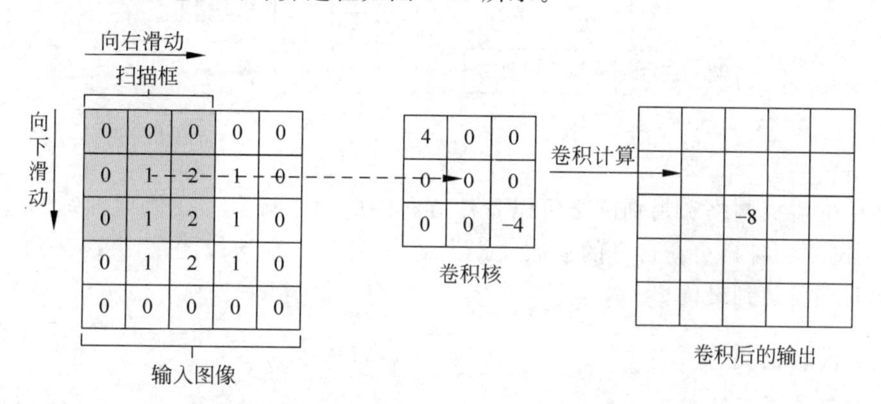

图6-10 第1次扫描卷积的计算过程

2）池化层

池化层又称为下采样层，主要是通过对卷积形成的图像特征进行统计，这种统计方式不仅可以降低特征的维度，还可以降低网络模型过拟合的风险。并且，卷积图像经过池化操作后可以有效减小输出图像的尺寸，在保留图像主要特征的同时还可以减少网络结构中的计算参数，防止过拟合，提高模型的泛化能力。

3）全连接层

图像经过卷积操作后，其关键特征被提取出来，全连接层的作用就是将图像的特征进行组合拼接，最后通过计算得到图像被预测为某一类的概率。在实际使用过程中，全连接层一般处于整个卷积神经网络后端，其计算过程可以转化为卷积核为1×1的卷积过程。

4. 生成对抗网络

生成对抗网络（Generative Adversarial Networks，GAN）独特的对抗性思想使它在众多生成网络模型中脱颖而出，被广泛应用于计算机视觉、机器学习和语音处理等领域。

1）生成对抗网络概述

生成对抗网络让两个网络（生成网络 G 和判别网络 D）相互竞争，G 不断捕捉训练集中真实样本 x_{real} 的概率分布，然后通过加入随机噪声将其转换为赝品 x_{fake}。D 观察真实样本 x_{real} 和赝品 x_{fake}，判断这个 x_{fake} 到底是不是 x_{real}。整个对抗过程是首先让 D 观察（机器学习）一些真实样本 x_{real}，当 D 对 x_{real} 有了一定的认知之后，G 尝试用 x_{fake} 欺骗 D，让 D 相信 x_{fake} 是 x_{real}。有时 G 能够成功骗过 D，但是随着 D 对 x_{real} 了解的加深（即学习的样本数据越来越多），G 发现越来越难以欺骗 D，因此 G 也在不断提升自己仿制赝品 x_{fake} 的能力。如此往复多次，不仅 D 能精通 x_{real} 的鉴别，G 对 x_{real} 的伪造技术也大为提升。这便是GAN的生成对抗过程。

2）生成对抗网络的结构

GAN由生成网络和判别网络共同构成。生成网络 G 接收随机变量 z，生成假样本数据 $G(z)$，目的是尽量使生成的样本和真实样本一样。判别网络 D 的输入由两部分组成，分别是

真实数据 x 和生成器生成的数据 $G(x)$，其输出通常是一个概率值，表示 D 认定输入是真实分布的概率，若输入来自真实数据，则输出 1，否则输出 0。同时，判别网络的输出会反馈给 G，用于指导 G 的训练。理想情况下 D 无法判别输入数据是来自真实数据 x 还是生成数据 $G(z)$，即 D 每次的输出概率值都为 0.5（相当于随机猜测），此时模型达到最优。在实际应用中，生成网络和判别网络通常用深层神经网络来实现。GAN 模型结构如图 6-11 所示。

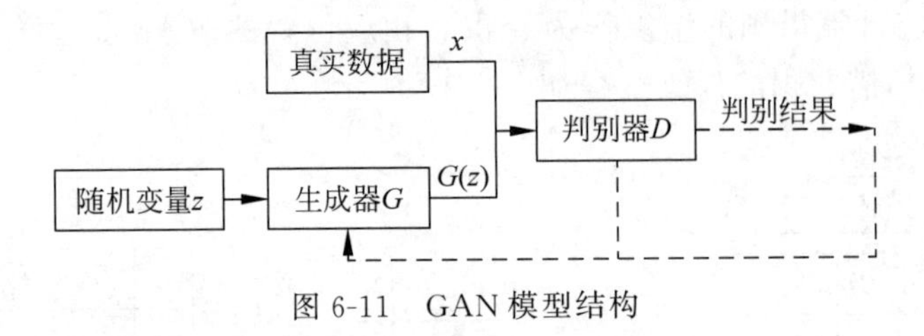

图 6-11　GAN 模型结构

GAN 中的生成网络和判别网络可以看作博弈中的两个玩家。在模型训练的过程中生成网络和判别网络会各自更新自身的参数使损失最小，通过不断迭代优化，最终达到一个纳什均衡状态，此时模型达到最优。

6.2.3　自然语言处理

1. 认识自然语言处理

语言是人类智慧的结晶，它经历了漫长而缓慢的发展过程，是人类交际、思维和传递信息的最重要工具。在人类进入信息化社会的今天，计算机自动处理的语言文字信息水平已成为衡量一个国家是否步入信息社会的重要标准之一。

自然语言是指人们日常使用的语言，它是随着人类社会不断发展演变而来的，是人类沟通、交流的重要工具，也是人类区别于其他动物的根本标志，没有语言，人类的思维无从谈起。在整个人类历史中，以语言文字形式记载和流传的知识占到知识总量的 80%以上。据统计，就计算机应用于信息处理而言，用于数学计算的信息处理仅占 10%，用于过程控制的信息处理不到 5%，其余 85%左右都是用于语言文字的信息处理。

自然语言处理（Natural Language Processing，NLP）是指利用计算机对自然语言的形、音、义等信息进行处理，即对字、词、句、篇章的输入、输出、识别、分析、理解、生成等的操作和加工。它是计算机科学领域和人工智能领域的一个重要的研究方向，研究用计算机处理、理解以及运用人类语言，可以实现人与计算机的有效交流。

自然语言处理的具体表现形式包括机器翻译、文本摘要、文本分类、文本校对、信息抽取、语音合成、语音识别等。可以说，自然语言处理的目的是让计算机理解自然语言。自然语言处理研究发展至今已经取得了长足的进步，逐渐发展成为一门独立的学科。

2. 自然语言处理的原理

计算机处理自然语言的整个过程一般可以概括为 4 步：语料预处理、特征工程、模型训练和指标评价。

1）语料预处理

语料预处理即对输入的数据进行预处理，主要包括以下 4 个步骤。

（1）语料清洗：保留有用的数据，删除噪声数据，常见的清洗方式有人工去重、对齐、删除、标注等。

（2）分词：将文本分成词语，如通过基于规则的、基于统计的分词方法进行分词。

（3）词性标注：给词语标上词性标签，如名词、动词、形容词等。常用的词性标注方法有基于规则的、基于统计的算法,如最大熵词性标注、隐马尔可夫模型(Hidden Markov Model,HMM)词性标注等。

(4) 去停用词:去掉对文本特征没有任何贡献作用的字词,如标点符号、语气词、助词等。

2) 特征工程

特征工程部分主要的工作是将分词表示成计算机可识别的计算类型,一般为向量,常用的表示模型有词袋模型、词向量等。

3) 模型训练

选择好特征后,就要训练模型,其中包括参数的微调等。在模型的训练过程中要注意,有可能出现模型在训练集上表现很好,但在测试集上表现很差的问题。

4) 指标评价

在指标评价部分,常用的模型评价指标有错误率、精准度、准确率、召回率等,利用这些指标评价模型的优劣程度,选择最佳的模型,进而输出最终的自然语言处理的结果。

3. 自然语言处理的层次

从微观上讲,自然语言处理是指从自然语言到机器内部的映射;从宏观上讲,自然语言处理是指机器能够执行人类所期望的某些语言功能。自然语言处理中至少有3个主要问题:第一,计算机需要具备大量的人类知识,语言动作描述的是复杂世界中的关系,关于这些关系的知识必须是理解系统的一部分;第二,语言是基于模式的,音素构成单词,单词组成短语和句子,音素、单词和句子的顺序不是随机的,没有对这些元素的规范使用,就不可能达成交流;第三,语言动作是主体的产物,主体或者是人,或者是计算机,主体处在个体层面和社会层面的复杂环境中,语言动作都是有其目的的。

自然语言的理解和分析是一个层次化的过程,许多语言学家把这一过程分为以下5个层次。

1) 语音分析

语音分析是指根据人类的发音规则,以及人们的日常习惯发音,从语音传输数据中区分出一个个独立的音节或音调,再根据对应的发音规则找出不同音节所对应的词素或词,进而由词到句,识别出人所说的一句话的完整信息,将其转换为对应的文字,这也正是语音识别的核心。

2) 词法分析

词法指词位的构成和变化的规则,主要研究词自身的结构与性质。词法分析的主要目的是从句子中切分出单词,找出词汇的各个词素,从中获得单词的语言学信息并确定单词的词义。

3) 句法分析

句法是指组词成句的规则,描述句子的结构,以及词之间的依赖关系。

4) 语义分析

句法分析后一般还不能理解所要分析的句子,至少还需要进行语义分析。语义分析是把分析得到的句法成分与应用领域中的目标相关联,从而确定语音所表达的真正含义或概念。

5) 语用分析

语用就是研究语言所存在的外界环境对语言使用所产生的影响。它描述语言的环境知识,以及语言与语言使用者在某个给定语言环境中的关系。关注语用信息的自然语言处理系统更侧重于讲话者/听话者模型的设定,而不是处理嵌入给定话语中的结构信息。学者们提出了多种语言环境的计算模型,描述讲话者及其通信目的、听话者及其对说话者信息的重组方式。构建这些模型的难点在于如何把自然语言处理的不同方面以及各种不确定的生理、心理、社会及文化等背景因素集中到一个完整连贯的模型中。

虽然这些分析层次看上去是自然而然的且符合心理学的规律,但是它们在某种程度上是强加在语言上的人工划分。它们之间广泛交叉，即使很低层的语调和节奏变化也会对说话的意思产生影响，如讽刺的使用。这种交叉在语法和语义的关系中体现得非常明显，虽然沿着这些界线进行某些划分似乎很有必要，但是确切的分界线很难定义。

4. 自然语言处理的前景

自然语言处理已经取得了丰硕成果，新的模型和方法不断被提出，并在多个行业得到成功应用。很多应用系统已经被广泛使用，并直接服务于社会生活的各个方面。然而，自然语言处理仍然面临着若干挑战，远没有达到像人一样理解语言的程度。

作为人工智能领域重要的研究方向和分支，自然语言处理不仅涉及词法、句法、篇章和语义等语言学本身的特点和规律，需要解决基础性关键问题，而且需要面向实际应用构建机器翻译、自动文摘、情感分析、对话系统等特定任务的模型和方法。自然语言处理最终要能够解决人类语言理解的问题，使相关应用系统的性能达到更高的水平，满足个性化用户的需求，甚至真正做到像人一样理解语言。

6.2.4 机器视觉

1. 认识机器视觉

视觉是人类最强大的感知方式，人们可以在不实际接触的情况下，通过视觉感知的方式获取周围环境的很多信息。据统计，人类从外界接收的各种信息中，80%以上是通过视觉获得的，人类有50%的大脑皮层参与视觉功能运转。

机器视觉是用机器代替人眼进行测量和判断，机器视觉的最终目标就是让机器像人一样通过视觉观察和理解世界，具有自主适应环境能力。美国制造工程师协会(Society of Manufacturing Engineers，SME)机器视觉分会和美国机器人工业协会(Robotic Industries Association，RIA)自动化视觉分会对机器视觉的定义为：机器视觉是通过光学的装置和非接触的传感器自动地接收和处理一个真实物体的图像，以获得所需信息或用于控制机器人运动的装置。因此，机器视觉就是机器的视觉，换句话说就是将视觉感知赋予机器，使机器具有和生物视觉系统类似的场景感知能力。由于生物视觉系统非常复杂，人们目前还不能使某一机器系统完全具备这一强大的视觉感知能力，而由于工业中的视觉环境可控，并且处理任务特定，所以如今大部分的机器视觉被应用在工业当中。

机器视觉作为“机器之眼”，相对于人类视觉具有高效率、高度自动化、高持续性等特点。智能制造势不可挡，机器视觉是重要技术手段。作为人工智能范畴最重要的前沿分支之一，机器视觉已服务工业30余年。在智能制造部署中，机器视觉可实现机器替代人眼进行测量与判断，通过非接触检测、测量，提高加工精度，发现产品缺陷并进行自动分析决策，目前基于大量数据集的物体检测、分割和识别，在智能家居、安防、工业检测等领域作出了突出的贡献。在5G、工业互联网与制造业深度融合的今天，机器视觉成为实现工业智能的控制系统。值得注意的是，在机器视觉中，光学检测仪器占比非常高，可用于检测出各种产品的缺陷，或者用于判断并选择出物体，或者用来测量尺寸等，应用在自动化生产线上对物料进行校准与定位。

图 6-12 视觉定位

图6-12所示为机器视觉应用——视觉定位，视觉定位能够准确地检测到产品并且确认

它的位置。在半导体制造领域，通过芯片位置信息调整拾取头非常不好处理，机器视觉则能够解决这个问题，因为需要准确拾取芯片以及绑定，这也是视觉定位成为机器视觉工业领域最基本应用的原因。

1）机器视觉的由来与发展

在现代工业自动化生产中，涉及各种各样的检验、生产监视及零件识别应用，如零配件批量加工的尺寸检查、自动装配的完整性检查、电子装配线的元件自动定位，集成电路上的字符识别等。通常人眼无法连续、稳定地完成这些带有高度重复性和智能性的工作，其他物理量传感器也难有用武之地。由此，人们开始考虑利用光电成像系统采集被控目标的图像，而后经计算机或专用的图像处理模块进行数字化处理，根据图像的像素分布、亮度和颜色等信息进行尺寸、形状、颜色等的判别。这样就把计算机的快速性、可重复性与人眼视觉的高度智能化和抽象能力相结合，由此产生了机器视觉的概念。

机器视觉技术的发展壮大，归因于计算机软件技术应用使目前大规模的集成电子电路技术应用成果实现了极大化的运用，尤其是多媒体系统和数字图像处理及深入分析基础理论领域的技术应用成熟，导致机器视觉技术不仅仅在基础理论，而且在应用上都取得了快速发展。

整体来说，我国机器视觉正处于起步阶段，随着配套基础建设的完善，以及技术与资金的积累，各行各业对采用图像和机器视觉技术的工业自动化及智能需求开始上升，国内有关大专院校、研究所和企业近两年在图像和机器视觉技术领域进行了积极思索和大胆的尝试，逐步开始了工业现场的应用。在政策的利好驱动下，国内机器视觉行业快速发展，中国正成为世界机器视觉发展最活跃的地区之一，预计到2025年我国机器视觉市场规模将达246亿元。

2）机器视觉的特点

（1）机器视觉是一项综合技术，其中包括数字图像处理技术、机械工程技术、控制技术、电光源照明技术、光学成像技术、传感器技术、模拟与数字视频技术、计算机硬件技术、人机接口技术等，这些技术在机器视觉中是并列关系，相互协调应用才能构成一个成功的工业机器视觉应用系统。

（2）机器视觉更强调实用性，要求能够适应工业生产中恶劣的环境，并且要有通用的工业接口。

（3）机器视觉更强调实时性，要求高速度和高精度。

3）机器视觉的主要任务

机器视觉的主要任务是通过分析图像，为图像中涉及的场景或物体生成一组描述信息。也就是说，机器视觉系统的输入是图像（或图像序列），输出是对这些图像的感知描述，输出的描述与这些图像中的物体或场景息息相关，并且这些描述可以帮助机器完成特定的后续任务，指导机器人系统与周围的环境进行交互。

4）机器视觉与工业互联网

机器视觉作为工业传感的核心，是机器人和自动化设备的眼睛，是构建工业互联网、建设数字化工厂感知网络的关键技术，同时也是实现柔性化智能生产的重要组成部分。

随着新一代信息技术持续快速发展，“5G＋机器视觉”这套组合拳正走入企业车间。5G网络具有高速率、低时延、广覆盖等特性，紧密契合了生产线工业连接设备种类繁多、数据处理实时性要求高、可能频繁调整生产线等需求，有利于推进企业生产制造体系智能化升级。推进发展工业互联网、促进信息技术与制造业深度融合，是加快制造强国、网络强国建设的重要举措。工业互联网把人、数据和机器连接起来，机器视觉则是这一环中重要的组成部分，它为制造产业带来生产周期、质量和效率的同步改善。

未来几年，制造业的机器视觉系统预计将集成更加精确的视觉传感器，具备更加强大、多元化的算力，并融合更加强大的机器视觉算法，衍生更多的场景化应用。同时，机器视觉系统也将与工业机器人等系统进行协同应用，助力构建柔性、智能的生产线，实现智能制造的远景目标。在数字化创新技术的推动下，越来越多的制造企业将通过自主研发、生态合作等方式，将机器视觉应用到工业检测、工业机器人、预测性维护等场景之中，将传统的工业流程转变为智能化流程，这同时也为企业数据资源的挖掘与利用奠定了坚实的基础。

2. 机器视觉系统

机器视觉系统主要由图像的获取、图像的处理和分析、输出或显示 3 部分组成，主要用计算机软件模拟人的视觉功能，从客观事物的图像中提取信息并进行处理，最终用于实际检测、测量和控制。

1）图像处理单元

图像处理单元由图像处理软件构成，图像处理软件拥有大量图像处理算法。在取得图像后，用这些算法对数字图像进行处理、分析、计算，并输出结果。软件是机器视觉的大脑，只有在软件将采集到的图像数据化以后，机器才能进行识别和检测等功能。

2）光源

光源是机器视觉系统中重要的组件之一，一个合适的光源是机器视觉系统正常运行的必备条件。使用光源的目的是将被测物体与背景尽量明显分别，获得高品质、高对比度的图像。

3）镜头

镜头的作用是光学成像。尽管照相机、分析软件和光源对于机器视觉系统都是十分重要的，可最关键的元件还是镜头。系统若想完全发挥其功能，镜头必须要能够满足要求才行。决定镜头性能的参数主要有焦距、工作距离、视场、景深、分辨率等。景深是指镜头获得最佳图像时被摄物体离此最佳焦点前后的距离范围。视场是摄像头所能观测到的最大范围，通常以角度表示，一般说来，视场越大，观测范围越大。工作距离是指镜头到被摄物体的距离，工作距离越长，成本越高。

4）相机

相机能够将通过镜头投影到传感器的图像传输到能够储存、分析和（或者）显示的机器设备上，按照芯片类型可以分为 CCD 相机、CMOS 相机。

5）图像采集单元

图像采集单元中最重要的元件是图像采集卡，它是图像采集部分和图像处理部分的接口。

6）输出单元

在完成图像采集和处理工作之后，需要将图像处理的结果输出，并作出与结果匹配的动作，如剔废、报警灯，并通过人机界面显示生产信息。

由此可见，从应用技术来讲，机器视觉系统是一种融合了数字电子、计算机、图像处理、传感器、机械工程、光源照明、光学成像等跨学科的前沿技术；从运用学科来讲，机器视觉系统是一门涉及人工智能、神经生物学、心理物理学、计算机科学、图像处理、模式识别等多行业领域的新兴学科。

值得注意的是，机器视觉系统比光学或机器传感器有更好的可适应性，它们使自动机器具有了多样性、灵活性和可重组性。当需要改变生产过程时，对机器视觉来说仅仅是软件的变换，而不是更换昂贵的硬件，当生产线重组后，机器视觉系统往往可以重复使用。

图 6-13 所示为使用机器视觉系统检测工业产品，图 6-14 所示为机器视觉系统在工业生产中的应用。

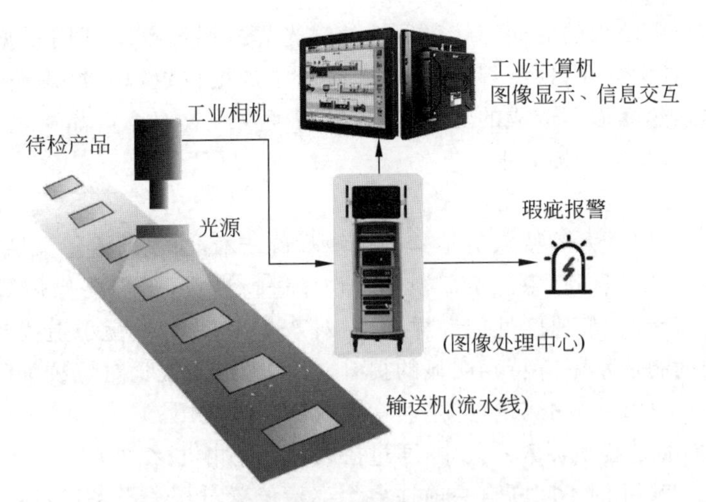

图 6-13　使用机器视觉系统检测工业产品

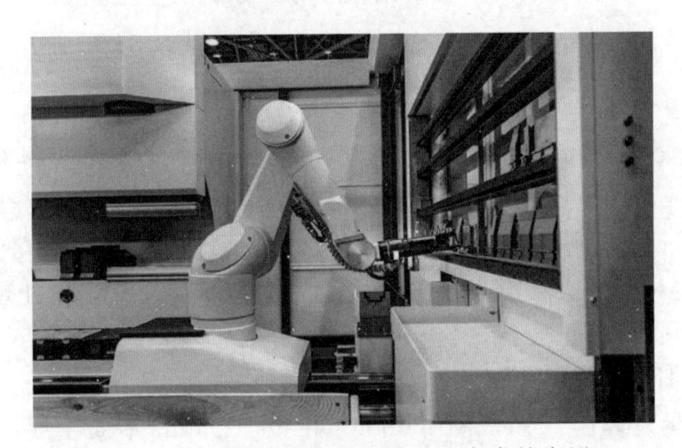

图 6-14　机器视觉系统在工业生产中的应用

3. 机器视觉的典型应用

机器视觉系统让大批量、持续生产的自动化程度提高了，大大提高了工业生产效率和产品精度，同时获取信息与自动处理的能力增强，为工业生产的信息集成提供了有效途径。

1）物体分拣

在机器视觉应用环节中，物体分拣应用是建立在识别、检测之后的一个环节，通过机器视觉系统将图像进行处理，结合机械臂实现物体分拣。

例如，在过去的生产线上，使用人工的方法将物料安放到注塑机里，再进行下一步工序；现在则是使用自动化设备分料，其中使用机器视觉系统进行产品图像抓取、图像分析，输出结果，再通过机器人把对应的物料放到固定的位置上，从而实现工业生产的智能化、现代化、自动化。

再如，在工业仓储领域，深度视觉相机通过捕获和分析机器人运动过程中的视觉特征和深度信息，可辅助自动导引运输车（Automated Guided Vehicle，AGV）进行自主定位、运动控制以及障碍物躲避，从而实现 AGV 在复杂场景中货物的自动搬运。

2）产品检测与识别

在生产生活中，每种产品都需要检验是否合格，需要一份检验合格证书。在过去机器视觉不发达时，人工肉眼检测往往会遇到很多问题，如准确性太低、容易有误差、不能连续工作且易疲劳，而且费时费力；而机器视觉的大量应用则使产品生产和检测进入高度自动化。具体的应用有硬币字符检测、电路板检测、饮料瓶盖检测、条码字符检测识别、玻璃瓶缺陷检测等。

例如，智慧工厂中使用的面向焊接机器人的激光焊缝跟踪系统利用视觉激光传感器焊接机器人可跟踪识别各类缝隙，检测焊缝偏差，即时纠正焊枪位置以对准焊缝，避免了焊接过程中因工件位置偏差、热变形等造成的焊缝缺陷，提高了生产效率及产品质量，并能满足柔性制造场景下多品种小批量的焊接需求。

3）物体测量

机器视觉工业应用最大的特点就是其非接触测量技术，由于非接触无磨损，所以避免了接触测量可能造成的二次损伤隐患。机器视觉对物体进行测量，不需要像传统人工一样对产品进行接触，但是其高精度、高速度性能一样不少，对产品无磨损，避免了造成产品二次伤害的可能，这对精密仪器的制造水平有特别明显的提升。例如，机器视觉对螺纹、麻花钻、集成电路元件管脚、车零部件、接插件等的测量，都是非常普遍的测量应用。

例如，在智能视觉巡检机器人系统中，通过搭载可见光相机、红外热成像仪、拾音器等信息采集设备，可通过轨道24小时不间断自主前往各个巡检位置对相关设备进行信息采集，并在系统后台进行分类存储、分析、展示，从而实现对钢铁厂炼铁原料筒仓输料系统的全覆盖闭环巡检。

6.2.5 知识图谱

1. 认识知识图谱

知识是人类通过观察、学习和思考有关客观世界的各种现象而获得和总结出的所有事实(Facts)、概念(Concepts)、规则(Rules)与原则(Principles)的集合。人类发明了各种手段描述、表示和传承知识，如自然语言、绘画、音乐、数学语言、物理模型、化学公式等，可见对客观世界规律的知识化描述对于人类社会发展的重要性。具有获取、表示和处理知识的能力是人类心智区别于其他物种心智的重要特征。

2012年5月17日，Google正式提出了知识图谱的概念，其初衷是优化搜索引擎返回的结果，增强用户搜索质量及体验。知识图谱(Knowledge Graph)本质上是一种揭示实体之间关系的语义网络。语义网络是一种用实体及其语义关系表达知识的方式。语义网络一般用节点表示实体，用弧表示语义关系，并且在语义网络表示中，每个节点和弧都必须有标志，用来说明它所代表的实体或语义。图6-15所示为一个简单的语义网络，用 A、B 分别表示节点1、节点2，用 R 表示 A 与 B 之间的语义联系。

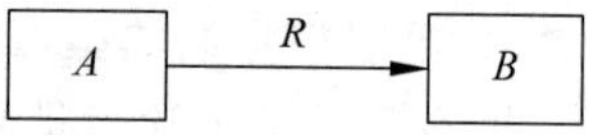

A —R→ B

图6-15　一个简单的语义网络

知识图谱以结构化的形式描述客观世界中概念、实体及其关系，将互联网的信息表达成更接近人类认知世界的形式，提供了一种更好地组织、管理和理解互联网海量信息的能力。知识图谱给互联网语义搜索带来了活力，同时也在智能问答中显示出强大威力，已经成为互联网知识驱动的智能应用的基础设施。知识图谱是最接近真实世界的数据组织结构，符合人的思维模式，可以为人工智能应用提供基础环境。

当前的人工智能其实可以简单划分为感知智能(主要集中在对于图片、视频以及语音的感知能力的探究)和认知智能(涉及知识推理、因果分析等)，知识图谱就是认知智能领域中主要的技术之一。让机器具备认知智能具体体现在让机器掌握知识，拥有理解数据、理解语言进而理解现实世界的能力，拥有解释数据、解释过程进而解释现象的能力，拥有推理、规划等一系列人类所独有的思考认知能力，而这些能力的实现与大规模、结构化、关联密度高的背景知识是密不可分的。在认知智能实现的过程中，知识图谱解决了两大核心问题：一是基于实体、属性及其实体间关系的显性关系的构建；二是基于图检索和图挖掘技术的隐性关系的挖掘。知识图谱帮助机器实现认知智能的"理解"和"解释"能力，通过建立从数据到知识图谱中实体、概念、关系的映射，使机器能理解数据，从数据中提炼出行业或领域内高精度的知识；通过利用知识图谱中的实体、概念和关系解释现实世界中的事物和现象，使机器能解释现象。更进一步地，基于知识图谱和逻辑规则或统计规律，机器能推理出实体或概念间深层的、隐含的关系，实现认知智能的“推理”能力。

因此，知识图谱与大数据、深度学习一起成为推动互联网和人工智能发展的核心驱动力。

图 6-16 所示为知识图谱表示。

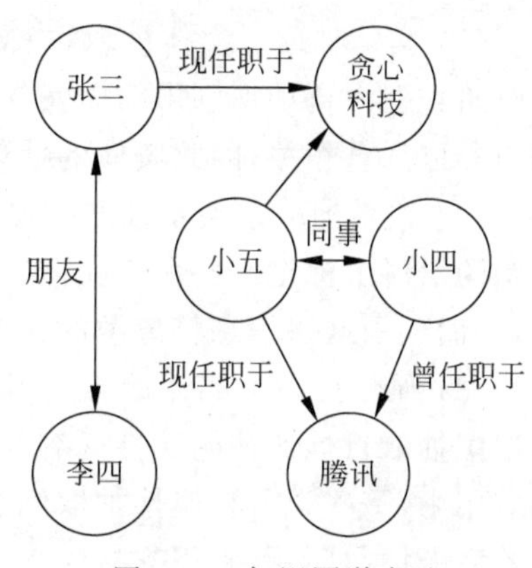

图 6-16 知识图谱表示

2. 知识图谱的研究内容

1）知识表示

知识表示主要是面向知识图谱中的实体和关系进行表示学习，使用建模方法将实体和向量表示在低维稠密向量空间中，然后进行计算和推理。知识是人类在认识和改造客观世界的过程中总结出的客观事实、概念、定理和公理的集合。知识具有不同的分类方式，如按照知识的作用范围可分为常识性知识与领域性知识。知识表示是将现实世界中存在的知识转换为计算机可识别和处理的内容，是一种描述知识的数据结构，用于对知识的一种描述或约定。知识表示在人工智能的构建中具有关键作用，通过适当的方式表示知识，形成尽可能全面的知识表达，使机器通过学习这些知识，表现出类似于人类的行为。

2）知识建模

知识建模通过各种知识获取方法获得突发事件领域的主要概念和概念之间的关系，用精确的语言加以描述以完成知识建模的过程。

知识建模是指建立知识图谱的数据模型，即采用什么样的方式表达知识，构建一个本体模型对知识进行描述。在本体模型中需要构建本体的概念、属性以及概念之间的关系。知识建模的过程是知识图谱构建的基础，高质量的数据模型能避免许多不必要、重复性的知识获取工作，有效提高知识图谱构建的效率，降低领域数据融合的成本。不同领域的知识具有不同的数据特点，可分别构建不同的本体模型。

知识建模目前的实际操作过程可分为手工建模方式和半自动建模方式。手工建模方式适用于对知识建模具有容量小、质量高的要求，但是无法满足大规模的知识构建，是一个耗时、昂贵、需要专业知识的任务；半自动建模方式将自然语言处理与手工建模方式结合，适用于规模大且语义复杂的知识图谱。

对知识建模进行质量评价也是知识建模的重要组成部分，通常与实体对齐任务一起进行。质量评价的作用在于可以对知识模型的可信度进行量化，通过舍弃置信度较低的知识保障知识库的质量。

3）知识抽取

知识抽取是指从不同来源、不同结构的数据中进行知识提取，形成知识的过程。为了提供令用户满意的知识服务，知识图谱不仅要包含其涉及领域已知的知识，还要能及时发现并添加新的知识。知识的完整性及准确性决定了知识图谱所能提供的知识服务的广度、深度和精度。因此，知识抽取在知识图谱构建过程中显得尤为重要。

知识抽取往往采用一些自动化的抽取方法从结构化、半结构化和非结构化的信息源中提取出实体、关系、属性等信息，形成三元关系或多元关系。知识抽取的关键技术包括实体抽取、关系抽取和属性抽取。

(1) 实体抽取。实体抽取也称为命名实体识别(Named Entity Recognition,NER),是指从原始数据中自动识别出命名实体。由于实体是知识图谱中最基础的知识要素,关系和属性都与实体息息相关,因此实体的抽取质量直接影响图谱中知识的质量。

(2) 关系抽取。关系抽取的目标是抽取语料中命名实体的语义关系。实体抽取技术会在原始的语料上标记一些命名实体。为了形成知识结构,还需要从中抽取命名实体间的关联信息,从而利用这些信息将离散的命名实体连接起来。关系抽取技术即是为了解决这类问题。

(3) 属性抽取。实体的属性可以使实体对象更加丰满。属性抽取的目的是从多种来源的数据中抽取目标实体的属性内容。实体的属性可以看作连接实体与属性值的关系,因此,在实际应用中,一些学者将属性抽取问题转换为关系抽取问题。例如,将人物的属性抽取转换为实体关系的抽取问题,利用支持向量机实现人物属性抽取和关系预测。

4) 知识存储

知识存储是针对知识图谱的知识表示形式设计底层存储方式,完成各类知识的存储,以支持对大规模数据的有效管理和计算。

知识存储的对象包括基本属性知识、关联知识、事件知识、时序知识和资源类知识等。知识存储方式的质量直接影响到知识图谱中知识查询、知识计算及知识更新的效率。

知识图谱的存储并不依赖特定的底层结构,一般的做法是按数据和应用的需求采用不同的底层存储,甚至可以基于现有关系数据库或 NoSQL 数据库进行构建。关系数据库是典型的基于表结构的存储,图数据库是典型的基于图结构的存储。

5) 知识融合

知识融合即合并两个知识图谱(本体),基本的问题都是研究怎样将来自多个来源的关于同一个实体或概念的描述信息融合起来。

知识融合是一个不断发展变化的概念,尽管以往研究人员的具体表述、所站角度、强调的侧重点不同,但这些研究成果中还是存在很多共性,这些共性反映了知识融合的固有特征,可以将知识融合与其他类似或相近的概念区分开来。知识融合是面向知识服务和决策问题,以多源异构数据为基础,在本体库和规则库的支持下,通过知识抽取和转换获得隐藏在数据资源中的知识因子及其关联关系,进而在语义层次上组合、推理、创造出新知识的过程,并且这个过程需要根据数据源的变化和用户反馈进行实时动态调整。

6) 知识推理

所谓的知识推理,就是在已有知识的基础之上推断出未知的知识的过程。从已知的知识出发,从中获取到所蕴含的新的事实,或者从大量的已有的知识中进行归纳,从个体知识推广到一般性的知识。对于知识推理,其包括的内容可以分为两种,一种是人们已经知道的用于进行推理的已有知识;另一种是人们运用现有的知识推导或归纳出来的新知识。对于知识,其形式是多种多样的,可以是一个或多个段落描述,又或者是传统的三段论的形式。

知识推理的方法大致上可以分为逻辑推理和非逻辑推理,逻辑推理的过程约束和限制都比较严格;相对而言,非逻辑推理对于约束和限制的关注度则没有那么高。根据逻辑推理的方法进行细分,知识推理可以分为演绎推理和归纳推理。演绎推理是从一般到个别的推理,这是一种自上而下的逻辑,在给定一个或多个前提的条件下推断出一个必然成立的结果。演绎推理历史悠久,可以进一步分成自然演绎、归结原理、表演算等类别。其中,自然演绎是通过数学逻辑证明结果成立的过程;而归结原理则是采用反证法的原则,将需要推导的结果通过反证其不成立的矛盾性进行推导;表演算是通过构建规则的完全森林,每个节点用概念集进行标记,每条边用规则进行标记,表示节点之间存在的规则关系,然后利用扩展规则,给节点标签添加新的概念,在森林中添加新的节点等方法进行推理。

7）知识构建

根据覆盖范围的不同,知识图谱可以分为应用相对广泛的通用知识图谱和专属于某个特定领域的行业知识图谱。通用知识图谱覆盖范围广,注重横向广度,强调融合更多的实体,通常采用自底向上的构建方式,从开放链接数据(信息)中抽取出置信度高的实体,再逐层构建实体与实体之间的联系;行业知识图谱指向一个特定的垂直行业,注重纵向深度,具有丰富的实体属性和数据模式,通常采用自顶向下的构建方式,先定义好本体与数据模式,再抽取实体加入知识库。

知识图谱的构建遵循知识抽取、知识融合、知识推理、知识应用的基本流程。从海量结构化和非结构化数据中进行实体、关系、属性和事件的信息提取,通过本体和实体对齐、指代消解解决多种类型的数据冲突问题,完成知识融合,并将知识存储到知识库中,最后进行进一步的知识推理和图谱应用。

值得注意的是,知识图谱与数据挖掘的关系往往是相辅相成的。知识图谱不仅汇总经过治理的知识数据,还应该将产生的知识进一步应用到机器学习算法中,不断产生新的知识反哺知识库,就像大脑在不断学习的过程一样。图 6-17 所示为通过知识增强机器学习的过程不断丰富知识图谱的内容,最终使应用更加智能。

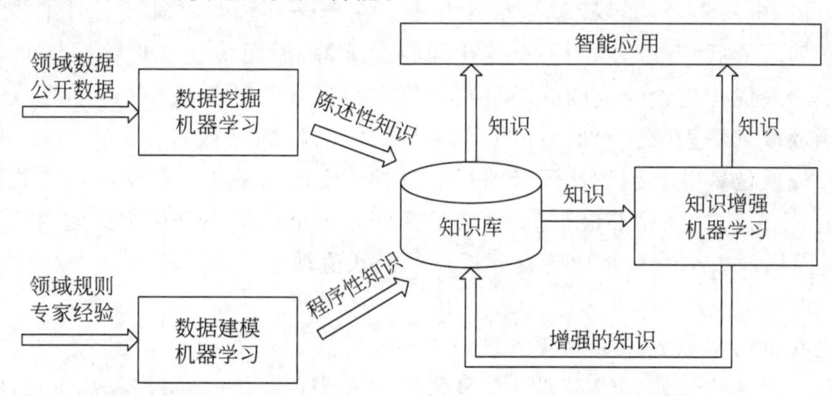

图 6-17　通过知识增强机器学习的过程不断丰富知识图谱的内容

3. 知识图谱的应用

知识图谱是人工智能应用链条的第 1 步,是人工智能的底层技术。知识图谱在高效数据处理和知识加工推理方面的能力,可以推动人工智能既有产品的升级或提供更有效的解决方案,同时也可以转化为新的商业产品形式。

知识图谱的产品形式可以分为原图应用和算法支撑两类。原图应用指基于知识图谱的图结构和丰富的语义关系,直接通过图谱产生价值的服务形式,如图挖掘、关联分析等。通用知识图谱被视为下一代搜索引擎的核心技术,而行业知识图谱由于有具体场景的认知深度,能很好地满足垂直领域知识类查询的需求,如企业业务流程查询、司法领域案例查询等。算法支撑指通过知识图谱对于信息源的数据进行处理,将产出的结构化关联数据用于其他人工智能任务的算法模型训练和应用中,得到能解决具体场景问题的研判建议,形成解决办法产生价值的服务形式。

知识图谱为其他人工智能任务提供算法支撑的典型应用主要包括智能问答、智能搜索和智能推荐、决策分析系统等,目前都已产生了成熟且广泛应用的商业产品,同时也是各领域知识图谱中的重要一环。基于知识图谱的智能搜索能对文本、图片、视频等复杂多元对象进行跨媒体搜索,也能实现篇章级、段落级、语句级的多粒度搜索。智能搜索让计算机更准确地识别和理解用户深层的搜索意图和需求,在知识图谱中查找出目标实体及其相关内容,对结果内容进行实体排序和分类,并以符合人类习惯的自然语言的形式展示,从而提高搜索体验。智能问答可以分为直接回答、统计回答和推理回答。基于知识图谱的智能问答能从实体和短句两个维度进行挖掘,能理解多样问法和有噪声问法,具有较高的准确率和召回率。在对话结构和流程设计上,能实现实体间上下文会话的识别与推理,最终实现更自然的人机交互。基于知识图谱的智能推荐则通过获得用户和物品的精确画像,从而实现准确的匹配和有针对性的推荐,实现场景化、任务型的推荐。

6.2.6 最优化理论

1. 认识最优化理论

优化理论是关于系统的最优设计、最优控制、最优管理问题的理论与方法。最优化就是在一定的约束条件下,使系统具有所期待的最优功能的组织过程,是从众多可能的选择中作出最优选择,使系统的目标函数在约束条件下达到最大或最小。最优化是系统方法的基本目的。现代优化理论及方法是在20世纪40年代发展起来的,其理论和方法越来越多,如线性规划、非线性规划、动态规划、排队论、对策论、决策论、博弈论等。

从本质上讲,机器学习的目标就是最优化——在复杂环境与多体交互中作出最优决策。几乎人工智能问题最后都会归结为一个优化问题的求解,因而最优化理论同样是机器学习必备的基础知识。最优化理论研究的问题是判定给定目标函数的最大值(最小值)是否存在,并找到令目标函数取到最大(最小)的数值。如果把给定的目标函数看作一座山脉,最优化的过程就是判断顶峰的位置并找到到达顶峰路径的过程。实际的最优化算法既可能找到目标函数的全局最小值,也可能找到局部极小值,两者的区别在于全局最小值比定义域内所有其他点的函数值都小;而局部极小值只是比所有邻近点的函数值都小。

2. 凸函数

凸函数是在机器学习的算法模型中常见的一种形式。它拥有非常好的性质,在计算上拥有更多的便利。这种感觉就好像看到一个复杂的7次函数 $f(x)=ax^7+bx+c$,但实际上它的7次项系数 $a=0$,这个函数其实很好分析。凸函数作为一个十分经典的模型被大家不断研究学习,它也是众多优化算法的基础,下面介绍这类函数及其相关特点。

首先介绍凸集。如果一个集合 C 被称为凸集,那么这个集合中的任意两点间的线段仍然包含在集合中。用形式化的方法描述,对于任意两个点 $x_1,x_2\in C$,以及任意处于[0,1]的实数 θ,都有

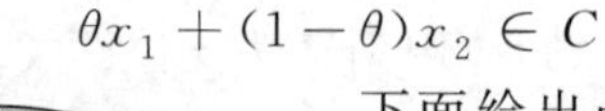

$$\theta x_1+(1-\theta)x_2\in C$$

下面给出凸函数和非凸函数的对比图像,如图6-18所示。可以看出,对于左侧的凸集区域,任意两点间的线段都在集合中;而对于右侧的非凸集区域,可以找到两点间的一条线段,使线段上的点在集合外。

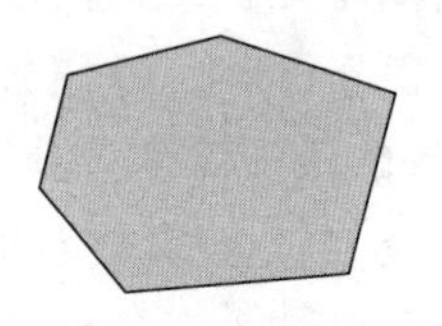

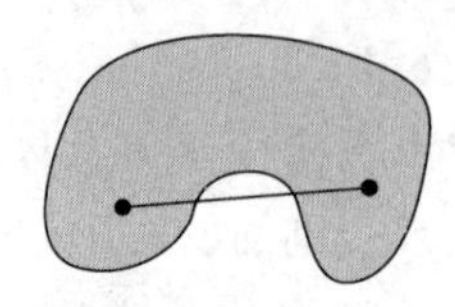

图6-18　凸函数和非凸函数

凸函数的定义域就是一个凸集,除此之外,它还具备另外一个性质:给定函数中任意两点 x、y,以及任意一个处于[0,1]的实数 θ,有

$$f(\theta x+(1-\theta)y)\leqslant \theta f(x)+(1-\theta)f(y)$$

这里给出一个凸函数的例子:$f(x)=x^2$,然后看看这个性质在函数上的表现,函数图像

如图 6-19 所示，图中的横截线代表不等式右边的内容，横截线下方的曲线代表不等式左边的内容，从图中确实可以看出不等式所表达的含义，如果一个凸函数像 x^2 这样是一个严格的凸函数，那么实际上除非 0 等于 0 或 1，否则等号不会成立。

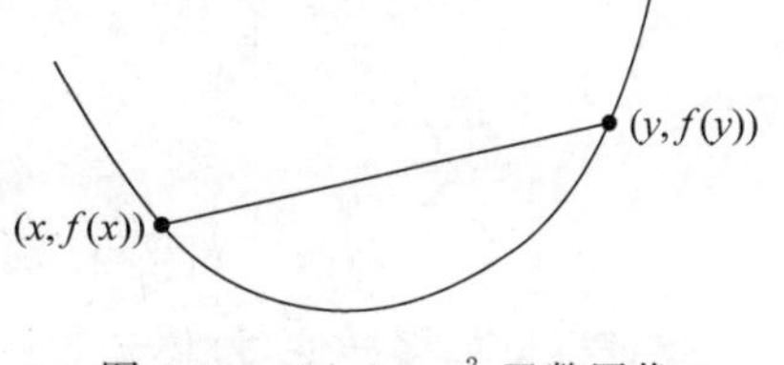

图 6-19　$f(x)=x^2$ 函数图像

3. 遗传算法

遗传算法(Genetic Algorithm，GA)是一种启发式的寻优算法，该算法是以达尔文自然选择学说理论为基础发展出来的，通过观察和模拟自然生命的迭代进化，建立起一个计算机模型，通过搜索寻优得到最优结果的算法。

1) 遗传算法介绍

遗传算法是模拟人类和生物的遗传进化机制，主要基于达尔文生物进化论中“物竞天择”“适者生存”和“优胜劣汰”理论。具体实现流程是首先从初代群体中选出比较适应环境且表现良好的个体；其次利用遗传算子对筛选后的个体进行组合交叉和变异，生成第 2 代群体；最后从第 2 代群体中选出环境适应度良好的个体进行组合交叉和变异形成第 3 代群体，如此不断进化，直至产生末代种群，即问题的近似最优解。

遗传算法的原理如图 6-20 所示。

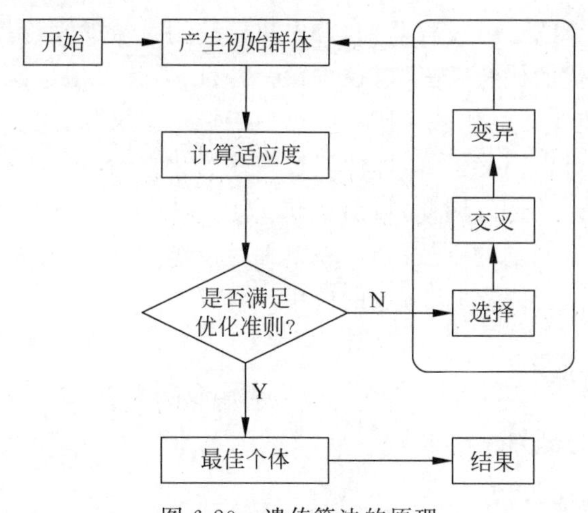

图 6-20　遗传算法的原理

在遗传算法中，交叉是指把两个父代个体的部分结构加以替换重组而生成新个体的操作。交叉的目的是能够在下一代产生新的个体。通过交叉操作，遗传算法的搜索能力得以飞跃性提高。交叉是遗传算法获取新优良个体的最重要手段。

在遗传算法中，变异是指以很小的概率(即变异率)随机地改变群体中个体(染色体)的某些基因的值。

2) 遗传算法的实现步骤

遗传算法是一个迭代的过程，其具体的实现步骤如下。

(1) 编码。在解决问题之前，首先要实现从问题形状到基因的映射，即编码过程，然后才可以进行下面的步骤。一般来说，对于编码形式并没有具体要求，对于编码的评估，一般要满足以下 3 个条件：①完全性：求解问题的所有候选个体(解)都可以用编码的形式表现出来；②包含性：求解问题的所有候选个体(解)都可以在空间中找到；③对应性：求解问题的所有候选个体(解)都与编码是相对应的。

编码所用的方法有很多,最常用的方法是二进制编码,即用 0/1 这样的二进制字符组成相应的字符串对候选个体(解)进行表示,这种二进制编码方法较为简单易行,对于分析过程也相对容易。

(2) 产生初始种群。初始种群是从解中随机选择出来的,将这些解比喻为染色体或基因。为了保证群体的多样性,群体越大越好,避免出现局部最优的情况。但群体规模增大会导致计算量的增加,同时群体中个体之间的差距也增大,可能会造成适应度两极化,因此在选择种群规模时要根据具体的实际问题具体分析。

(3) 计算适应度。给每个解都设定一个根据解实际接近程度指定的值,这个值是便于逼近求解问题的答案。

(4) 遗传操作。遗传操作包括选择、交叉和变异这 3 种基本操作。

(5) 解码。这一过程将基因表现转换为最初的性状表现。

3) 遗传算法的应用

遗传算法提供了一种求解复杂系统问题的通用框架,它不依赖于问题的具体领域,对问题的种类有很强的鲁棒性,所以广泛应用于很多学科,如工程结构优化、计算数学、制造系统、航空航天、交通、计算机科学、通信、电子学、材料科学等。例如,在工业控制监控过程中,有些系统会产生大量的随机数据和不确定因素,因此精确建模比较困难,也容易造成工业监控系统难以准确控制。利用遗传算法进行过程监控,首先建立控制系统的理论控制模型,然后利用遗传算法能在大量数据上寻优的优势,提供监控方案。并且,遗传算法也能进行自适应控制随时调整控制模型,以此达到监控的优化并且使系统更趋于稳定。又如,生产调度问题在许多情况下所建立起来的数学模型难以精确求解,即使经过一些简化之后可以进行求解,也会因简化太多而使求解结果与实际相差甚远。因此,目前在现实生产中也主要靠一些经验进行调度。遗传算法已成为解决复杂调度问题的有效工具,在单件生产车间调度、流水线车间调度、生产规划、任务分配等方面,遗传算法都得到了有效的应用。

6.3 工业人工智能

6.3.1 工业人工智能概述

1. 认识工业人工智能

工业人工智能,通常是指人工智能在工业上的应用。与作为前沿研究学科的通用人工智能不同,工业人工智能是构建计算机化系统执行需要人类智能的任务的前沿研究学科,工业人工智能更关注应用此类技术解决工业痛点,以创造客户价值、提高生产力、降低成本、优化站点、预测分析和洞察发现。

工业人工智能的概念最初由美国国家科学基金会智能维护系统中心提出,它综合工业大数据和工业运行中的知识经验,利用人工智能技术,通过自感知、自比较、自预测、自优化和自适应,形成可持续性且迭代升级的工业应用能力,从而重复、有效、可靠地解决工业制造问题,实现工业生产过程的优质、高效、安全、可靠和低耗的多目标优化运行。工业人工智能的提出,旨在定义发展智能制造系统的需求、挑战、技术和方法的有序思维策略,从业者可依照此系统性指南制定工业人工智能发展与部署的策略。例如,自动化是工业人工智能过程应用的主要方面之一。在人工智能的帮助下,自动化的范围和步伐发生了根本性的变化,人工智能技术提升了传统人工智能应用的性能并扩展了其能力。

目前来看,尽管工业人工智能的规模化应用仍任重道远,但以全球"灯塔工厂"为代表的工业人工智能领军者业已证明，工业人工智能将重塑产品服务、生产运营、组织流程等业务场景，打造具有颠覆潜力的创新业态，成为制造业转型升级的助推器。

1）工业人工智能介绍

工业人工智能是人工智能技术与工业融合发展形成的，贯穿于设计、生产、管理、服务等工业领域各环节，实现模仿或超越人类感知、分析、决策等能力的技术、方法、产品及应用系统。可以认为，工业人工智能的本质是通用人工智能技术与工业场景、机理、知识结合，实现设计模式创新、生产智能决策、资源优化配置等创新应用。工业人工智能需要具备自感知、自学习、自执行、自决策、自适应的能力，以适应变幻不定的工业环境，并完成多样化的工业任务，最终达到提升企业洞察力、提高生产效率或设备产品性能等目的。图 6-21 所示为人工智能技术在工业中的应用，包含了研发设计、信息管理、嵌入式以及生产控制等多个环节，并且在环节与环节之间融入了大量的数据反馈。

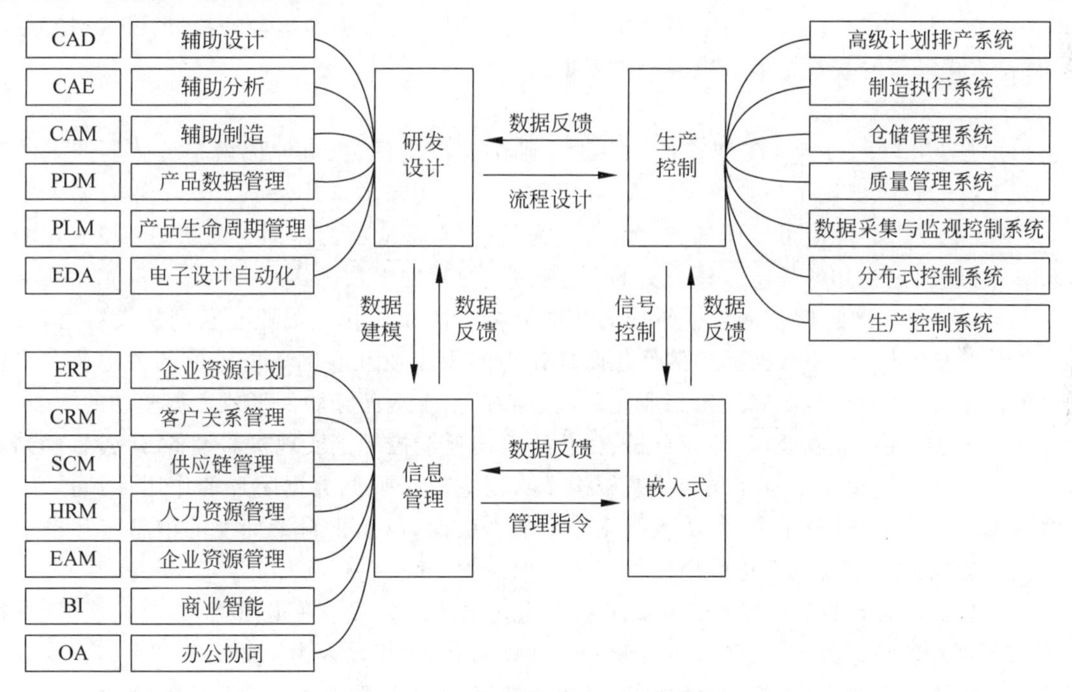

图 6-21　人工智能技术在工业中的应用

目前，工业人工智能应用最常见的起点是自动化，但不能就此止步。人工智能更强大的用途是帮助人类决策和互动。人工智能可以对信息进行分类，并以比人类更高的速度进行预测，因此用人工智能的方法处理工业物联网设备产生的大量数据，可转变为强大的分析和决策工具。

大多数工业人工智能项目按其服务目标大体可分为 4 类。

（1）工业资产管理的人工智能应用，包括设备自动化、设备稳定运行和设备运行状况监控。

（2）流程的人工智能应用，包括通过跨多个资产设备或跨多个流程的自动化和稳定运行，以提高效率、改善质量和实现产量最大化。人工智能设计和工程流程的目标是建立一个集成的“系统的系统”，从产品开发的需求、设计、制造，一直到用户使用产品各个阶段构成闭环，通过工业物联网实现运行的实时监控，然后部署人工智能系统分析数据，上升为知识，并利用这些知识改进产品的设计、制造和使用。

（3）为实现卓越运营和/或业务敏捷性的人工智能应用，包括能源成本优化、预测性维护、物流和调度、研发等。运用工业人工智能满足企业卓越运营和/或业务敏捷性的要求，是通过工业物联网从工厂的生产线采集生产过程的数据和机械装置的数据，并将其与ERP系统数据集成，采用全新的人工智能套件、机器学习和流分析，帮助生产管理人员和业务管理人员理解设备、人员、供应商和客户之间的复杂关系，了解企业当前生产和市场的实时状况，预测未来可能会发生的状况，既能确保工厂的产品能按质按量向客户交付，又能应对市场的变化及时调整生产计划，并与生产系统贯通，提前做好完成新生产任务的必要技术和原材料准备，以保证计划的实施。

(4) 在CAD/CAM中应用人工智能，优化设计结果。在计算机辅助设计和制造过程中结合应用人工智能的效果明显。例如，采用CAD进行电路布线、外观设计，采用CAM进行产品加工路径设计和运动轨迹规划，都可以应用人工智能，还可以集成到控制器中执行。由于设计软件数据结构明确，对于机器学习来说便于学习，也便于生成语义。

值得注意的是，人类无法分析所有采集的数据，可借助将人工智能纳入工业物联网的方法去解决。按照建模的目标，机器学习运用统计计算可以发现数据中蕴含的趋势、模式、特征、属性和结构，并以新的观察结果为决策提供依据。

2) 工业人工智能与工业互联网

(1) 工业互联网将为人工智能技术提供广阔的发展空间，根本原因就是传感器产生的数据为人工智能技术提供了各类数据输入，并提供了无尽想象的应用场景。从工业数据采集角度，人工智能技术的应用可以使各类设备升级为具备“自适应能力”，即主动感知环境变化的智能设备，可以根据感知的信息调整自身的运行模式，使其处于最优状态。

(2) 工业互联网的核心是数据驱动的智能分析与决策优化。工业互联网从发展之初，就将数据作为核心要素，将数据驱动的优化闭环作为实现工业互联网赋能价值的关键。在工业互联网体系架构1.0中，明确提出工业互联网核心是基于全面互联而形成数据驱动的智能，即通过数据采集交换、集成处理、建模分析、优化决策与反馈控制等实现机器设备、运营管理到商业活动的智能与优化。工业互联网体系架构2.0则进一步强调数据闭环的作用，明确了工业互联网基于感知控制、数字模型、决策优化3个基本层次，以及由自下而上的信息流和自上而下的决策流构成的工业数字化应用优化闭环实现核心功能。

(3) 工业人工智能是实现工业互联网数据优化闭环的关键。在全面感知、泛在连接、深度集成和高效处理的基础上，工业人工智能基于计算与算法，将以人为主的决策和反馈转变为基于机器或系统自主建模、决策、反馈的模式，为工业互联网实现精准决策和动态优化提供更大的可能性。工业人工智能实现了从数据到信息、知识、决策的转化，挖掘数据潜藏的意义，摆脱传统认知和知识边界的限制，为决策支持和协同优化提供可量化依据，最大化发挥利用工业数据隐含价值，成为工业互联网发挥使能作用的重要支撑。

工业人工智能的创新突破不断拓宽工业互联网的赋能价值。工业智能技术正迎来多方面创新与突破，为支撑工业互联网的数据优化闭环，进一步拓展和丰富工业互联网的能力边界与作用发挥关键作用。

2. 工业人工智能关键技术

1) 建模

建模是指把具体问题抽象为某一类问题并用数学模型表示，是应用于工程、科学等各方面的通用方法，是一种对现实世界的抽象总结。人工智能建模是通过模拟人认识客观事物和解决实际问题的方法对实际系统或系统的某一部分进行描述和表达的过程。建模在工业生产中具有重要意义，工业模型包含的工业机理与工业知识，揭示了设备或部件的退化机理、工艺参数和产品质量间的映射关系以及产线运行状况和部件工序之间的耦合关系，从而反映了制造业的核心工艺和生产运行过程，并体现了企业的生产能力和竞争力。目前人工智能建模成功应用在机器人、智能制造、智能电网等多个领域。

2）诊断

安全是工业生产的基本条件，对于工业生产，设备、生产过程的异常运行将导致产品的质量下降，严重时甚至造成安全事故以及人员伤亡。因此，利用传感器广泛采集关键设备、生产线运行以及产品质量检测的图像、视频以及时序等多元异构数据，利用大数据分析、机器学习、深度学习等方法进行有监督或无监督的分类和聚类，最终实现工业生产过程的智能在线异常检测、诊断以及溯源。

3）预测

预测对工业生产具有重要的促进作用。大数据技术、云服务技术和人工智能技术的快速发展促进了预测效果的不断提高，基于数据驱动的预测技术在预测性维护、需求预测、质量预测等方面获得了广泛的应用。对于预测性维护，利用工业设备运行数据和退化机理经验知识，预测设备的剩余有效使用时间并制定维修策略，实现高效的预测性维护，进而达到降本、增效、提质和安全的目的。对于需求预测，制造商基于历史订单数据、流程以及生产线的运行状况进行需求预测，从而指导生产链，进行风险管理并减少生产浪费。对于质量预测，通过生产线状态及相关生产数据分析预测出产品质量，并将生产流程调整为最佳产出状态以避免残次品。值得注意的是，孪生数字技术的发展大大促进了质量预测技术的发展。

4）优化

优化是提高工业生产效率的重要手段，主要分为设备级优化和系统级优化。机床等工业设备的参数对产品的质量具有重要影响，因此常用监督式特征筛选和非监督式特征筛选等方法，提取影响加工精度的关键工艺参数，并运用智能优化算法实时优化，实现工业提质增效。此外，复杂工业生产通常由一系列工业设备组成生产工序，进而由多个生产工序共同构成生产线。因此，企业可利用监测设备和生产线运行状态的数据，借助智能优化算法，协同各个生产工序共同实现生产全流程的产品质量、产量、消耗、成本等综合生产指标，以保证生产全流程的整体优化。

5）决策

复杂工业生产通常由多工序、多台套设备和不同加工要求组成，涉及实时市场信息、生产条件以及运行工况，企业目标、计划调度、运行指标、生产指令与控制指令一体化优化等，需要协同企业管理者和生产管理者的知识并进行智能化处理。因此，决策是形成工业生产闭环的关键，常见的工业过程智能决策通常由生产指标决策系统、生产全流程智能协同控制系统和智能自主运行控制系统等多个部分共同组成。工业智能决策系统还能够实时感知市场信息、生产条件以及运行工况，实现企业目标、计划调度、运行指标、生产指令与控制指令一体化优化决策。

3. 工业人工智能关键因素

1）智能芯片

芯片是将电路制造在半导体芯片表面上的集成电路。从广义上讲，只要能够运行人工智能算法的芯片都叫作智能芯片。但是，通常意义上的智能芯片指的是针对人工智能算法做了特殊加速设计的芯片，现阶段，这些人工智能算法一般以深度学习算法为主，也可以包括其他机器学习算法。

智能芯片是保证人工智能行业行稳致远的硬件核心，智能芯片从应用角度可以分为训练和推理两种类型。从部署场景来看，可以分为云端和设备端两大类。训练过程由于涉及海量的训练数据和复杂的深度神经网络结构，需要庞大的计算规模，主要使用智能芯片集群来完成。与训练的计算量相比，推理的计算量较少，但仍然涉及大量的矩阵运算。目前，训练和推理通常都在云端实现，只有对实时性要求很高的设备会交由设备端进行处理。

从技术架构来看，智能芯片可以分为通用类芯片（CPU、GPU、FPGA）、基于 FPGA 的半定制化芯片、全定制化 ASIC 芯片、类脑计算芯片（IBM TrueNorth）。另外，主要的人工智能处理器还有 DPU、BPU、NPU、EPU 等适用于不同场景和功能的人工智能芯片。

随着互联网用户量和数据规模的急剧膨胀，人工智能发展对计算性能的要求增长迫切，对 CPU 计算性能提升的需求超过了摩尔定律的增长速度。同时，受限于技术原因，传统处理器性能也无法按照摩尔定律继续增长，发展下一代智能芯片势在必行。值得注意的是，在芯片设计制造领域，中国仍缺乏设计软件，先进制程及设备与世界领先水平之间仍有差距，该领域部分产品及装备仍十分依赖进口。

2）智能传感器

智能传感器是具有信息处理功能的传感器，智能传感器带有微处理机，具备采集、处理、交换信息等功能，是传感器集成化与微处理机相结合的产物。

智能传感器属于人工智能的神经末梢，用于全面感知外界环境。各类传感器的大规模部署和应用为实现人工智能创造了不可或缺的条件。不同应用场景，如智能安防、智能家居、智能医疗等对传感器应用提出了不同的要求。

未来，随着人工智能应用领域的不断拓展，市场对传感器的需求将不断增多，高敏度、高精度、高可靠性、微型化、集成化将成为智能传感器发展的重要趋势。

3）智能信息及数据

信息数据是人工智能创造价值的关键要素之一，我国庞大的人口和产业基数带来了数据方面的天生优势。随着算法、算力水平的提升，围绕数据的采集、分析、处理诞生了众多的企业。

数据的数量和质量决定了人工智能模型的准确度。多年来，人工智能领域一直专注于创建更好的模型，以推动企业应用和研究中提高性能以及提升更广泛的人工智能能力。不过，清理和精炼用于这些复杂模型的大量关键数据可能是推动未来人工智能进步更重要的环节。目前，以数据为中心的人工智能运动正获得重视。只有通过先进的数据清理、数据增强、数据搜索和数据标记，才能真正提高人工智能解决方案的准确性和效率。但这需要对目前的方法进行重大改变，尤其是需要人工智能从业者将注意力重心从模型和算法开发转移到生产和使用更好的数据上。

4）行业知识的挖掘与运用

将知识运用在机器智能当中并不是什么新鲜事。早在 20 世纪，人类就迈出了探索知识计算的步伐，并广泛应用到工作和生活当中。在大数据时代，基于庞大的数据，人工智能虽然并不真正理解和掌握相关知识，不可能真正取代人类专家，但可以将复杂的模式识别问题分解成更简单的模式识别问题，在一些特定任务中比人类表现得更好，效率更高，取得长足的发展。但是，基于数据的人工智能和基于知识的人工智能，还是有本质区别的。著名的莫拉维克悖论早就指出过这个问题，因为机器无法像人一样将隐性知识融入思想和行动之中，形成高阶智慧，所以成了“逻辑的巨人，常识的矮子”。因此，目前的机器在一些困难的问题（如下围棋）上能超越人类，但在很简单的认知问题上的表现反而不如四五岁的人类儿童。

目前，人工智能已经开始走出实验室和象牙塔，走向千行百业，开始与物理世界和生物世界结合，而这些领域的数据并不是全部由 1 和 0 所构成。例如，人工智能预测蛋白质结构，每个蛋白质都不是一个简单的图像数据，它的背后是有具体意义的。不同的分子关系如何、怎样相互作用、靠什么原理组合在一起等，有一整套生物学逻辑和知识体系支撑，如果缺乏对药学知识的了解，用纯数据驱动的方法设计出来的模型很可能无法发挥效用。在产业人工智能中，数据中往往存在大量的信息，也就是没有或无法被表征的知识，往往体现为专家经验或师徒传承。想要训练出效果更好的产业模型，不仅需要大量、完备的数据，还要能够精准描述出数据之间的知识关系，这样才能够从数据中挖掘出更多有用的知识。

数据和信息描述世界，知识和智慧理解世界。作为一种致用技术，人工智能的模型应用，需要基于知识的计算，人工智能只有真正接纳并融合行业知识，让计算与知识转变成新时代的生产力，才能凝结出技术的长期价值，推动第三次人工智能浪潮继续向前奔涌。

5）协作机器人

协作机器人又称为智能机器人，具有结构灵活性、安全性、感知能力、人机协作、编程方便等优点。工业协作机器人能够充分发挥人类智能及机器人效率，可以大量应用于对灵活性要求较高的密集劳动等场景，并协助承担复杂的手动工序和负重劳动。

协作机器人具有视觉、听觉、力觉和位置等多种传感器，协作机器人的研发与应用需要进行机器人动力学建模、外界交互环境建模，并采用多种智能控制策略，如柔顺控制、协同控制、阻抗控制、协作控制、动态行为控制、认知控制等，以最终实现助力、叉车、移动和机床上下料等工作。例如，常见的无人值守协作机器人，由移动小车和机械臂组成，带有深度学习视觉模块，结合人机交互系统，可以替代多个操作工，自动完成加工中心、数控车床、冲压机、锻压机等多台机床的一系列上下料工作任务，程序切换简单，能够节约人工成本，提高生产效率。

6）智能技术服务

智能技术服务主要关注如何构建人工智能的技术平台，并对外提供人工智能相关的服务。此类厂商在人工智能产业链中处于关键位置，依托基础设施和大量的数据，为各类人工智能的应用提供关键性的技术平台、解决方案和服务。

目前，从提供服务的类型来看，智能技术服务厂商提供的服务包括以下几类。

（1）提供人工智能的技术平台和算法模型。此类厂商主要针对用户或行业需求，提供人工智能技术平台以及算法模型。用户可以在人工智能平台之上，通过一系列的算法模型进行人工智能的应用开发。

（2）提供人工智能的整体解决方案。此类厂商主要针对用户或行业需求，设计和提供包括软、硬件一体的行业人工智能解决方案，整体方案中集成多种人工智能算法模型以及软、硬件环境，帮助用户或行业解决特定的问题。

（3）提供人工智能在线服务。此类厂商一般为传统的云服务提供厂商，主要依托其已有的云计算和大数据应用的用户资源，聚集用户的需求和行业属性，为客户提供多类型的人工智能服务。

7）大模型技术

作为一个对话式机器人，ChatGPT“上知天文、下知地理”的能力源自大模型的支撑，没有对大模型的长期投入，就不会诞生 ChatGPT 这样的应用，而大模型的背后蕴藏着一场人工智能落地模式的变革。大模型又称为基础模型，指通过在大规模宽泛的数据上进行训练后能适应一系列下游任务的模型。大模型背后就是自监督学习，即利用大量无标签很便宜的数据去做预训练。而大规模预训练可以有效地从大量标记和未标记的数据中捕获知识，通过将知识存储到大量的参数中并对特定任务进行微调，极大地扩展了模型的泛化能力。在应对不同场景时，不再从零开始，只需要少量的样本进行微调即可。

从技术的角度看，大模型发端于自然语言处理领域，以 Google 的 BERT（Bidirectional Encoder Representation from Transformers）、OpenAI 的 GPT 和百度的文心大模型为代表，参数规模逐步提升至千亿、万亿，同时用于训练的数据量级也显著提升，带来了模型能力的提高。可以说,蒸汽机是工业革命的心脏,是手工生产走向模块化、标准化的通道,此后每次产业革新中,世界的优先任务都是寻找那部“蒸汽机”。当深度学习推动人工智能技术又一次复兴时,人类对它的最高期待,就是让人工智能成为第四次产业革命中的“蒸汽机”。而近几年身处智能革命前沿的,就是预训练大模型。从实用性角度看,人工智能大模型兼具“大规模”和“预训练”两种属性,面向实际任务建模前需要在海量通用数据上进行预先训练,能大幅提升人工智能的泛化性、通用性、实用性。

当前,人工智能与实体经济融合已取得积极进展,在重点行业建成了一批人工智能典型应用场景,形成了一批典型行业解决方案。作为当前人工智能发展的重要方向,预训练大模型已成为人工智能领域的技术新高地,国内外科技巨头对此竞相争夺。大模型的出现,实际上大幅度降低了人工智能进入行业的应用门槛。大模型生产企业能够根据人工智能应用方的需求,自动化、标准化地进行多场景多领域的模型生产,当达到一定规模时,即可形成健康、可持续发展的大模型产业模式。

4. 工业人工智能的主要应用

1)智能分拣

制造业中有许多需要分拣的作业,如果采用人工作业,速度缓慢且成本高,而且还需要提供适宜的工作温度环境。如果采用工业机器人进行智能分拣,可以大幅降低成本,提高速度。

以分拣零件为例,需要分拣的零件通常并没有被整齐摆放,机器人虽然有摄像头可以看到零件,但却不知道如何把零件成功地捡起来。在这种情况下,利用机器学习技术,先让机器人随机进行一次分拣动作,然后告诉它这次动作是成功分拣到零件还是抓空了,经过多次训练之后,机器人就会知道按照怎样的顺序分拣才有更高的成功率;分拣时夹哪个位置会有更高的捡起成功率。经过几个小时的学习,机器人的分拣成功率可以达到 90%,和熟练工人的水平相当。

2)产品缺陷检测

靠质检人员的视觉检查生产流水线上产品的微小缺陷,既耗费大量的劳力,还容易产生视力疲劳和人为错误。深度神经网络集成使计算机系统可以识别诸如刮擦、裂纹、泄漏等表面缺陷。深度学习驱动检测系统,与高光学分辨率相机和 GPU 相结合,形成超越传统机器视觉的感知能力。深度学习的应用使制造业生产线的缺陷检测过程变得越来越智能。

目前,基于机器视觉的表面缺陷检测应用在制造业已经较为常见。利用机器视觉可以在环境频繁变化的条件下,以毫秒级的时间快速识别出更微小、更复杂的产品表面缺陷并进行分类,如检测产品表面是否有污染物、损伤、裂缝等。目前已有工业智能企业将深度学习与三维显微镜结合,将缺陷检测精度提高到纳米级。对于检测出的有缺陷的产品,系统可以自动进行可修复判定,并规划修复路径及方法,再由设备执行修复动作。

3)设备健康管理

基于对设备运行数据的实时监测,利用特征分析和机器学习技术,一方面,可以在事故发生前进行设备的故障预测,减少非计划性停机;另一方面,面对设备的突发故障,能够迅速进行故障诊断,定位故障原因并提供相应的解决方案。设备健康管理在制造行业应用较为常见,特别是化工、重型设备、五金加工、3C 制造、风电等行业。

以数控机床为例,用机器学习算法模型和智能传感器等技术手段监测加工过程中的切削刀、主轴和进给电动机的功率、电流、电压等信息,辨识出刀具的受力、磨损、破损状态及机床加工的稳定性状态,并根据这些状态实时调整加工参数(主轴转速、进给速度)和加工指令,预判何时需要换刀,以提高加工精度,缩短产线停工时间并提高设备运行的安全性。

此外,工业人工智能还可以帮助企业很好地维护工业机器人。例如,在工厂制造流水线上有大量的工业机器人。如果其中一个出现了故障,当人感知到这个故障时可能已经造成大量的不合格品,从而带来不小的损失。基于人工智能和物联网技术,通过在工厂各个设备上加装传感器,故障预测平台可利用传感器采集前端设备的各项数据,然后利用预测性分析技术以及机器学习技术提供设备预测性诊断、启动设备运行维护、能效优化建议等解决方案,帮助工业客户提高生产力、可靠性以及安全性。

4) 柔性生产

柔性生产是一种新的生产模式,相对于传统大规模量产模式,柔性生产是一种以消费者为导向的以需定产的生产模式。通常,柔性生产的柔性主要体现在以下7方面。

(1) 机器柔性。生产不同类型产品时,机器设备可以快速响应。即使是非标准件的生产,非标终端设施和控制程序仍可以自动下载,快速更换。

(2) 工艺柔性。在工艺流程不变时,考验的是适应产品或原材料变化的能力。例如,协作机器人与生产机器人夹爪力度传感器对不同质量生产件具有较强的适应能力,以及生产线内为适应产品或原材料变化而改变相应工艺的速度。

(3) 产品柔性。产品升级或更新,甚至转产后,生产系统能够高效、经济和迅速地产出新产品。例如,比亚迪新能源汽车生产线转去生产防疫口罩。当然,产品更新后,仍保持对原产品可用特性的继承能力和兼容能力。

(4) 维护柔性。采用多种方式查询、处理故障,保障生产正常进行。

(5) 生产能力柔性。当生产量改变时,生产线也有能力以最经济的方式来应对。如果订单数量突然发生变化,预留工位、循环流转工位和缓存工位,以及备料等均能迅速作出调整。

(6) 扩展柔性。根据生产需求的增长,可以很容易地扩展生产线能力,如增加模块,甚至根据工艺流程增加生产工位、消除瓶颈工位以扩充产能。

(7) 运行柔性。利用不同设备、材料、工艺流程等生产同质产品,包括系列产品,甚至换用不同工序仍能完成预定的生产。

在智能制造中为达成以上7方面的柔性,先是通过集成各类传感器、机器视觉、测量设备等获得感知;然后对采集数据进行实时处理,分析挖掘;基于分析所获知识,作出生产决策;最后由工业机器人、数控机床以及各种专有设备完成生产。

图6-22所示为智能制造中控制器柔性生产流程,控制器是影响智能设备性能的关键部件之一,它的主要任务是控制设备在工作空间中的运动位置、姿态和轨迹,以及操作顺序和动作的时间等。

5) 智能决策

制造企业在产品质量、运营管理、能耗管理和刀具管理等方面,可以应用机器学习等人工智能技术,结合大数据分析,优化调度方式,提升企业决策能力。

例如,一汽解放无锡柴油机厂的智能生产管理系统,具有异常和生产调度数据采集、基于决策树的异常原因诊断、基于回归分析的设备停机时间预测、基于机器学习的调度决策优化等功能。通过将历史调度决策过程数据和调度执行后的实际生产性能指标作为训练数据集,采用神经网络算法,对调度决策评价算法的参数进行调优,保证调度决策符合生产实际需求。

6) 需求预测,供应链优化

供应链优化以人工智能技术为基础,并通过建立精准的需求预测模型,实现企业的销量预测、维修备料预测,最终作出以需求导向的决策。同时,供应链优化还可以通过对外部数据的分析,基于需求预测,制定库存补货策略,以及完成供应商评估、零部件选型等。

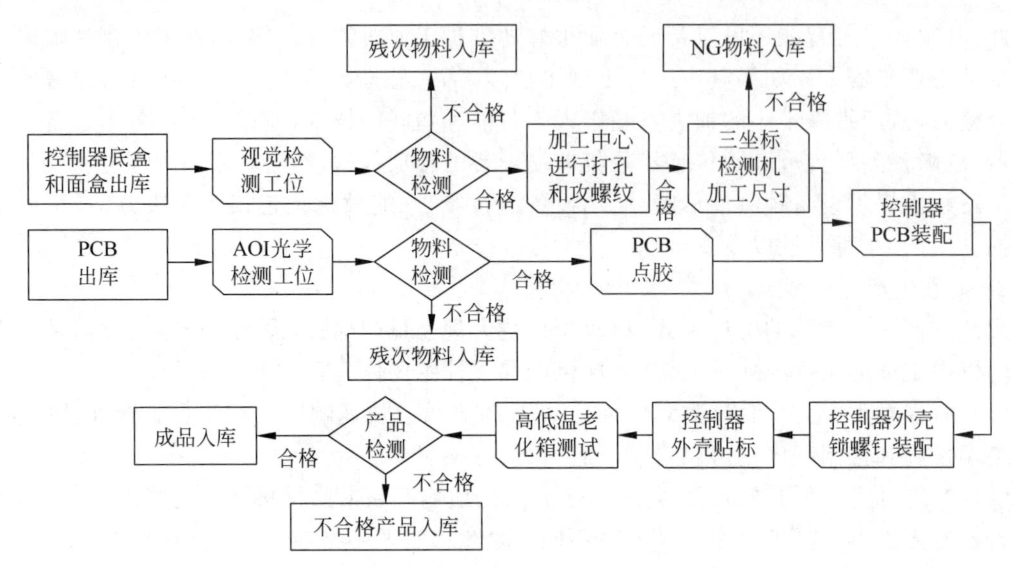

图 6-22 智能制造中控制器柔性生产流程

例如，为了控制生产管理成本，本田公司希望能够掌握客户未来的需求会在何时发生，因此将 1200 个经销商的客户销售与维修资料建立预测模型，推算未来几年内车辆回到经销商维修的数量，这些资讯进一步转换为各项零件预先准备的指标。该转变让本田公司已做到预测准确度高达 99%，并降低 3 倍的客诉时间。

7）创成式设计

创成式设计(Generative Design)是通过编写算法和程序来设计的过程，是一个人机交互、自我创新的过程，具体来说，由设计师选择生成模型的策略，编写算法，以人机交互的参数化建模，根据客观的设计目标，结合仿真、优化方法，直到获得最优化的设计。工程师在进行产品设计时，只要在系统指引下设置期望的参数及性能等约束条件，如材料、重量、体积等，结合人工智能算法，就能根据设计者的意图自动生成成百上千种可行性方案，然后自行进行综合对比，筛选出最优的设计方案推送给设计者进行最后的决策。

图 6-23 所示为创成式设计的方法流程。设计师选择生成模型的策略，编写算法，算法自动生成模型。模型的选择根据需求分为主观选择和客观选择，美学判断是通过人机交互修改参数改变模型，观察选择。客观选择是根据客观的设计目标，结合仿真、优化方法，由计算机自动完成的。在设计的整个过程中，仿真、优化过程本身也是通过算法实现的。图 6-23 中 MBSE 表示基于模型的系统工程①，主要用于支持与复杂系统的开发相关的需求、设计、分析、验证和确认，MBSE 将模型放在系统设计的中心。

创成式设计能够创造出手动建模不易获得的设计方案，它们拥有复杂几何结构，而增材制造技术在工业制造中的应用优势之一是制造复杂的结构，可以说创成式设计与增材制造技术是天生的“好伙伴”，创成式设计将进一步释放增材制造的应用潜能。图 6-24 所示为创成式设计。

创成式设计已经成为一门新的交叉学科，它与计算机和人工智能技术进行深度结合，并将先进的算法和技术应用到设计中。目前得到广泛应用的创成式设计算法包括参数化系统、形状语法、L-系统、元胞自动机、拓扑优化算法、进化系统和遗传算法等。

---

① 系统工程是一个跨学科的和综合的方法，利用系统原理和概念，以及科学、技术和管理方法，使工程系统成功实现、使用和退役。它汇集了多种技术，以确保设计的系统满足所有需求。它专注于系统在其生命周期中的体系结构、实现、集成、分析和管理。它还考虑了系统的软件、硬件、人员、流程和程序方面。

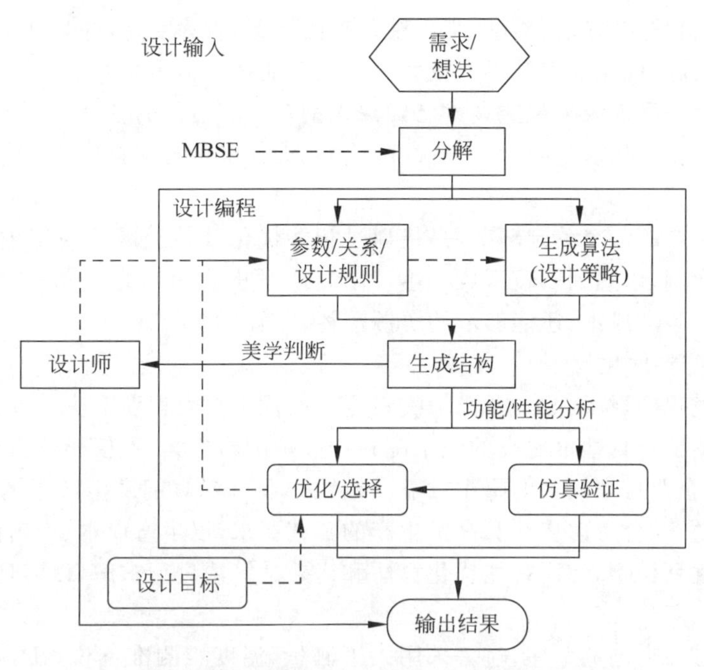

图 6-23 创成式设计的方法流程

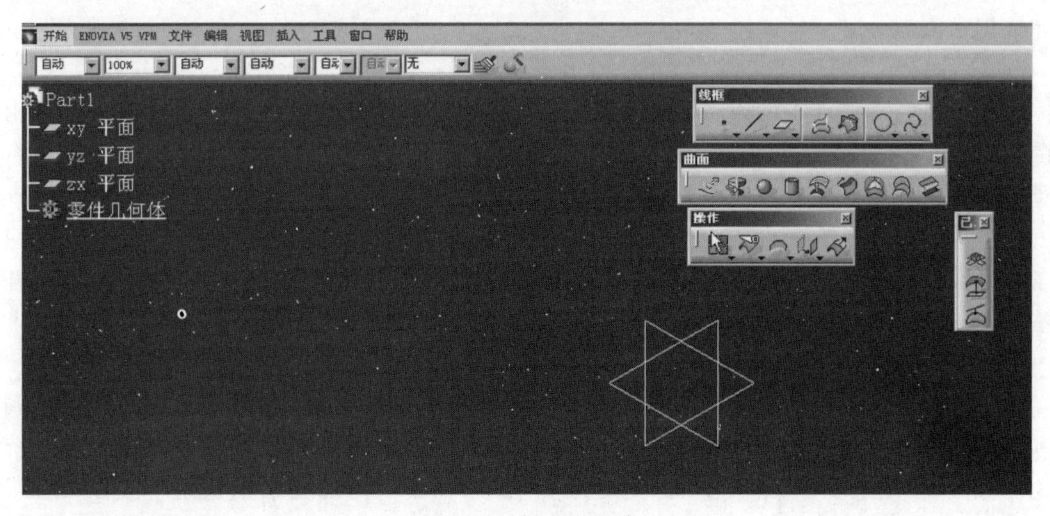

图 6-24 创成式设计

6.3.2 人工智能技术在制造行业中的应用实例

中国钢铁工业经历多年高速发展，当前正处于“高产量、高成本、低价格、低效益”的粗放发展向高质量发展转变的过程中，市场需求也向“小批量、多品种、定制化”的趋势发展。

钢铁生产过程中大多数工序具有多尺度、多变量、非线性和不确定的特点，确定的数学模型很难解决这些问题。近年来，以5G、云计算、大数据、工业互联网、人工智能等新一代信息技术为支点，新型工业化进程正在加速，为传统制造业转型升级注入新动能。而钢铁行业有着工业制造领域最丰富的应用场景，同时对信息化、智能化有最迫切的需求。

对于大型的钢铁企业，长流程钢铁生产工艺流程主要有铁前的焦化、烧结、球团及高炉炼铁等工序，在炼钢阶段主要有转炉、精炼炉、连铸等工序，还有轧制工序及轧制成品的后续处理阶段。钢铁生产过程存在连续、离散、半连续并存的情况，较为复杂，并且在生产过程中多是半结构和非结构化问题，优化处理的难度较大。人工智能技术与传统方法的结合，为解决这类问题提供了新的途径。目前人工智能技术已经深入钢铁生产过程的各个方面，如产品设计、铁水质量预测、过程控制、产品质量判定、设备故障诊断、铁前采购与配料优化、生产计划与调度等。

1）焦化配煤

配煤是炼焦生产的一个关键环节，是指通过智能优化及神经网络模型等数学方法确定配合煤中单种煤的比例，以达到以较低成本生产出高质量焦炭的目的。合理的配煤比例不仅能够降低焦化企业的生产成本，还能够节约资源消耗，减轻环境污染。

2）铁前采购配料优化

在钢铁生产过程中，烧结配料及高炉配料方案的优劣很大程度上决定着铁水成本的高低，一个满足冶炼性能要求且性价比高的烧结配料和高炉配料方案，不仅能够指导采购，而且能够指导生产，为钢铁企业带来较大的降本效益。钢铁企业可针对钢铁生产中的炼铁原料采购及烧结高炉配料问题，综合考虑烧结及高炉生产的工艺要求，以生产成本、产出铁水质量为目标，建立合理的数学规划模型，使用智能优化算法和运筹学算法进行求解，以实现配料优化。

3）钢水测温

给钢水测温是一道高危工序，过去采用人工测量，温度难测准不说，还容易发生事故。现在，工业机器人取代了人工进行测温，在几千米以外的操业集控中心里，工作人员轻点鼠标就能完成钢水测温。

4）设备故障诊断

钢铁生产过程中涉及的设备工艺复杂，且工序间衔接紧密，整个生产流程中某一环节出现故障，将影响整条生产线的生产。对钢铁企业设备进行预防性维护和故障诊断，对故障进行提前预警就变得尤为重要。

设备故障诊断是实现设备全生命周期管理的先决条件和重要组成部分。钢铁企业可应用设备故障在线诊断系统，通过系统获得设备的振动数据、电气仪表数据、控制数据等信息，并对这些数据进行分析，掌握设备的运行状态，合理制订检修计划，做到防患于未然。

5）生产计划与调度

生产计划与调度是实现现代钢铁工业智能制造与管理的关键，对钢铁企业的高效协调生产和节能降耗有着重要的实际意义。经过多年研究，生产调度研究虽然已经形成一套系统的理论与方法，但是集多种设备、多重工序、多种产品结构于一体的复杂钢铁生产流程具有工序繁多、设备复杂、生产过程不确定和扰动因素多等特点。而如今部分钢铁企业通过将人工智能技术与钢铁生产工艺规则相结合，能有效避免钢铁生产中这些不确定性的影响。

6.4 本章小结

（1）人工智能(AI)是研究、开发用于模拟、延伸和扩展人的智能的理论、方法、技术及应用系统的一门新的技术科学。

（2）当前，人工智能技术的突飞猛进正不断改变着零售、农业、物流、教育、医疗、金融、商务等领域的发展模式，重构生产、分配、交换、消费等活动各环节。

（3）感知机是一种非常特殊的神经网络，是最早被设计并实现的人工神经网络，它在人工神经网络的发展史上有着非常重要的地位。

（4）神经网络(NN)也称为人工神经网络(ANN)，是由大量神经元广泛互联而成的网络，是对人脑的抽象、简化和模拟，应用了一些人脑的基本特性。

(5) 卷积神经网络是在神经网络的基础上加入了卷积运算,通过卷积核局部感知图像信息提取其特征,多层卷积之后能够提取出图像的深层抽象特征,凭借这些特征达到更准确的分类或预测的目标。

(6) 自然语言处理(NLP)是指利用计算机对自然语言的形、音、义等信息进行处理,即对字、词、句、篇章的输入、输出、识别、分析、理解、生成等的操作和加工。它是计算机科学领域和人工智能领域的一个重要的研究方向,研究用计算机处理、理解以及运用人类语言,可以实现人与计算机的有效交流。

(7) 机器视觉主要用计算机模拟人的视觉功能,从客观事物的图像中提取信息进行处理并加以理解,最终用于实际检测、测量和控制。

(8) 知识图谱(Knowledge Graph)本质上是一种揭示实体之间关系的语义网络。语义网络是一种用实体及其语义关系表达知识的方式。

(9) 优化理论是关于系统的最优设计、最优控制、最优管理问题的理论与方法。最优化就是在一定的约束条件下,使系统具有所期待的最优功能的组织过程,是从众多可能的选择中作出最优选择,使系统的目标函数在约束条件下达到最大或最小。

(10) 工业人工智能通常是指人工智能在工业上的应用。与作为前沿研究学科的通用人工智能不同,工业人工智能是构建计算机化系统执行需要人类智能的任务的前沿研究学科,工业人工智能更关注应用此类技术解决工业痛点,以创造客户价值、提高生产力、降低成本、优化站点、预测分析和洞察发现。

习题 6

扫一扫

自测题

(1) 什么是人工智能?

(2) 什么是感知机?

(3) 什么是神经网络?

(4) 什么是知识图谱?

(5) 什么是最优化理论?

(6) 什么是工业人工智能?

第7章

工业互联网平台

本章学习目标

- 了解工业互联网平台概念
- 了解工业互联网平台核心技术
- 了解工业互联网平台应用

7.1 工业互联网平台概述

7.1.1 认识工业互联网平台

1. 为何需要工业互联网平台

当前，制造业成为全球经济发展的焦点，传统产业转型升级需求迫切。同时，新一代信息技术飞速发展，积极向制造业渗透，驱动产业变革。制造业转型升级的迫切需求与信息技术向制造领域加速渗透的趋势相互交织融合，催生了工业互联网平台。

一方面，制造业转型升级需要新的平台化使能工具。一是工业数据的爆发式增长需要新的数据管理工具，实现海量数据低成本、高可靠的存储和管理。二是企业智能化决策需要新的应用创新载体，满足智能化应用的爆发式增长。三是新型制造模式需要新的业务交互手段，实现不同主体、不同系统间数据和应用的高效集成。

另一方面，信息技术发展推动平台化使能工具走向成熟。一是云计算技术成熟，可以帮助制造企业低成本建设 IT 基础设施，形成单行可扩展的存储计算能力，实现简单灵活的软件开发与部署，进而帮助制造业降低成本。二是大数据和物联网技术成熟，可以为制造企业有效连接设备和生产线，收集生产现场成千上万种不同类型的数据，完成不同来源、不同结构工业数据的采集与集成，高效处理分析，实现价值挖掘，进而帮助制造企业提升价值。

工业互联网通过系统构建网络、平台、安全三大功能体系，形成人、机、物的全面互联，实现全要素、全产业链、全价值链的互联互通，是新一代信息通信技术与工业经济和系统全方位深度融合的全新工业生态、关键基础设施和新型应用模式，工业互联网的发展将推动形成全新的工业生产制造和服务体系。平台下连设备，上接应用，承载海量数据的汇聚，支撑建模分析和应用开发，定义了工业互联网的中枢功能层级，在驱动工业全要素、全产业链、全价值链深度互联，推动资源优化配置，促进生产制造体系和服务体系重塑中发挥着核心作用。

如今，工业互联网平台逐渐成为全球制造业竞争的新焦点，各个国家均将工业互联网平台作为战略布局的重要方向，逐步构建自主掌控的平台布局能力。

图 7-1 所示为工业互联网平台架构、数据与产业的关系。从价值视角看，工业互联网平台的本质是通过工业全要素、全价值链和全产业链的连接，实现对企业乃至制造业的重构。从技术视角看，产业维是关注重点。从 5G、数据中心、人工智能到工业互联网，这些概念不是割裂的，而是环环相扣的，它们构成了数据采集、传输、计算、分析、应用的数据闭环，工业互联网平台建设的关键是要实现这些技术的群体性突破和协同性创新。

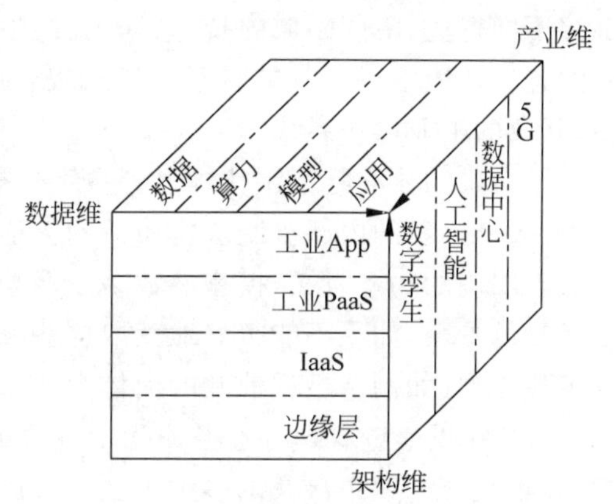

图 7-1　工业互联网平台架构、数据与产业的关系

(1) 5G。得益于高速度、低功耗、低时延等优势，5G 可应用在工业互联网垂直领域，5G 专网可实现在智能导航、辅助装配与远程运维、预测性维护、高压配电网负荷控制、设备物联、工业设备远程控制六大场景的应用。

(2) 数据中心是支撑工业互联网落地的关键基础设施。“规模化＋小微化”数据中心协同发展会成为主流。传统的大型规模化数据中心难以满足万物互联的需求，需要建设小微型数据中心加强边缘计算和数据分析的能力，因此更需要重视边缘数据中心。

(3) 人工智能是工业互联网平台的内核。目前工业人工智能的关键技术、场景应用、产业发展均处于起步阶段。在算力方面，边缘层亟须加快研发适配工业实时性需求的 AI 芯片；在模型方面，深度学习、知识图谱和管理引擎将成为重点发展方向；而在应用方面，工业的复杂性、不确定性和人工智能缺乏可靠性、可解释性之间的矛盾导致工业人工智能发展缓慢。

2. 工业互联网平台架构与特点

工业互联网平台是工业互联网的核心，是对传统工业 IT 的全面升级，与传统工业 IT 架构解决方案相比，工业互联网平台解决方案实现了流程驱动的业务系统转变为数据驱动的平台应用新范式，为工业企业提供基于数据的新技术、新方法、新服务和新价值。

1) 工业互联网平台架构

工业互联网平台包括数据采集(边缘层)、IaaS 层、平台层(工业 PaaS)以及应用层(工业 SaaS)，可快速实现企业产品、生产设备与系统的互联互通，通过数据分析、机器学习，协助提升客户部署全面灵活的业务处理能力，帮助企业实现数字化、网络化、智能化发展。

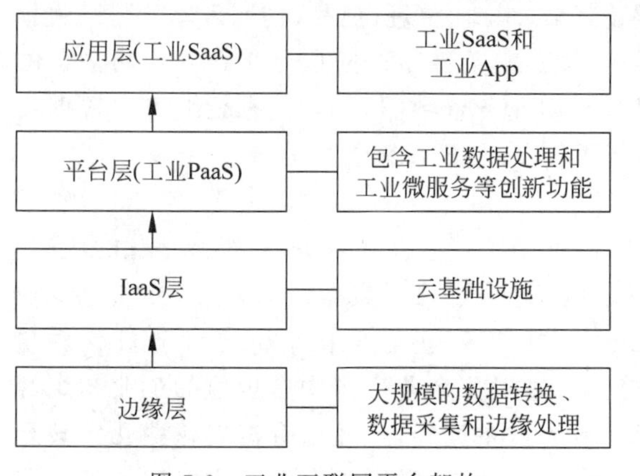

图 7-2　工业互联网平台架构

工业互联网平台架构如图 7-2 所示。

(1) 边缘层。边缘层是工业互联网平台的基础。在平台的边缘层，对海量设备进行连接和管理，并利用协议转换实现海量工业数据的互联互通和互操作；同时，通过运用边缘计算技术，实现错误数据剔除、数据缓存等预处理以及边缘实时分析，降低网络传输负载和云端计算压力。

(2) IaaS 层。IaaS 层为平台的基础设施层，主要包括各类服务器、网络、存储等基础设施服务设计，采用云服务搭建 IaaS 各类基础服务。

(3) 平台层。平台层是工业互联网平台的核心。平台层在通用 PaaS 架构上进行二次开发,实现工业 PaaS 层的构建,为工业用户提供海量工业数据的管理和分析服务,并能够积累沉淀不同行业、不同领域内技术、知识、经验等资源,实现封装、固化和复用。此外,平台层在开放的开发环境中以工业微服务的形式提供给开发者,用于快速构建定制化工业 App,打造完整、开放的工业操作系统。

平台层的核心是数字化模型。数字化模型是一种机理模型,也称为白箱模型。它是根据对象、生产过程的内部机制或物质流的传递机理建立起来的精确数学模型。其优点是参数具有非常明确的物理意义,模型参数易于调整,所得的模型具有很强的适应性。机理模型往往需要大量的参数,如果不能很好地获取这些参数,也会影响到模型的模拟效果。机理模型包括基础理论模型(如制造过程涉及的流体力学、热力学、空气动力学方程等模型)、流程逻辑模型(如 ERP、SCM 供应链管理等业务流程中蕴含的逻辑关系)、部件模型(如零部件三维模型)、工艺模型(如生产过程中涉及的多种工艺、配方、参数模型)、故障模型(如设备故障关联、故障诊断模型等)、仿真模型(如风洞、温度场模型等)。机理模型本质上是各种经验知识和方法的固化,它更多是从业务逻辑原理出发,强调因果关系。在企业生产实践中,数字化模型一部分来源于物理设备,包括制造过程的零件模板、设备故障诊断、性能优化和远程运维等背后的原理、知识、经验及方法;一部分来源于业务流程逻辑,包括 ERP、MES、SCM、CRM、生产效能优化等业务系统中蕴含着的流程逻辑框架;此外,还来源于研发工具,包括 CAD、CAE、MBD 等设计、仿真工具中的三维数字化模型、仿真环境模型等;以及生产工艺中的工艺配方、工艺流程、工艺参数等模型。

(4) 应用层。应用层是工业互联网平台的关键。应用层通过自主研发或引入第三方开发者的方式,以云化软件或工业 App 的形式为用户提供设计、生产、管理、服务等一系列创新性应用服务,实现价值的挖掘和提升。

除此之外,工业互联网平台还包括涵盖整个工业系统的管理运营体系和网络安全体系,这些构成了工业互联网平台的基础支撑和重要保障,如图 7-3 所示。

图 7-4 所示为纺织工业互联网平台整体架构。纺织工业互联网实现了人、机、物的互联,产生了海量的业务数据和技术数据,如何使这些数据创造价值,才是创建工业互联网平台的真正意义。工业互联网平台的基础应用是将业务流产生的数据通过处理和分析反哺业务、服务于业务,如数据驱动设备、业务数据自动流转、各种业务预警、常规统计分析等,这些不再赘述,这里重点探索纺织工业互联网平台创建智慧营销、数字化工厂、智慧研发、智慧品管、智慧环境能源、车间大屏、工业 App 方面的应用。该平台能够实现信息系统互联互通,建设一个贯穿产品、报价、订单、会审、生产工艺、备纱、排产、整经、浆染、织造、整理、成品检验、入库、发货、收款整个生产经营过程的业务自动流转系统。值得注意的是,柔性生产阶段是工业互联网平台的高级阶段,当积累了海量业务数据和技术数据后,一切业务皆数据,一切数据皆业务。根据需要可以对业务模式、产业链协同、深化服务等进行再创新,使资源配置更合理。

2) 工业互联网平台特点

工业互联网平台采取云化、敏捷开发等方式,降低了工业企业投入信息化、数字化的成本。相较于传统 IT 架构,工业互联网扩大了数据采集的范围,增强了数据的时效性,并通过工业知识的沉淀和创新,持续迭代研发各类工业 App。从知识管理角度来看,由于工业软件数量少,且系统内知识无法拆分提取,难以复用,历史上大量工业企业生产中有价值的工业知识经验没能沉淀下来。“传帮带”模式仍是工业知识传承的重要途径,人才培育需要花费几年甚至几十年时间,人才流动将为企业带来不可预估的损失。工业互联网平台解决方案改变了工业

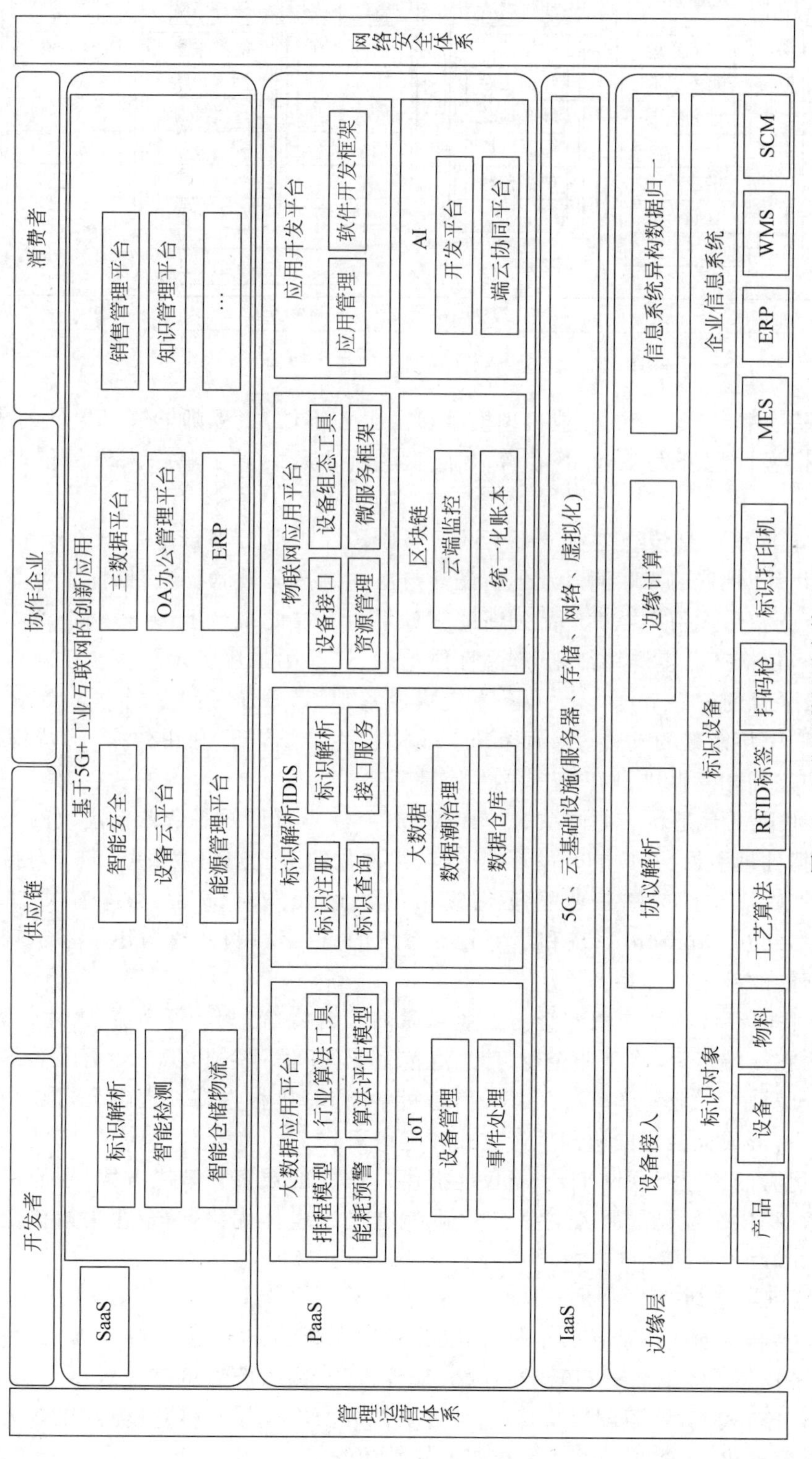

图 7-3　工业互联网平台体系

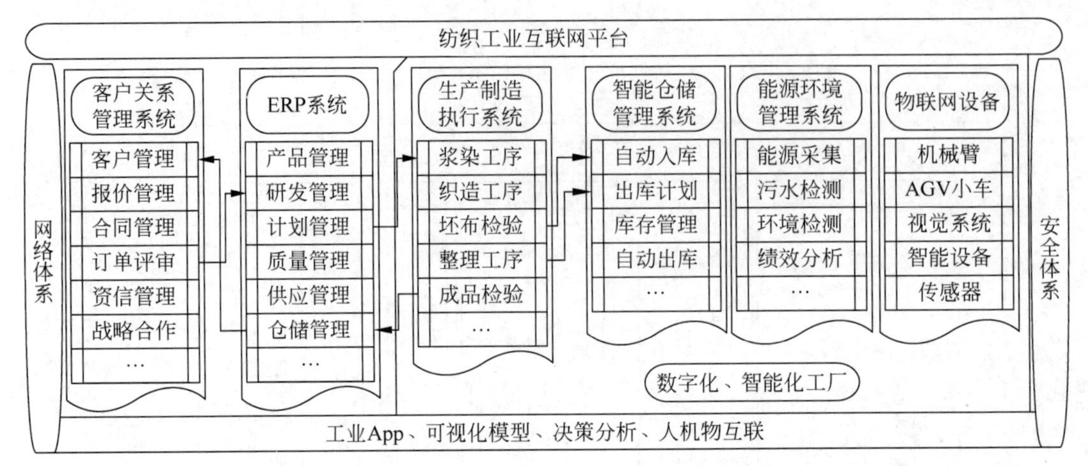

图 7-4 纺织工业互联网平台整体架构

知识传递途径,基于平台上汇聚的工业机理模型和微服务组件,工程师能够以更低的成本、更高的效率、更具拓展性地开发工业 App,解决企业创新发展中对于单一人才的依赖带来的制约。

(1) 工业互联网平台是传统工业云平台的升级阶段。工业云平台是基于云计算技术,通过整合云计算、物联网、移动互联网以及创新设计与协同制造等技术,专门面向工业企业尤其是中小制造业企业和个人用户提供产品创新的服务平台。在此平台上,基于制造业本身的产品进行拓展延伸,包括产品生产精细化、产品性能追踪、产品附加服务增值等。工业互联网平台在传统工业云平台的软件工具共享、业务系统集成基础上,叠加了制造能力开放、知识经验复用与第三方开发者集聚的功能,大幅提升工业知识生产、传播、利用效率,形成海量开放 App 与工业用户之间相互促进、双向迭代的生态体系。

(2) 工业互联网平台是新工业体系的"操作系统"。工业互联网平台依托高效的设备集成模块、强大的数据处理引擎、开放的开发环境工具、组件化的工业知识微服务,向下对接海量工业装备、仪器、产品,向上支撑工业智能化应用的快速开发与部署,发挥着类似于微软 Windows 系统、Google Android 系统和苹果 iOS 系统的重要作用,支撑构建了基于软件定义的高度灵活与智能的新工业体系。

(3) 工业互联网平台产品应用广泛。工业互联网平台将信息流、资金流、人才创意、制造工具和制造能力在云端汇聚,将工业企业、信息通信企业、互联网企业、第三方开发者等主体在云端集聚,将数据科学、工业科学、管理科学、信息科学、计算机科学在云端融合,推动资源、主体、知识集聚共享,形成社会化的协同生产方式和组织模式。

因此,一个优秀的工业互联网平台,不仅能提供一站式的数字化解决方案,还能根据企业不同特点和需求,提供个性化的服务支撑,对企业制造进行整体优化,为企业决策提供有效数据支撑。

3. 工业互联网平台功能

工业互联网平台是面向制造业数字化、网络化和智能化的需求,构建基于海量数据采集、汇聚、分析的服务体系,支撑制造资源泛在连接、弹性供给、高效配置的工业云平台。因此,工业互联网应具备分布式 IT 资源调度与管理,工业资源的泛在连接与优化配置,工业大数据管理与挖掘以及微服务供给、管理与迭代优化四大核心功能。

1) 分布式 IT 资源调度与管理

工业互联网平台应建立 IT 软硬件的异构资源池,提供高效的资源调度与管理服务,通过实现IT能力平台化，降低企业信息化建设成本，加速企业数字化进程，推动核心业务向云端迁移，为运营技术和IT的融合与创新应用提供基础支撑。

2）工业资源的泛在连接与优化配置

工业互联网平台应通过在边缘侧部署边缘处理解决方案，接入并广泛汇聚异步的专业技术人员技能、设备设施、业务系统等各类工业资源。另外，将数据化、模型化的工业资源进行加工、组合、优化，形成模块化的制造能力，并通过对工业资源的基础管理、动态调度、优化配置等，促进制造能力的在线交易、动态配置、共享利用。

3）工业大数据管理与挖掘

工业互联网平台应提供具有海量、多源、异构等特点的工业大数据的转换、清晰、分级储存、分析挖掘、可视化处理等功能，支撑海量数据的汇聚利用与核心价值的挖掘。

4）微服务供给、管理与迭代优化

工业互联网平台应支持各类微服务组件提供商，围绕工业生产的各个方面，快速构建人员技能、设备、生产资源、工业环境等一系列高度解耦、可复用的工业微服务及微组件等，并根据相应的使用情况，对其进行持续的迭代优化。同时，支持平台建设运营主体对各类微服务及微组件进行认证、注销等基础管理，以及微服务和组件的编排、调用等。

4. 工业互联网平台的演进方向

从在制造业中的定位来看，工业互联网平台是制造业信息和资源交互的枢纽，向下接入海量设备和资源，向上为企业提供各类工业软件和服务的开发部署，而其自身则提供各类中间层技术和服务，同时也是海量数据汇聚和分析的平台。其主要功能演进方向为资源整合、软件服务和数据分析。

1）资源整合

工业互联网平台在整合资源时，应顺应制造业区域发展特征，发挥区域资源适配度高、物流成本低等优势，整合特定范围内的产业资源，让用户可以根据需求，在产业优势区域低成本、快速获取所需资源要素。

2）软件服务

工业互联网平台以云服务方式向客户提供各类软件，主要有两个重要的演进方向。一是提供定制化的常用软件，通过更加深入的定制化服务为企业提供满足细分业务需求的软件。二是提供研发类软件，能够在平台上直接使用研发工具或利用平台提供的服务提升研发设计能力。

3）数据分析

工业互联网平台要聚焦如何获取更加全面和高质量的数据，并探索适用于智能制造的有效算法。一是增加数据量，平台依托自身特点，打通更加完整的产业数据链条，或收集更广范围内的数据。二是提高数据质量，继续深化建立通用和科学的数据标识解析体系，不断提高数据质量。三是结合实际应用场景探索有效的算法。智能制造领域的数据分析应用空间极大，面对不同的应用需求，要对工业互联网平台数据进行整合、提取，并设计有效的算法，切实创造应用和产业价值。

7.1.2 工业互联网平台的发展现状与应用场景

1. 工业互联网平台的发展现状

制造业作为深化互联网、大数据、人工智能和实体经济融合的新战场，受到了行业内外的关注。而工业互联网平台作为制造业数字化、网络化和智能化发展的基础，也引发了全球的极大关注。究其原因，工业互联网平台能够通过全面连接设备、软件、人员等各类生产要素实现与互联网的对接；基于海量的工业数据分析，形成智能化的生产与运营决策；通过平台数据和功能的对外开放，支持开发者开展工业 App 创新；实现各类制造资源的优化配置，重构生产组织模式和制造方式。

此外，企业还能通过工业互联网平台，再基于平台提供开发工具、模型、API，使第三方开发者基于平台进行应用开发，从而形成新生态。基于平台的工厂化也可以实现资源的整合、调动，包括平台运营商可以以工业企业或生产企业角色对外推广。因此，作为两化深度融合的突破口和工业创新发展的重要切入点，发展工业互联网平台已成为业界共识，政产学研用各方也纷纷开始探索发展途径。

各级政府方面，工业和信息化部通过政策引导、资金支持、试点示范、宣传推广等工作，全面部署推进工业互联网平台建设、百万工业 App 培育、百万工业企业上云等工程实施。同时，各地政府积极探索基于工业互联网平台助力本区域产业转型发展的可行路径。产业界方面，不论是航天科工、中船工业、三一重工、海尔、美的、富士康等制造行业龙头企业，还是华为、宝信、华龙讯达、浪潮等基于长期服务行业的企业，或是阿里巴巴、腾讯等互联网大厂，都在积极投身工业互联网平台的建设。

2. 工业互联网平台的研究热点

1）工业互联网平台知识管理与商业模式

工业互联网平台知识管理与商业模式主要关注工业互联网平台如何通过知识共享实现价值共创以及对传统制造业企业商业模式创新的影响机理。随着现代网络技术的发展，传统制造企业的价值主张、成本结构和收益模式等受到巨大影响，新商业模式正在迅速增长。平台模式作为当下主流商业模式，平台生态系统成为各大平台企业演化的目标。而知识是创新的根本，也是核心竞争力。因此，工业互联网平台面对制造业数字化、智能化需求时，需要构建数据收集、处理、分析一站式服务体系，实现制造资源泛在连接、弹性供给、高效配置。

2）工业互联网平台数字化模型的建立与应用

工业互联网平台要想将人、流程、数据和事物都结合在一起，必须有足够的工业知识和经验，并且把这些以数字化模型的形式沉淀到平台之上，即把工业的技术原理、行业知识、基础工艺、模型工具规则化、软件化、模块化，并封装为可重复使用的组件。这就是所谓的数字化模型，具体包括通用类业务功能组件、工具类业务功能组件、面向工业场景类业务功能组件等。

3）工业互联网平台应用与产业创新

工业互联网平台与传统工业融合成为时下备受关注的热点之一，这为各行业带来切实的效益增长和创新价值。工业互联网平台为制造业、医疗保健等传统产业带来重大影响和深刻变革。工业互联网平台应用与产业创新研究主要关注工业互联网平台赋能工业企业，依托工业互联网平台的深度感知、智能分析、高效处理、集成互通等能力，深化企业在生产运营、管理服务等方面的应用实践，研究主要集中在创新能力、创新效率和创新战略等方面。

4）工业互联网平台与制造企业生产管理

从制造流程角度，企业可通过工业互联网平台将虚拟世界与物理世界联系起来，实现动态、高效和实时优化的智能制造流程；从客户参与协同制造角度，通过工业互联网平台反馈系统可实现客户和设备的无缝连接以及将消费者反馈动态反映给制造决策部门。从企业内部角度，工业互联网平台不仅能够使企业对新技术、新产品的投入风险变得更加可控，还能实现产品生产过程监测、工艺参数采集、材料消耗监测、环境状态监测，从而提升生产过程智能化水平，优化生产流程，保证产品质量。从企业外部角度，建立工业互联网平台资产管理和资产追踪系统，有助于实现供需信息在企业与供应商之间的有效流通，便于高效协商机制的建立，实现产品保质保量准时交付，最终达到共赢目的。

3. 工业互联网平台的应用场景

从全球来看，目前工业互联网平台主要应用于设备管理领域，其次是生产过程管理。相对于国外，我国更加重视资源优化配置方面的应用。

总体来看，当前工业互联网平台初步形成四大应用场景：一是聚焦在设备、生产线、车间等工业现场，通过对实时生产数据的分析与反馈对整个生产过程进行优化；二是向上延伸到企业运营层面，利用平台打通设计、管理、供应链等各环节数据，并基于大数据挖掘分析实现管理决策优化；三是在整个产业层面，将供需信息、制造资源、创新资源汇聚到平台中，通过基于数据分析的重新组织，实现资源优化配置与协同；四是从产品全生命周期流程入手，在平台中进行产品设计、生产、服务等数据的集成管理和优化应用。

在制造工艺场景中，工业互联网平台可对工艺参数、设备运行等数据进行综合分析，找出生产过程中的最优参数，提升制造品质。例如，通用电气公司基于 Predix 平台实现高压涡轮叶片钻孔工艺参数的优化，将产品一次成型率由不到25%提升到95%以上。

在设备维护场景中，工业互联网平台结合设备历史数据与实时运行数据，构建数字孪生，及时监控设备运行状态，并实现设备预测性维护。例如，Kontron 公司利用 Intel IoT 平台智能网关和监测技术，将机器运行数据和故障参数发送到后台系统进行建模分析，实现板卡类制造设备的预测性维护。

在能耗管理场景中，基于现场能耗数据的采集与分析，对设备、生产线、场景能效使用进行合理规划，提高能源使用效率，实现节能减排。例如，施耐德公司为康密劳硅锰及电解锰冶炼工厂提供 EcoStruxure 能效管理平台服务，建立能源设备管理、生产能耗分析、能源事件管理等功能集成的统一架构，实现了锰矿生产过程中的能耗优化。

7.2 工业互联网平台核心技术

工业互联网平台是工业互联网在智能制造中应用的具体形式。通过工业互联网平台，不仅能将原材料、产品、智能加工设备、生产线、工厂、工人、供应商和用户紧密联系起来，而且能利用跨部门、跨层级、跨地域的互联信息，以更高的层次给出最优的资源配置方案和加工过程，提升制造过程的智能化程度。

工业互联网平台的基础是数据采集。一方面，随着加工过程和生产线精益化、智能化水平的提高，必须从多角度、多维度、多层级感知生产要素信息，因此，需要广泛部署智能传感器对生产要素进行实时感知。另一方面，人脑可以实时高效地处理相关联的多源异构数据，并迅速生成生产要素的属性信息，工业互联网平台也需要进行高效的海量、高维、多源异构数据融合，形成单一生产要素的准确描述，并进一步实现跨部门、跨层级、跨地域生产要素之间的关联和互通。

工业互联网平台的核心是平台的功能实现。传统的工业生产中，通常是人基于感知到的信息，通过数学原理、物理约束、历史经验等进行总结、推理，最终形成一系列的决策规则和方法，用来指导生产过程。而进入物联网时代以来，生产要素分布的层次和广度极大地拓展；生产要素之间的联系纷繁复杂，难以用简单的数学或物理模型进行描述，而对于新模式的生产场景和个性化的生产需求，难以显性、直接地从历史经验中总结出决策规则，因此，工业互联网平台的核心是利用大数据、人工智能等方法，从海量高维、互联互通的工业数据中挖掘出隐藏的决策规则，从而指导生产。工业互联网平台在通用 PaaS 架构上进行二次开发，实现工业 PaaS 层的构建，为工业用户提供海量工业数据的管理和分析服务，并能够积累沉淀不同行业。不同领域内技术、知识、经验等资源，实现封装、固化和复用，在开放的开发环境中以工业微服务的形式提供给开发者,快速构建定制化工业 App,打造完整、开放的工业操作系统。

工业互联网平台的关键是应用。工业互联网平台是以需求驱动的、面向用户的平台。一方面,工业互联网平台的使用对象是人,其最终推送的决策,必须是人可以直观接收和理解的;另一方面,对于用户不同的要求,工业互联网平台需要基于新模式的生产场景和个性化的生产需求,利用数据分析方法,推送定制化的决策方案。工业互联网平台通过自主研发或引入第三方开发者的方式,以云化软件或工业 App 形式为用户提供设计、生产、管理、服务等一系列创新性应用服务,实现价值的挖掘和提升。

1. 数据采集与边缘计算技术

工业互联网平台是面向制造业数字化、网络化、智能化需求,构建基于海量数据采集、汇聚、分析的服务体系,支撑制造资源泛在连接、弹性供给、高效配置的工业云平台。其本质是通过构建精准、实时、高效的数据采集互联体系,建立面向工业大数据存储、集成、访问、分析、管理的开发环境,实现工业技术、经验、知识的模型化、标准化、软件化、复用化,不断优化研发设计、生产制造、运营管理等资源配置效率,形成资源富集、多方参与、合作共赢、协同演进的制造业新生态。

为满足工业互联网毫秒级实时响应需求,边缘计算成为重要解决方案。同时,边缘计算也为网络设备、底层数据采集与系统集成带来新增长机遇。在最初的大部分基于云的物联网架构中,所有数据的管理、计算和存储都集中在云端处理,在海量数据不断增加过程中,用户对于效率和速度的要求也越来越高,工业互联网尤甚,为了满足这种需求,提出了边缘计算。随着工业互联网的不断发展,数以百万计的传感器设备产生的海量数据将给通信技术带来压力,因此在靠近数据源头的网络边缘侧或设备侧就近提供边缘智能服务,通过物联网网关连接设备,在就近的或内部部署服务器上实时收集处理的有价值的数据,之后再上传到云端。

工业互联网平台按层级划分,第 1 层是边缘层,通过大范围、深层次的数据采集,以及异构数据的协议转换与边缘处理,构建工业互联网平台的数据基础。一是通过各类通信手段接入不同设备、系统和产品,采集海量数据;二是依托协议转换技术实现多源异构数据的归一化和边缘集成;三是利用边缘计算设备实现底层数据的汇聚处理,并实现数据向云端平台的集成。图 7-5 所示为工业互联网平台分层结构。

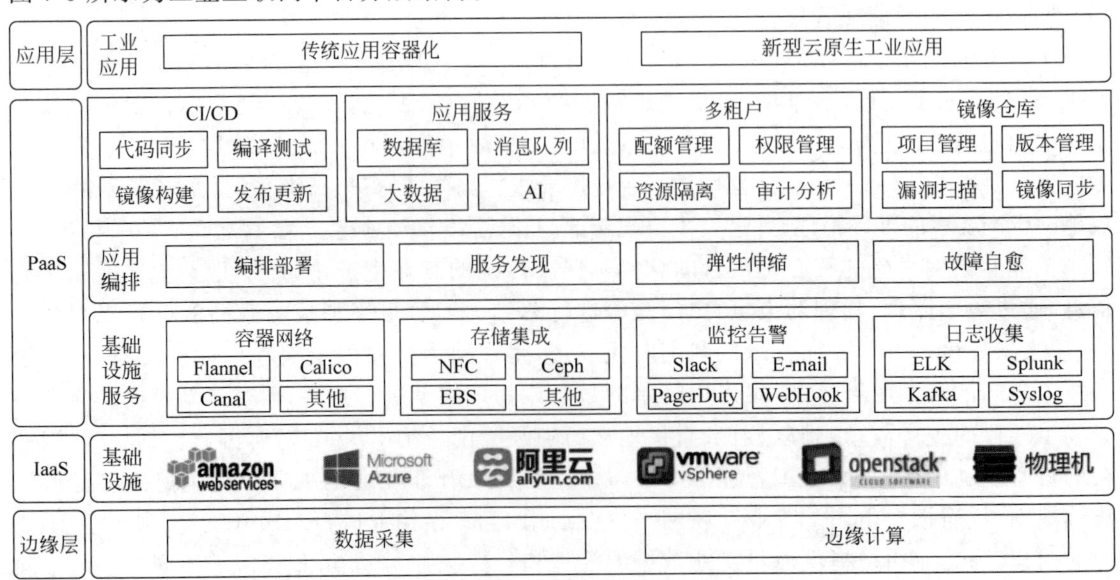

图 7-5　工业互联网平台分层结构

工业互联网平台需要解决多类工业设备接入、多源工业数据集成、海量数据管理与处理、工业数据建模分析、工业应用创新与集成、工业知识积累迭代实现等一系列问题。工业互联网平台需要实现跨部门、跨层次、跨地域、跨领域的工业系统信息全面感知，因此，数据采集要以自感知技术为主，同时，需要研究多源异构数据融合技术，将多来源、多形式的数据整合，准确描述生产要素状态。然而，边缘层数据采集困难重重。首先，工厂里有许多性能参差不齐的老旧设备没有配置传感器，如何将老旧设备联网，采集到聋哑设备的数据非常关键；其次，随着加工过程和生产线精益化、智能化水平的提高，必须从多角度、多维度、多层级感知生产要素信息，因此，需要广泛部署智能传感器，对生产要素进行实时感知。而传感器、仪表或PLC控制器往往来自不同厂商，所支持的通信协议也不同，如何将不同传感器信息进行整合同样非常重要。此外，车间面积广，设备量多，传统人员巡检模式效率低，速度慢，如何对设备及人员进行远程管理也是边缘层需要解决的问题。

边缘层需要解决的常见问题如下。

(1) 设备接入。基于工业以太网、工业总线等工业通信协议，以太网、光纤等通用协议，4G/5G、NB-IoT等无线协议，将工业现场设备接入平台边缘层。

(2) 协议转换。边缘层一方面运用协议解析、中间件等技术兼容Modbus、OPC、CAN、Profibus等各类工业通信协议和软件通信接口，实现数据格式转换和统一；另一方面利用HTTP、MQTT等方式从边缘侧将采集到的数据传输到云端，实现数据的远程接入。

(3) 边缘数据处理。边缘层基于高性能计算芯片、实时操作系统、边缘分析算法等技术支撑，在靠近设备或数据源头的网络边缘侧进行数据预处理、存储以及智能分析应用，提升操作响应灵敏度，消除网络堵塞，并与云端分析形成协同。

2. 数据分析技术

工业互联网平台需要实时高效处理不断产生的工业数据，从中挖掘出对工业生产有价值的决策方案。因此，工业互联网平台需要借助大数据分析技术、人工智能方法等，基于专家经验，结合物理、数学等基础学科知识，从工业大数据中获得有价值的经验。

工业对于数据的要求不仅在于量的大小，更在于数据的全面性。在利用数据建模的手段解决某个问题时，需要获取与被分析对象相关的全面参数，而一些关键参数的缺失会使分析过程碎片化。举例而言，当分析地铁发动机性能时需要温度、空气密度、功率等多个参数，而当其中任意一个参数缺失时都无法建立完整的性能评估和预测模型。因此，对于企业来说，在进行数据收集前要对分析的对象和目的规划清楚，这样才能够确保所获取数据的全面性，以免斥巨资积累了大量数据后发现并不能解决所关心的问题。

此外，工业数据常受到设备参数设定、工况、环境等背景信息的影响。因此，在进行数据分析时除了对数据所反映的表面统计特征进行分析以外，还应该关注数据中所隐藏的背景相关性。例如，对这些隐藏在表面以下的相关性进行分析和挖掘时，需要一些具有参考性的数据进行对照，也就是数据科学中所称的“贴标签”过程，这一类数据包括工况设定、维护记录、任务信息等。

在具体实现中，工业互联网平台大数据分析，不仅需要利用常用的大数据分析技术，还需要研究数据清洗、数据融合，并且要将各学科、各领域、不同背景的知识抽象、固化，形成规则，与大数据分析技术结合，以提供更准确的分析结果。

3. 多租户技术

多租户技术是云平台使能技术之一，通过虚拟化、数据库隔离、容器等技术实现不同租户应用和服务的隔离，保护其隐私与安全。

1）多租户技术概念

多租户技术也称为多重租赁技术，是一种软件架构技术，它主要探讨与实现如何在多用户的环境下共用相同的系统或程序组件，并且仍可确保各用户间数据的隔离性。

在多租户技术中，租户（Tenant）是指使用系统或计算资源的用户，包含在系统中可识别为指定用户的一切数据，如在系统中创建的账户与统计信息（Accounting Data），以及在系统中设置的格式数据和用户所设置的客户化应用程序环境等，都属于租户的范围。

多租户的资源是按照服务请求动态创建的。租户租借计算资源，是与服务提供商签订的服务协定，有一定的时间限制（租户可以在任何时间、任何地点申请或取消对计算资源的使用）。服务提供商必须按照协定动态地进行部署，满足租户的需求。

租户间共享资源越多，基础资源的利用率越高，单位资源成本越低，租户间隔离性越差。

2）虚拟网络拓扑

在云计算中，服务器虚拟化将传统的物理服务器虚拟化为若干个虚拟服务器，每个虚拟服务器运行着独立的操作系统。每个租户拥有虚拟服务器资源池中的一个或一组虚拟服务器。多租户网络必须能够满足虚拟机之间的隔离需求，每个租户在虚拟的资源环境中，必须有自己的独立标识，即租户 ID，同时每个租户都必须有自己的独立的网络链路，即虚拟网络拓扑。

在多租户网络中，每个租户有不同的应用，所以，云服务提供商必须确保每个租户的服务质量，如对带宽的保证、在流量拥塞时确保最低带宽、实现拥塞避免等。所以在多租户网络中，每个用户的 QoS 策略及其流量策略非常重要。

3）多租户技术详解

技术上，多租户技术可以通过许多不同的方式切割用户的应用程序环境或数据。

（1）数据面（Data Approach）：供应商可以利用切割数据库（Database）、切割存储区（Storage）、切割结构描述（Schema）或表格（Table）隔离租户的数据，必要时需要进行对称或非对称加密以保护敏感数据，但不同的隔离方法有不同的实现复杂度与风险。

（2）程序面（Application Approach）：供应商可以利用应用程序挂载（Hosting）环境，从进程（Process）上切割不同租户的应用程序运行环境，在无法跨越进程通信的情况下，保护各租户的应用程序运行环境，但供应商的运算环境要够强。

（3）系统面（System Approach）：供应商可以利用虚拟化技术，将实体运算单元切割成不同的虚拟机，各租户可以使用其中一至数台虚拟机作为应用程序与数据的保存环境，但对供应商的运算能力要更要求。

4. 运维管理

随着云计算和互联网的高速发展，大量应用需要横跨不同网络终端，并广泛接入第三方服务，平台系统架构越来越复杂。快速迭代的产品需求和良好的用户体验，需要运维管理者时刻保障核心业务稳定可用。因此，运维管理是工业互联网平台使能技术之一，在平台中的地位极其重要。

1）资源监控

资源监控可分为物理资源监控和业务资源监控。

物理资源监控可按照资源池、集群对物理设备的资源状态以及计算、存储、网络等运行状态进行监控，并支持 E-mail 或短信、微信等告警的实时通知消息。

业务资源监控可按照服务（如虚拟主机、云数据库、块存储等）进行资源状态监控，并可对业务资源层的资源容量进行分别监控。

2）运维管理的系统常见功能

（1）监控管理。通过对各种物理资源、虚拟化资源数据的监控，将资源以用户可见的资源池形式提供给上层应用。统一资源管理，支持发现其管辖范围内的物理设备（包括服务器、存储设备、交换机）以及它们的组网关系；支持将这些物理设备进行池化管理，提供给应用管理模块使用。

（2）权限管理。可以创建和管理系统中管理员账号、管理员所承担的角色和管理员管理区域，实现系统的分权分域的功能。系统支持对用户进行访问控制，支持用户组、分权、分域、密码管理，便于维护团队内分职责共同有序地维护系统。

（3）告警管理。告警管理是确保系统正常运行的重要活动，包括系统故障预防设计、故障检测和处理等。告警管理是故障管理的重要部分，便于运维人员进行故障定位，保证系统稳定运行。

（4）拓扑管理。提供一个可视化界面，呈现全系统的所有资源信息。

（5）统计报表管理。可以让管理员查看虚拟机登录、分配以及运行状态信息，有助于系统优化，调整提升。报表可以根据要求定制，内容主要包括之前描述过的监控内容，包括 CPU、内存、网络流量、数据库性能、中间件性能等各类性能报表和故障报表。

（6）资产管理。运维管理系统的核心功能，能够实现对云平台相关的软硬件信息资产信息的全面管理，同时对资产信息进行实时监控变更，满足企业对资产管理的需要。

（7）安全管理。对数据、账号等 IT 资源采取全面保护，使其免受犯罪分子和恶意程序的侵害，并保证云基础设施及其提供的资源能被合法地访问和使用。

（8）计费管理。不同的云服务按照各自的计费项计量并收费。

7.3　工业互联网平台实例

工业互联网平台是一个能全面感知工业系统所有环节生产要素信息，对信息进行融合、传输、存储，基于海量工业数据进行分析，获得最优决策并推送给用户和智能设备的计算平台。同时，工业互联网平台也是工业全要素、全产业链、全价值链连接的枢纽，是实现制造业数字化、网络化、智能化过程中工业资源配置的核心。

目前，我国已初步建立以通用技术平台为基础底座，以跨行业跨领域的综合型平台、行业和区域特色型平台、技术领域专业型平台为核心，企业级平台建设蓬勃发展的多层次平台体系。

近年来，诸多服务商都在强化自身平台能力的建设，许多工业领域的巨头都期望形成“国际品牌＋高端产品＋先进平台”的优势。国内市场更是一番群雄逐鹿的景象，传统制造业基于自身实践提升平台能力，运营商也纷纷加入战局，互联网巨头也期望通过市场实现商业模式的转型。因此，结合我国工业互联网发展的方向和目标，工业互联网平台的竞争也将走向综合化，支持应用扩展，支撑生态建设，同时强化标准化、数字化、网络化和智能化的能力。

1. 海尔 COSMOPlat 工业互联网平台

2016 年，海尔发布了卡奥斯 COSMOPlat 平台，COSMOPlat 是具有中国自主知识产权，全球首家引入用户全流程参与体验的工业互联网平台，该平台为企业提供互联工厂建设、大规模定制、大数据增值、供应链金融、协同制造等服务。

COSMOPlat 是一款以用户需求驱动实现的大规模定制平台，目标是实现“人单合一”，帮助接入的企业更快、更准确地向大规模个性化定制转型，深入供应链、生产流程内部，构建“规模＋个性”的产业形态，从以企业为中心向以用户为中心，从大规模制造到大规模定制转型升级。“人单合一”中，“人”就是员工，“单”就是用户价值。“人单合一”就是把员工和用户连在一起，使每个员工都成为自己的 CEO，并组成直面市场的自组织，让员工的价值创造体现在用户价值的增值上。从具体实践上看,"人单合一"的新诉求倒逼海尔在组织颠覆、流程升级、机制创新等方面进行积极探索,自主研发,打造了"人单合一"模式在制造业的落地载体,即COSMOPlat平台;反之,COSMOPlat平台为"人单合一"模式提供了验证和支持,所有数据都在COSMOPlat平台上管理和运营。依托COSMOPlat平台,海尔成功实现了个性化定制的规模化生产。

COSMOPlat平台的重心在于通过对业务资源和信息化资源的整合,为上层应用提供服务,因此,COSMOPlat更像是一款云制造平台。通过整合硬件资源,包括实现智能装备的互联、软硬件系统的集成,形成一套可供分配的制造资源池,根据客户的业务需求,利用COSMOPlat平台实现对硬件资源、业务资源、软件资源和服务资源的调度。目前,COSMOPlat平台能支撑的业务需求包括交互、设计、采购、销售、生产、物流和服务等功能,如图7-6所示。消费者可以根据个人喜好和实际需求,选择产品的功能、材质、颜色、款式、图案、容积等,有定制需求的部件可以按照个人需求进行选择或自行设计。例如,梯形的冰箱、圆形的洗衣机、没有噪声的空调,只要创意发起人能号召足够数量、有相同需求的买家,用户就能平价享受到专属定制产品。

因此,COSMOPlat平台最终要实现的是整合上游的需求和下游的生产能力,通过汇聚大量的个性化需求实现大批量的定制生产,解决制造业正面临的大规模生产与个性化定制之间的矛盾。

1) COSMOPlat平台架构与功能

COSMOPlat平台全流程共有多个模块,主要包括用户交互定制平台、精准营销平台、开放设计平台、模块化采购平台、智能生产平台、智慧物流平台、智慧服务平台等。COSMOPlat平台已打通交互定制、开放研发、数字营销、模块采购、智能生产、智慧物流、智慧服务等业务环节,通过智能化系统使用户持续、深度地参与到产品设计研发、生产制造、物流配送、迭代升级等环节,满足用户个性化定制需求,为各方协同创造条件,帮助更多中小制造企业借助规范的平台进行转型升级。

COSMOPlat平台架构共分为4层。

第1层是资源层,以开发模式对全球资源进行聚集整合,包括软件资源、服务资源、业务资源、硬件资源等,打造平台资源库。

第2层是平台层,支持工业应用的快速开发、部署、运行、集成,实现工业技术软件化,各类资源的分布式调度和最优匹配。

第3层是应用层,通过模式软化、云化等,为企业提供具体互联工厂应用服务,形成全流程的应用解决方案。

第4层是模式层,依托互联工厂应用服务实现模式复制和资源共享,实现跨行业的复制,通过赋能中小企业,助力中小企业提质增效,转型升级。

2) COSMOPlat平台应用案例

2017年4月,在德国开幕的汉诺威工业展上,海尔通过现场搭建一条实体冰箱互联工厂示范线,演示了COSMOPlat工业互联网平台,现场操作员通过Pad选择一款自己喜欢的冰箱颜色并签上自己的名字,几分钟之后一台满足需求的冰箱就被生产出来。这看似简单的生产过程,充分体现了海尔互联工厂的理念。通过汇聚用户的个性化需求,在形成一定规模需求之后,就可以通过海尔互联工厂实现生产,从而让用户具备了"既是消费者,也是设计者、生产者"的多种职能。

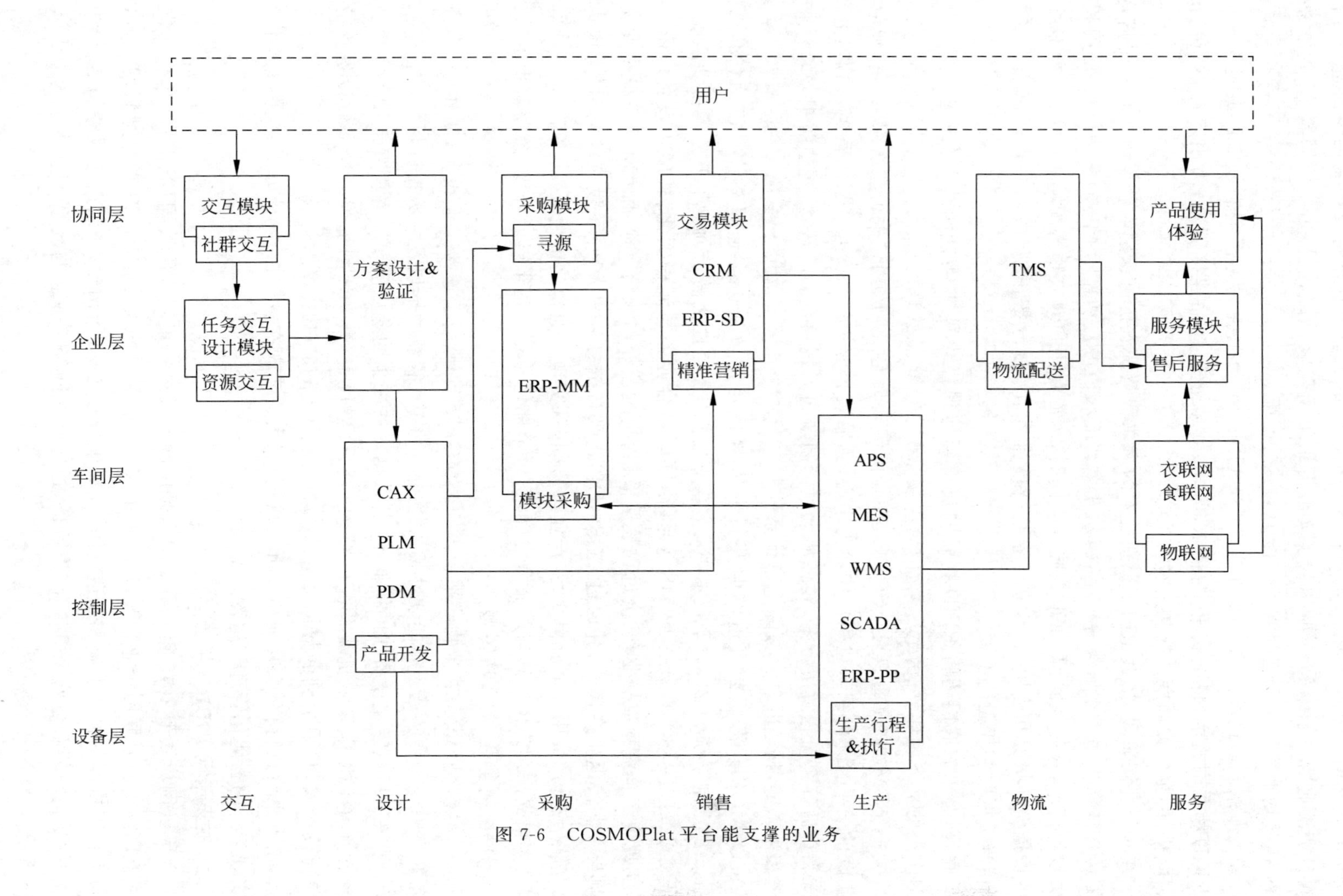

图 7-6 COSMOPlat 平台能支撑的业务

目前，COSMOPlat工业互联网平台为实现对工厂车间的智能设备及制造资源进行整合，已经与菲尼克斯、ABB、欧姆龙、瑞森可等全球主要的工业自动设备及控制供应商进行合作，共同打造工业新生态体系。同时，为了充分汇聚市场需求，海尔还推出了协同制造、共享采购等平台，实现上下游企业之间需求与能力的有效匹配。

(1) 海尔衣联网。海尔衣联网是COSMOPlat平台服装大规模定制领域的典型案例，依托RFID物联网技术，将洗衣机、智能衣柜、3D试衣镜等产品连接起来，为用户提供贯穿洗、护、存、搭、购全生命周期的衣物解决方案。

在衣物洗涤阶段，搭载RFID识别技术的海尔智慧洗衣机可识别衣物面料、材质、品牌等，匹配最佳洗涤程序。在服装存储上，海尔儿童智能衣柜可自动显示衣物的存储位置、品牌和护理次数等信息，并提供除湿、烘干等服务。同时，为满足用户对衣物搭配购买的需求，智能试衣镜可根据天气状况和应用场景，进行衣物智能推荐和3D穿搭虚拟体验，一键式试衣、一键下单，相当于把服装店搬回了家。

此外，海尔衣联网还将RFID物联网技术延伸到智慧溯源、智能制造等全产业链，打通衣联网生态的上下游环节，满足厂家、门店等场景的衣物智慧管理需求。

(2) COSMOPlat海织云。COSMOPlat海织云为COSMOPlat平台在纺织服装行业应用和实践的子平台。海织云以用户体验为中心，为服装企业提供从交互、设计、营销、采购、生产、物流和售后等全流程解决方案，实现从大规模制造向大规模定制的转型，重塑纺织服装行业价值链和生态链，构建共创共赢的生态体系。

COSMOPlat海织云打造的服装行业大规模定制解决方案通过建立MTM(Made to Measure)定制系统、TDC数字技术中心，实现直连用户个性化需求、版型、工艺等自动匹配，并集成CAD、ERP、SCM、MES、WMS等系统，同时结合业务与流程优化、智能化设备应用等实施，实现生产全流程数据驱动、全过程数据采集、实时监控与预警。企业实现牛仔服装大规模定制与柔性快返生产模式，并通过COSMOPlat平台链接用户大数据、供应链资源等，构建协同、互联生态，形成用户全流程交互，产业链协同，既实现企业快速精准研发、高效生产、降低库存，又大幅提高用户体验感与产品满意度，实现个性化需求。基于以上升级，企业实现了"柔性化、个性化、智能化"的战略转型。

(3) 海模智云设备智慧物联平台。COSMOPlat平台用于连接工业设备，叫作"海模智云设备智慧物联平台"，通过智能硬件接入终端、云平台、智慧大屏以及大数据分析服务打造智慧工厂，解决工厂数字化设备联网率低、设备数据无法采集的落后问题。海模智云设备智慧物联平台支持数控机床、工业机器人、PLC、传感器、仪器仪表、激光切割机等多种工业设备及工业通信协议接入，将采集到的数据通过MQTT、CoAP、HTTPS、WebSocket等方式上传到IoT平台，由云平台进行存储、管理和分析，通过智慧大屏实现在线监控、统计分析、报警等操作，最终实现工厂的智能化管理和运营。

2. 航天云网INDICS平台

航天云网成立于2015年6月15日，是中国航天科工集团有限公司联合所属单位共同出资成立的高科技互联网企业。2017年6月15日，航天云网发布INDICS工业互联网平台，依托航天科工雄厚的科技创新和制造资源，开放聚合社会资源，构建以"制造与服务相结合、线上与线下相结合、创新与创业相结合"为特征，适应互联网经济业态与新型工业体系的航天云网生态系统。

INDICS云平台定位工业级操作系统，为全球企业和个人开发者提供工业应用运行环境，提供IaaS基础设施、PaaS应用运行环境、SaaS应用的快速开发和部署、工业设备的快速接入，

以及配套的工业大数据服务。同时，在工业云平台基础上，INDICS 为工业级企业提供基于“互联网＋智能制造”的智能研发、智能生产、智能服务、智能商务全生命周期应用服务。图 7-7 所示为 INDICS 云平台在智能制造中的应用。

云平台	智能生产		智能管控		智能服务
智能企业	设计与工艺、生产计划、车间调度、出入库、过程监控、质量追溯、办公协同				
	ERP	PDM	CRM	SRM	OA
	数据中心/数据库				
智能车间	设备组网及协同控制				
	SCADA	MES	ProNest	MMS	计划排产
智能单元	焊接机器人	车辆外廓尺寸测量仪	条码	传感器	仪器仪表

图 7-7　INDICS 云平台在智能制造中的应用

1）INDICS 平台功能

INDICS 工业互联网平台一共包含 5 个层级，从下至上分别为设备层、工业物联网层、平台接入层、云平台层、工业应用 App 层，每层都具有自己的特色和优势。

（1）设备层支持各类工业设备的接入。INDICS 平台具有机械加工、环境试验、电气互联、计量器具、仿真技术等 21 类工业设备的接入能力。

（2）工业物联网层实现各类工业设备的通信互联。INDICS 平台支持 OPC-UA、MQTT、Modbus、PROFINET 等主流工业现场通信协议的通信互联，支持工业现场总线、有线网络、无线网络的通信互联。

（3）平台接入层实现工厂/车间的云端接入。INDICS 平台提供了自主知识产权的 SmartIoT 系列智能网关接入产品（标准系列、传感器系列、高性能系列）和 INDICS-OpenAPI 软件接入接口，支持“云计算＋边缘计算”的混合数据计算模式。

（4）云平台层提供云资源基础设施管理、大数据管理和应用支撑公共服务等云服务功能。INDICS 平台以业界主流开源 PaaS 云平台 CloudFoundry 基础架构作为底层支撑架构，有效支持工业云的能力扩展；还自建有数据中心，直接提供 IaaS 层和 PaaS 层的基础云服务。

（5）工业应用 App 层提供工业应用服务。INDICS 平台提供了智能商务、智能研发、智能管控和智能服务等制造全产业链的工业应用服务功能。

2）INDICS 平台特点

（1）开放的云服务框架。航天云网 INDICS 平台用于连接工业设备，叫作“物联网接入工具”，它提供丰富的数据采集协议、强大的协议转换能力和主流数据上传协议，可覆盖机械加工、环境试验等多类不同工业领域设备数据采集需求。在工厂车间，工业设备、工业服务系统及工业产品通过虚拟网关、INDICS EDGE 物理网关两种方式接入，依托内置的云平台 API 进行数据采集。网关实时订阅设备数据，设备主动上传数据网关或网关通过轮询方式主动到设备寄存器中读取数据。网关获取到数据后立即上传到物联网接入平台，实现数据实时采集、实时分析及实时展示。

（2）先进的工业大数据引擎。INDICS 平台基于云计算、大数据及先进的开放共享分布式平台体系构建，提供大数据存储、多源异构海量数据管理，以及实时与离线数据分析服务，同时引擎支持海量设备并发连接，支撑包括资产管理、设备远程监控诊断、预测性维护等基于工业大数据的应用服务。

(3) 安全的云数据中心。INDICS平台构建了安全可控的云数据中心，一主一备，云数据中心基础设施服务，信息安全等保护达到三级，提供不低于99.99%可靠性服务以及7×24小时保障服务，并提供云存储、云计算、云安全等基础云服务。

3) INDICS平台应用

(1) 航空航天电子元器件智能工厂应用。贵州航天电器集团是我国集科研、研发和批生产于一体的电子元器件骨干企业之一，产品主要应用于航空、航天、兵器、机车等领域。该集团公司的连接器生产模式存在与客户、供应商协作手段落后问题，同时，协同研发周期长、效率低以及缺乏有效的计划管理手段，导致资源调度不合理，生产进度不可控，订单准时交付率不高。该应用主要基于航天云网工业互联网平台，搭建了电子元器件智能工厂，实现了从订单到交付、从研发到服务的产品全生命周期集成，打造了一个面向客户定制化的，满足多品种、小批量，按单生产的智能制造车间。该解决方案成功使企业生产效率提升50%，企业运营成本降低21%，产品研制周期缩短33%以上，产品不良品率降低56%，年产量由10万/年提升至50万/年，产品合格率由90%提升至99.8%。该解决方案为企业带来新增经济效益3000万元/年，同比提升30%。通过INDICS平台，提供资源协同、外协外购协同等增值服务，实现跨事业部的配件信息、制造设备信息、生产辅助工具信息、技术文件信息等资源的共享，支撑贵阳、遵义、苏州三地跨事业部实现资源计划协同。

(2) 河南航天智能工厂建设。河南航天液压气动技术有限公司生产加工以多品种、小批量、多配套的加工方式为主。自从应用了INDICS平台实施智能工厂建设项目改造后，线上实现商务协作、跨企业协同设计和跨企业协同生产；线下实现精益生产、车间透明化管理和生产自动化智能化，每台机器人可控制3台设备自动加工、自动装卸零件，实现了24小时连续作业，机床主轴利用率提高50%，操作工人减少60%，运营成本降低30%，产品质量合格率提高15%，能源利用率提高15%。

(3) 常州模式。工业互联网是工业经济数字化、网络化、智能化的重要基础设施。当前，全球新一轮科技革命和产业革命加速发展，工业互联网通过实现工业经济全要素、全产业链、全价值链的连接，不断催生出新模式、新业态、新产业，重塑工业生产制造和服务体系。常州工业互联网起步较早，先后引入了航天云网、数码大方、蜂巢互联等国内知名龙头企业；培育了一批本土企业，如天正工业、苏文电能等。2017年，天宁区引入航天云网。“一横多纵，五星上云”的常州模式横空出世，常州成为区域工业互联网的先行者。例如，作为航天云网的上云示范企业，华立液压在其生产车间里为压力管道及容器、换热器等拳头设备安上智能监控设备。这些智能监控设备化身“车间主任”，24小时“睁大眼睛”采集设备数据，并在INDICS平台中进行数据分析比对，实现了设备的故障诊断。不仅如此，每台交付的设备也都能得到数据监控，为客户提供远程运维、预测性维护，大幅提升企业的市场竞争力。

(4) 工业机器人云服务平台。航天云网公司联合华数机器人共同打造INDICS工业机器人云服务平台，该云平台主要划分为“一个中心，三大平台”：通过网络接口连接机器人系统，实时采集机器人运行数据，构建华数工业机器人大数据中心；以实际的应用场景为导向，解决企业的管理需求衍生出三大应用平台：云管家、云制造、云智能。

3. 汉云工业互联网平台

汉云工业互联网平台是由国内工程机械头部企业徐工集团旗下徐工信息于2014年孵化打造的工业互联网平台。基于深厚的制造业背景和IT/IoT技术积累，徐工信息不仅打造了汉云工业互联网平台，而且也在工业软件等业务领域务实深耕，找到了工业互联网应用落地的金钥匙，对制造业数字化转型进行了深入实践。

徐工信息成立于2014年7月，初期主要提供两化融合服务，为徐工集团提供ERP运维支持，此后则将工业互联网与智能制造确定为两大核心战略方向，并于2016年6月发布了国内首个自主知识产权的工业互联网平台——Xrea工业互联网平台(简称"Xrea平台")，基于开源通用IT构建，将云计算、大数据、物联网、人工智能等新兴技术进行融合，支撑工业资源泛在连接、工业数据集成分析和应用开发创新，解决企业在推进智能工厂、智能产品和智能服务过程中遇到的共性问题。

2018年12月，徐工信息对Xrea平台进行了品牌升级，更名为汉云工业互联网平台，致力于以连接万物、赋能万物为核心竞争力，做深、做厚、做强汉云工业互联网平台，为传统产业赋能，助力传统产业转型升级与高质量发展。

汉云工业互联网平台具备较强的数据采集能力，软件解决方案能够部署在边缘数据采集设备上，可向第三方用户提供协议转换、设备接入、设备模型等功能。另外，提供数据缓存、数据清洗、实时计算、远程控制等边缘计算服务。同时，平台应用的一系列安全管控手段，保证数据从传输到存储的安全可靠。

图7-8所示为汉云工业互联网平台架构，该平台致力于帮助工业企业实现数字化、智能化的美好未来，创造性地将云计算、大数据、物联网、人工智能等新一代信息技术与先进的制造技术相结合，改变制造业传统的生产、经营、决策模式。汉云工业互联网平台为工业资源泛在连接、工业数据集成分析、工业应用开发创新提供一个安全性高、扩展性强、灵活部署的开发运行环境。例如，通过对采购、生产、库存、资金、质量、能耗、设备状态等业务数据的及时洞察，可以帮助企业对运营管理中的各类复杂问题能够不仅知其然，也知其所以然；通过对营销数据的采集与分析，可以在市场上真正做到知己知彼，更好地服务客户。

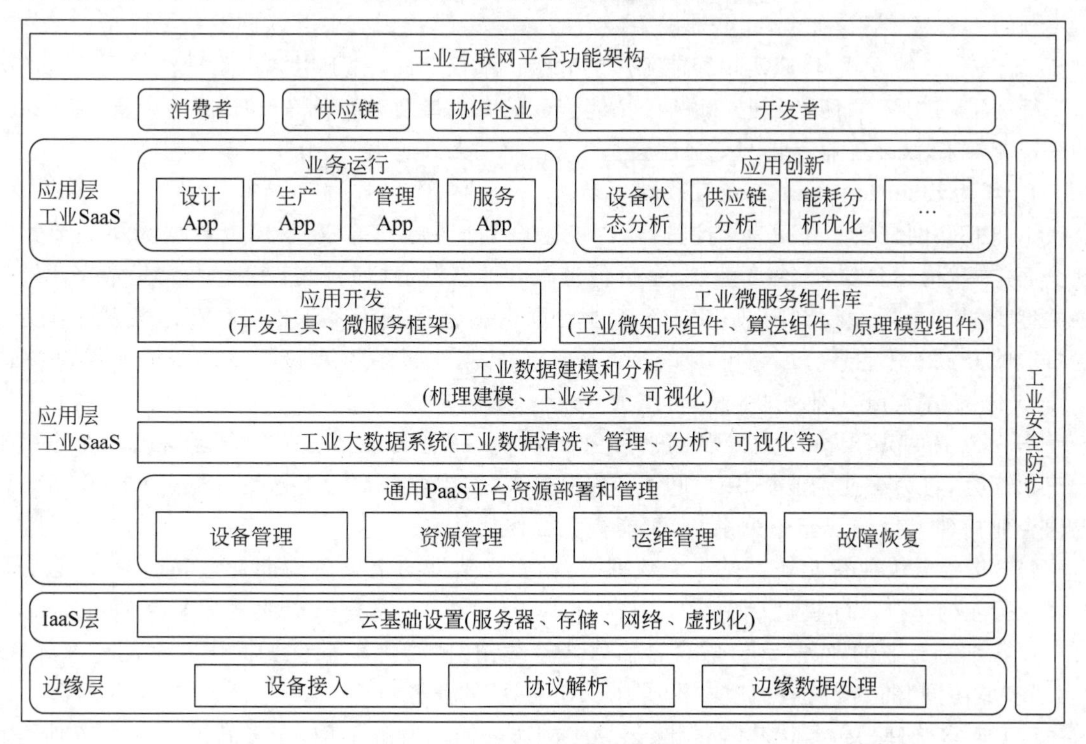

图7-8　汉云工业互联网平台架构

1）汉云工业互联网平台特点

（1）广泛、快速的设备接入能力。汉云工业互联网平台广泛适配多种数据制式，支持移动设备的快速大批量接入，并支持固定设备的自动化改造和快速接入。

（2）将标志解析与工业互联网融合。汉云工业互联网平台打造工业互联的关键底层基础设施；为每个设备提供唯一身份证；实现异地异主异构数据互联互通。

（3）设备管理App专家。汉云工业互联网平台从状态监测、故障诊断、远程运维、预测性维护、能耗优化等方面为设备赋能，提升设备的管理、运营能力。

（4）沉淀丰富的机理模型。汉云工业互联网平台带有制造业的天然基因，沉淀了大量通用化、标准化工业机理模型，可以直接提供给用户或者合作伙伴使用。

（5）强大的知识图谱。汉云工业互联网平台强大的知识图谱也是装备制造业第1个工业知识图谱，可实现上万种工业设备、工艺知识、操作指导、设备维护数据在平台内共享开放。

2）汉云工业互联网平台应用

（1）设备画像。在强大的设备连接、数据采集和边缘计算的基础之上，汉云工业互联网平台可以为机床、仪器仪表等通用型设备画出精细的画像，从而提供基于设备本身的全生命周期管理服务，如设备健康诊断、远程监测、设备运营管理等。目前，徐工信息研发的设备画像产品已经完全实现了标准化，其涉及产品设计、生产制造、仓储物流、采购供应、企业管理、运营管理、产品服务等；能够帮助用户实现快速设备上云，提高设备利用率，减少设备异常损失，优化生产过程及售后服务效率。例如，在汉云工业互联网平台的帮助之下，江苏某减速企业构建了机床运营动态画像，实现生产过程透明化，优化了生产现场工艺路线、设备使用、计划排程、质量管理等流程，机床维修成本每年可以节省300万元，生产订单的计划达成率提升8.3%。

（2）远程遥控云平台。过去，智能工厂的一大障碍是有线网络的施工改造，这是信息化管理绕不开的一个“死结”。如今，在联通网络能力的支持之下，汉云工业互联网平台可以帮助工厂通过直接部署5G的方式，快速实现智能工厂的升级。不仅如此，对于川藏铁路这些偏远地区的大型工程，汉云工业互联网平台也可以通过架设5G的方式帮助对外通信，加快施工设备、施工进度的管理。未来，汉云工业互联网平台还会基于5G驱动无人矿山、矿山开采设备的协同。

4. 华为云FusionPlant工业互联网平台

工业互联网是新一代ICT与制造业深度融合的产物。工业互联网以数据为核心要素实现全面连接，构建全要素、全产业链、全价值链融合的新制造体系和新产业生态，是数字化转型的关键支撑和重要途径。FusionPlant工业互联网平台是华为基于30年ICT积累和制造经验打造的开放式平台。

1）FusionPlant工业互联网平台组成

华为云FusionPlant工业互联网平台包含华为云工业智能体、连接管理平台、工业应用平台三大部分，可为工业企业提供工业全量数据接入，实现业务在云上敏捷开发，边缘可信运行，助力企业搭建增量的智能决策系统，赋能行业合作伙伴。

（1）华为云工业智能体。基于大数据平台，实现数据的全生命周期管理和运营，联合合作伙伴为行业构建符合行业业务特点的主题库；基于华为云一站式AI开发管理平台Modelarts，结合工业各细分行业的业务特点，联合合作伙伴持续构筑“简化海量重复操作”“沉淀专家经验”“实现多域协同”的AI模型，实现“提质、降本、增效”的业务目标。

（2）连接管理平台。构建轻量化、云原生的边云协同业务架构，充分满足工业生产时延的要求。在边缘侧，实现多来源的数据采集、预处理和按需转发，并将云端业务能力在边侧应用和推理。同时，该架构的开放性也为后续业务能力的持续扩展提供了可能性。

(3) 工业应用平台。围绕工业应用的开发、部署、运行、聚合、集成等各个环节,做好全方位的赋能,使工业应用更易于开发和维护,实现工业应用数据互通和集成,消除信息孤岛。工业领域多年沉淀的大量行业知识,可以很好地解决定性问题,但在很多场景下,这些机理模型还不能精确地匹配工况的波动,工业过程仍是"黑盒"。华为工业互联网平台 FusionPlant 将华为云 EI(Enterprise Intelligence)企业智能与工业行业知识结合,打造出 EI 工业智能体,极大降低了合作伙伴的工业知识和 AI 融合的难度。EI 工业智能体将工艺机理、专家经验、行业知识转换为平台可识别的算子,与机器学习、深度学习、知识图谱等多方面 AI 技术深度融合,加速 AI 在工业场景中的落地。

2) FusionPlant 工业互联网平台特点

源于对自身制造数字化、智能化升级,以及业界数字化、智能化升级优秀实践的理解,华为工业互联网平台 FusionPlant 的能力构建,聚焦服务于工业企业三大关键业务流。

(1) 全生命周期流。以产品研发维护为中心,包含产品需求定义、设计、仿真、开发、验证到上市后的生命周期维护。基于 FusionPlant 可以实现跨厂商跨工艺段的工业软件和工业数据集成,可以大幅降低企业的研发周期和研发成本,提升企业产品全生命周期的管理效率。

(2) 价值创造流。以产品供应交付为中心,通过企业与客户、供应商三方协同,完成订单交付,包含合同订单、原料供应、仓储物流等。通过 FusionPlant,工业企业可以实现全供应链信息整合与及时分享,对物流状态进行实时收集,对流通的运输仓储环节进行在线监控和预警,提高工业企业内部与可信合作伙伴间高效生产调度与资源配置,大力提升定制化产品的灵活度。

(3) 生产制造流。以产品生产为中心,在复杂的生产环境、工艺工序、生产工程方法等条件下,实现产品交付质量和周期要求。基于 FusionPlant,可在当前工艺优化提升达到极限的情况下,将 AI 适配工业场景后引入生产系统,利用 AI 帮助企业进行生产执行、决策、预测优化,提升企业面向未来的竞争力。

华为云平台网址为 https://www.huaweicloud.com/solution/fusionplant/,显示如图 7-9 所示。登录华为云平台界面如图 7-10 所示。

图 7-9　华为云平台

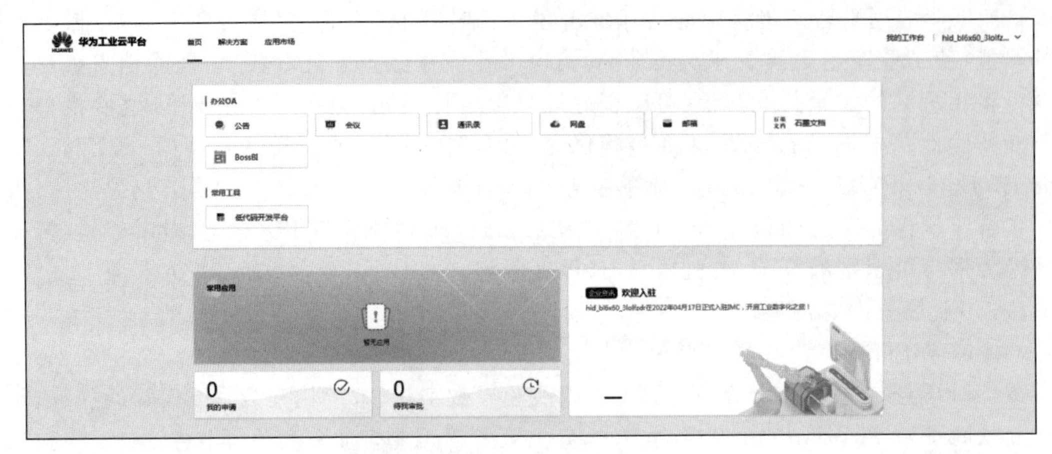

图 7-10 登录华为工业云平台界面

3）FusionPlant 工业互联网平台应用

华为工业互联网平台 FusionPlant 以华为云为底座，帮助企业构建数字化和智能化升级的平台，聚焦于将行业知识与 AI 进行深度融合，实现企业提质降本增效。更重要的是，华为工业互联网平台 FusionPlant 能兼容企业现有架构，在保留企业已有资产的基础上，帮助企业平滑演进到新的架构，并存双活，目前已经在钢铁、煤焦化、电子制造、化纤、能源等多个行业实践并取得明显应用效果。

（1）在化纤行业，基于华为云工业智能体和云边协同的能力，实现丝束质量全面检测，一卷丝长度为 1000m，以前人工检验只能检验一层设备角度只能检测 100m，现在利用实时数据可还原 1000m 丝的生产过程，极大提升人工检测效率。

（2）在煤焦化行业，华为云工业智能体将人工配煤升级为智能配煤。传统方式焦煤质量检测需要一天以上，智能配煤方案可以对焦煤质量进行实时预测，炼焦过程中发现质量不达标，可以马上调整原料煤配比，既减少了不必要的资源浪费，又进一步保证了焦炭的产出质量，按估算，每百万吨可节省成本约 1000 万元。

（3）在石油行业，中国石油基于华为云知识计算解决方案合作打造了“认知计算平台”，通过 AI 技术的应用，使测井油气层识别研究周期缩短了约 70%，油气层的识别准确率已经达到 90%以上。

（4）在水泥行业，华为云与海螺水泥的合作成为典型案例。海螺水泥将数据采集、实时优化、BI 报表等系统部署在华为云上，通过 5G＋云＋IoT＋AI 的协同创新，实现了工厂智能化、产业绿色化。在传统的 5000 吨水泥生产线上，生产控制系统参数多达 124 个，需要 32 名工人每 30 分钟就动态调整一次，而有了华为的 AI 服务，实现了参数的自动预判，只需要 4 名工人就可以完成，成本大大降低。

（5）在煤矿行业，煤矿生产系统复杂，矿井里挖掘、监测等设备多达数百种，井下大大小小业务系统超过 30 个，矿区作业无法全量感知和精细化管理。基于华为云工业物联网平台，陕煤集团旗下的红柳林煤矿完成 200 种采矿设备建模、35 类 OT 系统接入、400 个矿区业务模型构建，从人、风、水、电、煤 5 个维度进行全矿区的数字化重构，智能化采煤率高达 97.7%。

迄今为止，华为云工业互联网平台 FusionPlant 已经在全国几十个区域与当地政府合作，引导工业企业上云上平台，实现数字化转型和智能化升级。

5. 用友精智工业互联网平台

为推动制造业数字化转型，用友公司于 2017 年 8 月 19 日正式发布用友精智工业互联网平台。精智工业互联网平台是面向工业企业的社会化智能云平台，能够连接海量设备、承载大数据、搭载海量工业 App，同时提供安全与接入规范。

精智工业互联网平台是用友云在工业企业的全面应用，是面向工业企业的智能云平台。该平台以基础技术支撑平台、容器云平台、工业物联网平台、应用开发平台、移动平台、云集成平台、服务治理平台以及 DevOps 平台为支撑，融合了移动互联网、云计算、大数据、物联网、人工智能、区块链等现代信息网络技术，为工业企业提供营销、采购、交易、设计、制造、协同等服务。

1）精智工业互联网平台架构

精智工业互联网平台主要由设备（边缘计算）层、IaaS 层、PaaS 层以及 SaaS/BaaS/DaaS 层组成，如图 7-11 所示。

（1）设备层。通过各种通信手段接入各种控制系统、数字化产品和设备、物料等，采集海量数据，实现数据向平台的汇集。

（2）IaaS 层。该层是云基础设施层，基于虚拟化、分布式存储、并行计算、负载均衡等技术，实现网络、计算、存储等计算机资源的池化管理，根据需求进行弹性分配，并确保资源使用的安全与隔离，为用户提供完善的云基础设施服务。

（3）PaaS 层。该层由基础技术支撑平台、容器云平台、工业物联网平台、应用开发平台、移动平台、云集成平台、服务治理平台以及 DevOps 平台等组成。在基础设施、数据库、中间件、服务框架、协议、表示层，平台支持开放协议与行业标准，具有广泛的开放性，适配不同 IaaS 平台，建设丰富的工业 PaaS 业务功能组件，包括通用类业务功能组件、工具类业务功能组件、面向工业场景类业务功能组件。

（4）SaaS/BaaS/DaaS 层。该层基于 4 级数据模型建模，保证社会级、产业链级、企业级和组织级的统一以及多级映射，提供大量基于 PaaS 平台开发的 SaaS/BaaS/DaaS 应用服务，应用覆盖交易、物流、金融、采购、营销、财务、设备、设计、加工、制造、数据分析、决策支撑等全要素，为工业互联网生态体系中的成员企业提供各种应用服务。

2）用友精智工业互联网平台的应用

2021 年 8 月，用友发布精智工业互联网平台 3.0，全面升级物联网、边缘计算、工业大数据、数字孪生、人工智能五大技术引擎，全新发布“5G＋工业互联网＋全连接工厂”“5G＋工业互联网＋废钢判级”“5G＋工业互联网＋产品运维”等十大创新应用场景，全新铸造“用友工业互联网标识解析二级节点”“精智工业大数据中心”“精智工业社区”三大平台底座，平台以数字化管理为中心能力，全面支撑数字化管理、智能化生产、服务化延伸、网络化协同、个性化定制、平台化设计 6 种新模式。

用友精智工业互联网平台可用于智能制造中的智能工厂、智慧管理、产业互联以及智能决策，如图 7-12 所示。

（1）助力石油化工企业节能减排。福建石化集团基于用友精智工业互联网平台打造智能工厂，实现了生产经营一体化，协同效率提升 30%；打通生产计划、车间调度、车间任务与各生产环节，将排程效率提升 20%；通过装置优化应用，实现节能减排，负荷排程系统比手工排产降低了能耗，仅电解环节，每天可节约 7700 度电，一年可节省上百万元成本。

（2）助力铜冶炼企业节能减排。江铜集团贵溪冶炼厂基于用友精智工业互联网平台打造了中国首家铜冶炼智能工厂，实现了生产装备自动化、公共服务平台化、生产过程透明化、能源管理精细化、质检管理标准化、设备管理科学化、安全环保数据化、供应管理高效化、辅助决策可视化，经营成本降低 20%，产品不良品率降低 10%，生产效率提高 20%，能源利用率提高 10%。

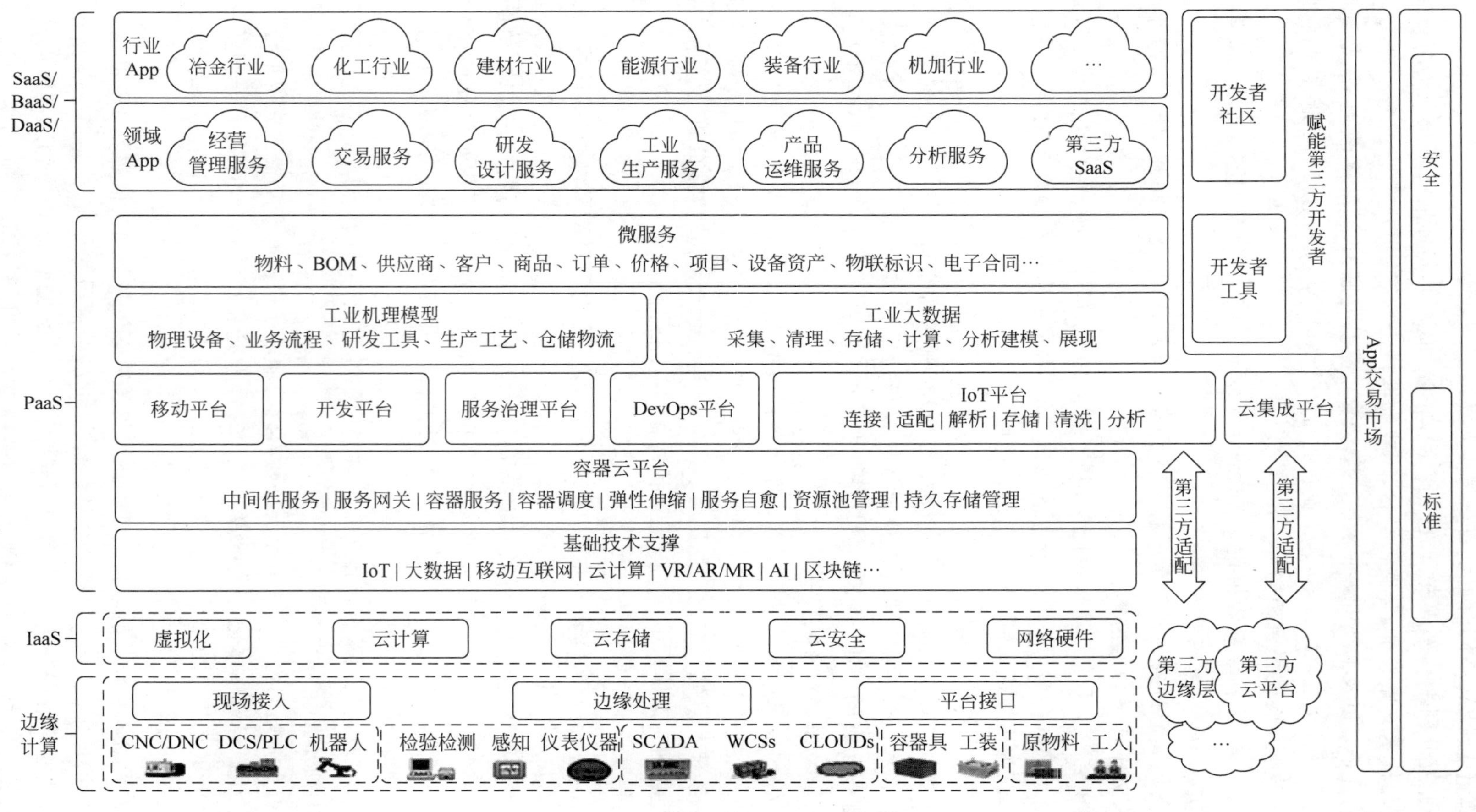

图 7-11　精智工业互联网平台架构

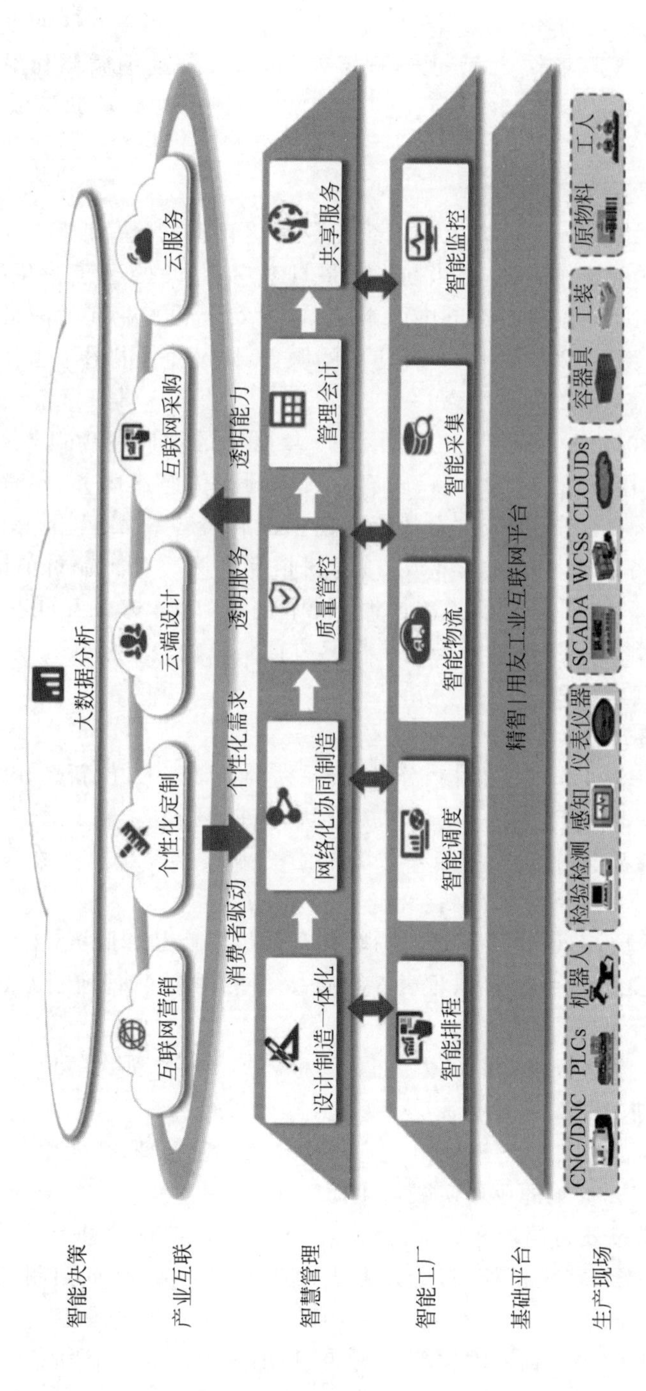

图 7-12 用友精智工业互联网平台应用

(3) 助力焊接加工企业节能降耗。新朋联众基于用友精智工业互联网平台建设数字化孪生工厂,破解了中型离散制造企业的利润谜题,经过一年多的项目实施,实现了智慧物联、智能物流、移动管理、实时追溯和产业链协同,人工减少31%,人均产值提升了79.8%,总产量提升22%,缺陷率从0.3%降低到0.1%。

(4) 助力钢铁企业实现循环经济。济源钢铁基于用友精智工业互联网平台实现废钢智能判级,用AI技术代替人工现场作业,实现远程智能判定,提升废钢循环利用效率。济源钢铁废钢判级准确率超过95%,废钢判级数量近50万吨,预计可帮助济源钢铁年节约成本上千万元。

6. 根云工业互联网平台

根云平台由成功赋能三一集团以及多家企业数字化转型的"树根互联"所打造,是国内首个自主可控的工业互联网操作系统,是当前中国最具客户价值的工业互联网平台,同时也是首个由中国本地化工业互联网企业打造的中国本土、自主安全的工业互联网平台。根据平台提供物联网接入、云计算、工业大数据和SaaS应用的服务,协助企业打造基于工业互联网的转型升级和模式创新。

树根互联成立于2016年,源于三一集团2008年孵化的物联网项目,主要为机器的制造商、金融机构、业主、使用者、售后服务商、政府监管部门提供应用服务,同时对接各类行业软件、硬件、通信商开展深度合作,形成生态效应。树根互联覆盖了42个细分行业,并能够支持45个国家和地区的设备接入。在生态开放方面,树根互联为整个工业价值链贡献价值,赋予全行业生态体系灵活、敏捷的工业能力。同时,技术创新方面,树根互联在连接性、易用性、IT/OT融合计算、数据可视化、落地性与安全性等方面具备优势。依托长期沉淀的平台能力,根云平台让整个产业链更具韧性。

1) 根云平台的架构

根云平台主要划分为4个层次架构,分别为连接、计算、应用、创新。在整个体系架构中,树根互联为根云平台设计和开发了一系列功能模块,包括根云盒、根云通、根云联、根云擎、根云坊、根云像等,通过这些独立性的功能模块为制造企业提供基于工业物联网的应用及服务支撑。

(1) 连接。在连接层,根云提供一站式物联接入的核心产品和服务,支撑全行业各种类型设备的物联入网。从根云平台架构看,根云在设备接入、互联和管理控制方面主要包含3个产品,分别是根云盒、根云通、根云联。

(2) 计算。根云擎是根云平台的动力之源,为根云提供可靠强大的计算能力,产品包括云服务器、云硬盘、云存储Redis、云数据库、大数据处理套件等。

(3) 应用。目前,根云用主要有四大服务功能,包括资产管理、智能服务、物联监控和机械猫。这些功能主要由三一重工的业务实践衍生而来。

(4) 创新。企业通过设备画像和标签的管理从设备获取数据信息,帮助提升业务精准度。同时,帮助企业实现数据资产的沉淀,打造数据驱动业务的能力,精准预测和构建设备和操作手的特征库,搭建以设备(主)为中心的大数据运营体系。根云像的典型应用场景是在设备画像和标签模型的基础上构建数据科学模型。例如,利用挖机工作的环境信息、工况信息、设备维保信息、管理和运维挖机的工时标签、工作强度标签、维修标签、保养标签、操作员驾驶习惯标签、环境标签(温度、湿度、土壤和海拔高度)等数据信息,为大型挖机(超过36.5吨)建立健康度模型,实时定量地评价挖机的健康程度。利用在线、多维度和细微尺度的特征信息描述挖机的健康程度,实现为每台挖机精确打分。通过和挖机的保养维修费用的分析结果的结合,为挖机的来年维修费用预测、二手机残值估计、主要部件性能下降程度等金融业务痛点的解决，打下坚实的基础。

2）根云平台的特点

（1）聚焦于面向工业 4.0 的平台技术和产品研发，树根互联的根云平台具有多种类工业设备的大规模连接能力、多源工业大数据建模和 AI 的分析能力、多样化工业应用的开发和协同能力。基于平台的物联接入产品、工业 App、数据智能与创新应用等产品和服务，可助力企业和第三方开发者低成本、高质量地完成各行业、各领域的工业 App 开发。

（2）基于根云平台，提供满足工业企业普遍性业务需求的物联接入与工业 App 产品，实现客户生产经营管理的在线化，继而推动平台数据智能与创新应用的开展。同时，根云平台在服务过程中不断积累可复用组件，提升服务的效率与稳定性，降低开发服务成本。

（3）在工业大数据的海量工业设备异构数据接入技术方面，适配支持的工业协议数量近 1100 种，具备大规模流式数据处理能力，可每秒处理千万级数据点位。同时，特有的滑动时间窗口计算技术，以及多策略离线数据回补技术，在设备离线、网络抖动等情况下也能保证数据正确性。

（4）在设备上云方面，平台通过工业设备自注册和自组网技术，提高组网效率，降低接入成本，还采用工业协议二进制传输技术，压缩数据流量，降低数据传输成本。

（5）在工业模型开发方面，基于自定义网联协议自动创建了工业物模型技术，同时，基于可嵌套的多级工业复合物模型技术，可支持多层嵌套的复合物模型等。另外，建立了重型机械的数字孪生模型内容库，方便用户快速构建数字孪生分析应用。

3）根云平台的应用

当前，根云平台已经成为中国最受关注的本土工业互联网平台。除了为三一重工这类机械企业提供工业物联网解决方案之外，根云平台还面向农业机械、节能环保、特种车辆、保险、租赁、纺织缝纫、新能源、食品加工等行业提供基于物联网、大数据的云服务，帮助企业取得了明显的应用效果。

从根云平台体系架构及功能实现来说，根云平台已基本形成了从设备接入、数据采集、数据存储、数据分析与应用的完整工业物联体系架构。从功能上讲，根云平台更像是 GE Predix、西门子 MindSphere 以及航天科工 INDICS 三大平台的功能融合。在发电机、风电行业、工地设备等行业，根云平台与 GE Predix 工业互联网平台提供的功能比较类似，能通过互联网实现对远程产品及设备的数据采集和状态监控，从而实现为客户提供更高质量的优化服务。

在工业控制领域，根云平台实现了让 SCADA 系统上云，支持 Modbus/OPC UA 等各类工业协议的快速设备接入，按需动态分布式扩展，轻松实现百万级数据点的采集和监控分析。实现设备和系统的远程运维、统一监控和升级，这方面根云平台的功能与西门子的 MindSphere 非常相似。

在缝纫设备物联领域，为了实现上游客户个性化定制需求与下游生产资源能力的快速匹配，树根互联还推出了打造缝制绣花设备云，通过建设产、学、研、金、介一体的计算机刺绣机智能化发展模式，帮助绣花机厂商形成整机、零配件、售后服务的成熟产业链。在这方面，根云平台更像航天科工的 INDUCS 平台，基于行业推出整合产业链资源的工业互联网平台，实现生产需求和生产能力的快速匹配。

在风力发电行业，根云平台以风机设备为核心，构建实时监视中心系统，实时采集、传输、存储、告警、分析风电场数据，实时掌握现场运行信息；构建运维管理系统，实现从安装到运行、检修、报废的全生命周期管理；建立故障诊断系统和故障预警系统，实现故障处理指导及故障预防。搭建于赋能平台"根云"之上的智慧风电，实现数据驱动业务发展，面向风电建设运营管理全周期，协同各产业链资源，聚焦多维大数据分析应用，助力"制造＋服务"转型。

根云平台赋能光伏行业，基于分布式光伏电站管理运营业务要求和发展规划，打造一整套智慧光伏解决方案，让光伏发电行业实现了高效发电、智能运维、安全可靠的目标。根云平台可以实现对电站运行状态动态监控、实时报警、智能化数据分析及电站故障诊断，以打通光伏电站全业务数据链条，提升数据资产管理能力为核心，聚焦数据采集、存储、分析、管理、运营及展示，构建光伏电站集中化运营、管理、分析和决策管理体系，实现光伏电站可持续化运营，提高电站资产的整体经济效益和市场竞争力。

7.4 本章小结

(1) 当前，制造业成为全球经济发展的焦点，传统产业转型升级需求迫切。同时，新一代信息技术飞速发展，积极向制造业渗透，驱动产业变革。制造业转型升级的迫切需求与信息技术向制造领域加速渗透的趋势相互交织融合，催生了工业互联网平台。

(2) 工业互联网平台是工业互联网的核心，是对传统工业 IT 的全面升级，与传统工业 IT 架构解决方案相比，工业互联网平台解决方案实现了流程驱动的业务系统转变为数据驱动的平台应用新范式，为工业企业提供基于数据的新技术、新方法、新服务和新价值。

(3) 从在制造业中的定位来看，工业互联网平台是制造业信息和资源交互的枢纽，向下接入海量设备和资源，向上为企业提供各类工业软件和服务的开发部署，而其自身则提供各类中间层技术和服务，同时也是海量数据汇聚和分析的平台。

(4) 工业互联网平台的基础是数据采集，核心是平台的功能实现，关键是平台的应用。

(5) 目前，我国已初步建立以通用技术平台为基础底座，以跨行业、跨领域的综合型平台、行业和区域特色型平台、技术领域专业型平台为核心，企业级平台建设蓬勃发展的多层次平台体系。

扫一扫

自测题

习题 7

(1) 什么是工业互联网平台？

(2) 请阐述工业互联网平台的特点。

(3) 请阐述工业互联网平台的功能。

(4) 请阐述工业互联网平台的核心技术。

(5) 请描述常见的几个工业互联网平台。

第 8 章

工业互联网软件

本章学习目标

- 了解工业软件概念
- 了解工业 App 概念
- 了解工业 App 开发与实现

8.1 工业软件

8.1.1 工业软件概述

1. 什么是工业软件

软件是国家战略性新兴产业,是国民经济和社会信息化的重要基础。工业软件是指应用于工业领域,为提高工业研发设计、业务管理、生产调度和过程控制水平的相关软件和系统。工业软件是将工业技术软件化,即工业技术、工艺经验、制造知识和方法的显性化、数字化和系统化,是一种典型的人类使用知识和机器使用知识的技术泛在化过程。

工业软件的本质是将特定工业场景下的经验知识,以数字化模型或专业化软件工具的形式积累沉淀下来。工业软件的意义在于连接设计与制造,在实际产品制造之前,用可视化的方式规划和优化全生命周期的制造过程。因此,工业软件是工业物联网数据利用的关键,帮助工业互联网兑现价值。深入地看,工业软件蕴含着现代工业知识的结晶,是名副其实的产业之魂,是制造业不断发展的"结果",而行业 Know-How 才是工业软件的核心竞争力。Know-How 又称为专有技术或技术诀窍,是指未公开过的、未取得工业产权法律保护的,以图纸、技术资料、技术规范等形式提供的制造某种产品或应用某项工艺以及产品设计、工艺流程、配方、质量控制和管理方面的技术知识。因此,Know-How 可以理解为一种能力、一种资源,也可以是被称作行业专家的人。例如,汽车、船舶就是坐拥大量 Know-How 节点的产业。

需要注意的是,工业互联网是全新工业生态,与工业软件彼此关联。工业互联网通过开放的、全球化的工业级网络平台形成跨设备、跨系统、跨厂区、跨地区的互联互通,实现全要素、全产业链、全价值链的全面连接,而工业软件则对工业流程进行数字化表达,打通各个生产环节,建立数字孪生体。例如,工业互联网利用物联网和边缘设备收集工业大数据,工业软件负责工业大数据的处理和利用,利用数据反哺生产,实现工艺与管理的优化。因此,工业软件是工业互联网平台的重要组成部分，而工业互联网也为工业软件的应用与开发提供了新的可能。

2. 工业软件与智能制造

工业软件是智能制造的大脑，数据的价值正是在工业软件分析处理的过程中得以体现。工业软件对网络层中汇集的海量数据进行精准分析和智能反馈，助力企业在业务层面的科学决策以及产业上下游制造资源的高效配置，最终赋能制造业。

作为新一轮的工业革命，智能制造目标是工业知识的规模化应用和传承。工业体系交替的背后是制造范式的改变，工业体系的智能化转型，关键在于数据的自由流通和精确的工艺建模，以消除复杂系统的不确定性，提高资源的配置效率，其中最具代表性的便是数字孪生技术，而数据流通和工艺建模依赖的就是工业软件。工业软件建立了数字自动流动规则体系，并以此建立模型对制造的各个环节进行赋能，因此可以说，智能制造中，软件定义了制造，智能制造的本质是软件化的工业基础。

产业数字化时代，智能制造将成为制造业变革的主要方向。产业数字化以数字科技为支撑，对产业链上下游的生产进行数字化升级再造。落实到制造业上，我国的制造业将全面进入工业 4.0 阶段，以高度自动化、柔性化生产为主要特征的智能制造将成为行业升级的大方向。不同于过去围绕设备、工艺等展开的制造业发展脉络，在工业 4.0 时代，工业软件将成为支撑数字化转型升级的核心要素。

3. 工业软件的意义

工业软件可以认为是应用程序、过程、方法和功能的集合，在工业领域实现信息化赋能，实现工业产品研发、设计、生产、数据收集和信息管理等，应用于航天、能源、电力、建筑、矿业、纺织、化工、食品、电子等各类制造业。因此，人们也认为工业软件是伴随计算机性能提升而演化出的工业制造领域的信息化承载，工业软件能够有效降低工业生产成本并提升生产效率。

工业软件作为工业创新知识长期积累、沉淀并在应用中迭代进化的软件化产物，是工业互联网产业体系的核心组成。因为工业互联网的特征之一就是通过生产制造全生命周期的数字化实时地采集和分析数据，支持智能决策，而这些都离不开工业软件。工业软件建立了数字自动流动规则体系，操控着规划、制作和运用阶段的产品全生命周期数据，是数据流通的桥梁，是工业制造的大脑。同时，工业软件内部蕴含制造运行规律，并根据数据对规律建模，从而优化制造过程。可以说，软件定义着产品整个制造流程，使整个制造的流程更加灵活与易拓展，从研发、管理、生产、产品等各个方面赋能，重新定义制造。以信息物理系统 CPS 为例，CPS 本质是构建一套空间与空间之间基于数据自动流动的状态感知、实时分析、科学决策、精准执行的闭环赋能体系，解决生产制造、应用服务过程中的复杂性和不确定性问题，提高资源配置效率，实现资源优化。这一闭环赋能体系概括为“一硬”（感知和自动控制）、“一软”（工业软件）、“一网”（工业网络）、“一平台”（工业云和智能服务平台）。其中，工业软件代表了信息物理系统的思维认识，是感知控制、信息传输、分析决策背后的世界观、价值观和方法论，可以说是工业软件定义了 CPS。

(1) 工业软件是联系传统工业生产与现代信息化的纽带。传统工业设计、生产高度依赖人力，效率低下。从设计层面来看，传统的尺规作图和实验测量是工业品研发设计环节的主要手段；从管理层面来看，以主观的计划方式进行供料、生产的相关规划。工业软件充分吸收现代软硬件信息技术，利用信息化手段将传统的设计及管理环节进行标准化处理，提高整体工业生产效率。

(2) 工业软件是智能制造的承载，已深度融入工业设计及制造流程。在制造业逐步转型升级的大背景下，工业软件的重要程度不断提升，已经成为体现产品差异化的关键因素之一。

工业软件的应用贯穿制造业整个价值链，从研发、工艺、制造、采购、营销、物流供应链到服务；从车间层的生产控制到企业运营，从企业内部到外部，实现与客户、供应商和合作伙伴的互联和供应链协同，企业所有经营活动都离不开工业软件的全面应用。以西门子、通用电气为代表的全球制造业巨头持续加大对工业软件的投入，并展开了依托于工业软件的工业互联网、数字化工厂等革新性项目。

(3) 工业软件是工业互联网基础设施上的重要内涵。工业互联网是互联网在工业场景下的延伸，目的是构建高效的工业系统专属网络以便于实现工业系统在流程控制、数据收集等方面的传输需求。工业互联网是新一代信息技术与工业经济深度融合的全新经济生态、关键基础设施和新型应用模式，通过人、机、物的全面互联，实现全要素、全产业链、全价值链的全面连接，将推动形成全新的生产制造和服务体系。在工业互联网已搭建的包含工业云、边缘设备、传感器等的硬件网络设施基础上，传统的工业软件将随之迁移，并与新型工业互联网平台衔接融合，从而构建涵盖研发设计、生产执行、经营管理等功能的综合工业信息化系统应用。

工业软件是工业化长期进程不可或缺的伴生物。工业软件发展成熟的国家是已经完成工业化进程且工业化水平较高的发达国家，如法国、德国等工业强国。因此，没有完成工业化进程，就没有丰富的工业技术积累，就不可能做好工业技术软件化，也就不会产生优秀的工业软件。

4. 工业软件的分类

1) 按照应用领域分类

工业软件主要包括工业应用软件和嵌入式工业软件。工业应用软件主要分为三大类，分别是产品创新数字化软件、管理软件以及工业控制软件。

(1) 产品创新数字化软件是支持工业企业进行研发创新的工具类和平台类软件。具体包括：计算机辅助设计(Computer Aided Design，CAD)，主要包括机械计算机辅助设计(Mechanical Computer Aided Design，MCAD)和电子计算机辅助设计(Electronic Computer Aided Design，ECAD)；计算机辅助工程(Computer Aided Engineering，CAE)；计算机辅助制造(Computer Aided Manufacturing，CAM)，主要指数控编程软件；计算机辅助工艺规划(Computer Aided Process Planning，CAPP)；电子设计自动化(Electronic Design Automation，EDA)；数字化制造(Digital Manufacturing)；产品数据管理(Product Data Management，PDM)/产品全生命周期管理(Product Life-Cycle Management，PLM)，涵盖了产品研发与制造、产品使用和报废回收再利用3个阶段，以及相关的专用软件，如公差分析、软件代码管理或应用生命周期管理、大修维护管理、三维浏览器、试验数据管理、设计成本管理、设计质量管理、三维模型检查、可制造性分析等。此外，建筑、工程和施工(Architecture，Engineering & Construction，AEC)行业也广泛应用CAD、CAE软件。CAD软件还包括工厂设计、船舶设计，以及焊接CAD、模具设计等专用软件，CAD从20世纪80年代末开始得到了迅速的发展，21世纪以来个人计算机的发展和普及使CAD得到了进一步的推广，已在机械、电子、能源、航空航天、建筑领域得到广泛应用。CAD软件具有丰富的绘图和辅助功能，它的各项设计，如工具栏、菜单设计、对话框、图形打开预览、信息交换、文本编辑、图像处理和图形的输出预览等，为用户的绘图带来很大方便，其不仅在二维绘图处理十分成熟，三维功能也更加完善，可方便地进行建模和渲染，大大提高设计研发过程的效率。数字化制造主要包括工厂的设备布局仿真、物流仿真、人因工程仿真等功能。CAE软件包含的门类很多，可以从多个维度进行划分，主要包括运动仿真、结构仿真、动力学仿真、流体力学仿真、热力学仿真、电磁场仿真、工艺仿真(涵盖铸造、注塑、焊接、增材制造、复合材料等多种制造工艺)、振动仿真、碰撞仿真、疲劳仿真、声学仿真、爆炸仿真等，以及设计优化、拓扑优化、多物理场仿真等软件，另外还有仿真数据、仿真流程和仿真知识管理软件。图 8-1 所示为 RoboDK，该软件是一款优秀的工业机器人仿真软件。PLM 是应用一系列业务解决方案，支持在企业内和企业间协同创建、管理、传播和应用贯穿整个产品生命周期的产品定义信息，并集成人、流程、业务系统和产品信息的一种战略业务方法，它支持企业间协作，跨越产品和工厂的全生命周期，从概念设计到生命周期终结。PLM 软件的核心功能包括图文档管理、研发流程管理、产品结构、结构管理、物料清单(Bill of Material，BOM)管理、研发项目管理等。为满足特定的数据管理需求，PLM 有针对性地提供一系列集中功能，如工程变更管理、配置管理、元件管理、产品配置器、设计协同、设计成本管理、内容和知识管理、技术规范管理、需求管理、工艺管理、仿真管理和设计质量管理。

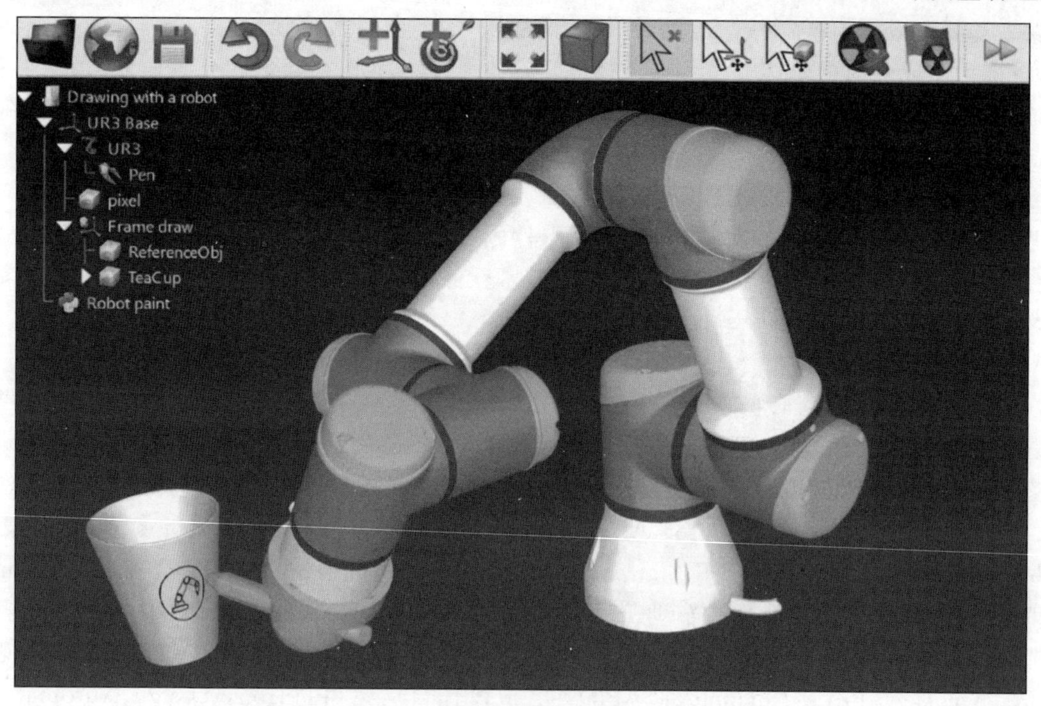

图 8-1 工业机器人仿真软件 RoboDK

(2) 管理软件是支持企业业务运营的各类管理软件。具体包括：企业资源计划(ERP)、制造执行系统(MES)、客户关系管理(CRM)、供应链管理(SCM)、供应商关系管理(Supplier Relationship Management，SRM)、企业资产管理(Enterprise Asset Management，EAM)、人力资本管理(Human Capital Management，HCM)、商业智能(Business Intelligence，BI)、高级计划与排程/先进生产排程(Advanced Planning and Scheduling，APS)、质量管理系统(Quality Management System，QMS)、项目管理(Project Management，PM)、能源管理系统(Energy Management System，EMS)、主数据管理(MDM)、实验室信息管理系统(Laboratory Information Management System，LIMS)、业务流程管理(Business Process Management，BPM)、协同办公与企业门户等。ERP 是从物料需求计划(Material Requirement Planning，MRP)、制造资源计划(Manufacturing Resources Planning，MRP Ⅱ)发展起来的。CRM、HCM、BI、PM、协同办公和企业门户应用于各行各业，但工业企业对这些系统有特定的功能需求。例如，人力资产管理具体包括人力资源管理、人才管理和劳动力管理，其中，工业企业对劳动力管理有特定需求。随着移动通信技术的普及，越来越多的管理软件支持手机 App、基于角色分配权限、集成位置信息，能够将相关信息推送到不同类型的用户。MES 是一个车间级的管理系统，负责承接 ERP 系统下达的生产计划，根据车间需要制造的产品或零部件的各类制造工艺，以及生产设备的实际状况进行科学排产，并支持生产追溯、质量信息管理、生产报工、设备数据采集等闭环功能。

（3）工业控制软件是支持对设备和自动化产线进行管控、数据采集和安全运行的软件。具体包括：先进过程控制（APC）、集散控制系统（DCS）、可编程逻辑控制器（PLC）、数据采集与监视控制系统（SCADA）、组态软件、分布式数控与机器数据采集（DNC/MDC），以及工业网络安全软件等。其中，DCS、PLC 和 SCADA 的控制软件与硬件设备紧密集成，是工业物联网应用的基础。

2）按照功能分类

伴随着信息化的进程，工业软件产品体系发展逐渐成熟，按照功能分类主要分为研发设计类、业务管理类、生产调度和过程控制类、专业功能类 4 类软件。研发设计类软件主要包括计算机辅助设计、计算机辅助工程、计算机辅助工艺过程设计、计算机辅助制造、产品全生命周期管理等；业务管理类软件包括企业资源计划、供应链管理、客户关系管理、电子商务等；生产调度和过程控制类软件主要包括制造执行系统、高级计划排产系统等；专业功能类软件包含新型工业仿真软件、工业监测软件、工业数据管理平台与行业定制软件等。图 8-2 所示为 CAXA 实体设计软件，它是一套面向工业的三维设计软件，并突出地体现了新一代 CAD 技术以创新设计为发展方向的特点。图 8-3 所示为 ROBOGUIDE 工业机器人仿真软件，它是一款机器人程序编辑开发软件，由 FANUC 公司官方出品，广泛应用于数控机械领域，能大幅提高生产加工效率，工人们可以对机械运作程序进行编写，实现最快效率的生产办公模式。

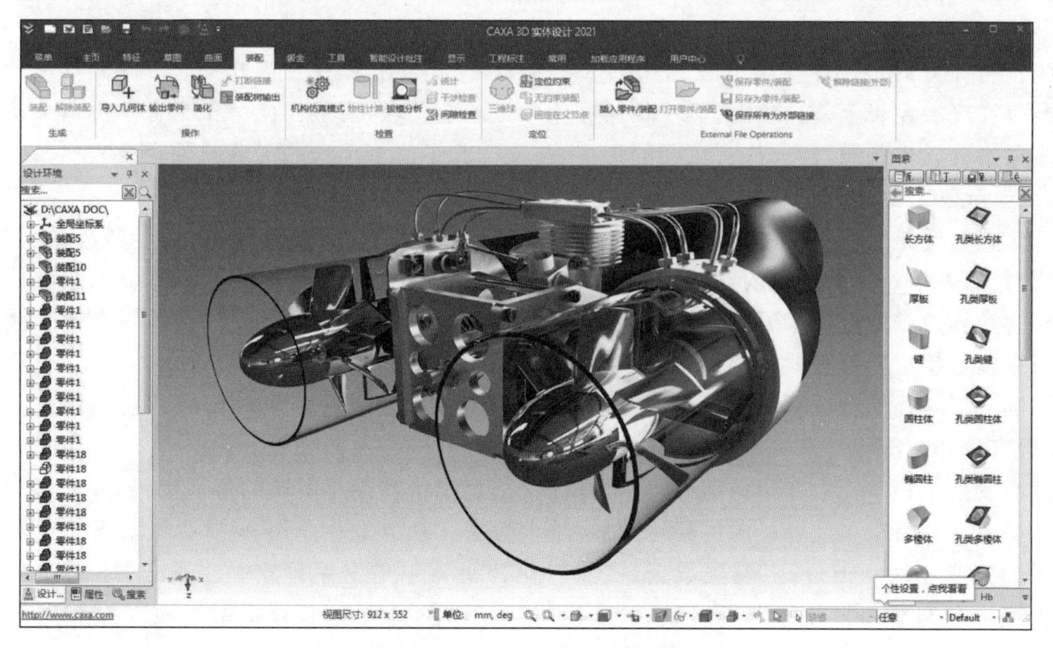

图 8-2　CAXA 实体设计软件

3）按照使用类型分类

按照使用类型，工业软件大体上分为两类：嵌入式软件和非嵌入式软件。嵌入式软件就是嵌入在硬件中的操作系统和开发工具软件，它在产业中的关联关系体现为芯片设计制造→嵌入式系统软件→嵌入式电子设备开发、制造。

非嵌入式软件是指用于执行独立功能的专用计算机系统。非嵌入式系统以应用为中心，以微电子技术、控制技术、计算机技术和通信技术为基础，强调硬件软件的协同性与整合性、软

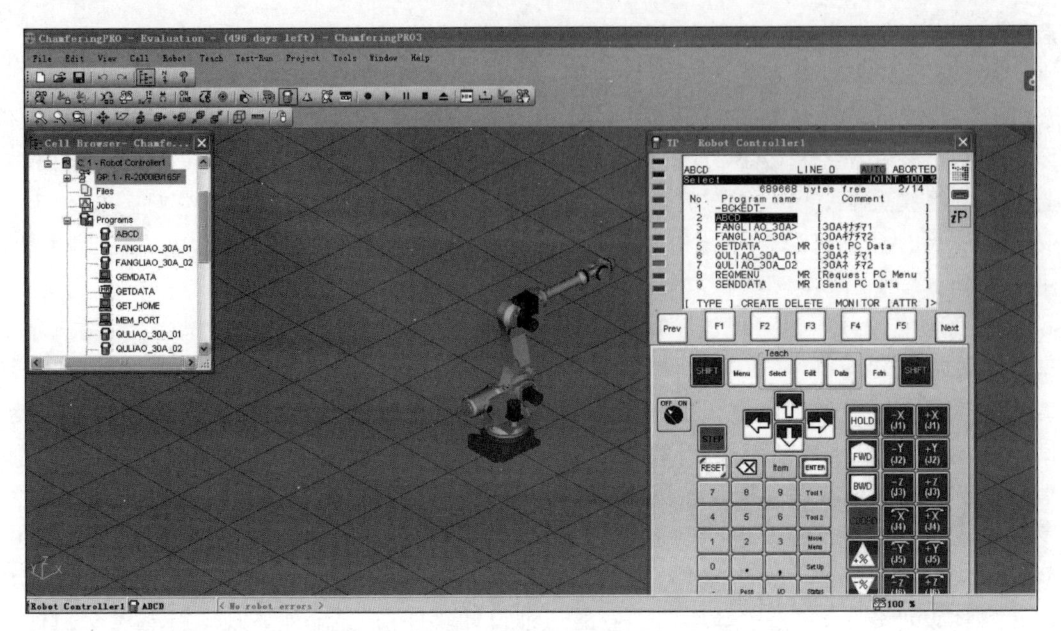

图 8-3 ROBOGUIDE 工业机器人仿真软件

件与硬件可剪裁,以此满足系统对功能、成本、体积和功耗等要求。

目前我国工业软件市场中嵌入式软件销售额占比为 57.4%,嵌入式工业软件应用包括数控装置、全自动柔性生产线、智能测量仪表、工业机器人、机电一体化机械设备等。

值得注意的是,不同类别的工业软件都围绕核心工业场景,相互彼此关联。不同赛道的工业软件在底层逻辑上差异较大,但在具体应用中又相互关联,而且任何一条赛道单拆出来都有众多的细分软件领域,背后都有广阔的市场,并支撑起了诸多优秀的工业软件企业。

5. 新型工业软件

工业软件是工业技术和知识的软件程序化封装,支持制造业设计开发、生产制造、经营管理、运维服务等产品全生命周期和企业运行全过程集成及优化等业务场景。传统工业软件主要包含计算机辅助设计等研发设计类软件、企业资源规划等运营管理类软件、先进控制及制造执行系统等生产控制类软件。

随着新一代信息技术的不断涌现和发展成熟,工业软件企业加速对传统工业软件进行云化、数字化和智能化的升级改造,从软件的分布式系统架构、数据分析处理能力、云化服务提供方式都发生了根本性的变化。另外,随着新一代信息技术在工业领域的落地生根,并通过与工业数据、工业知识、工业场景深度融合,相应地催生了工业互联网与智能制造等新形态工业体系下的工业互联网平台、工业大数据系统、工业智能 App 等一系列新型工业软件,进一步推动工业生产制造和服务能力朝着数字化、网络化、智能化转型,形成新型工业支撑软件产业体系。

从技术上来看,我国在新型工业软件上同国际竞争对手,如 GE Predix、西门子 MindSphere 等几乎同时起步,差距并不明显。虽然在涉及传统工业核心软件和工业机理方面还有所欠缺,但在中国的企业数字化体系建设实践中局部技术甚至领先。从商业模式上来看,数据科学与模型化技术赋能新型工业软件,工业 App 成为新型形态,订阅模式脱颖而出,这一方面破解了多年来盗版对工业软件行业的冲击,另一方面由于工业 App 本身的小巧性和工业互联网平台的累积效应,更有利于我国工业领域的知识沉淀与技术溢出。

6. 我国工业软件的发展

当前，全球主要发达国家正经历从工业 3.0 到工业 4.0 的升级发展。工业 3.0 的本质是自动化，各类自动化控制系统及仪表仪器的大量应用将人从烦琐重复的劳动中解放出来，并远离易燃易爆、高温高压的各类危险生产场景。而工业 4.0 的关键是智能化，即基于 3.0 阶段自动化控制的基础，利用 AI、大数据等信息技术帮助企业充分利用过去积累的关于工艺技术、设备技术、运营技术等多方面的数据，实现安全生产、节能减排、降本增效等需求。工业 3.0 主要实现“可视”与“透明”，而工业 4.0 主要实现“可预测”与“自适应”。其中，“可预测”是指实现未来仿真与预测，而“自适应”是指实现基于数据的自主分析学习及发现知识，二者的实现均需通过对各类工业软件的深度应用。

从全球发展态势看，欧美引领全球工业软件的技术发展方向，美国拥有一批全球知名工业软件企业，几乎垄断了集成电路设计工具，德、法等国凭借深厚的工业积累，在细分领域处于主导地位。

工业软件是工业技术的软件化，已经渗透和广泛应用在各个工业领域和环节。在我国“中国制造 2025”的大背景下，工业企业转变发展模式、加快两化深度融合成为大势所趋，工业软件以及信息化服务的需求继续增加，中国继续保持着全球工业软件市场增长生力军的地位。随着我国制造业加速向信息化和数字化转型，我国工业软件市场规模呈加速扩张态势，研发设计和嵌入式工业软件继续保持较快增速。目前，我国已经在汽车、工程机械、航空航天、船舶、家电等领域初步建立了工业软件的产品体系，涌现出了用友网络、宝信软件、华天软件、华大九天、东软、浙江大华、数码大方、广联达等一批知名的工业软件供应商。

但是，我国工业软件仍存在较多发展痛点，如中国应用的大部分工业软件核心技术掌握在国外厂商手中，自主工业软件的缺失成为我国制造业发展的安全隐患。许多关键领域，如工业软件的基础架构、高档数控机床的数控系统，仍然依赖于发达国家，过度依赖国外的工业软件，不利于我国工业技术的创新和积累，甚至阻碍高端化。我国工业软件健康发展有赖于自主创新能力的不断提升，因此提升行业自主创新能力是当务之急。

8.1.2 工业软件相关技术

1. 几何内核

在汽车装配流水线上，不同的组件由不同的部门专门生产，最后统一装配，如今的工业软件也拥有这样的生产模式。工业软件逐渐模块化，拥有复杂且相互关联的组成单元。常见的工业软件产品中，大多是基于全球供应链开发，企业主要聚焦于自己的优势领域，公司之间通力合作。

当下，工业主流的数字化设计与制造都需要用到 CAD 系统这样的工具，而 CAD 系统的基础底层支撑就是 CAD 平台，又称为几何内核。几何内核本身市场很小，但它是所有 CAD 统的基石，如果将 CAD 系统类比为皇冠，几何内核就是皇冠上的明珠。创建工业级几何建模内核是开发工程软件最困难的任务之一。找到正确的解决方案需要具备数学、计算机系统架构、软件设计和 CAD 专业知识等方面的顶级能力。目前全球市场上只有少数内核供应商，CAD 市场的很大一部分以及相关产品在商业和技术上都依赖于它们。目前，几何内核是我国目前工业软件最关注的领域，主要的建模方式包括线框建模、曲面建模、实体建模、特征建模等。

1）几何建模

几何建模是将现实世界中的物体及属性转换为计算机内部可数字化表示、可分析、控制和输出的几何形体的方法，是将物体的几何信息和拓扑信息转换为数字化模型的过程。在 CAD

中，几何建模是产品信息化的第一步，它为产品设计分析、工程图生成、数控编程、数字化加工与装配中的碰撞干涉检查、加工仿真、生产过程管理等提供有关产品的信息描述与表达方法，是实现计算机辅助设计与制造的前提条件。

几何建模构造的模型一般有 3 种：线框模型、表面模型和实体模型，现有的 CAD 系统通常采用实体模型。

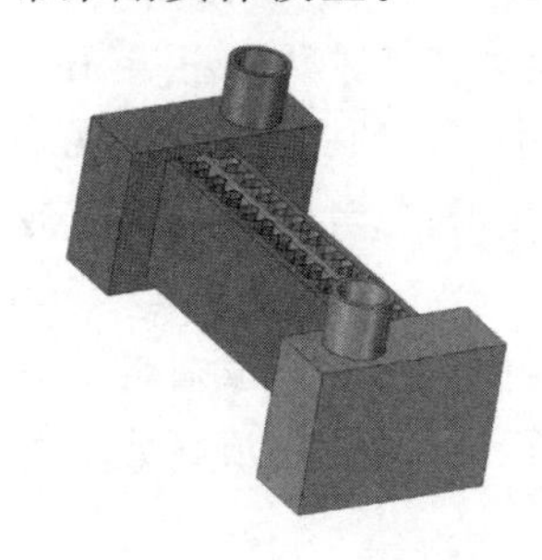

图 8-4 水冷板散热器的几何模型

图 8-4 所示为水冷板散热器的几何模型。为了适应大幅散热的需求，水冷板散热器被广泛应用于各类工业品的散热冷却，如电动汽车电池包、光伏逆变器、电动汽车控制器、医疗器械、IT 服务器、变流器、军用各类电子控制机箱等。相对于传统的强迫风冷散热，水冷散热能有效提高系统的散热效果，增大散热功率，且较容易实现高防护等级。

2）几何约束求解器

几何约束求解器是几何内核的重要组件，几何内核在进行参数化特征建模时，几何约束求解器进行几何约束求解并定义、存储了模型各元素之间的约束关系，实现了参数化特征建模。

几何约束求解器广泛应用于草图轮廓表达、零件建模参数表达、装配约束以及碰撞检查等场景中，为快速确定设计意图表达、检查干涉、模拟运动提供了强有力的支持，可帮助最终用户提高生产效率。

几何约束求解器结构主要分为 3 层：界面层、逻辑处理层和数据处理层。界面层是由系统的可视化界面构成，是用户和系统进行交互的接口，用户可以通过界面层直观地对系统操作进行约束求解；逻辑处理层是系统的核心层，所有操作命令都在这里得以处理和执行；数据处理层主要用来对系统的数据进行保存和传输，这里就是系统的大脑，储存了系统的所有信息。图 8-5 所示为使用几何约束求解器设置模型的特征参数。

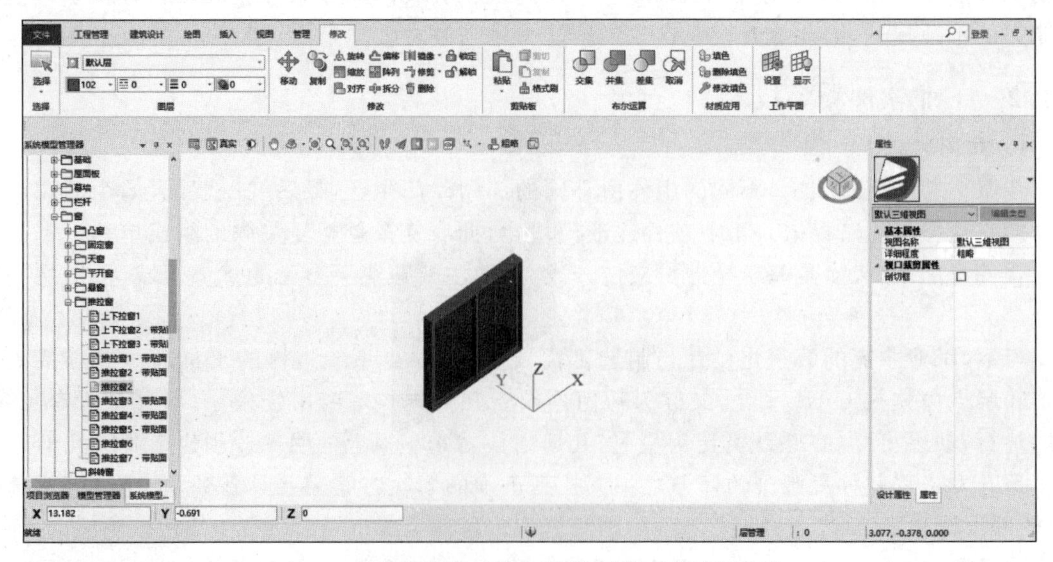

图 8-5 使用几何约束求解器设置模型的特征参数

2. 有限元分析

有限元分析是一个基于 CAD 几何模型建立 CAE 有限元模型的过程。有限元分析程序通常会导入计算机辅助设计几何图形，并创建一个网格，将体积或区域划分为称为元素的较小体积或区域。这种方法的好处是在制作原型之前可以检查任何形状或形式的任何计算机辅助设计模型的应力和变形。图 8-6 所示为有限元分析。

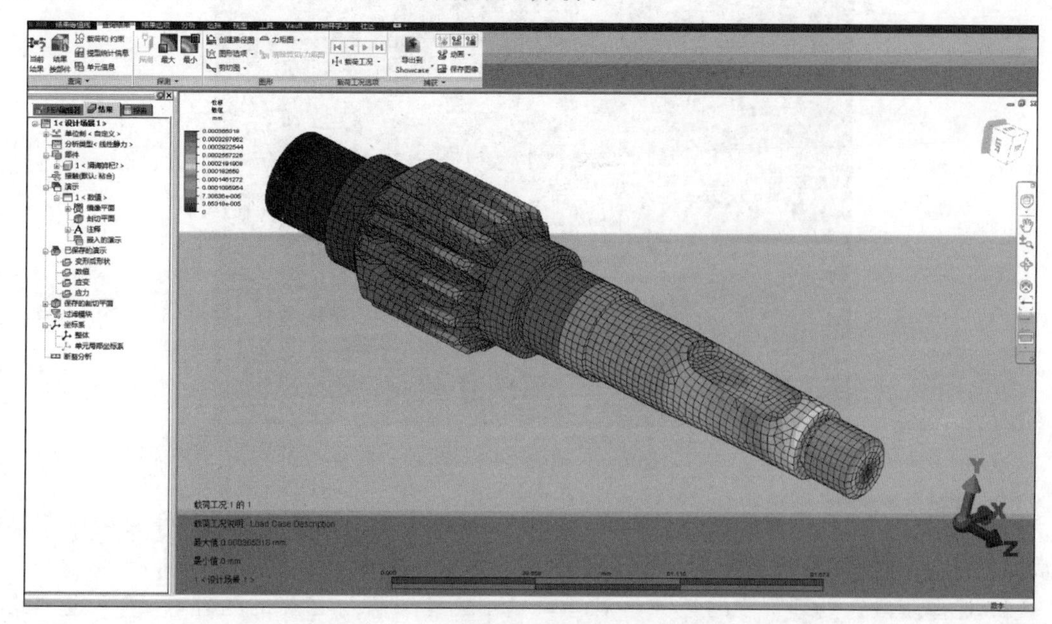

图 8-6　有限元分析

1）认识有限元

有限元是集合在一起能够表示实际连续域的离散单元。有限元的概念早在几个世纪前就已产生并得到了应用，如用多边形（有限个直线单元）逼近圆求得圆的周长，但有限元作为一种方法被提出则是最近的事。有限元法最初被称为矩阵近似方法，应用于航空器的结构强度计算，并由于其方便性、实用性和有效性而引起从事力学研究的科学家的浓厚兴趣。经过数十年的努力，随着计算机技术的快速发展和普及，有限元方法迅速从结构工程强度分析计算扩展到几乎每个科学技术领域，成为一种丰富多彩、应用广泛并且实用高效的数值分析方法。

2）有限元分析过程

（1）建模阶段。要对实物进行有限元分析，需要先建立有限元模型，对实物物理状态进行准确描绘和再现，才能进行有效计算。建模阶段是根据结构的实际形状和实际工况，建立有限元分析的计算模型——有限元模型，为有限元数值计算提供必要的输入数据。有限元建模的中心任务是离散结构。除此之外，人们仍然需要处理许多相关的工作，如结构形式处理、集合模型建立、元素特征定义、元素质量检查、编号顺序、模型边界条件定义等。所谓模型，指的是数学模型，不仅包括描述空间体的节点和单元，也包括系统连接的生成过程，更包括呈现其物理状态的材料属性、实常数和边界条件。建立有限元模型的过程称为有限元建模，它是整个有限元分析过程的关键，模型合理与否将直接影响计算结果的精度、计算时间的长短、存储容量的大小以及计算过程能否完成。有限元建模将整个要分析的结构分割成单元网格以形成实际结构的模型，每个单元具有简单形态（如正方形或三角形），这样有限元程序就有了可写出在刚度矩阵结构中控制方程方面的信息。图 8-7 所示为三维地质有限元模型，图 8-8 所示为弹簧有限元模型。

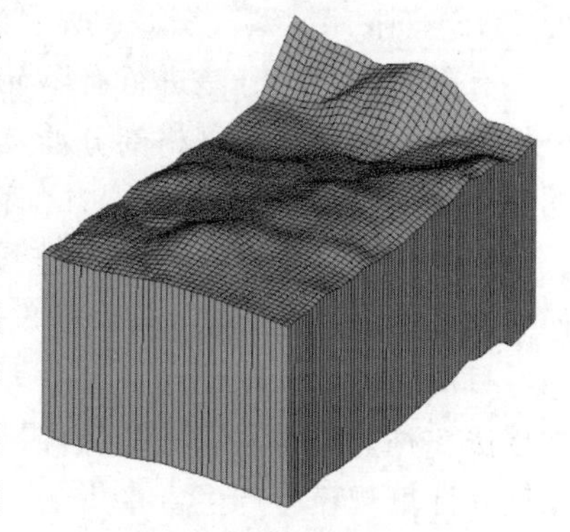

图 8-7　三维地质有限元模型

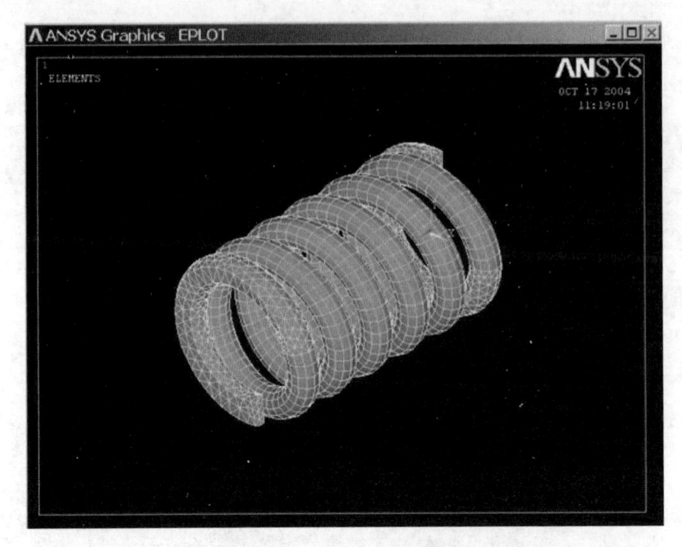

图 8-8　弹簧有限元模型

(2) 计算阶段。计算阶段的任务是完成有限元方法有关的数值计算。由于这一步运算量非常大,所以这部分工作由有限元分析软件控制并在计算机上自动完成。

(3) 处理阶段。处理阶段的任务是对计算输出的结果进行必要的处理,并按一定方式显示或打印出来,以便对结构性能的好坏或设计的合理性进行评估,并进行相应的改进或优化。

在上述 3 个阶段中,有限元模型的建立是整个有限元分析过程的关键。首先,有限元模型为计算提供了所有原始数据,这些输入数据的误差将直接决定计算结果的准确性;其次,有限元模型的形式对计算过程有很大影响,合理的模型不仅可以保证计算结构的准确性,而且可以避免计算量过大和对计算机存储容量要求的过高;再次,由于结构形状和工作条件的复杂性,不容易建立实用的有限元模型,需要综合考虑多种因素,对分析人员提出了更高的要求;最后,建模时间在整个分析过程中占相当大的比例,约占整个分析时间的 70%。因此,缩短整个有限元分析周期的关键是注重模型的建立,并提高建模速度。

3) 有限元分析常见方法

有限元分析常见方法主要有限元网格剖分和有限元单元分析,有限元网格剖分则是整个过程中的重中之重。

(1) 有限元网格剖分。许多工程分析问题由于物体的几何形状较复杂或具有某些非线性特征,很难通过解析方法求出精确解,因此人们借助计算机将 CAD 几何模型拆分成有限个具有不同大小和形状单元体的集合,这一过程称为有限元网格剖分(也称为离散化),形成的模型即 CAE 有限元模型。图 8-9 所示为 CAE 有限元模型。

有限元网格剖分是进行有限元数值模拟分析至关重要的一步,它直接影响后续数值计算分析结果的精确性。网格剖分涉及单元的形状及其拓扑类型、单元类型、网格生成器的选择、网格的密度、单元的编号以及几何体素,在有限元数值求解中,单元的等效节点力、刚度矩阵、质量矩阵等均用数值积分生成,连续体单元以及壳、板、梁单元的面内均采用高斯(Gauss)积分,而壳、板、梁单元的厚度方向采用辛普生(Simpson)积分。图 8-10 所示为有限元网格剖分。

目前主流的有限元网格生成方法包括映射法、基于栅格法、几何分解法、拓扑分解法、节点连接法 5 种。值得注意的是,有限元网格剖分需要考虑的问题较多,所划分的网格形式对计算精度和计算规模将产生直接影响,需要考虑的主要基本原则包括网格单元类型、网格疏密、网格数量、单元阶次等。

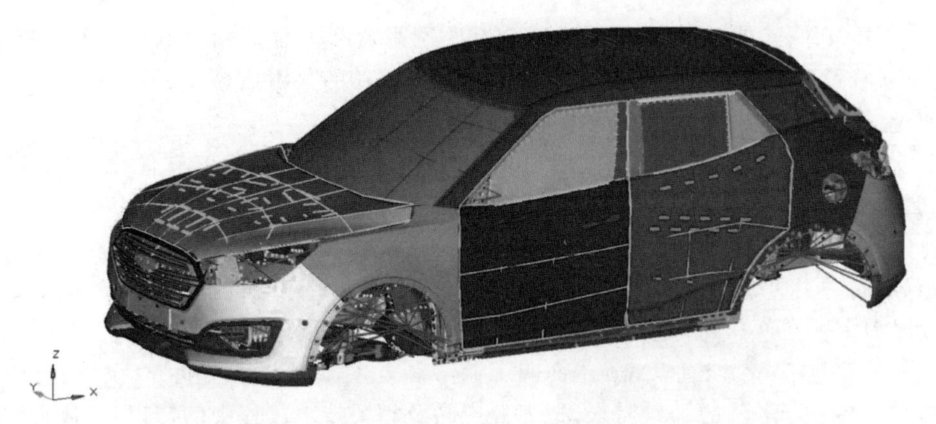

图 8-9　CAE 有限元模型

图 8-10　有限元网格剖分

（2）有限元单元分析。有限元分析前必须对分析对象进行建模，选择合适的单元类型是合理建模的前提条件。结构有限元分析涉及的单元类型很多，包括：杆单元、梁单元、壳单元、板单元；平面应力单元、平面应变单元；轴对称壳单元、轴对称实体单元、空间实体单元；摩擦单元、间隙单元、弹簧单元、质量单元、刚体单元等。有限元单元分析是基于固体流动变分原理，把一个原来连续的物体剖分成有限个数的单元体，计算时先对每个单元进行节点分析，再根据变形协调条件把这些单元重新组合起来，进行综合求解。

4）有限元分析应用场景

有限元分析的应用场景包括固体力学中的位移场和应力场分析、电磁学中的电磁场分析、振动特性分析、传热学中的温度场分析、流体力学中的流场分析等。目前 CAE 有限元分析软件应用广泛，应用的领域包括固体力学、流体力学、传热学、电磁学等。有限元分析解决的问题已由弹性力学平面问题扩展到空间问题、板壳问题，由静力平衡问题扩展到稳定性问题、力问题、波动问题，由线性问题扩展到非线性问题；分析对象已由弹性材料扩展到塑性、黏弹性、黏塑性和复合材料等。

8.2　工业 App

8.2.1　工业 App 概述

1. 认识工业 App

工业互联网 App 简称工业 App，是基于工业互联网，承载工业知识和经验，满足特定需求的工业应用软件，是工业技术软件化的重要成果。工业互联网平台定位于工业操作系统，是工业 App 的重要载体,工业 App 则支撑了工业互联网平台智能化应用。例如,工业 App 数量、效果、用户下载量目前已经成为工业互联网平台是否成功的关键指标要素。

1）工业 App 的产生背景

工业软件是工业创新知识长期积累、沉淀并在应用中迭代进化的软件化产物,根植于工业,但脱胎于工业,直接代表着一个国家工业化和信息化融合的能力和水平,基于模型是 CPS 时代工业软件的基本技术特征。目前,工业软件呈现微小型化、大平台、小应用、云化、知识化等发展趋势,同时工业软件在体系架构、功能集成、开发成本、应用维护方面的一些不足逐渐难以适应发展需求。在这样的背景下,工业软件的“知识”与“软件”两个要素发生变化,工业知识软件化产生了工业 App。工业 App 是面向工业产品全生命周期相关业务(设计、生产、实验、使用、保障、交易、服务等)的场景需求,把工业产品及相关技术过程中的知识、最佳实践及技术诀窍封装成应用软件,其本质是企业知识和技术诀窍的模型化、模块化、标准化和软件化,能够有效促进知识的显性化、公有化、组织化、系统化,极大地便利了知识的应用和复用。

2）工业 App 的特点

工业 App 是工业软件发展的新形态,在软件架构、开发定位、开发方式、集成颗粒度、通用性、面向场景等方面与传统工业软件存在不同。工业 App 一般具有知识化、轻量化、灵巧化、定制化、独立化、可复用等特点。不同的工业 App 可以通过一定的逻辑与交互进行组合复用,解决更复杂的问题,从而既能够化解传统工业软件因为架构庞大而带来的实施门槛和部署困难等问题,又能很好地提高工业企业研发、制造、生产、服务与管理水平以及工业产品使用价值。近几年,全国各地正掀起一股应用工业 App 和工业互联网平台的热潮,也涌现出一批工业 App 的解决方案。其中,研发设计类工业 App 用于在线协同设计、程序开发、建模仿真、组件及专业工具共享,实现企业异地协同设计;生产制造类工业 App 用于设备远程管控、能耗管理、物料调度、作业排程、质量管控等方面,帮助企业实现生产作业的远程监测与调度;经营管理类工业 App 用于移动办公、经营分析、供应管理、销售管理等,支撑企业经营活动的远程分析与决策;运维服务类工业 App 用于远程运维、产品服务、工况监测等,实现对各类装备、机械等产品的远程监测服务;疫情防护类工业 App 用于医疗物资供需对接、疫情监测、员工健康管理等。

工业 App 能够促进知识挖掘、传播,激发万众参与,普惠全民,是发展软件产业和制造业的新举措。伴随着新工业革命逐渐加速的脚步,工业技术软件化从悄然产生变成了业界共识,工业互联网为工业 App 的发展带来了强大的活力和增长机遇,基于全新架构和理念开发出来的工业 App,为工业软件的研制、应用与发展提供了更好的技术路径与应用实践。

2. 工业 App 的意义

近年来,全球数以万计的 App 催生了万亿级的移动互联网服务市场,成为繁荣移动互联网应用生态的关键载体。以生态为核心的产业竞争正从消费领域向制造业拓展。随着制造业与互联网融合发展的纵深推进,制造业数字化、网络化、智能化转型步伐明显加快,世界主要国家正在加快布局工业互联网平台,通过开放平台功能和数据、体系化和规模化部署工业 App、提供开发环境与工具等方式,广泛汇集工业 App 开发资源,构建新型制造业生态,赋能工业提质增效升级。

工业 App 是以“工业互联网平台＋App”为核心的工业互联网生态体系的重要组成,是工业互联网应用体系的主要内容和工业互联网价值实现的最终出口。例如,提升大型企业工业互联网创新应用水平,需要数据集成应用、协同制造类工业 App 发挥数据分析、智能决策、资源整合的作用;加快中小企业工业互联网应用普及,需要研发设计、生产管理和运营优化类工业 App 发挥降低成本、提高效率的作用；建设和推广工业互联网平台，需要数据采集、网络管理、集成开发类工业 App 发挥数据融合、资源配置、创新研发的作用。工业 App 的发展将成为推动工业互联网发展的重要手段。正如移动 App 带来移动互联网生态的爆发，工业 App 也正在引领工业互联网生态的快速发展。

目前，工业互联网平台各项工作扎实推进，创新发展工程和试点示范项目稳步推进，充满活力的产业生态体系正在孕育形成。企业对解决行业生产痛点问题的实际应用需求愈发迫切，应用生态建设已成为下一阶段工业互联网产业发展的主线。工业 App 是工业技术、软件技术和互联网技术融合发展的产物，是工业互联网应用生态的基石。工业互联网的价值不仅在于数据分析、应用开发等使能环境的构建，更在于能够为工业企业提供的应用服务。工业互联网产业的健康、持续发展迫切需要提升工业 App 供给能力，实现对工业需求场景的覆盖。可以说，抓住工业 App，就抓住了开启工业互联网时代大门的"钥匙"。

3. 工业 App 的特点

相较于传统工业软件，工业 App 具有轻量化、定制化、专用化、灵活和复用、与原宿主解耦等特点。用户复用工业 App 可被快速赋能，机器复用工业 App 可快速优化，工业企业复用工业 App 可实现对制造资源的优化配置，从而创造和保持竞争优势。因此，工业 App 既不是一般的工业软件，也不是工业软件的云化，二者目的不同，本质上有差异，开发主体、建模能力也存在非常大的区别。值得注意的是，工业 App 具有典型的"知识"属性，而工业软件具有明显的"工具"属性。工具可以提高效率，但不能保证结果的好坏，而知识与工具的结合既能提高效率，又能促进结果向更好的方向发展。因此，工业 App 虽然与工业软件存在明显的区别，但工业 App 往往需要与工业软件结合在一起使用，才能在实践中发挥出更好的效果。例如，工业 App 通过将行业工业技术结构化、数字化和模型化，可以建立各种工业技术之间的有序关联，形成覆盖工业产品研发、生产和运维全过程的完整知识图谱。表 8-1 所示为工业 App 与传统工业软件的区别，表 8-2 所示为消费 App 与工业 App 的区别。

表 8-1 工业 App 与传统工业软件的区别

工业 App	传统工业软件
多种部署方式	通常本地化安装部署
小轻灵，易操作	体量巨大，操作使用复杂，需要具备某些专业领域知识才能使用
可以多层次解耦	可以分模块运行，不可多层级解耦
只解决特定的具体的工业问题	解决抽象层次的通用问题
必须依托平台提供的技术引擎、资源、模型等完成开发与运行	包含完整工业软件要素，如技术引擎、数据库等

表 8-2 消费 App 与工业 App 的区别

消费 App	工业 App
小轻灵，易操作	继承小轻灵、易操作特征
基于信息交换	基于工业机理
用户是消费者	用户是产品设计者、生产者、经营者

传统工业软件与工业 App 既有区别，又具有紧密的联系。传统工业软件可以通过云化迁移成为云化工业软件，也可以通过 App 化成为工业 App 集合。

而对于工业 App 和消费 App 的区别，可以区分 App 所针对的使用对象是终端消费者还是研发生产经营者，通常前者是消费 App，后者是工业 App。

4. 工业 App 的体系框架

工业 App 体系框架是一个三维体系，包含工业维、技术维和软件维 3 个维度。3 个维度彼此呼应，和谐地构成和体现了“工业·技术·软件(化)”的工作主旨。

(1) 工业维。一般工业产品及相关生产设施从提出需求到交付使用，具有较完整的工业生命周期。该维度涉及研发设计、生产制造、运维服务和经营管理四大类工业活动，在每个工业活动中，都可以细分为若干小类的活动，都可以开发、应用到不同技术层次的工业 App。

(2) 技术维。开发各类工业产品需要不同层次的工业技术。根据工业产品体系的层次关系，并映射形成工业 App 的三大层级结构，即由机械、电子、光学等原理性基础工业技术形成了基础共性 App；航空、航天、汽车和家电等各行业的行业通用工业技术形成了行业通用 App；企业和科研院所产品型号、具体产品等特有的工业技术形成了工程专用 App。

(3) 软件维。按照工业技术转换为工业 App 的开发过程以及参考软件生命周期，该维度分为体系规划、技术建模、开发测评和应用改进四大阶段的软件活动，每个软件活动可以细分为更具体的软件活动。

值得注意的是，任何工业 App 都可以按照工业 App 体系框架进行分解和组合，同时可具有多个维度的属性，如螺栓机加工艺仿真 App 的应用，既属于基础 App，同时也属于生产 App，还属于应用改进环节。

5. 工业 App 的发展趋势

随着世界纷纷开展智能制造和工业 4.0 的推进与实践，工业 App 迎来快速发展时期。在这一轮新的科技革命浪潮中，工业 App 的发展速度将超过历史工业动力、能源、自动化和软件等技术，并迅速与工业实现激烈碰撞，最终深入工业内部和外部的场景实在难以预估。目前我国工业互联网 App 市场态势开局良好，工业领域门类齐全，基础雄厚，规模庞大，在制造业数字化、信息化和智能化过程中积累了大量的数据资源、知识资源；同时，我国软件相关产业综合实力持续增强，在云计算、大数据、人工智能等前沿领域发展势头强劲，消费领域 App 成功的技术模式、商业模式对工业互联网 App 的发展具有重要的借鉴意义。

从目前工业 App 发展基础、发展主体和发展模式来看，国内外工业 App 发展将呈现出“平台＋应用开发者＋海量用户”的发展趋势。

(1) 线下定制开发的模式向“平台＋软件”的线上模式转变。工业互联网平台、软件开发平台的不断发展，帮助正处于智能化转型过程中的广大制造企业解决了诸多问题，平台化的操作优势也正不断显现，因此软件产品开发模式也将由线下定制向“平台＋软件”的线上模式转变。

(2) 海量的第三方开发者将成为工业 App 发展的主要推动力。通过工业互联网平台、软件开发平台，让大量的开发者和创客都可以参与到工业 App 的开发中，以此降低工业 App 开发的难度和门槛，同时软件开发者也将不再局限于平台的运营者和平台客户，大量的软件工程师及技术人员都能够依托平台进行自主开发，有限、封闭的软件开发方式将向海量的、开放的第三方开发方式过渡。

(3) 软件化能力强的制造业企业将成为工业互联网 App 培育的一大主体。制造业企业的信息化意识越来越强，智能制造的理念不断深入，制造业企业开始用深厚的制造知识沉淀，逐渐培育信息化团队，规划软件研发能力，有计划地自主开发工业互联网 App，将自身的制造经验、技术和知识采用软件的形式作用于工业过程，从而将成为工业互联网 App 培育中的骨干和先锋。

预计到 2025 年，我国工业 App 初具百万规模，基础工业 App 大量开发完成，基本覆盖工业各个基础行业。与此同时，随着通用工业 App 开发企业和开发者的涌入，历史积累的大量国内外工业技术快速转化形成工业 App，促使通用工业 App 规模迅猛发展，成为工业 App 的主要组成部分。届时，工业 App 规模预计达到百万水平，有力地助推我国从制造大国向制造强国的转变。

8.2.2　工业 App 的开发与实现

1. 工业 App 开发流程

目前，国内工业 App 的开发尚无统一的流程，图 8-11 所示为一个切实可行的工业 App 规划与开发路线参考图。

1）产品规划阶段

根据工业应用场景进行需求梳理、需求分析，实现需求定义、价值定义、功能定义。

2）需求整理阶段

进行产品原型设计，主要从业务、经济、技术等方面分析工业 App 的可行性。

3）需求评审阶段

对涉及的工业知识进行梳理，建立工业知识体系，形成工业 App 体系规划；设计业务架构、系统架构和平台架构；规划商业模式。

4）产品开发阶段

对工业知识进行抽象形成模型，并根据开发平台、部署和运行平台，结合操作性和可移植性，选择开发及一体化集成等技术。

5）测试验证

采用全生命周期、全过程的质量保证，对工业 App 进行测试，对工业 App 进行技术验证和标准符合性验证，并进行效益评估及定价，进行产品上线。

6）应用改进

根据技术和环境的变化，从质量提升、功能创新等方面对工业 App 进行迭代升级与优化。

工业 App 是面向特定应用场景的应用软件，目前工业 App 开发应当注重需求导向，设计合理的商业模式，进行充分的可行性分析；建立能力完整的团队，包含需求、业务、软硬件设计、试验验证等各方面人才，优化资源整合。图 8-12 所示为货物供销工业 App 流程图，在开发该 App 时需严格按照该流程设计和实现。

2. 工业 App 关键技术

1）工业 App 建模技术

复杂的工业技术内部包含大量更加具体的工业技术或科学知识，这些技术方法常常可以通过技术流程有序组成完整的工业技术。在工业产品制造和运行过程中，通过驱动各种工业技术涉及的技术流程，从而有序地调用具体技术和方法，进而达到支撑设计、试验、生产和保障等各种目标。

在面向技术流程形成工业 App 的过程中，需要建立各种方法之间的关联，这个过程就是技术流程建模，建模的结果是流程模板。技术流程建模需要处理技术流程中不同技术方法之间的数据串行、并行等形式，同时也需要根据不同技术流程的使用方式实现连续驱动或断点驱动。

2）工业技术封装技术

技术方法是工业技术的构成要素，是被技术流程串接的基本单元。技术方法同样也是一项工业技术，根据其内部复杂性不同，可以继续进行细分，理论上任何工业技术可以细分到各种技术规则或基础科学领域。

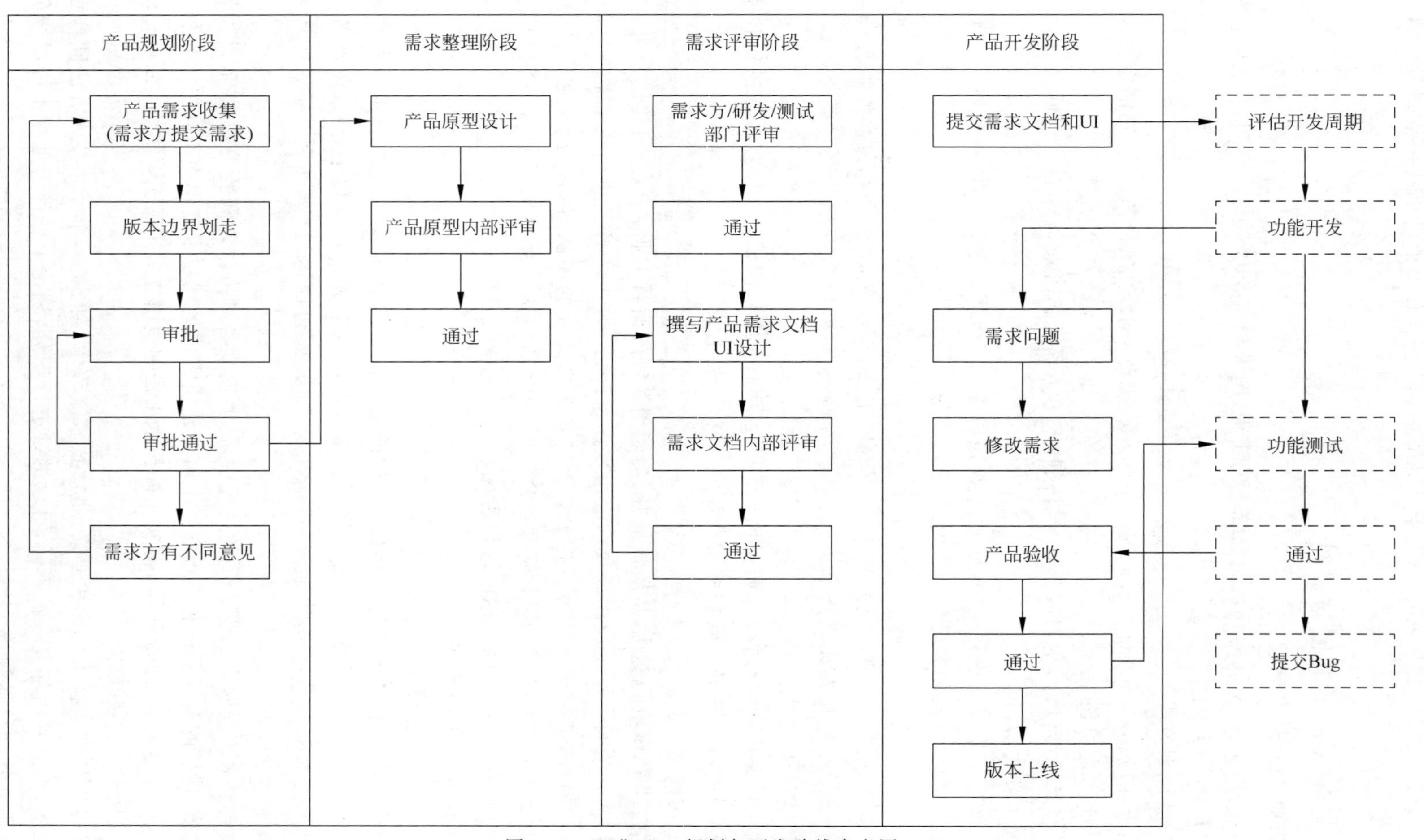

图 8-11　工业 App 规划与开发路线参考图

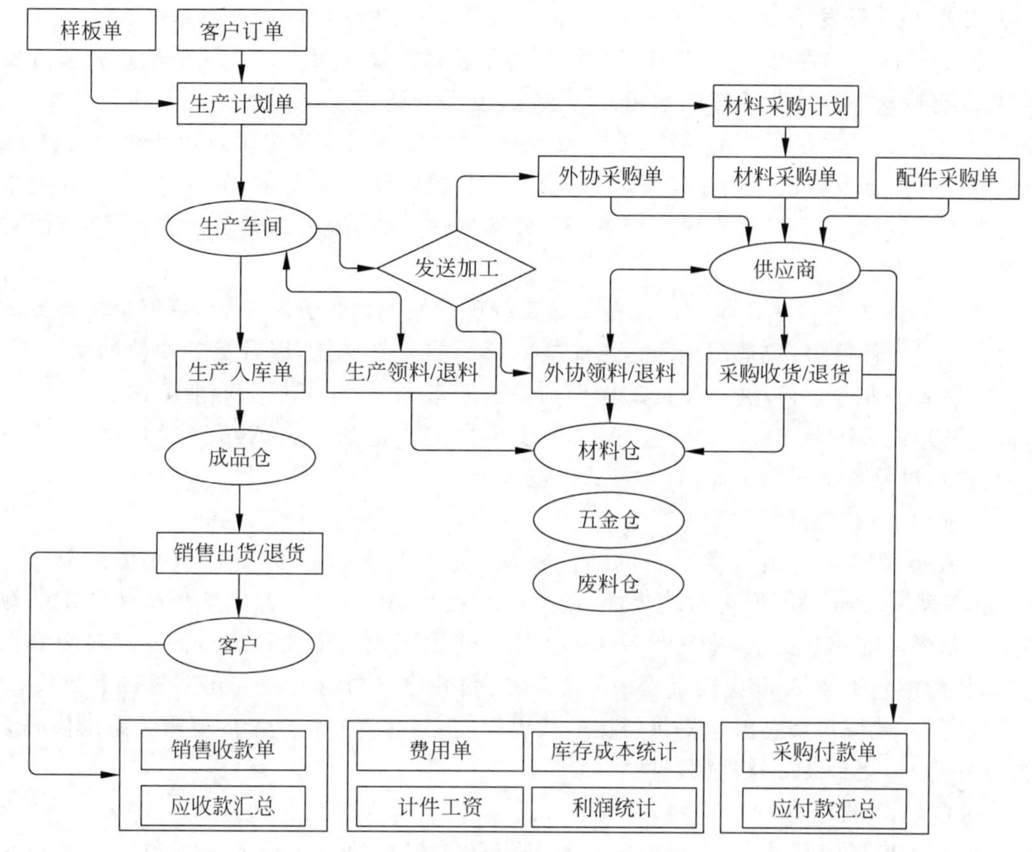

图 8-12　货物供销工业 App 流程图

为了充分利用其他已有工业软件，特别是成熟、广泛应用的通用工业软件，可以将面向特定领域的工业技术细分到可以采用其他工业软件(或其中一部分，如解算器)为止。此时，可以采用软件化方法将细分后的方法和相关工业软件进行封装，从而形成新的工业 App。在封装过程中，如果这些方法及工业 App 之间关系非常紧密，具有高度内聚性，则可以采用代码、脚本等方式封装；如果比较简单，则可以采用技术流程封装。

3）工业 App 数据管理

各种工业技术的输入和输出都包含大量的技术数据，所以工业 App 开发平台需要对技术数据进行统一管理，并可以被流程模板和方法模块调用。技术数据管理需要按照工业技术的特点，对数据进行建模，并组织各种数据模型之间的相互关系。很多工业技术需要依赖各种材料数据库、型号数据库、零部件数据库等，所以需要建立相应的基础数据库。在工业 App 运行过程中，流程模板和方法模块都会产生大量新的数据，这些数据需要按需进行管理。

4）技术对象集成

工业技术的运行具有大量的使用环境，包括其他的工业软件、工业硬件以及相关具有数据交互的其他对象。在技术方法封装过程中，需要与这些对象开展集成。

技术对象集成一般采用适配器的方式完成。适配器具有两个方向的接口，一个接口面向技术对象，可以基于个性化的数据交换规范实现集成；另一个接口面向平台，可以采用规范性的数据模型进行表达和通信，从而针对同类技术对象采用相同或类似的数据交换规范，进而使平台上运行的各种工业 App 无须了解不同技术对象的个性化集成规范要求。

3. 工业 App 开发平台

工业 App 作为软件的一种，其开发也需要各种软件开发工具实现。当前软件行业开发工具很多，既有针对不同编程语言的通用开发系统，也具有适用于不同目标或环境的开发平台。一般而言，通用开发系统适用面更广，但开发效率低，开发人员既需要了解业务知识，也需要灵活使用各种软件开发方法。由于工业 App 涉及专业领域产品类型多、范围广，如果完全采用编码的方式，则需要一一针对不同底层工业软件和硬件集成，一方面开发量大，另一方面对开发人员要求极高。

工业 App 开发平台主要是面向工业领域工程师使用的软件开发平台，可以提供丰富的通用工业软件和硬件接口，更适用于表达工业技术特征的软件功能，以及更加便捷的操作方式。面对特定领域的业务，可以通过便捷的操作和快速的指令，轻松完成面向业务内容的开发，其对软件开发知识一般要求较少。工业 App 开发平台主要包括工业 App 建模环境、工业 App 模板库、技术对象资源库和工业 App 测试环境。

1）工业 App 建模环境

工业 App 建模环境是开发平台的核心模块，负责工业 App 的流程和数据建模。工业 App 建模环境一般通过图形化封装界面，以拖、拉、拽等方式，可以方便工程师按照工业场景内各种工业要素的相互关系，将其背后的工业技术转化形成应用软件背后的程序逻辑和数据对象。同时，构建工业 App 应用过程中的交互界面，并建立当前工业 App 对外的开放接口。

除此之外，建模环境一般也提供便捷的代码封装方式，将一些复杂的逻辑关系以代码编程的方式融入图形化封装的软件模块中。

2）工业 App 模板库

工业 App 模板库是减轻工业 App 重复开发的支撑模块。模板库一般包括大量在工业 App 开发过程中常用的工程中间件、具有一定共性的工业 App 半成品，以及大量开源的工业 App 等模板。这些模板已经具有了一些基础或通用的工业技术、共性流程和数据模型。工业 App 可以在这些模板上面向新的场景，封装一些个性化的工业技术，从而减少了大量的重复封装工作。模板库一般可以按照行业、产品、阶段、模板类型等不同维度进行分类，并提供快速检索等功能。此外，模型库常常与工业互联网平台开源社区等网络模型库进行交互，实现模块的快速更新和可控共享。

3）技术对象资源库

技术对象资源库是连接各种工业软件和硬件资源的关键模块。由于工业 App 常常基于适配器与外部技术对象进行数据交互，所以资源库中一般管理有不同技术对象的适配器，如各种 CAX 软件适配器、ERP 等软件系统适配器、办公软件适配器、数控设备适配器和其他网络系统适配器等。对于相同类型的技术对象，它们的适配器可能是通用的；但是对于很多技术对象，适配器常常是专用的。所以，资源库需要准确管理技术对象和适配器之间的匹配关系。如同工业 App 模板一样，技术对象资源库常常也需要分门别类、快速检索，并与开源社区进行交互。

4）工业 App 测试环境

工业 App 测试环境是开展快速调试的工业 App 质量控制模块。工业 App 测试是在工业 App 交付前的重要质量控制环节。测试环境需要与建模环境进行深度集成，从而方便工程师在开发过程中，及时针对内部流程、数据模型、外部接口和使用交互等各项内容进行全方位测试，全面提醒软件缺陷位置，并在一定范围内提供修改建议。工业 App 测试不仅需要保障不存在软件开发 Bug、软件安全缺陷等项目，更需要测试工业 App 是否满足于工业场景的功能应用需求。

4. 工业 App 开发质量控制

工业 App 作为一类面向工业领域的应用软件，同样具有一般软件的特点，并且在软件性能上对质量可靠性和安全性有更严格的要求。

1）软件测试

目前已有的软件测试技术和方法也适用于工业 App 测试，但工业 App 直接应用于工业企业的设计、生产、运维和管理过程，对质量、可靠性和安全性的要求更高。从测试内容的角度来说，工业 App 测试需要关注其场景符合性和适应性，同时也要重点关注工业 App 的安全性，以及对非法操作、异常情况下的处理能力。对于工业 App 测试，企业一方面要建立内部的测试体系，规范整个工业 App 的测试过程和测试要求，同时也要充分借助和依托外部第三方检测机构的专业技术资源，全方位开展工业 App 的测试工作，提高工业 App 的质量水平。

2）阶段评审

工业 App 开发过程的阶段评审主要包括需求规格说明评审、设计规格说明评审、代码评审、测试方案、测试用例和测试报告评审。

3）第三方质量保障服务

第三方检测机构有着天然的专业优势，可以从总体和全过程层面提供相关的质量保障服务。工业 App 需方、供方、管理方应充分利用和发挥好第三方检测的专业价值和作用，为工业 App 的高质量、高安全发展提供支撑。

值得注意的是，在对工业 App 进行设计时，还应在整个研发周期中尽早地建立相关的组织和规则，对软件开发周期中的各种活动加以规范，主要包括与系统的接口、软件规格、既有软件、软件设计规划、编码等方面的内容。

8.2.3　工业 App 的应用

工业应用是将工业 App 开发成果纵向多层级与横向多环节应用到工业领域。工业 App 应用覆盖了离散行业和流程行业，以及多品种小批量、小品种大批量和兼具型特点的业务应用。工业 App 从横向可以应用于产品研发设计、生产制造、运维服务以及经营管理等多工业环节，纵向可以应用于产品/设备、车间、企业、产业等多层级、多工业场景。

不过，由于工业领域本身的复杂性，工业 App 的应用也随着领域复杂性和企业特性与应用环境的变化，呈现出多种多样的使用形态与应用方式。例如，针对通用的 CAD 设计软件，基于工业 App 开发平台，将飞机设计的流程、技术、知识与最佳实践封装后，就成为飞机设计的工业 App。

图 8-13 所示为工业 App 的应用，将已有的工业技术转化为工业 App，人的工作将从复杂地直接控制机器和生产资源转为轻松地通过工业 App 控制机器，甚至是由工业 App 自治控制机器。人的劳动形式将由体力劳动工作逐步转变为更有意义的知识创造工作，从而大大提高个体劳动价值。

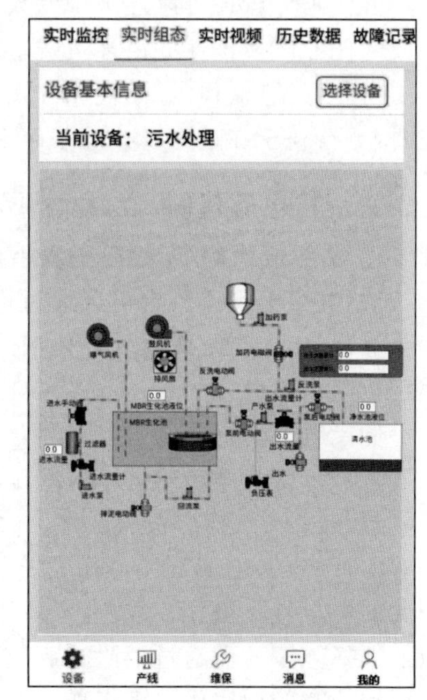

图 8-13　工业 App 的应用

8.3 工业低代码/无代码开发

8.3.1 工业低代码/无代码开发概述

1. 低代码/无代码开发简介

低代码/无代码开发是一种可视化软件开发方法，通过最少的编码更快地交付应用程序。简单来说，通过可视化进行应用程序开发的方法，让不同经验水平的人员都可以通过可视化用户界面自定义配置各种管理应用模型，减少企业IT人员编写代码的时间，节省成本，帮助企业快速开发管理应用程序，提高开发效率。

团队或个人使用完全无代码或极少量代码的开发方式，可以快速生成应用软件，能够适应行业需求的快速更迭，同时还能够降低企业的人力开发成本，缩短管理软件的上线时间，从而有效地推动企业工业互联网的信息化进程。

2. 低代码/无代码开发优势

低代码/无代码开发优势如下。

1）提高研发效率

新应用程序的加速开发和交付可能是低代码开发最广为人知的优势。直观的用户界面、拖放功能、支持工具的简单集成以及一键交付选项，都有助于确保项目更短的开发周期。事实上，低代码解决方案可以将开发时间缩短高达40%以上，而无代码解决方案甚至可以将开发时间缩短高达80%以上。

2）节约成本

低代码解决方案允许更少的开发人员完成更多工作，甚至可以让非开发人员构建应用程序。这意味着降低成本，并获得更大的投资回报。

3）加强团队协作

低代码平台还可以促进开发人员之间更好地协作。多个个人或团体可以准确地看到正在完成的任务以及该任务由谁负责，从而允许他们一起协作处理相同的模块。

由此可见，低代码/无代码开发不仅有利于满足大范围数字化转型下供不应求的企业发展需要，更有利于在过往科技的基础上集中力量实现创新突破。

8.3.2 工业低代码/无代码开发平台

1. 工业低代码/无代码开发平台简介

低代码/无代码平台可以通过拖放方式快速搭建出个性化系统，配置流程引擎，搭建BI数据大屏，相比于传统的软件开发模式，低代码/无代码平台以更低成本、更快周期帮助企业快速实现数字化管理。

低代码/无代码平台使应用程序开发更加自主化，特别是对于没有编码经验的业务用户，如业务分析师或项目经理。这些工具使缺乏编码经验的员工能够以多种方式产生更大的业务影响，如减少IT部门积压工作、减少业务流程管理。此外，低代码开发平台也可以帮助缺乏经验的程序员，由于低代码开发平台几乎不需要编码经验，因此为开发人员的编码背景提供了更大的灵活性。例如，一些业务应用程序需要特定编程语言的知识，从而进一步缩小了开发人员的选择范围。而通过消除这一瓶颈，低代码开发平台缩短了应用程序的开发生命周期，能够在更短的时间内完成更多工作。

在低代码开发平台中，低代码模型通过使用户体验更易于访问促进应用程序的快速开发，业务员和专业开发人员都会因此而受益。例如，可视化集成开发环境（Integrated Development

Environment,IDE)、内置数据连接器、API 以及代码模板等,低代码工具的这些功能改进了 DevOps(Development & Operations,开发与运维)流程,为创新留出了更多时间。同时,低代码开发平台自动连接后端,管理数据存储和使用,无须开发人员的参与,在应用程序完成后,相关团队负责将其推向市场。图 8-14 所示为使用低代码开发平台进行企业订单管理,该平台通过搭建功能流程步骤实现业务逻辑,并通过功能流程让数据交互展现,最终搭建成为完整的软件系统。

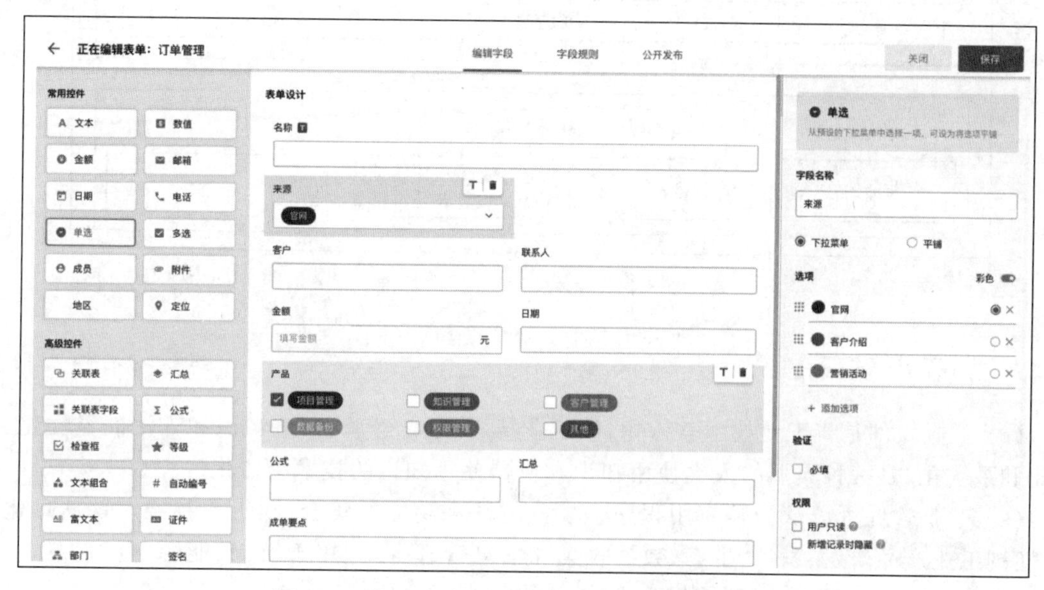

图 8-14　使用低代码开发平台进行企业订单管理

一般而言,优秀的低代码开发平台具备以下优点。

1) 开发工具齐全

一整套应用程序开发工具可以帮助各级开发人员快速、大规模地创建功能强大的应用程序。

2) 开发过程可视化

可视化交互是低代码开发平台所具备的一种必备能力,用户不再面对冷冰冰的传统文本 IDE 编辑器,转而与可视化的编辑器进行交互。

3) 集成服务完善

低代码开发平台针对流行业务应用程序的预构建集成,以及创建自定义集成的能力,使用户可以轻松地将平台有效地连接到任何系统和链接业务需要的数据。

4) 可靠的商业机制

商业应用程序可能包含潜在的敏感数据,优秀的低代码开发平台需要提供可靠数据安全保障及系统安全保障。

2. 工业无代码开发平台标准

目前常用的工业无代码开发平台标准由通用功能和场景功能两个能力维度组成,如图 8-15 所示,该标准主要考查无代码开发平台的技术规范和场景支撑能力要求。例如,在通用功能中通常包含资源配置、集成能力以及资源复用等功能;在场景功能中通常包含业务协作、数字孪生和上云应用的架构设计及资源部署等功能。

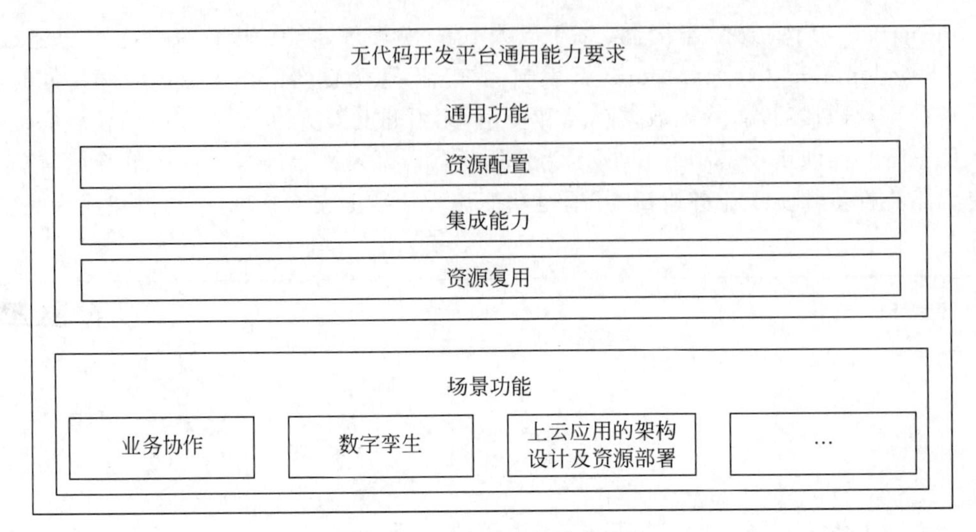

图 8-15　无代码开发平台标准

8.4　本章小结

(1) 工业软件是将工业技术软件化,即工业技术、工艺经验、制造知识和方法的显性化、数字化和系统化,是一种典型的人类使用知识和机器使用知识的技术泛在化过程。

(2) 工业软件可以认为是应用程序、过程、方法和功能的集合,在工业领域实现信息化赋能,实现工业产品研发、设计、生产、数据收集和信息管理等,应用于航天、能源、电力、建筑、矿业、纺织、化工、食品、电子等各类制造业。

(3) 工业软件是智能制造的大脑,数据的价值正是在工业软件分析处理的过程中得以体现。

(4) 工业互联网 App 简称工业 App,是基于工业互联网,承载工业知识和经验,满足特定需求的工业应用软件,是工业技术软件化的重要成果。

(5) 工业 App 面向工业产品全生命周期相关业务(设计、生产、实验、使用、保障、交易、服务等)的需求,把工业产品及相关技术过程中的知识、最佳实践及技术诀窍封装成应用软件,是工业技术知识和技术诀窍的模型化、模块化、标准化和软件化,能够有效促进知识的显性化、公有化、组织化、系统化,极大地便利了知识的应用和复用。

(6) 工业 App 作为一种软件,其开发也需要各种软件开发工具实现。

(7) 工业 App 作为一类面向工业领域的应用软件,同样具有一般软件的特点,并且在软件性能上对质量可靠性和安全性有更严格的要求。

扫一扫

自测题

习题 8

(1) 什么是工业软件?

(2) 请阐述工业软件的意义。

(3) 什么是有限元分析?

(4) 什么是工业 App?

(5) 请阐述工业 App 的作用。

(6) 什么是低代码/无代码平台?

第 9 章

工业互联网安全

本章学习目标

- 了解工业互联网安全概念
- 了解工业互联网安全面临的问题
- 了解工业互联网安全体系框架
- 了解工业互联网安全技术
- 了解工业互联网平台安全

9.1 工业互联网安全介绍

9.1.1 工业互联网安全概述

1. 什么是工业互联网安全

工业互联网是互联网和新一代信息技术与工业系统全方位深度融合所形成的产业和应用生态，是工业智能化发展的关键综合信息基础设施。其本质是以机器、原材料、控制系统、信息系统、产品以及人之间的网络互联为基础，通过对工业数据的全面深度感知、实时传输交换、快速计算处理和高级建模分析，实现智能控制、运营优化和生产组织方式变革。在工业互联网背景下，工业系统在网络互联、数据智能、安全保障等方面将进行快速的迭代演进，云和大数据技术逐步引入，扁平化的软硬件部署架构成为重要发展趋势，从而引发工业系统各层级网络、数据和安全的深刻变化。

工业互联网目标实现架构主要呈现 4 方面关键特征：一是体系架构方面，实现层级打通、内外融合，传统工业系统多层结构逐渐演变为应用层、平台层和边缘层 3 层，整体架构呈现扁平化发展趋势；二是网络互联方面，各种智能装备实现充分网络化，无线成为有线的重要补充，新型网关推动异构互联和协议转换，工厂与产品、外部信息系统和用户充分互联；三是在数据智能方面，工业云平台成为关键核心，实现工厂内外部数据的充分汇聚，支撑数据的存储、挖掘和分析，有效支撑工业信息控制系统和各种创新应用；四是在安全保障方面，各种安全机制与工业互联网各个层次深度融合，实现纵深防御，立体防护，通过多种安全措施保障网络互联和数据集成安全。因此，工业互联网目标架构的实现将是一个长期过程，需要网络、数据、安全等方面逐步协同推进。

随着工业互联网的发展演进，工业互联网安全逐渐成为业界主要关注和推进的重点内容。一是设备内嵌安全机制，生产装备由机械化向高度智能化转变，内嵌安全机制将成为未来设备安全保障的突破点，通过安全芯片、安全固件、可信计算等技术，提供内嵌的安全能力，防止设备被非授权控制或功能安全失效。二是动态网络安全防御机制，针对工厂内灵活组网的安全防护需求，实现安全策略和安全域的动态调整，同时通过增加轻量级的认证、加密等安全机制保障无线网络的传输安全。三是信息安全和功能安全融合机制，工厂控制环境由封闭到开放，信息安全威胁可能直接导致功能安全失效，功能安全和信息安全关联交织，未来工厂控制安全需综合考虑功能安全和信息安全的需求，形成综合安全保障能力。四是面向工业应用的灵活安全保障能力，业务应用呈现多样化，未来需要针对不同业务的安全需求提供灵活的安全服务能力，提供统一灵活的认证、授权、审计等安全服务能力，同时支持百万级 VPN 隔离及用户量增长。五是工业数据以及用户数据分类分级保护机制，对重要工业数据以及用户数据进行分类分级，并采用不同的技术进行分级保护，通过数据标签、签名等技术实现对数据流动过程的监控审计，实现工业数据全生命周期的保护。

总体来看，业界在积极推动工业防火墙、工业安全监测审计、安全管理等安全产品的应用，但整体对工业互联网安全的研究及产业支持还处于起步阶段，现有措施难以有效应对工业互联网发展过程中日益复杂的安全问题。从工业互联网未来演进看，工业网络基础设施、控制体系、工业数据和个人隐私、智能设备以及工业应用的安全保障是未来发展的重点。

2. 工业互联网安全面临的问题

1）生产设备安全问题开始凸显

传统生产设备以机械装备为主，重点关注物理和功能安全。但未来的生产模式更强调终端的生产角色的扁平、协同，导致生产设备数字化、信息化、网络化、智能化水平不断提升；生产环节中人机交互过程逐渐减少甚至消失（如无人工厂、自动驾驶）。上述因素导致一些安全隐患难以发觉，更重要的是导致海量设备直接暴露在网络攻击之下。木马病毒能够在这些暴露的设备之间以指数级的感染速度进行扩散。这种情况下，工业设备就成为安全攻击的“肉鸡”武器。近期美国域名服务商被大量终端设备攻击事件说明了这种攻击方式的巨大危害。

2）端到端生产模式下的网络安全问题

为追求更高的生产效率，工业互联网开始承担从生产需求到产品交付乃至运维的“端到端”的服务。例如，大规模个人定制的服装行业、个性化定制的家电行业已经开始实现这种“端到端”的生产服务模式。无人化生产模式下，工厂网络迅速向“三化（IP 化、扁平化、无线化）+灵活组网”方向发展，工厂网络开始直接面临众多传统 IT 安全挑战。工业网络灵活组网的需求使网络拓扑的变化更加复杂，导致传统基于静态防护策略和安全域的防护效果下降。工业生产网络对信息交互实时性、可靠性的要求，难以接受复杂的安全机制，极易受到非法入侵、信息泄露、拒绝服务等攻击。“端到端”的生产模式、无人化生产发展趋势使工业互联网安全防护的边界空前扩张，对安全防护机制的要求空前提高。

3）控制安全问题

当前工厂控制安全主要关注控制过程的功能安全，信息安全防护能力不足。现有控制协议、控制软件等在设计之初主要基于 IT 和 OT 相对隔离以及 OT 环境相对可信这两个前提，同时由于工厂控制的实时性和可靠性要求高，诸如认证、授权和加密等需要附加开销的信息安全功能被舍弃。IT 和 OT 的融合打破了传统安全可信的控制环境，网络攻击从 IT 层渗透到 OT 层，从工厂外渗透到工厂内。遗憾的是，目前缺乏有效的应对高级持续性威胁攻击检测和防护手段。从某种意义上讲，物理空间的损害成为现实。

4）应用安全问题

网络化协同、服务化延伸、个性化定制等新模式新业态的出现对传统公共互联网的安全能力提出了更高要求。工业应用复杂，安全需求多样，因此对工业应用的业务隔离能力、网络安全保障能力要求都将提高。

5）数据安全问题

数据是工业互联网的核心，工业数据由少量、单一、单向正在向大量、多维、双向转变，具体表现为工业互联网数据体量大、种类多、结构复杂，并在IT层和OT层、工厂内外双向流动共享。工业领域业务应用复杂，数据种类和保护需求多样，数据流动方向和路径复杂，不仅对网络的可靠、实时传输造成影响，对重要工业数据以及用户数据保护的难度也陡然增大。

综上所述，数字化/网络化/智能化生产设备安全、端到端生产模式下的网络安全、生产控制系统安全、应用安全和数据安全是工业互联网发展急需解决的问题，其中终端设备安全、生产控制系统安全和数据安全尤为急迫。

3. 工业互联网安全现状分析

目前美德两国对于工业互联网安全防护体系的建设处于领先地位。美国政府相关部门发布《工业控制系统安全指南》作为安全体系保障，建立专门的工业控制系统网络应急响应小组、工业控制系统联合工作组等机构，负责工业互联网的风险预警、应急处理、信息交流和培训等工作。

德国工业互联网战略实施已经推进到4.0阶段，发布了《工业4.0战略计划实施框架》《工业4.0安全指南》《跨企业安全通信》等指导性文件，为工业互联网的发展和安全体系建设提供了全新的管理思路。

与美、德等发达国家相比，我国工业互联网平台安全防护体系不够完善，安全防护相关技术薄弱，数据安全风险较高。不过，我国在近几年对工业互联网安全体系的建设已初步成形，对于安全顶层设计正在逐渐完善。2019年8月，相关部门发布《加强工业互联网安全工作的指导意见》，推进了工业互联网安全防护体系框架的形成，安全体系构建所需的技术支持也在进一步完善中。工业互联网安全体系是保障工业各个环节安全的安全管理标准，我国对其发展极其重视，不断提出指导性文件促进安全体系的建立，并举行普及安全知识的多种活动，大力培养相关优秀人才。2020年5月，由国家工业信息安全发展研究中心牵头起草的《工业互联网数据安全防护指南》被全国信息安全标准化技术委员会大数据特别工作组作为国家标准研究项目立项，该指南以“技管结合、动静相宜、分类施策、分级定措”作为工业互联网数据安全防护的总体思路，从通用防护、分类防护、分级防护3个维度提出工业互联网数据安全防护框架，如图9-1所示。该指南为工业互联网企业开展数据安全防护能力建设提供指导和参考。

4. 工业互联网安全体系

当代工业互联网具备开放性、互联性和跨域性，模糊了以往互联网和工业网、商业网之间的界限。工业互联网系统平台将功能模块划分、可信机制建立、安全风险管理安全防护措施高度集成，建立工业互联网一体化的安全体系架构，在保障数字化、模型化、定制化的条件下提升了设备接入效率和服务质量，及时发现风险并处理。

工业互联网的安全需求可从工业和互联网两个视角分析。从工业视角看，重点是保障智能化生产的连续性、可靠性，关注智能装备、工业控制设备及系统的安全；从互联网视角看，主要保障个性化定制、网络化协同以及服务化延伸等工业互联网应用的安全运行以提供持续的服务能力，防止重要数据的泄露，重点关注工业应用安全、网络安全、工业数据安全以及智能产品的服务安全。因此，从构建工业互联网安全保障体系考虑，工业互联网安全体系主要包括五大重点内容：设备安全、网络安全、控制安全、应用安全和数据安全，如图9-2所示。

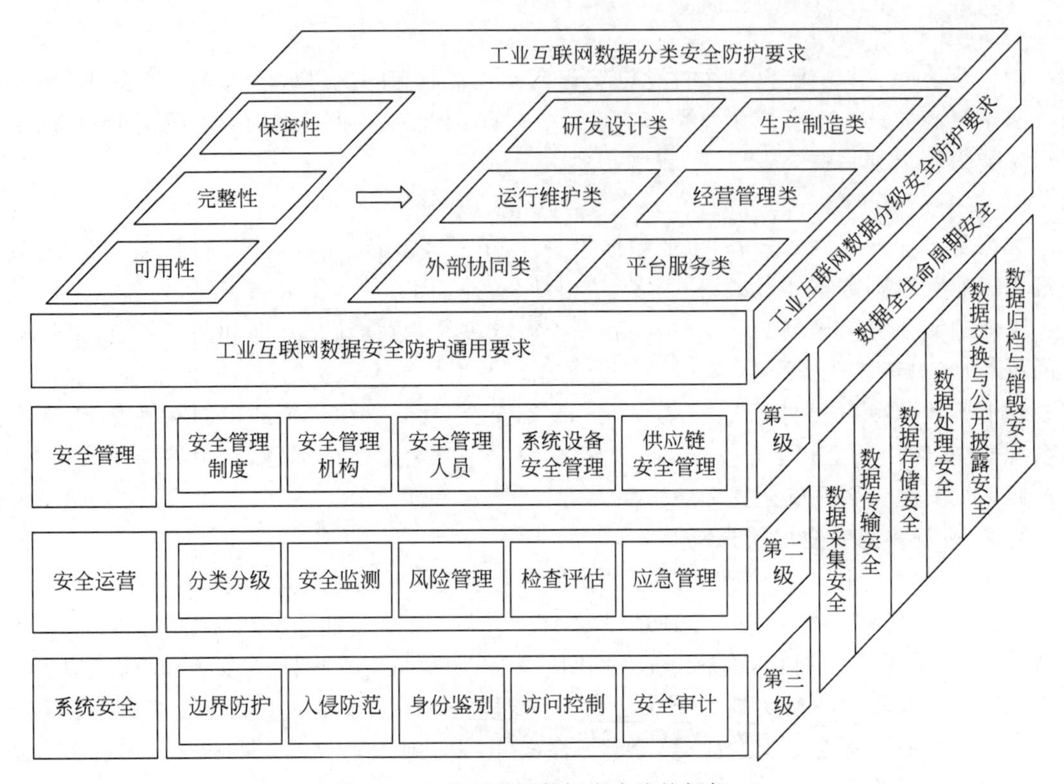

图 9-1 工业互联网数据安全防护框架

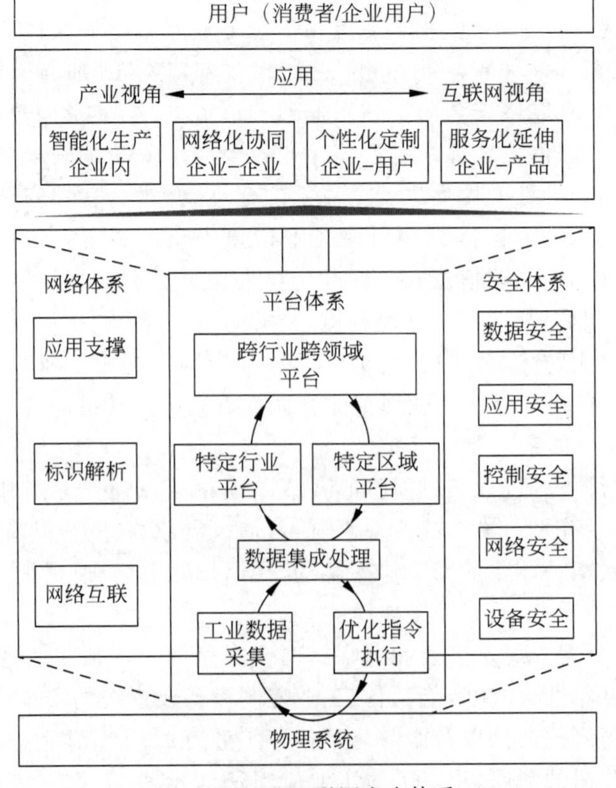

图 9-2 工业互联网安全体系

1）设备安全

设备安全是指工业智能装备和智能产品的安全，包括芯片安全、嵌入式操作系统安全、相关应用软件安全以及功能安全等。工业互联网中，设备作为具备计算和网络连接能力的组件，根据其所处位置和功能特性可以分为4种类型。

（1）工业现场设备，如传感器、执行器和工厂设备（涡轮机）等。

（2）ICS/SCADA中的控制设备，如PLC、RTU、DCS设备等。

（3）网络中介设备，如工业路由器、防火墙、网关和边缘设备等。

（4）云端设备和服务器。

在工业互联网中，设备会直接影响数据从产生、传输、存储到计算的每个环节，其重要性不言而喻。而设备的安全性更会直接影响工业互联网中的数据安全、物理安全甚至人身安全。

2）网络安全

网络安全是指工厂内有线网络、无线网络的安全，标识解析系统等的安全以及工厂外与用户、协作企业等实现互联的公共网络安全。

例如，工业互联网标识解析系统的安全风险主要包括架构安全风险、数据安全风险、运营安全风险，以及身份安全风险，如图9-3所示。

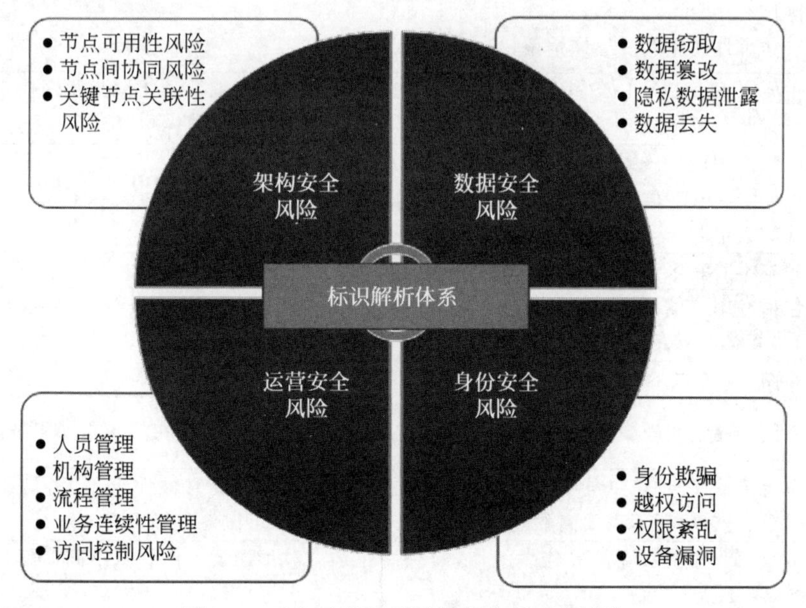

图9-3　工业互联网标识解析体系安全风险

3）控制安全

工业控制系统（Industrial Control Systems，ICS）简称工控系统，通常由共同作用实现某一工业用途的控制部件组合而成，是工业生产基础设施的关键组成部分。工业控制系统核心组件包括数据采集与监视控制系统（SCADA）、分布式控制系统（DCS）、现场总线控制系统（FCS）、安全仪表系统（Safety Instrumented System，SIS）、可编程逻辑控制器（PLC）、远程终端单元（Remote Terminal Unit，RTU）、人机交互界面设备（HMI），以及确保各组件通信的接口技术。

控制安全是指生产控制系统安全，主要针对PLC、DCS、SCADA等工业控制系统的安全，包括控制协议安全、控制平台安全、控制软件安全等。对于工业互联网控制安全防护，主要从控制协议安全、控制软件安全及控制功能安全3方面考虑，可采用的安全机制包括协议安全加固、软件安全加固、恶意软件防护、补丁升级、漏洞修复、安全监测审计等。值得注意的是，工业控制系统与信息系统因为建设目标的不同，两者在技术、管理与服务等很多方面仍存在较大差异。工业控制系统与信息系统的区别如表 9-1 所示。

表 9-1　工业控制系统与信息系统的区别

对　比　项	工业控制系统	信 息 系 统
建设目标	利用计算机、互联网、微电子及电气等技术，使工厂的生成和制造过程更加自动化、效率化、精确化，并具有可控性及可视性。强调的是工业自动化过程及相关设备的智能控制、监测与管理	利用计算机、互联网技术实现数据处理与信息共享
防护目标	在不利条件下维护生产系统功能正常可用； 确保信息实时下发传递； 防范外部、内部的网络攻击； 保护工业控制系统免受病毒等恶意代码的侵袭； 避免工业控制系统遭受有意或无意的违规操作； 安全事件发生后能迅速定位，找出问题根源	在不利条件下保证不出现信息泄露； 保护信息资产的完整性； 基本不考虑信息传递实时性； 防范外部、内部的网络攻击； 保护信息系统免受病毒等恶意代码的侵袭； 安全事件发生后能迅速定位，找出问题根源
体系架构	主要由 SCADA、DCS、PLC、RTU 等工业控制设备及系统组成	由计算机系统通过互联网协议组成的计算机网络
操作系统	广泛使用嵌入式操作系统 VxWorks、μCLinux、Windows CE 等，并有可能根据需要进行功能裁剪或定制	使用 Windows、UNIX、Linux 等通用操作系统
安全软件	基本不安装杀毒软件	杀毒软件是标配
数据交换协议	包括专用通信协议或规约（OPC、Modbus、DNP 3.0 等），直接使用或供 TCP/IP 的应用层使用	TCP/IP 协议栈（应用层协议：HTTP、FTP、SMTP 等）
数据保密性	控制数据的保密性，除特定行业外要求不高	数据保密性要求高
存储空间限制	系统存储空间较少，可实现的功能较单一	存储空间大，可实现更加复杂的功能
系统实时性	系统传输、处理信息的实时性要求高，不能停机和重启恢复，但不需要高吞吐量	系统的实时性要求不高，信息传输允许延迟，可以停机和重启恢复，但需要高吞吐量
系统连续性	多数工业控制系统需要连续工作，如果停止运行，需要提前计划	对于连续工作要求不高，可以接受停止、重启等操作
系统故障响应	不可预料的中断会造成经济损失或灾难，故障必须紧急响应处理	不可预料的中断可能会造成任务损失，系统故障的处理响应级别根据信息系统的要求而定
系统升级难度	专有系统兼容性差，软/硬件升级较困难，一般很少进行系统升级，如需升级可能需要整个系统升级换代	采用通用系统，兼容性较好，硬件升级较容易，且软件系统升级较频繁
物理环境	一般无机房，直接部署在生产环境中，无专用散热装备，环境条件恶劣，存在高温、高湿、粉尘大、震动、酸碱腐蚀等情况，基本无监控、登记管理措施	配有专用机房，统一放置设备，配有空调，环境条件优良，温湿度基本恒定，灰尘小，无震动，无腐蚀性，配有防盗门、视频监控、出入登记等
管理维护	管理制度不完善，缺乏专业技术人员，设备维护依赖供应商，政策标准文件不完善	管理制度比较完善，配备专业维护技术人员，能够实现自我维护，标准政策文件完整

4）应用安全

工业互联网应用主要包括工业互联网平台与工业应用程序两大类，其范围覆盖智能化生产、网络化协同、个性化定制、服务化延伸等方面。目前工业互联网平台面临的安全风险主要包括数据泄露、篡改、丢失、权限控制异常、系统漏洞利用、账户劫持、设备接入安全等。对于工业应用程序，最大的风险来自安全漏洞，包括开发过程中编码不符合安全规范而导致的软件本身的漏洞以及由于使用不安全的第三方库而出现的漏洞等。

相应地，工业互联网应用安全也应从工业互联网平台安全与工业应用程序安全两方面进行防护。对于工业互联网平台，可采取的安全措施包括安全审计、认证授权、DDoS攻击防护等。对于工业应用程序，建议采用全生命周期的安全防护，在应用程序的开发过程中进行代码审计并对开发人员进行培训，以减少漏洞的引入；对运行中的应用程序定期进行漏洞排查，对应用程序的内部流程进行审核和测试，并对公开漏洞和后门并加以修补；对应用程序的行为进行实时监测，以发现可疑行为并进行阻止，从而降低未公开漏洞带来的危害。

5）数据安全

数据安全是指工厂内部重要的生产管理数据、生产操作数据以及工厂外部数据（如用户数据）等各类数据的安全。数据安全包括生产管理数据安全、生产操作数据安全、工厂外部数据安全，涉及采集、传输、存储、处理等各个环节的数据及用户信息的安全。

工业互联网相关的数据按照其属性或特征可以分为四大类：设备数据、业务系统数据、知识库数据、用户个人数据。根据数据敏感程度的不同，可将工业互联网数据分为一般数据、重要数据和敏感数据3种。工业互联网数据涉及数据采集、传输、存储、处理等各个环节。随着工厂数据由少量、单一、单向向大量、多维、双向转变，工业互联网数据体量不断增大，种类不断增多，结构日趋复杂，并实现数据在工厂内部与外部网络之间的双向流动共享。由此带来的安全风险主要包括数据泄露、非授权分析、用户个人信息泄露等。

值得注意的是，大数据技术应用于工业互联网领域给企业带来巨大的效益，然而，工业大数据对于工业企业既是机遇，也是挑战，在给企业带来巨大经济利益的同时，其本身所存在的安全问题也让企业面临着巨大的风险。一方面，由于工业控制系统的协议多采用明文形式，工业环境多采用通用操作系统且不及时更新，从业人员的网络安全意识不强，再加上工业数据的来源多样，具有不同的格式和标准，使其存在诸多可以被利用的漏洞。另一方面，在工业应用环境中，对数据安全有着更高的要求，任何信息安全事件的发生都有可能威胁工业生产运行安全、人员生命安全甚至国家安全等。因而，研究工业大数据安全管理，加强对工业企业的安全保护变得尤为重要。

图9-4所示为工业互联网安全防护重点内容。

5. 工业互联网安全的实施

当代工业互联网具备开放性、互联性和跨域性，模糊了以往互联网和工业网、商业网之间的边界。随着工业互联网的不断发展，现有相对封闭的工业系统更加开放，将面临更新的安全问题和挑战。因此，工业互联网需要通过综合性的安全防护措施，保证设备、网络、控制、数据和应用安全。

工厂互联网各互联单元之间应该进行有效可靠的安全隔离和控制。一是在工业控制系统与工业信息系统之间应部署防火墙；二是工厂外部对工厂内部云平台的访问应经过防火墙，并提供安全防御等功能，ERP、PLM等与外部进行交互的服务和接口应部署在隔离区域，同时部署网络入侵防护系统，可对主流的应用层协议及内容进行识别，高速高效地自动检测和定位各种业务层的攻击和威胁；三是工厂内部所有接入工厂内部云平台、工厂信息系统、工业控制系

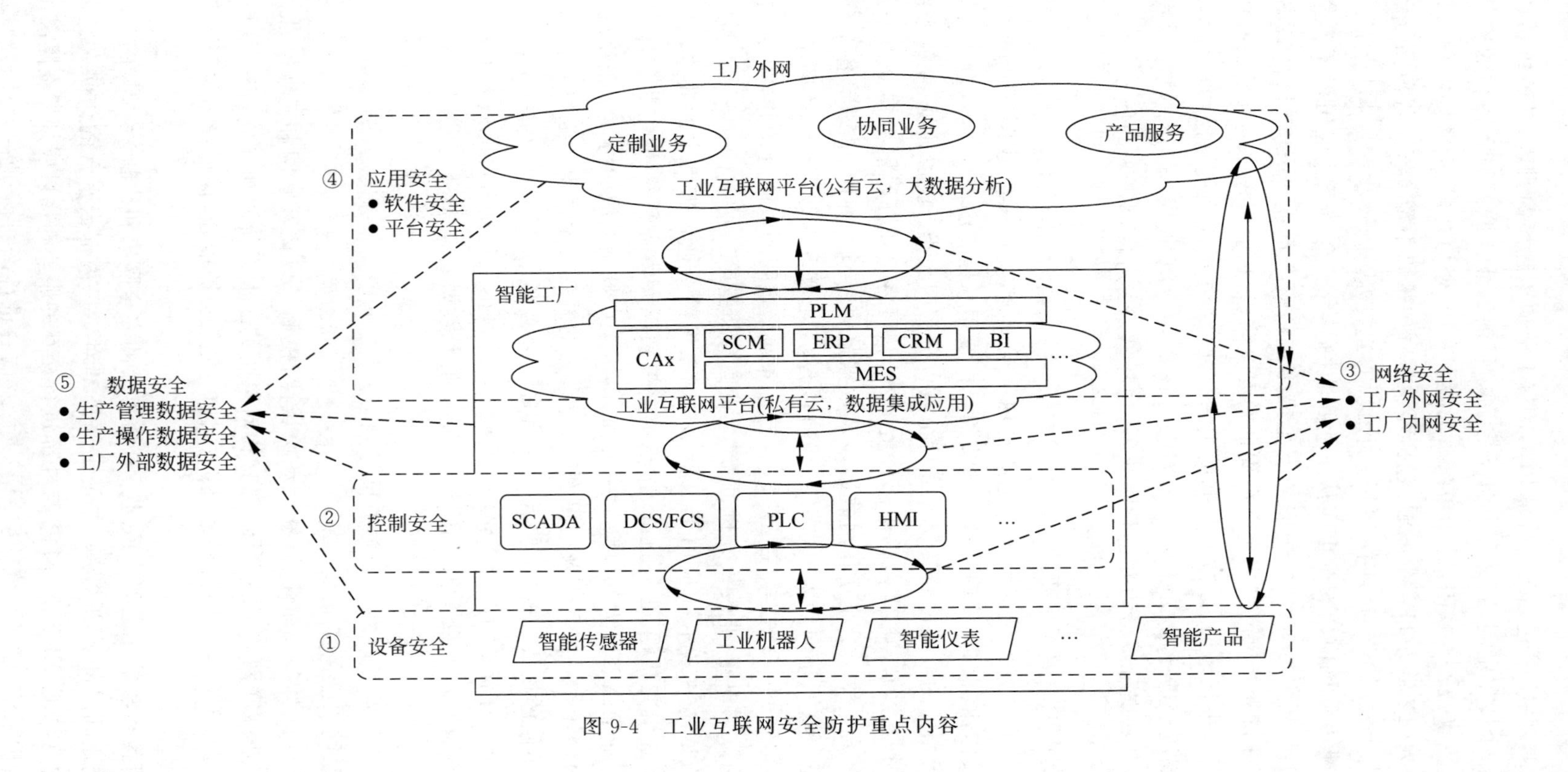

图 9-4　工业互联网安全防护重点内容

统的设备，都必须实现接入控制，进行接入认证和访问授权；四是工厂外部接入工厂内部云平台的智能产品、移动办公终端、信息系统等，应经过运行有远端防护软件的安全接入网关；五是对部署在公共互联网上的工业云平台的各种访问应经过防火墙；六是采用基于大数据的安全防护技术，在工厂云平台、工业云平台上部署大数据安全系统，基于外部威胁情报、日志分析、流量分析和沙箱联动，对已知和未知威胁进行综合防御，并准确展示安全全貌，实现安全态势智能感知。

此外，工业互联网安全实施应当强化智能产品和网络传输数据的安全防护。一是智能产品的安全加固。智能产品的部署位置分散，容易被破坏、伪造、假冒和替换，导致敏感信息泄露。因此，应当对智能产品进行专门的安全加固，如采用安全软件开发工具包(Software Development Kit，SDK)、安全操作系统、安全芯片等技术手段，实现防劫持、防仿冒、防攻击和防泄密。二是外部公共网络数据传输的安全防护。通过外部网络传输的数据，应采用 IPSec VPN、SSL VPN 等加密隧道传输机制或 MPLS VPN 等专网，防止数据泄露、被侦听或篡改。

9.1.2　工业互联网安全框架

1. 美国工业互联网安全框架(IISF)

2016 年 9 月 19 日，美国工业互联网联盟(Industrial Internet Consortium，IIC)历经两年时间正式发布《工业互联网安全框架》(Industrial Internet Security Framework，IISF)，拟通过该框架的发布为工业互联网安全研究与实施部署提供指导。

IISF 的实现主要从功能视角出发，定义了 3 个层次的 6 个安全功能，如图 9-5 所示。顶层包括 4 个核心安全功能，分别为端点保护、通信和连接保护、安全监控和分析以及安全配置和管理，为工业互联网中的终端设备及设备之间的通信提供保护，对用于这些设备与通信的安全防护机制进行配置，并监测工业互联网运行过程中出现的安全风险。在 4 个核心安全功能之下是一个通用的数据保护层，对这 4 个功能中产生的数据提供保护。在最下层是覆盖整个工业互联网的安全模型与策略层，它将上述 5 个功能紧密结合起来，实现端到端的安全防护。

图 9-5　美国工业互联网安全框架

2. 德国工业 4.0 安全框架(RAMI 4.0)

德国工业 4.0 注重安全实施，由网络安全组牵头出版了《工业 4.0 安全指南》《跨企业安全通信》《安全身份标识》等一系列指导性文件，指导企业加强安全防护。德国虽然从多个角度对安全提出了要求，但是并未形成成熟的安全体系框架。安全作为新的商业模式的推动者，在工业 4.0 参考架构模型(Reference Architecture Model Industrie 4.0，RAMI 4.0)中起到了承载和连接所有结构元素的骨架作用。

如图 9-6 所示，从 CPS 功能视角、全生命周期价值链视角和全层级工业系统视角 3 个视角构建了德国工业 4.0 参考架构模型(RAMI 4.0)。从 CPS 功能视角看，安全应用于所有不同层次，因此安全风险必须整体考虑；从全生命周期价值链视角看，对象的所有者必须考虑全生命周期的安全性；从全层级工业系统视角看，需要对所有资产进行安全风险分析，并对资产所有者提供实时保护措施。

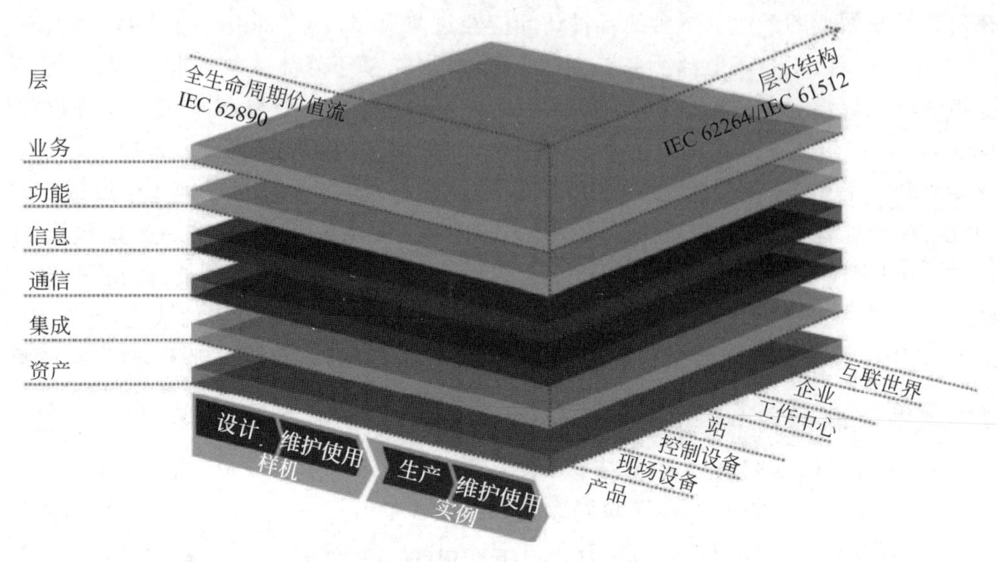

图 9-6　RAMI 4.0

安全性是工业 4.0 组件设计的基石，它可以确保生产设施和产品本身不对人和环境产生威胁，并且保证数据和信息不被滥用。随着工业 4.0 以全新方式整合资源、技术、应用和模式，对整个系统的信息安全防护提出了新的挑战，并呈现出安全架构复杂化、安全防御多维化、安全等级扁平化等特点。

3. 日本工业价值链参考架构(IVRA)

日本工业价值链促进会(Industrial Value Chain Initiative，IVI)是一个由制造业企业、设备厂商、系统集成企业等发起成立的组织，旨在推动“智能工厂”的实现。2016 年 12 月 8 日，IVI 基于日本制造业的现有基础，推出了智能工厂的基本架构《工业价值链参考架构》(Industrial Value Chain Reference Architecture，IVRA)，如图 9-7 所示。

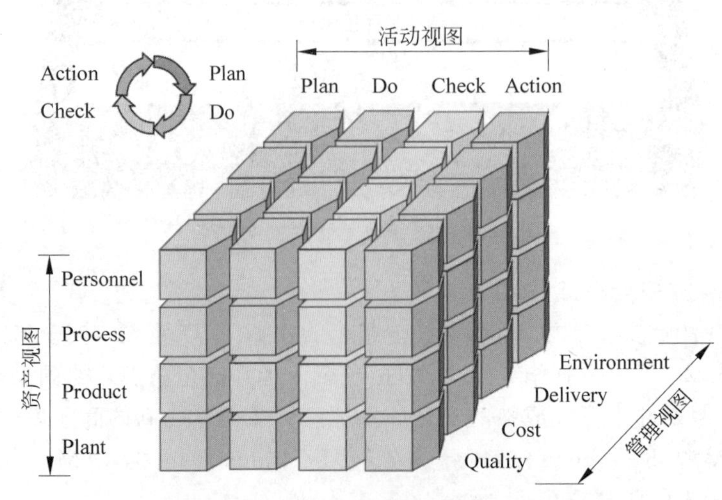

图 9-7　日本工业价值链参考架构(IVRA)

IVRA 也是一个三维模式。三维模式的每个块被称为智能制造单元(Smart Manufacturing Unit，SMU)，将制造现场作为一个单元，通过 3 个轴进行判断。纵向作为“资源轴”，分为员工层(Personnel)、流程层(Process)、产品层(Product)和设备层(Plant)。横向作为“执行轴”,分为Plan、Do、Check和Action(PDCA循环)。内向作为“管理轴”,分为质量(Quality)、成本(Cost)、交货期(Delivery)、环境(Environment)(QCDE活动)。

IVRA还将智能制造单元(SMU)之间的联系定义为便携装载单元(Portable Loading Unit,PLU),具体而言,分为价值、物料、信息和数据4部分。在保证安全和可追溯的条件下,实现了不同SMU之间资产的转移,模拟了制造活动中物料、数据等有价资产的转换过程,从而真实地反映了企业内和企业间的价值转换情况,充分体现了价值链的思想。

4. 我国的工业互联网安全防护框架

2018年11月,工业互联网产业联盟发布了《工业互联网安全框架》,明确了安全框架的内容和范围。工业互联网安全框架从防护对象、防护措施及防护管理3个视角构建,如图9-8所示。工业互联网安全框架针对不同的防护对象部署相应的安全防护措施,根据实时监测结果发现网络中存在的或即将发生的安全问题并及时作出响应。工业互联网安全框架的应用可以明确基于安全目标的可持续改进的管理方针,从而保障工业互联网的安全。

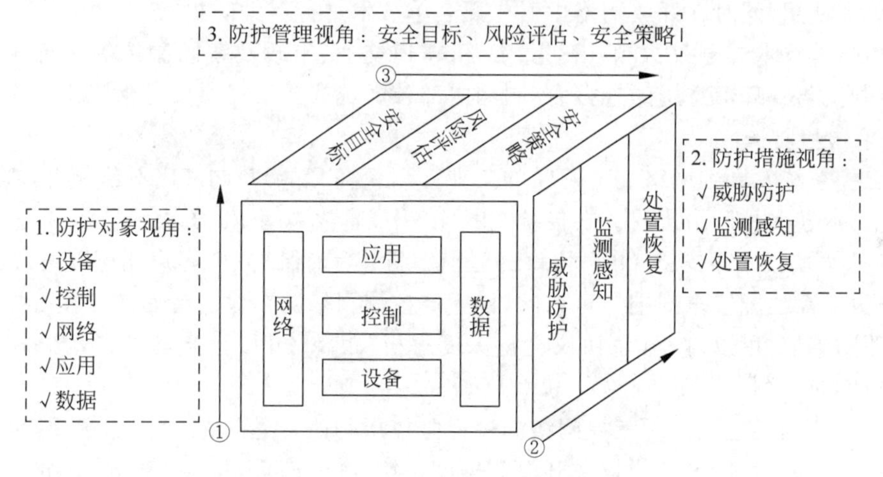

图9-8　工业互联网安全框架

从图9-8可以看出,防护对象视角涵盖设备、控制、网络、应用和数据五大安全重点;防护措施视角包括威胁防护、监测感知和处置恢复三大环节,威胁防护环节针对五大防护对象部署主被动安全防护措施,监测感知和处置恢复环节通过信息共享、监测预警、应急响应等一系列安全措施、机制的部署增强动态安全防护能力;防护管理视角根据工业互联网安全目标对其面临的安全风险进行安全评估,并选择适当的安全策略作为指导,实现防护措施的有效部署。

工业互联网安全框架的3个防护视角之间相对独立,但彼此之间又相互关联。从防护对象视角来看,安全框架中的每个防护对象,都需要采用一系列合理的防护措施并依据完备的防护管理流程对其进行安全防护;从防护措施视角来看,每类防护措施都有其适用的防护对象,并在具体防护管理流程指导下发挥作用;从防护管理视角来看,防护管理流程的实现离不开对防护对象的界定,并需要各类防护措施的有机结合使其能够顺利运转。工业互联网安全框架的3个防护视角相辅相成,互为补充,形成一个完整、动态、持续的防护体系。

9.1.3　工业互联网安全技术

1. 工业互联网安全防护技术

工业互联网安全防护技术是以攻防对抗为核心的基础技术,主要包括白名单技术、网络边界防护、应用密码、工业主机安全防护以及工业高交互仿真等关键技术。

1）白名单技术

白名单技术是通过建立工业控制协议白名单访问控制策略，过滤一切非法访问，保证只有白名单内的可信任的指令和消息才能在网络上传输。白名单是相对于黑名单而言的，黑名单是指拦截的程序，而白名单就是放行的程序。白名单技术进行正常通信行为建模，通过学习模式对正常通信行为学习后，进入告警模式对规则进行优化调整，最终启用防护模式对工控指令攻击、控制参数修改、病毒和蠕虫等恶意代码等攻击行为进行有效防护，减少恶意攻击行为给工业控制系统带来的安全风险。

工业互联网涉及工业生产的重要环节，对系统可用性和实时性要求高。原有的工控网络相对封闭，工控设备缺乏灵活的安全策略，无法保证接入工业互联网中的设备和运行软件安全可信。在传统 IT 网络中，安全机制一般采取黑名单技术，可以有效阻止已知威胁，但不能阻止未知攻击行为。在工业互联网中，可采取以白名单技术为主、以黑名单技术为辅的安全防护机制。这是因为工业控制工艺流程、业务等相对固定，且对可用性和实时性的安全需求高，白名单技术更加适用，同时在开放网络中引入黑名单技术进行辅助防护。

目前白名单技术在电力、石油、石化、烟草、轨道交通、市政及智能制造等多行业得到广泛应用，为控制网与管理信息网的连接、控制网内部各区域的连接提供安全保障。

2）网络边界防护

传统工控系统发展到网络互通互联的工业互联网阶段，OT 与 IT 不断融合，OT 网络不再封闭可信，涉及多种网络边界。在传统 IT 网络中，通常采用 IT 防火墙技术进行边界防护，但传统 IT 防火墙技术不支持 OPC 协议的任何解析；为确保 OPC 客户端可以正常连接 OPC 服务器，防火墙需要配置全部端口可访问，使生产控制网暴露在攻击者面前。在工控网络边界部署的工业防火墙，可以对 OPC 协议进行深度解析，跟踪 OPC 连接建立的动态端口并对传输指令进行实时监测。

边界防护的场景主要针对工控网络的过程监控层与生产管理层通信的场景，生产管理层与过程监控层之间通过 OPC 协议或开放数据库连接（Open Database Connectivity，ODBC）等数据库协议进行数据交互，边界防护主要是防范来自企业生产管理层和互联网的威胁，需要结合传统网络信息安全与工控网络安全的特点，防止生产管理层的网络感染病毒和恶意攻击时，威胁通过通信服务器蔓延到工控网络，影响生产和业务正常运行。边界防护的重点在于防护生产管理层和互联网的恶意攻击，保证生产管理层的可信任主机访问过程监控层的合法数据，确保生产管理层和互联网的设备受到恶意攻击后，工控网络不会受到影响，保证工控网络正常运行。边界防护的应用如图 9-9 所示。

工业互联网边界防护需要针对不同网络边界的防护情况部署不同的防火墙。为适应工业环境下的部署要求，支持常见工业协议的深度解析，边界防护产品应具有高可靠性和低时延。

3）应用密码

在工业互联网领域，国外密码技术研究起步早，应用广，成本低。国内密码技术研究起步较晚，部分工业产品尽管预先集成了国外密码算法（如更换密码技术），但存在更换成本高、市场接受周期长等问题。因此，国内信息安全企业提出了基于国产密码技术的工业互联网安全解决方案，即通过使用 SM 9 国产密码算法，实现工业终端数据、云端服务器数据的加密传输和存储；建设相应的工业信息安全密码支撑系统，为工业互联网平台提供安全可靠的网络环境、数据加密服务的整体解决方案。针对工业互联网标识解析体系的身份认证、敏感数据保护、隐私保护等应用需求，研究攻关基于 SM 9/SM 2 算法的密码模块、数字签名、隐私数据脱

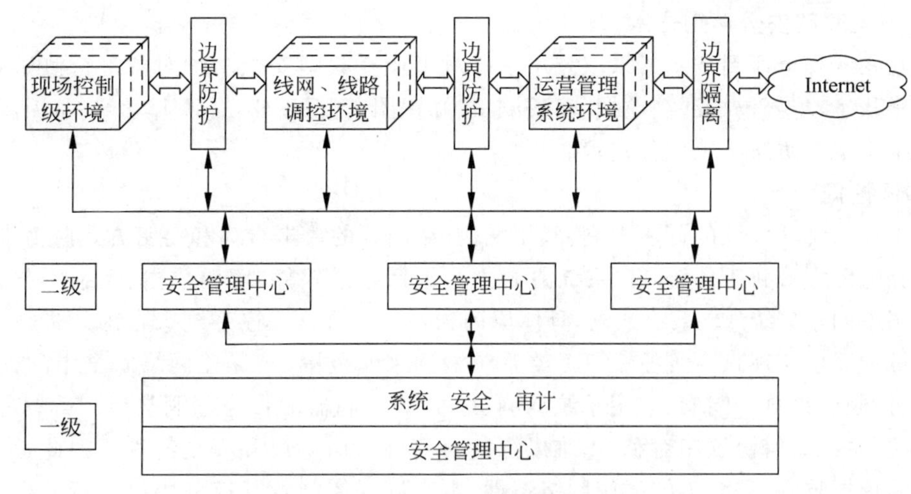

图 9-9 边界防护的应用

敏等技术，构建基于数字认证、基于身份标识的密码系统、无证书技术等体制融合的工业互联网标识解析安全体系。

4）工业主机安全防护

随着工业互联网的快速发展，先进制造业与新一代信息技术加速融合，与此同时，工业互联网也打破了工业控制系统传统的封闭格局，网络安全风险不断向工业领域转移，使工业互联网安全环境日益严峻。据《2022 年工业控制网络安全态势白皮书》显示，近年来工业互联网行业发生数起勒索软件攻击事件，大多数攻击目标直指工业主机，对加强主机安全防护提出了更高要求。

在工业互联网中，工业主机是连接信息世界和物理世界的"桥梁"，做好工业主机的安全防护和控制是保障工业互联网安全的核心。在互联网中，传统 IT 主机通常采用防病毒技术，通过接入互联网进行病毒库升级，不过需要实时更新升级病毒库。工业主机有自己的特点，企业在工业主机安装传统的杀毒软件是没有办法在这样一个环境下正常运行的，需要采用单管控技术、入口拦截、扩散拦截等，才可以有效保护工业主机的安全。在具体防护中，工业主机可以采取基于关闭无关端口、进行最小权限的账号认证、设置强制访问控制等措施的主机加固技术，提高主机操作系统的安全性。图 9-10 所示为工业主机安全防护，工业主机安装安全客户端，以此加强工业主机防护能力。

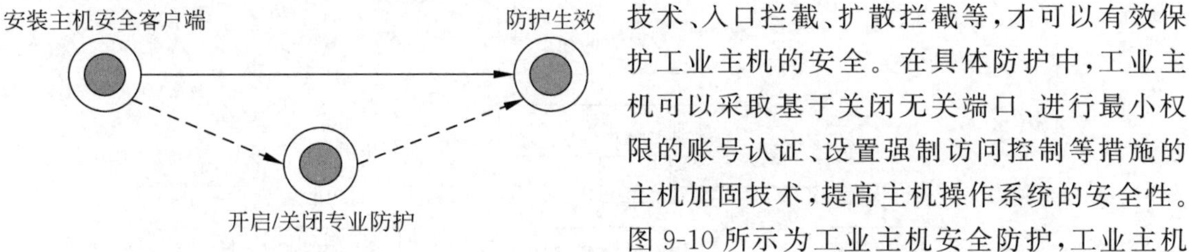

图 9-10 工业主机安全防护

5）工业高交互仿真技术

工业高交互仿真技术指对工业互联网主机、控制及边缘设备、工业协议、工业互联网平台、相关业务和应用进行高交互虚拟仿真；提供更真实的攻击系统，采集和分析攻击数据，准确掌握工业互联网攻击行为特征，为开展安全防护工作提供决策支撑。国外在工业互联网设备和协议仿真方面已有相关成熟产品的部署应用，如 CryPLH、Xpot 等高交互工控蜜罐，支持监管部门有效掌握威胁情报信息。我国相关技术处于研发和产品试点应用阶段，但成熟产品仍为空白。

工业互联网设备参与的协议种类繁多，技术性壁垒强，如设备多采用无线协议进行通信而难以进行高交互仿真。工业高交互仿真技术的核心在于支持 Modbus、DNP3、Siemens S7 等多种工控协议以及 SCADA、DCS、PLC 等工控设备的高交互模拟能力；相对全面地捕获攻击者的访问流量，分析取证攻击行为，为工业互联网安全事件的预警、预测提供数据支撑。

2. 工业互联网安全评测技术

工业互联网安全评测技术指采取技术手段对工业互联网安全防护对象进行测试和评价，了解其安全状态，主要包括漏洞挖掘、渗透测试、知识图谱、深度学习、联邦学习、基因图谱和沙箱以及数字孪生攻防演练等多种技术。

1）漏洞挖掘

随着工控系统开放性的逐步提高，利用漏洞、后门等的攻击行为和窃密方式成为工业互联网安全面临的巨大威胁。传统 IT 系统漏洞主要包括恶意软件、密码攻击、拒绝服务等，而工控系统漏洞不同于传统 IT 系统漏洞，具体原因为：①大部分工控系统来自国外进口，相关系统的运营维护无法实现自主可控；②工控系统漏洞来源范围广，涵盖网络安全中的安全计算环境漏洞、控制协议自身漏洞、应用系统漏洞、PLC 等控制器的自身漏洞与后门等；③工控系统相对封闭，系统通信协议相对私有，难以深度研究其通信协议和安全特性。因此，工业互联网中的漏洞挖掘技术，需对工控系统网络特性、生产过程控制及其控制协议进行分析，采取有针对性的模糊测试技术。

2）渗透测试

渗透测试是为了证明网络防御系统按照预期计划正常运行而提供的一种安全监测机制，也是实施安全评估（即审计）的具体手段。渗透测试利用各种安全扫描器对网站及相关服务器等设备进行非破坏性质的模拟入侵者攻击，目的是入侵系统并获取系统信息，将入侵的过程和细节总结编写成测试报告，由此确定存在的安全威胁，并能及时提醒安全管理员完善安全策略，降低安全风险。

在工业互联网安全体系中，渗透测试可能是单独进行的一项工作，也可能是产品系统在研发生命周期中 IT 安全风险管理的一个组成部分，渗透测试流程如图 9-11 所示。网络渗透测试技术能够对黑客的攻击行为进行模拟分析，并根据这些信息和数据不断完善安全防护体系，

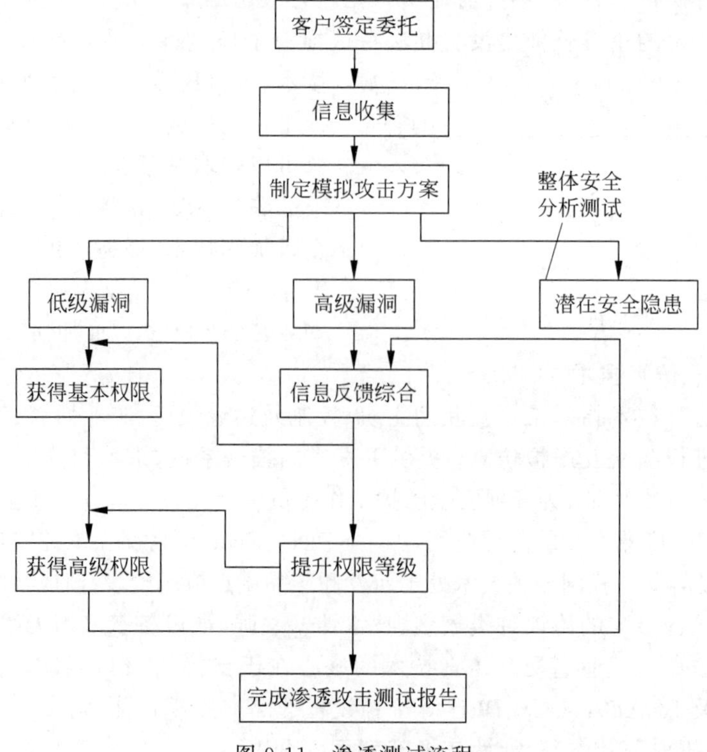

图 9-11　渗透测试流程

从而增强工业互联网的安全性能。此外,在渗透测试中还需要借助暴力破解、网络嗅探等其他方法,目的也是获取用户名及密码。

渗透测试通过模拟来自网络外部的恶意攻击者常用的攻击手段和方法,检测并评估工业互联网的网络系统安全性。在工业控制系统中,渗透测试主要分为以下几步:渗透应用业务系统、内网整体资产搜集、内网 Web 服务渗透攻击、内网工控系统识别、内网工控系统风险分析、内网工控系统权限获取。工业互联网中的渗透测试技术,要以工控系统中渗透测试的实际需求为出发点,辅以渗透测试执行标准(Penetration Testing Execution Standard,PTES)、《信息安全测试评估技术指南》(NIST SP800-115)、开源安全测试方法(Open Source Security Testing Methodology Manual,OSSTMM)、《开放式网页应用程序安全项目测试指南》(OWASP Test Guide)等渗透测试和安全测试流程指南,完成对工控系统渗透测试的检测与分析,提取关键流程、步骤、技术。

值得注意的是,工业互联网安全渗透测试并不是将多种渗透测试安全工具进行拼装应用,而是将多种渗透工具高度融合后进行使用。通常认为,渗透测试必须由符合资质的专业人士实施。在进行评估之前,有关人员可能了解也可能不了解目标的具体情况。渗透测试可用于评估所有的 IT 基础设施,包括应用程序、网络设备、操作系统以及通信设备物理安全。

3) 知识图谱

知识图谱是人工智能的一种方式,简单理解就是一种多关系图,也是一个知识库,能够梳理人、资产、业务之间的关系,用一个经过梳理、有逻辑关联性的知识库训练算法,让算法更加精准。几年前,微软在 Azure 云上就已经引入了知识图谱进行安全检测防护,实践证明效果很显著。

图 9-12 所示为基于知识图谱的工业系统风险分析。利用知识图谱构建工业过程知识库,能够较全面地展现工业控制系统运行过程中的变量及其关系,为后续的安全风险分析提供可视化支持。将知识图谱作为知识智能应用的基础设施,从多个异构安全数据源中自动收集工业过程信息,将有关已知的功能安全和信息安全知识整合在一个数据模型中,安全系统就可以推理出工业网络中可能存在的潜在风险。根据自身知识库的安全分析结果预测业务过程中的危险,并提供一种查询机制,帮助安全管理人员掌握安全动态,及时作出决策响应。基于知识图谱的工业系统风险分析主要分为离线和在线两个阶段。离线阶段,基于功能安全和信息安

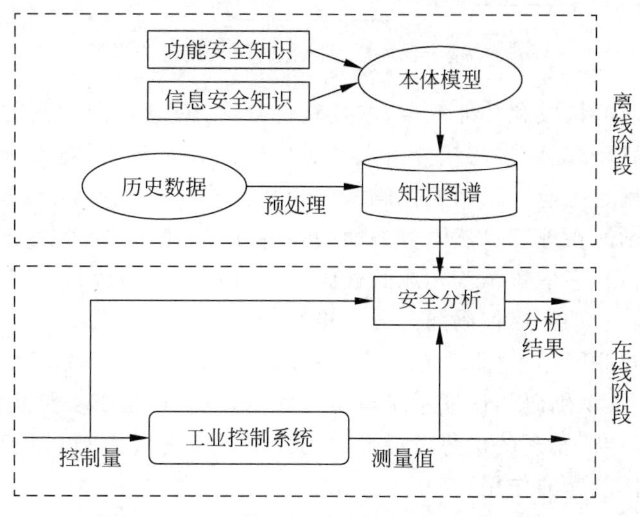

图 9-12 基于知识图谱的工业系统风险分析

全领域专家知识,利用功能安全和信息安全构建两者关系的本体模型,结合收集的系统历史运行数据,建立工业系统安全知识图谱;在线阶段,分别在信息侧和物理侧采集实时的系统安全监测数据,利用离线阶段建立的安全知识图谱,进行相关安全分析,并借助分析结果,实现对工业控制系统安全态势的在线感知。

4) 深度学习

深度学习具有较强的自动特征提取能力,为大数据时代的工业互联网安全(以应用场景复杂、数据规模庞大为特征)提供了更智能、更准确、更先进的分析工具。从技术层面看,传统工业互联网的安全防护措施可以防御许多已知的安全威胁;但随着工业互联网应用领域的不断拓宽,接入设备数量与种类的不断增加,加之各类攻击方式的"推陈出新",目前工业互联网攻击的数量、规模、速度、种类正在持续增加,现有的传统型安全防御工具和技术已难以全面应对这些新型攻击行为,亟须引入更加快速、高效、智能的安全防护新方法。深度学习的自学习能力强,在特征发现及自动分析方面具有优异性能,因此将其用于工业互联网设备、控制、网络、应用、数据等多个层次的安全防范,成为防护新型攻击形式的可行技术方向。

工业互联网因其复杂性、敏感性而易受各种针对性的网络攻击,需要配置入侵检测系统扫描网络流量活动、识别恶意或异常行为。传统的入侵检测系统通常采用(浅层)机器学习技术,无法有效解决具有实时性要求、来自环境的海量数据入侵分类检测问题。深度学习是十分理想的隐藏流量发现手段,可用于区分攻击流量和检测正常流量。例如,使用双向长短期记忆递归神经网络(BiLSTM-RNN)方法,详细学习异常入侵所具有的网络流量特征,快速准确地识别针对工业互联网的网络攻击和网络欺诈等异常活动 。图 9-13 所示为基于深度学习的物联网入侵检测框架,其中 tcpdump 为网络分析器工具。

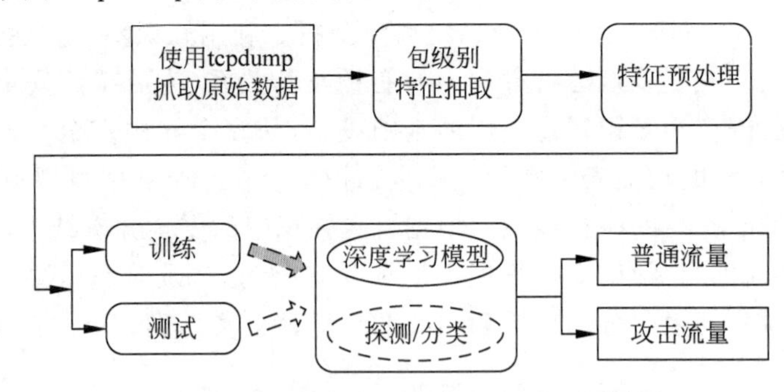

图 9-13 基于深度学习的物联网入侵检测框架

此外,工业互联网的构成和功能复杂,涉及软件众多,对软件源代码的安全性提出了很高要求。传统的代码漏洞检测较多依赖分析人员对代码的人工分析、对安全问题的认识和经验积累,这一模式很难满足工业互联网的代码漏洞分析需求。一种可行的思路是借鉴自然语言处理方法,利用深度学习在理解自然语言方面的独特优势,使用神经网络对由源代码的抽象语法树、控制/数据流图、程序依赖图等构成的代码属性进行理解与分析,在源代码编程阶段及时发现并修正代码缺陷,主动完成代码漏洞分析检测。

不仅如此,工业互联网覆盖面广,对安全性和隐私性要求高,涉及大量用户授权认证过程。传统上基于密码和个人识别码的认证系统虽然有效,但不足以抵御多类恶意攻击行为。因此,利用深度学习在生物特征发现的优势发展形成的人脸识别等技术,可以起到配合传统认证系统、提高用户授权认证能力的作用。

不过,值得注意的是,随着深度学习方法的发展,神经网络层数越来越深,所需的训练样例数目、算力要求(电力消耗)也在迅猛增加。即使深度学习模型相比于传统方法具有更好的效果，但提升效率带来的收益甚至可能无法弥补增加的成本，这将直接制约深度学习技术在工业互联网安全中的推广应用。

5）联邦学习

联邦学习是一个机器学习框架，该框架能在多参与方或多计算节点之间开展高效率的机器学习。联邦学习可以做到使各个参与方的自有数据不出本地，通过加密机制的参数交换方式，并在保障数据隐私的情况下，建立一个虚拟的共有模型。这个虚拟模型相当于聚合在一起建立的最优模型，在建立模型的过程中，各个参与者的身份和地位相同，而联邦系统帮助大家建立了安全共享的策略。因此，联邦学习可以看作一种分布式机器学习框架，而与人们常见的分布式机器学习框架不同的是，联邦学习中使用了加密技术，并且各方数据保存在本地。

图 9-14 所示为联邦学习模型。假设 A 公司和 B 公司想联合训练一个机器学习模型，他们的业务系统各有自己的数据。此外，B 公司也有模型需要预测的标签数据。出于数据隐私和安全考虑，A 公司和 B 公司不能直接交换数据。为了保证训练过程中数据的保密性，需要第三方合作者 C 的参与。这里假设合作者 C 是安全的，不与 A 或 B 串通，C 可以由政府、第三方可信机构等权威机构扮演，或者由其他的安全计算节点扮演。

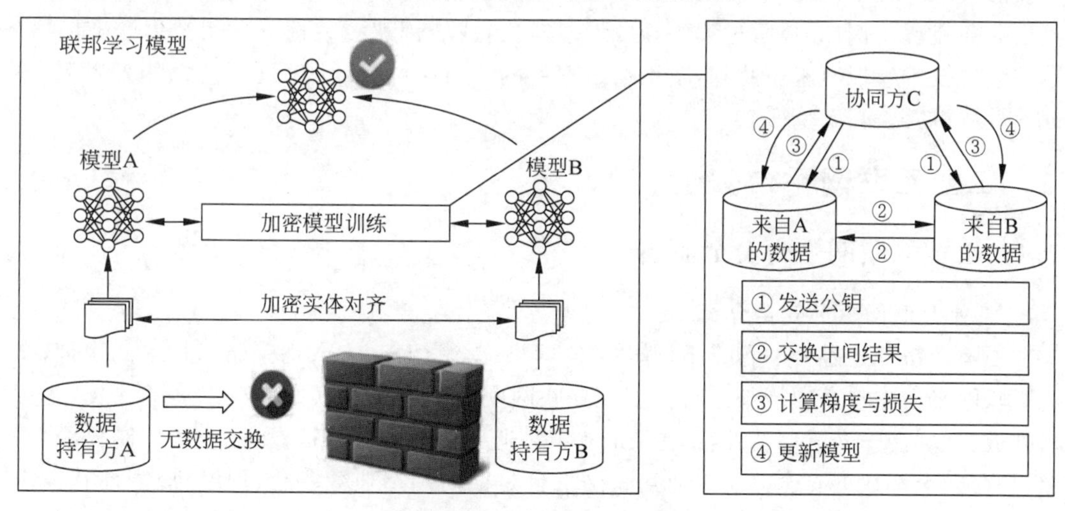

图 9-14 联邦学习模型

目前所应用的联邦学习流程可以理解为以下几步。

(1) 参与方各自从第三方可信机构的服务器中下载需要训练的模型。

(2) 每个参与方利用本地数据训练模型(无须上传本地数据)，加密梯度数据上传给第三方可信机构，第三方可信机构聚合各用户的梯度更新模型参数。

(3) 第三方可信机构依据贡献度，返回更新后的模型给各节点。

(4) 各参与方更新各自模型，并将模型用于实际问题之中。

联邦学习技术旨在在保护用户隐私与公司数据的前提下，更好地发挥数据作为机器学习"燃料"的重要作用。联邦学习技术包括了密码学、分布式通信、计算机网络，分布式机器学习、隐私安全保护、激励机制、公平性研究等方向的研究。

例如，工业互联网数据安全的主要工作之一是数据防泄露。在包含大量碎片化数据的工业互联网中，减少不必要的跨地域、跨组织的原始数据共享和流动，是提高数据安全性的重要方向，而这也是联邦学习技术的优势所在。在联邦学习系统中，自有数据不出本地，通过加密机制进行参数交换，并在不违反数据隐私保护法规的情况下建立虚拟的共有模型。

6）基因图谱和沙箱技术

过去，监测能力普遍集中在通过基于安全基线的异常监测、基于特征库的入侵检测和病毒检测解决已知威胁，而通过基于基因图谱、沙箱的监测完成未知威胁的识别则是未来的发展趋势。

基于基因图谱的入侵防范技术是通过结合机器学习/深度学习、图像分析技术，将恶意代码映射为灰度图像，建立卷积神经网络深度学习模型，利用恶意代码家族灰度图像集合训练卷积神经元网络，并建立检测模型，利用检测模型对恶意代码及其变种进行家族检测。

沙箱技术的实践运用流程是让疑似病毒文件的可疑行为在虚拟的沙箱里充分表演，沙箱会记下它的每个动作。当疑似病毒充分暴露了其病毒属性后，沙箱就会执行“回滚”机制，将病毒的痕迹和动作抹去，恢复系统到正常状态。目前，基于沙箱的入侵防范技术的优点是对于文件的零日漏洞攻击和APT（Advanced Persistent Threat）攻击的检测效果较好。

7）数字孪生攻防演练

数字孪生又称为数字双胞胎（Digital Twin），简单来说就是在一个设备或系统的基础上创造一个数字版的“克隆体”，本体的实时状态和外界环境条件都会复现到“孪生体”身上。现在很多攻防演练过程中只能展现部分效果，无法覆盖全流程，利用数字孪生技术就可以搭建较为完整的业务流程。例如，攻防过程中导致设备宕机，或者因恶意攻击导致系统爆炸，都可以通过数字孪生技术模拟出来。此外，基于数字孪生的能力还可以开展业务的生命周期预测、系统的健壮性测试等。

9.2 工业互联网平台安全

9.2.1 工业互联网平台安全概述

1. 工业互联网平台安全介绍

在国际经济开放融合的背景下，随着5G网络、人工智能、大数据等新兴技术的发展，全球工业互联网平台保持高速增长态势。工业互联网安全是工业互联网健康发展的前提，是国家深入推进“互联网＋先进制造业”的重要保障，工业互联网安全包括设备安全、控制安全、网络安全、平台安全和数据安全等。工业互联网平台是面向制造业数字化、网络化、智能化需求而构建的，基于云平台的海量数据采集、汇聚、分析和服务体系，支持制造资源实现泛在连接、弹性供给、高效配置，其安全是工业互联网安全的关键，同时平台面临更具挑战的安全风险，加快提升平台安全保障能力迫在眉睫。

与传统工业IT架构解决方案相比，工业互联网平台解决方案实现了流程驱动的业务系统转变为数据驱动的平台应用新范式，为工业企业提供基于数据的新技术、新方法、新服务和新价值。

（1）工业互联网平台安全关乎生产安全、社会安全甚至国家安全，平台安全重要性日益凸显。工业互联网平台是业务交互的桥梁和数据汇聚分析的中心，连接大量工业控制系统和设备，与工业生产和企业经营密切相关。一旦平台遭入侵或攻击，将可能造成工业生产停滞，波及范围不仅是单个企业，更可延伸至整个产业生态，对国民经济造成重创，影响社会稳定，甚至对国家安全构成威胁。

（2）工业互联网平台上承应用生态，下连系统设备，已成为工业互联网安全保障的关键。工业互联网平台是设计、制造、销售、物流、服务等全生产链各环节实现协同制造的“纽带”，是海量工业数据采集、汇聚、分析和服务的“载体”，是连接设备、软件、产品、工厂、人等工业全要素的“枢纽”。因此，做好平台安全保障工作，是确保工业互联网应用生态、工业数据、工业系统设备等安全的重要保证。

(3) 工业互联网平台安全面临现实威胁,平台安全风险复杂严峻。2018 年伊始,Google 安全团队披露的漏洞可穿透工业互联网平台基础设施,对平台安全构成严重威胁。2019 年以来,国家工业信息安全发展研究中心监测发现,国内某公司的工业互联网平台存在高危漏洞,攻击者可利用漏洞窃取信息。此外,云及虚拟化相关漏洞数量居高不下、互联互通扩大攻击面、数据流动路径复杂加大保护难度以及安全责任主体难界定等问题日益突出,工业互联网平台安全挑战不断加剧。

2. 工业互联网平台安全管理现状

工业互联网平台是业务交互的桥梁和数据汇聚分析的中心,联结全生产链各个环节实现协同制造,平台高复杂性、开放性和异构性的特点加剧了其所面临的安全风险。

目前,我国企业在工业互联网平台安全管理方面存在以下不足。

(1) 安全管理制度不完善。工业互联网企业普遍缺乏针对平台安全建设、供应商安全要求、安全运维、安全检查和培训等的安全管理制度,安全责任落实不明晰,对内部人员缺乏有效安全管控。

(2) 安全投入缺乏。工业互联网企业对工业互联网平台安全投入较少,专职安全防护的人员较少,普遍存在"重功能、轻安全"的现象。

(3) 安全配置管理不足。当前工业互联网平台安全配置管理严重依赖人工,自动化智能化程度不足,缺乏快速有效的安全配置检测预警机制,一旦出现配置错误,无法及时发现和启动相应安全措施。

(4) 安全建设考虑不全面。工业互联网平台在设计、开发、测试、运行和维护各阶段缺乏相应的安全指导规范,未将安全融入平台建设的整个生命周期中。

3. 工业互联网平台防护对象

工业互联网平台防护对象具体包括边缘计算层、工业云基础设施层、工业云平台服务层、工业应用层和平台数据,如图 9-15 所示。

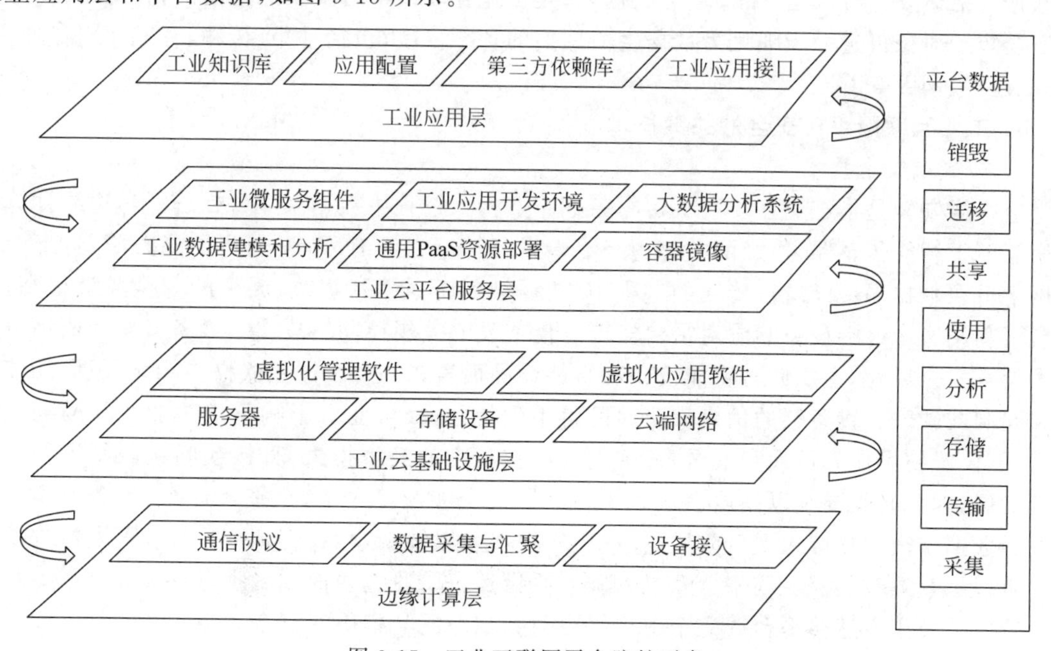

图 9-15 工业互联网平台防护对象

1）边缘计算层

边缘计算层通过现场设备、系统和产品采集海量工业数据，依托协议转换，通过边缘计算设备实现多源异构底层数据的归一化和汇聚处理，并向云端平台集成。边缘计算层安全防护对象可进一步细化，包括通信协议、数据采集与汇聚、设备接入等。

2）工业云基础设施层

工业云基础设施层主要通过虚拟化技术将计算、网络、存储等资源虚拟化为资源池，支撑上层平台服务和工业应用的运行，其安全是保障工业互联网平台安全的基础。工业云基础设施层安全防护对象可进一步细化，包括虚拟化管理软件、虚拟化应用软件、服务器、存储设备、云端网络等。

3）工业云平台服务层

工业云平台服务层利用通用 PaaS 调度底层软硬件资源，通过容器技术、微服务组件等提供工业领域业务系统和具体应用服务，为工业应用的设计、测试和部署提供开发环境。工业云平台服务层的安全与工业应用的安全具有非常强的相关性，是保障工业互联网平台安全的关键要点。工业云平台服务层安全防护对象可进一步细化，包括工业微服务组件、工业应用开发环境、大数据分析系统、工业数据建模和分析、通用 PaaS 资源部署、容器镜像。

4）工业应用层

工业应用涉及专业工业知识、特定工业场景，集成封装多个低耦合的工业微服务组件，功能复杂，缺乏安全设计规范，容易存在安全漏洞和缺陷。工业应用是工业互联网平台安全的重要防护对象，其安全水平是平台各层安全防护能力的“外在表现”。工业应用层安全防护对象可进一步细化，包括工业知识库、应用配置、第三方依赖库、工业应用接口等。

5）平台数据

工业数据的实时利用是工业互联网平台最核心的价值之一，通过大数据分析系统解决控制和业务问题，能减少人工决策所带来的不确定性。根据《工业数据分类分级指南(试行)》，工业数据包括研发、生产、运维、管理等数据域，是工业互联网平台安全的重要防护对象。工业数据安全防护对象可进一步细化为数据生命周期的各个环节，包括采集、传输、存储、分析、使用、共享、迁移、销毁等。

4. 工业互联网平台安全的关键技术

1）边缘层安全技术

边缘层安全是指工业互联网平台与工业企业接入过程中数据采集、协议转换、边缘计算的安全。由于智能传感器、边缘网关等边缘终端设备计算资源有限，安全防护能力薄弱，工业互联网平台在数据采集、转换、传输的过程中，数据被侦听、拦截、篡改、丢失的安全风险很高，攻击者可利用边缘终端设备漏洞对平台实施入侵或发起大规模网络攻击。设备安全即所谓设备层的信息安全风险，主要针对智能设备和智能产品而言，如芯片、嵌入式操作系统、编码功能等存在漏洞或缺陷。设备层的信息安全风险得不到治理，极可能会影响整个工业互联网的正常运行，不仅威胁操作人员人身安全，还会造成一定程度的经济损失，直接或间接限制了企业可持续发展，因此必须要予以高度重视。平台数据安全涉及接入平台、平台运行、平台退出 3 个阶段的数据安全。在接入平台阶段，存在边缘层接入以及工业 App 接入平台过程中数据面临的侦听、拦截、篡改、丢失、窃取等安全风险；平台运行阶段主要面临数据存储安全风险；平台退出阶段涉及用户迁移平台或完全退出平台时数据泄露与备份的安全风险。

2）平台接入设备安全技术

加强设备和系统安全接入能力，围绕访问认证、数据加密、权限管理、日志审计等安全需求，突破设备特征智能提取、流量审计与清洗、实时动态阻拦等关键技术，实现设备、系统安全接入平台，提升平台运行安全态势感知能力。在平台内部、网络出入口部署安全运行监测设备，掌握平台侧安全态势。建设国家工业互联网平台安全监测预警系统，汇聚行业、地方和企业平台态势感知数据，实时、动态监测平台运行安全状态。建设工业应用服务安全检测手段，构建面向多业务、全场景的工业互联网应用服务安全检测环境，开展检测工具研发和测试验证平台建设，加强上线审核、运营监督、服务更新及下线评估等环节的风险防控能力。

3）平台网络跨域信任技术

工业互联网平台中多网络安全域和多接入网络共存，攻击者利用被破坏的节点作为“跳板”，攻击平台网络中其他节点设备，可能造成威胁扩展。因此，需要研究平台网络跨域信任技术，包括节点完整性验证、用户身份认证、接口安全、API 调用安全、域间隔离审计等，避免单节点受损后跨域访问导致的网络威胁扩展问题，保障节点平台网络跨域访问时面临的域间相互信任和网络连接上下文安全。

4）平台微服务技术

工业互联网平台具有多样化的服务需求，一般将大型应用程序或服务分解为多个更小粒度的微服务，由各不同的团队并行独立开发和部署，在应对同一业务需求时调用多个微服务协同完成。因此，需要研究微服务安全协同调用技术，提供微服务接口安全验证、多微服务协同调用、微服务间安全通信、微服务行为安全监控等功能，并对调用第三方微服务接口的通信进行安全审计和管控，提升工业互联网平台微服务的安全防护水平。

5）基于区块链的安全协作技术

区块链技术具有可信协作、隐私保护等优势，在应用到工业互联网平台时，能提升平台的安全性。基于区块链技术，为跨域集群建立业务共享通道，并利用高效共识机制协同更新分布式账本，能实现信息来源可信、数据可追溯审计和通道内部数据的传输和隐私安全。利用区块链不可篡改、分布式共治等赋能能力，对平台各节点构建联盟链，实现节点的自治性预防保障、运行时异常监测和受损状态的自愈合。

6）工业应用安全检测技术

传统软件漏洞、Web 安全、API 安全、第三方开发者植入恶意代码等问题威胁平台工业应用生态的安全发展。因此，需要面向特定工业行业、场景、业务的安全需求，研究工业应用安全检测技术，提供恶意代码分析、软件逆向、漏洞检测与利用、接口验证等功能，建立工业应用安全评估机制，及时发现工业应用接口、服务过程中可能存在的安全隐患，为部署针对性的工业应用安全防护措施提供依据。

7）平台敏感数据保护识别技术

工业数据中包含工艺参数、生产运营数据等商业机密，若未根据数据分类分级结果进行敏感度标识，将可能造成数据管理混乱、敏感数据泄露的问题。因此，亟须突破工业数据敏感度标识、细粒度访问控制、关键字段加密、轻量级加密共享等技术，结合国家商用密码算法保证敏感工业数据的机密性和用户访问的灵活性。

8）工业数据跨平台可信交换技术

随着工业互联网平台数据涉及范围的逐步扩大，业务场景对数据分析决策需求的多样化，工业数据跨平台开放共享、互联互通、协同分析等要求日益提高，进一步扩大了跨平台数据流通、交换、共享过程中的攻击面。因此，亟须突破基于敏感度的数据安全域划分、数据跨域流动管控、动态数据安全交换共享、数据可用不可见等关键技术，对不同敏感度等级的域间数据流动、使用过程进行管控，做好数据流动过程中的审计，实现数据事件可追溯，确保数据交换共享过程的安全性。

9）数据驱动的APT攻击检测与智能防护技术

APT攻击是一种具备高度隐蔽性的、针对特定对象展开的、持续有效的攻击活动。借助工业互联网平台边缘计算层海量设备发起APT攻击，感染面更大，传播性更强。因此，亟须突破基于数据驱动的APT攻击检测、攻击建模、智能分析、智能防护、自适应恢复等技术，以抵御APT攻击。

5. 工业互联网平台安全架构

企业可根据工业互联网平台、接入设备、生产控制系统、信息网络、数据的安全需求，构建符合自身需求的工业互联网平台安全架构，为工业互联网平台的正常运行提供保障。工业互联网平台安全架构如图9-16所示。

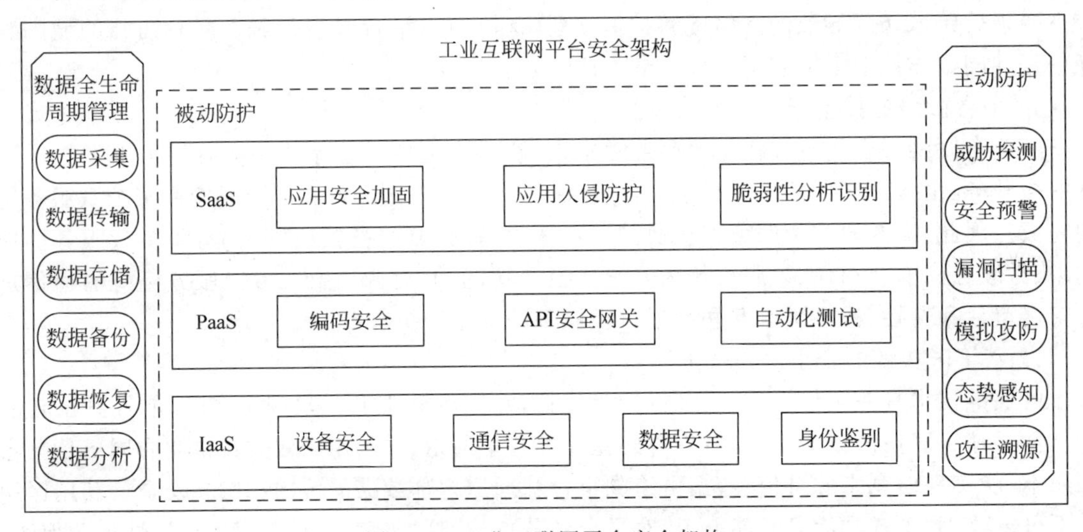

图9-16 工业互联网平台安全架构

工业互联网平台安全架构可实现以下目标。

（1）可实时、全面、详实地掌握工业互联网平台的安全状况。

（2）提升平台各方的安全防护效率。

（3）实现动态的防护策略，主动发现平台现有漏洞，从根源上部署防护措施，杜绝恶意攻击。

（4）将安全防护对象分类分级。

9.2.2 工业互联网平台安全实施

1. 基于生命周期的工业互联网平台安全

现有工业互联网平台建设普遍存在“重功能轻安全”的问题，未在平台开发初期引入安全设计。随着平台建设的深入，安全防护难度加大，安全风险加剧，安全建设成本超出预期。因此，需要从全生命周期安全防护的视角出发，将安全融入平台规划设计、建设开发、业务使用、运行维护和废弃销毁的各个阶段，提高工业互联网平台全生命周期的安全防护能力。

1）规划设计

工业互联网平台安全规划设计包括需求分析和方案设计两个环节。需求分析环节要求确定平台安全的防护范围，不得随意更改，如果确实有新增或变更的需求，应组织专家评审后新增或变更。方案设计环节根据平台安全需求，设计工业互联网平台安全方案；组织相关部门和安全专家对平台安全方案的合理性和正确性进行审定，经过批准后才能正式实施；建立平台安全风险衡量标准，形成平台安全定期衡量机制。

2）建设开发

工业互联网平台安全建设开发包括安全开发、安全性测试、部署实施、上线试运行 4 个环节。安全开发环节应组建专业的平台安全建设开发团队，进行平台软硬件建设、开发、管理和审计等工作。安全性测试环节平台设备、系统、软件建设开发完成后，完成完整的功能、性能和安全性测试，提交明确的测试方案、测试用例和测试报告。在平台设备、系统、软件部署实施环节，应进行最小化部署，在部署方案中明确记录配置参数和配置文件，以供后期运维阶段作参考。在平台上线试运行环节，每个平台项目都要做第三方安全检测，明确并处置平台存在的安全风险。

3）业务使用

相关人员在使用工业互联网平台业务时，应确保人员操作符合平台安全规范。明确工业互联网平台使用人员的活动目的、安全义务和安全责任，对相关人员的安全活动进行监督记录，要求关键人员签署保密协议，保证平台安全防护措施在业务使用过程中能正确发挥作用。

4）运行维护

工业互联网平台在其生命周期内，需要不断地维护和升级改进，以维护平台功能更新及安全稳定地运行。应组建专业的工业互联网平台安全运维机构及安全支撑服务团队，定期对平台设备、系统、应用进行风险评估、安全监测、安全审计、应急演练等工作，贯彻执行平台安全技术措施和安全管理制度；在平台发生安全事件时，进行应急响应和灾备恢复工作，保障平台业务的可用性和可靠性。

5）废弃销毁

工业互联网平台部分或全部设备、系统、应用、数据等发生废弃销毁时，要注意不影响平台其他业务的正常运行。废弃销毁流程符合国家、行业及企业的相关法律和流程，销毁过程中不发生敏感信息泄露问题。

在工业互联网平台生命周期中，风险评估应在平台规划设计、建设开发、业务使用、运行维护和废弃销毁全部 5 个环节贯彻实施，监测预警应在平台运行维护和业务使用两个环节贯彻实施。

2. 基于人工智能的工业互联网平台安全防护技术

随着数据量的爆发式增长、深度学习算法优化改进、计算能力的大幅提升，人工智能技术呈现出跨越式发展趋势。将人工智能与工业互联网安全融合应用，充分发挥人工智能的优势，可以在某种程度上解决一些传统方式难以解决的问题。

1）工业互联网平台是人工智能应用的重要载体

工业互联网平台覆盖全流程生产数据。数据是应用人工智能的“燃料”。工业互联网平台从数据“量”和“质”两个维度入手，提升工业场景数据集的广度与深度，为人工智能应用提供支撑。

从“量”的方面看，工业互联网平台汇聚了数以万计的设备和传感器，对异构系统、运营环境、人员信息等要素实施泛在感知、高效采集和云端汇聚，实现了海量数据的广泛集成。

从“质”的方面看，工业互联网平台通过构建设备、产品、系统和服务全面连接的数据交流网络，充分挖掘实时有效的工业大数据，搭建数据自动流动的赋能体系，为深度学习的模型训练提供优质的训练集、验证集和测试集，切实提高人工智能模型自学习、自决策、自适应的有效性。

工业互联网平台推动工业知识算法化。算法是人工智能应用的关键。工业互联网平台作为工业全要素、全产业链、全价值链连接的枢纽，打通了工业知识向工业算法转化的通路，为构筑工业领域人工智能算法库提供助力。

2）多维应用场景加快人工智能与工业互联网平台融合

（1）在设备层，机器智能构建新型人机关系。企业依托工业互联网平台，在生产、控制、研发等领域的设备上运用人工智能技术，构建人机协同、互促共进的新型人、机、物关系。

（2）在边缘层，边缘智能提升边缘侧实时分析处理能力。边缘智能技术通过协同终端设备与边缘服务器，整合计算本地性与强计算能力的互补优势，从而减少非必要的数据传输，降低模型推理延迟与能耗。

（3）在平台层，大数据分析构建"数据＋认知"算法库。工业互联网平台基于 PaaS 架构，打造由数据存储、数据共享、数据分析和工业模型等组成的整体数据服务链，把基于数据科学和认知科学的两类工业知识经验沉淀在可移植、可复用的人工智能算法库中。图 9-17 所示为在云平台中利用机器学习检测异常数据。

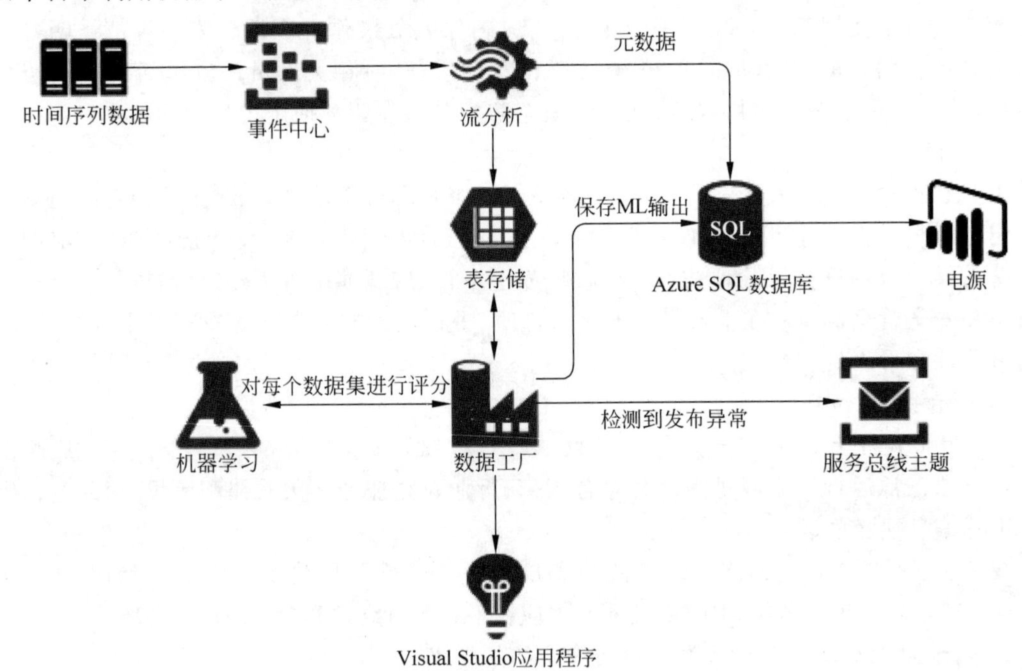

图 9-17　在云平台中利用机器学习检测异常数据

（4）在应用层，商业智能提升工业 App 数据挖掘深度。开发者依托工业互联网平台提供的开发工具和框架，面向不同工业应用场景，开发搭载人工智能的特定工业 App，利用人工智能手段赋能现有生产过程，为用户提供各类在平台定制开发的智能化工业应用和解决方案。

3）人工智能在工业互联网平台中的防护作用

（1）工业互联网的安全管理要求解决网络使用中出现的安全威胁，有时威胁是不确定、不可知的，传统的特征匹配方法对未知威胁几乎无能为力。人工智能技术具有处理不确定信息的能力，不需要先验知识，引入人工智能技术之后，可以在不明确信息的情况下进行相应的处理，对未知威胁的检测能力较强。

（2）人工智能最大的优势是具备一定的学习能力，可以不断提升自身的知识水平。传统的应对网络安全的方法依赖于人工硬编码定义、提取恶意行为特征的方式完成相关任务，然而，由于工业互联网数据的复杂性，模式匹配库很难获得及时更新。利用人工智能强大的自学习能力，既可以提高工业互联网安全检测中预测、防范、检测等各个风险环节的自动化和智能化程度，又能提高响应速度和判定的准确率。

(3) 人工智能方法在解决工业互联网领域人力所不及的安全大数据统计分析和抽取规律方面具备天然优势,可以在第一时间发现和识别威胁,并立即启动应急响应,进而全面提高威胁攻击的识别、响应和反制速度,提升风险防范的预见性和准确性,有助于减少人工参与、简化流程、降低成本、减少损失,特别是在工业互联网异常行为检测等应用场景的模糊识别和匹配方面更是如此。

(4) 随着工业互联网网络环境越来越复杂,攻击手段越来越隐蔽,安全运维的难度也越来越大。在工业互联网领域中,安全分析人员要处理的数据规模与其处理能力严重不匹配,许多攻击报警得不到及时响应,利用人工智能技术,通过智能算法对原始数据进行预处理,降低安全分析人员数据处理压力,辅助安全分析人员作出决策判断。

此外,利用数据融合、数据挖掘、智能分析和可视化等方式可对工业互联网安全数据进行归并、关联分析、融合处理,通过大量安全风险数据进行关联性安全态势分析,综合分析网络安全要素,评估网络安全状况,借助可视化呈现、预测网络安全态势,进而构建智能化工业互联网安全威胁态势感知体系。

未来,基于人工智能的技术将为工业互联网设备安全、边缘层安全、工业互联网平台安全管理与运营、行业级与国家工业互联网安全检测与管理平台提供更完善的安全检测与防护能力,进而保障国家工业互联网战略、云安全战略,保障关键信息基础设施安全、新基建安全,让万物安全互联。

9.3 本章小结

(1) 随着工业互联网的发展演进,工业互联网安全逐渐成为业界主要关注和推进的重点内容。

(2) 从工业互联网未来演进看,工业网络基础设施、控制体系、工业数据和个人隐私、智能设备以及工业应用的安全保障是未来发展的重点。

(3) 从构建工业互联网安全保障体系考虑,工业互联网安全体系框架主要包括五大重点,即设备安全、网络安全、控制安全、应用安全和数据安全。

(4) 工业互联网安全防护技术是以攻防对抗为核心的基础技术,主要包括白名单技术、网络边界防护、应用密码、工业主机安全防护以及工业高交互仿真等关键技术。

(5) 工业互联网安全评测技术指采取技术手段对工业互联网安全防护对象进行测试和评价,了解其安全状态,主要包括漏洞挖掘、渗透测试、知识图谱、深度学习、联邦学习、基因图谱和沙箱以及数字孪生攻防演练等多种技术。

(6)工业互联网平台是业务交互的桥梁和数据汇聚分析的中心,联结全生产链各个环节实现协同制造,平台高复杂性、开放性和异构性的特点加剧了其所面临的安全风险。

习题 9

扫一扫

自测题

(1) 什么是工业互联网安全?

(2) 请阐述工业互联网安全体系框架的组成。

(3) 什么是网络边界防护?

(4) 什么是渗透测试?

(5) 什么是数字孪生攻防演练?

(6) 请阐述人工智能在工业互联网平台中的防护作用。

第10章

工业互联网实训

本章学习目标

- 掌握大数据分析基础
- 掌握大数据分析应用
- 掌握人工智能算法实现
- 掌握深度学习算法实现
- 时序数据库的使用
- 了解工业互联网平台
- 在线图形的绘制

10.1 大数据分析基础

1. 实训目的

(1) 通过本节实训,能够掌握大数据分析的基础知识。

(2) 能够使用 Matplotlib 进行数据可视化图形绘制。

2. 实训内容

(1) 绘制散点图,代码如下。

```
import matplotlib.pyplot as plt
import numpy as np
X = np.linspace( - 2, 2, 20)
Y = 2 * X + 1
plt.scatter(X, Y)
plt.title("散点图")
plt.show()
```

运行结果如图 10-1 所示。

(2) 绘制直方图,代码如下。

```
import matplotlib.pyplot as plt
import numpy as np
plt.rcParams['font.sans - serif'] = ['SimHei']          #设置字体
plt.rcParams['axes.unicode_minus'] = False              #设置负号
x = np.random.randn(1000)
```

```
plt.hist(x)
plt.title("直方图")
plt.show()
```

运行结果如图 10-2 所示。

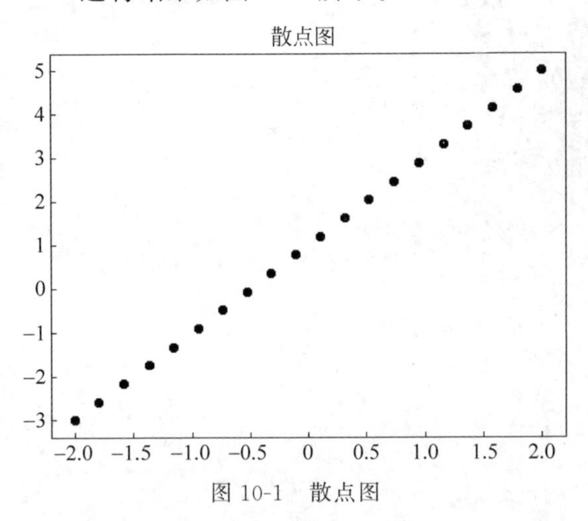

图 10-1　散点图

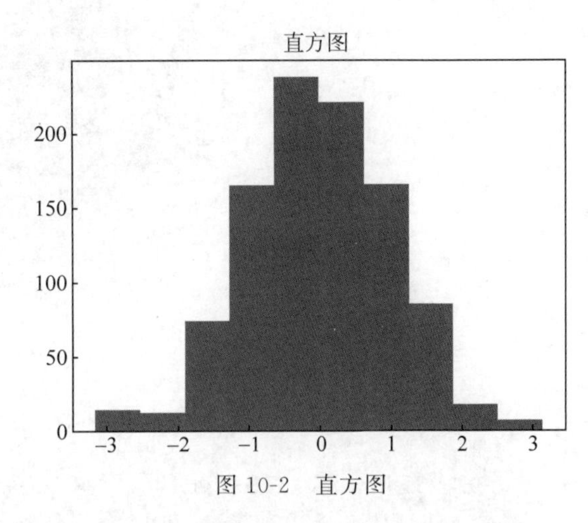

图 10-2　直方图

(3) 绘制三维图形,代码如下。

```
from mpl_toolkits import mplot3d
import numpy as np
import matplotlib.pyplot as plt
plt.rcParams['font.sans-serif'] = ['SimHei']            #设置字体
plt.rcParams['axes.unicode_minus'] = False              #设置负号
def f(x,y):
    return np.sin(np.sqrt(x**2+y**2))
x=np.linspace(-6,6,30)
y=np.linspace(-6,6,30)
X,Y=np.meshgrid(x,y)
Z=f(X,Y)
fig = plt.figure()
ax = plt.axes(projection='3d')
ax.contour3D(X,Y,Z,50,cmap='binary')
ax.set_xlabel('x')
ax.set_xlabel('y')
ax.set_xlabel('z')
plt.title("三维图")
plt.show()
```

运行结果如图 10-3 所示。

(4) 绘制工业时序图,代码如下。

```
import matplotlib
import matplotlib.pyplot as plt
import seaborn as sns
import pandas as pd
plt.rcParams['font.sans-serif'] = ['SimHei']
df = pd.DataFrame({"type":["A", "A", "A", "A", "B", "B", "B", "B"],
                   "value":[11, 14, 13, 16, 9, 8, 6, 10],
```

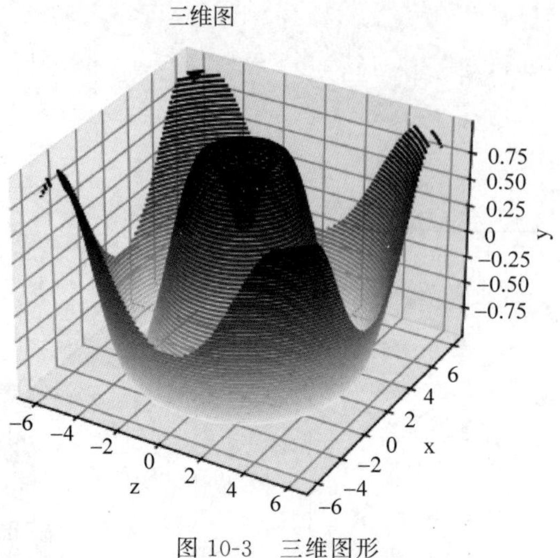

图 10-3　三维图形

```
                    "date":["t1", "t2", "t3", "t4", "t1", "t2", "t3", "t4"]})

grid = sns.FacetGrid(df, size = 8, hue = "type", aspect = 2)
grid.map(plt.plot, "date", "value")
plt.title("工业时序")
plt.show()
```

运行结果如图 10-4 所示。

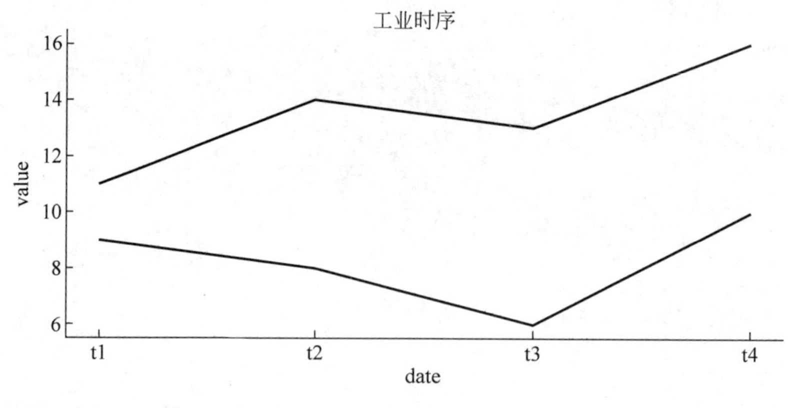

图 10-4　工业时序图

10.2　大数据分析应用

1. 实训目的

(1) 通过本节实训,能够了解大数据分析的特点,能够进行简单的数据分析操作。

(2) 能够使用 Pandas、NumPy 工具包对数据进行导入及清洗。

(3) 能够使用 Matplotlib、Seaborn 工具包进行数据可视化分析。

(4) 掌握 Jupyter Notebook 的使用。

2. 实训内容

1) 数据集介绍

本实训选取的 air.csv 数据集,显示的是 2013—2018 年全国部分城市空气污染物情况。

数据集中有557424个样本，样本由time(时间)、city(城市)、AQI(环境空气质量指数)、PM2.5、PM10、SO_2(二氧化硫)、NO_2(二氧化氮)、CO(一氧化碳)、O_3(臭氧)、primary_pollutant(初次污染物)等多个属性构成。

图10-5所示为air.csv数据集中的部分数据。

	A	B	C	D	E	F	G	H	I	J
1	time	city	AQI	PM2.5	PM10	SO2	NO2	CO	O3	primary_pollutant
2	2014/12/31	阿坝州	53	33	55	3	23	1	35	PM10
3	2015/1/31	阿坝州	31	18	29	7	10	0.5	45	
4	2015/1/30	阿坝州	34	19	30	7	13	0.6	48	
5	2015/1/29	阿坝州	31	18	31	7	15	0.5	32	
6	2015/1/28	阿坝州	29	18	29	7	14	0.6	27	
7	2015/1/27	阿坝州	29	20	29	6	15	0.6	26	
8	2015/1/26	阿坝州	28	20	26	6	16	0.6	27	
9	2015/1/25	阿坝州	29	20	24	6	13	0.5	33	
10	2015/1/24	阿坝州	26	18	25	5	14	0.5	30	
11	2015/1/23	阿坝州	27	16	27	4	21	0.6	31	
12	2015/1/22	阿坝州	24	15	24	3	12	0.5	36	
13	2015/1/21	阿坝州	27	19	27	4	10	0.5	43	
14	2015/1/20	阿坝州	30	19	25	4	12	0.4	45	
15	2015/1/19	阿坝州	34	22	21	4	15	0.5	47	
16	2015/1/18	阿坝州	31	18	25	4	14	0.4	49	
17	2015/1/17	阿坝州	32	17	20	4	11	0.5	46	
18	2015/1/16	阿坝州	36	25	28	6	18	0.6	41	
19	2015/1/15	阿坝州	28	19	25	5	16	0.6	36	
20	2015/1/14	阿坝州	34	24	25	4	16	0.6	36	
21	2015/1/13	阿坝州	29	21	26	2	14	0.5	40	
22	2015/1/12	阿坝州	26	7	20	2	8	0.5	42	
23	2015/1/11	阿坝州	28	10	22	2	10	0.4	44	
24	2015/1/10	阿坝州	35	22	22	2	10	0.5	52	
25	2015/1/9	阿坝州	35	21	26	2	10	0.5	56	
26	2015/1/8	阿坝州	35	22	22	2	10	0.5	47	
27	2015/1/7	阿坝州	35	20	27	2	14	0.5	52	
28	2015/1/6	阿坝州	36	25	34	5	10	0.6	52	
29	2015/1/5	阿坝州	33	21	33	6	14	0.7	31	
30	2015/1/4	阿坝州	36	22	36	6	22	0.8	30	
31	2015/1/3	阿坝州	38	25	38	4	17	0.6	27	
32	2015/1/2	阿坝州	34	24	34	3	14	0.6	29	
33	2015/1/1	阿坝州	38	26	38	3	13	0.6	28	
34	2015/3/31	阿坝州	36	12	24	13	8	0.4	44	
35	2015/3/30	阿坝州	27	14	25	4	8	0.4	42	
36	2015/3/29	阿坝州	34	16	34	11	8	0.4	32	
37	2015/3/28	阿坝州	39	22	39	9	10	0.4	45	
38	2015/3/27	阿坝州	37	16	24	4	9	0.3	44	
39	2015/3/26	阿坝州	31	15	23	5	7	0.3	46	
40	2015/3/24	阿坝州	34	15	34	4	7	0.3	49	
41	2015/3/23	阿坝州	35	14	31	3	7	0.3	54	
42	2015/3/22	阿坝州	36	14	29	2	6	0.3	52	
43	2015/3/21	阿坝州	33	12	32	3	5	0.4	49	
44	2015/3/20	阿坝州	30	16	30	5	7	0.5	45	

图10-5 air.csv数据集中的部分数据

2）数据分析目标

本实训以2013—2018年的全国城市空气质量历史数据作为依据，探究全国空气质量与各污染物之间的关系。

3）实训步骤

(1) 首先在Jupyter Notebook中导入所需的数据分析库，代码如下。

```
import pandas as pd
import numpy as np
import seaborn as sns
import matplotlib.pyplot as plt
```

(2) 导入数据集并读取数据，查看前5行数据情况，代码如下。

```
air = pd.read_csv("air.csv")
air.head()
```

运行结果如图 10-6 所示。

	time	city	AQI	PM2.5	PM10	SO2	NO2	CO	O3	primary_pollutant
0	2014-12-31	阿坝州	53	33	55	3	23	1.0	35.0	PM10
1	2015-01-31	阿坝州	31	18	29	7	10	0.5	45.0	NaN
2	2015-01-30	阿坝州	34	19	30	7	13	0.6	48.0	NaN
3	2015-01-29	阿坝州	31	18	31	7	15	0.5	32.0	NaN
4	2015-01-28	阿坝州	29	18	29	7	14	0.6	27.0	NaN

图 10-6　查看前 5 行数据情况

(3) 查看数据形状,代码如下。

```
air.shape
```

运行结果为

```
(557424, 10)
```

可知数据集一共 557424 行,10 列数据。

(4) 查看数据描述统计情况,代码如下。

```
air.describe()
```

运行结果如图 10-7 所示。

	AQI	PM2.5	PM10	SO2	NO2	CO	O3
count	557424.000000	557424.000000	557424.000000	557424.000000	557424.000000	557424.000000	211516.000000
mean	82.604734	48.958870	84.865831	22.943201	31.041986	1.309690	77.638103
std	49.948024	235.684284	74.218273	25.620462	18.087321	49.111775	62.773975
min	0.000000	0.000000	0.000000	0.000000	0.000000	0.000000	0.000000
25%	52.000000	23.000000	44.000000	9.000000	18.000000	0.700000	42.000000
50%	71.000000	37.000000	68.000000	15.000000	27.000000	0.900000	69.000000
75%	99.000000	60.000000	106.000000	27.000000	40.000000	1.200000	102.000000
max	1210.000000	65535.000000	12060.000000	1495.000000	574.000000	9999.900000	11281.000000

图 10-7　查看数据描述统计情况

(5) 查看数据信息,代码如下。

```
air.info()
```

运行结果如图 10-8 所示。

```
<class 'pandas.core.frame.DataFrame'>
RangeIndex: 557424 entries, 0 to 557423
Data columns (total 10 columns):
 #   Column             Non-Null Count   Dtype
---  ------             --------------   -----
 0   time               557424 non-null  object
 1   city               557424 non-null  object
 2   AQI                557424 non-null  int64
 3   PM2.5              557424 non-null  int64
 4   PM10               557424 non-null  int64
 5   SO2                557424 non-null  int64
 6   NO2                557424 non-null  int64
 7   CO                 557424 non-null  float64
 8   O3                 211516 non-null  float64
 9   primary_pollutant  528587 non-null  object
dtypes: float64(2), int64(5), object(3)
memory usage: 42.5+ MB
```

图 10-8　查看数据信息

(6) 查看数据集中的城市数量,代码如下。

```
print("城市数量为:", air.city.value_counts().
count())
```

运行结果为

```
城市数量为: 367
```

(7) 对 O3 列的数据进行填充,使用所在城市平均值填充，代码如下。

```
for city in air.city.value_counts().index:
        air.loc[(air['city'] == city) & (air['O3'].isnull()),'O3'] = air[air['city'] == city]['O3'].
mean()
air['O3'].isnull().sum()
```

运行结果为

```
0
```

（8）primary_pollutant 列统计数据较混乱且与项目问题无关，删除此列，代码如下。

```
air.drop(['primary_pollutant'], axis = 1, inplace = True)
```

查看调整后的数据，代码如下。

```
air.head()
```

运行结果如图 10-9 所示。

（9）time 列中的时间数据格式需要进行转换，代码如下。

```
air['time'] = pd.to_datetime(air['time'])
air.info()
```

运行结果如图 10-10 所示。

	time	city	AQI	PM2.5	PM10	SO2	NO2	CO	O3
0	2014-12-31	阿坝州	53	33	55	3	23	1.0	35.0
1	2015-01-31	阿坝州	31	18	29	7	10	0.5	45.0
2	2015-01-30	阿坝州	34	19	30	7	13	0.6	48.0
3	2015-01-29	阿坝州	31	18	31	7	15	0.5	32.0
4	2015-01-28	阿坝州	29	18	29	7	14	0.6	27.0

图 10-9　删除 primary_pollutant 列后的数据

```
<class 'pandas.core.frame.DataFrame'>
RangeIndex: 557424 entries, 0 to 557423
Data columns (total 9 columns):
 #   Column  Non-Null Count   Dtype
---  ------  --------------   -----
 0   time    557424 non-null  datetime64[ns]
 1   city    557424 non-null  object
 2   AQI     553225 non-null  float64
 3   PM2.5   550607 non-null  float64
 4   PM10    557424 non-null  int64
 5   SO2     555793 non-null  float64
 6   NO2     555803 non-null  float64
 7   CO      553931 non-null  float64
 8   O3      555082 non-null  float64
dtypes: datetime64[ns](1), float64(6), int64(1), object(1)
memory usage: 38.3+ MB
```

图 10-10　转换时间数据格式

根据月份创建季节(Season)列，代码如下。

```
seasons = {12:'Winter',1:'Winter',2:'Winter',3:'Spring',4:'Spring',5:'Spring',
           6:'Summer',7:'Summer',8:'Summer', 9:'Autumn',10:'Autumn',11:'Autumn'}
air['season'] = air['time'].apply(lambda x:seasons[x.month])
air.head()
```

运行结果如图 10-11 所示。

（10）创建空气质量等级列。根据 AQI 空气质量指数可以将空气质量划分为优、良好、轻度污染、中度污染、重度污染和严重污染 6 种污染程度类型。

创建空气质量等级列代码如下。

	time	city	AQI	PM2.5	PM10	SO2	NO2	CO	O3	season
0	2014-12-31	阿坝州	53.0	33.0	55	3.0	23.0	1.0	35.0	Winter
1	2015-01-31	阿坝州	31.0	18.0	29	7.0	10.0	0.5	45.0	Winter
2	2015-01-30	阿坝州	34.0	19.0	30	7.0	13.0	0.6	48.0	Winter
3	2015-01-29	阿坝州	31.0	18.0	31	7.0	15.0	0.5	32.0	Winter
4	2015-01-28	阿坝州	29.0	18.0	29	7.0	14.0	0.6	27.0	Winter

图 10-11　根据月份创建季节列

```
bin_edges = [0,50,100,150,200,300,1210]
bin_names = ['优','良好','轻度污染','中度污染','重度污染','严重污染']
air['空气质量'] = pd.cut(air['AQI'],bin_edges,labels = bin_names)
air.head()
```

运行结果如图 10-12 所示。

	time	city	AQI	PM2.5	PM10	SO2	NO2	CO	O3	season	空气质量
0	2014-12-31	阿坝州	53.0	33.0	55	3.0	23.0	1.0	35.0	Winter	良好
1	2015-01-31	阿坝州	31.0	18.0	29	7.0	10.0	0.5	45.0	Winter	优
2	2015-01-30	阿坝州	34.0	19.0	30	7.0	13.0	0.6	48.0	Winter	优
3	2015-01-29	阿坝州	31.0	18.0	31	7.0	15.0	0.5	32.0	Winter	优
4	2015-01-28	阿坝州	29.0	18.0	29	7.0	14.0	0.6	27.0	Winter	优

图 10-12　创建空气质量等级列

(11) 用热力图查看与全国空气质量有较大关系的污染物,代码如下。

```
plt.rcParams['font.sans - serif'] = ['SimHei']          #设置字体
plt.figure(figsize = (25,10),dpi = 100)
sns.heatmap(air.corr(),vmax = 1,square = True,annot = True,linewidth = 1,cmap = 'Blues')
plt.xticks(rotation = 45,fontsize = 10)
plt.yticks(rotation = 0,fontsize = 10)
```

显示如下。

```
(array([0.5, 1.5, 2.5, 3.5, 4.5, 5.5, 6.5]),
[Text(0, 0.5, 'AQI'),
 Text(0, 1.5, 'PM2.5'),
 Text(0, 2.5, 'PM10'),
 Text(0, 3.5, 'SO2'),
 Text(0, 4.5, 'NO2'),
 Text(0, 5.5, 'CO'),
 Text(0, 6.5, 'O3')])
```

运行结果如图 10-13 所示。

从图 10-13 可以看出,与全国空气质量有较大关系的污染物指标是 PM10、SO_2、NO_2。

(12) 查看全国空气质量最差的 10 个城市或地区,代码如下。

```
pd.DataFrame(air.groupby('city').AQI.mean().sort_values()
            .tail(10)).plot.barh(figsize = (12,8),color = 'y')
plt.title("全国空气质量最差城市或地区")
```

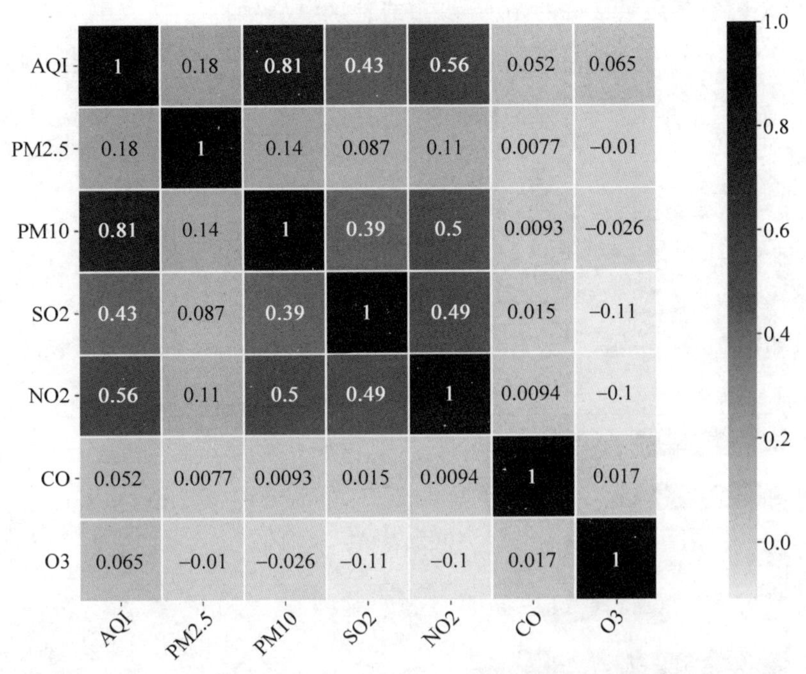

图 10-13 热力图显示与全国空气质量有较大关系的污染物

```
plt.xlabel('AQI')
plt.xlim(125,200)
plt.legend()
plt.grid(linestyle = ':',color = 'w')
plt.show()
```

运行结果如图 10-14 所示。

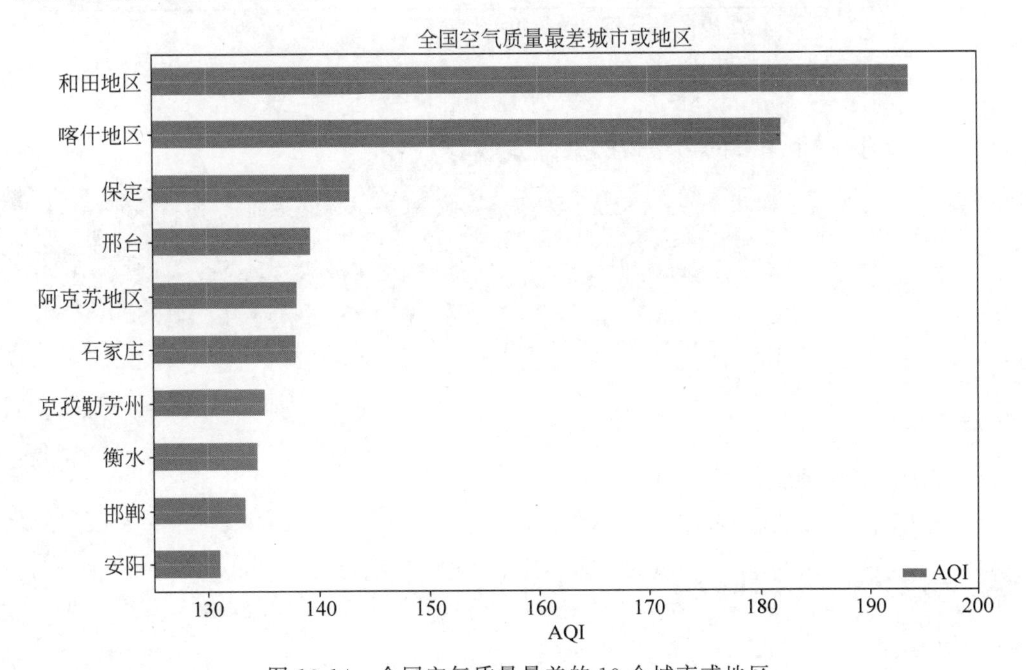

图 10-14 全国空气质量最差的 10 个城市或地区

(13) 查看全国空气质量最好的10个城市或地区,代码如下。

```
pd.DataFrame(air.groupby('city').AQI.mean().sort_values(ascending = False)
            .tail(10)).plot.barh(figsize = (12,8),color = 'y')
plt.title("全国空气十佳城市或地区")
plt.xlabel('AQI')
plt.xlim(30,75)
plt.legend()
plt.grid(linestyle = ':',color = 'w')
plt.show()
```

运行结果如图10-15所示。

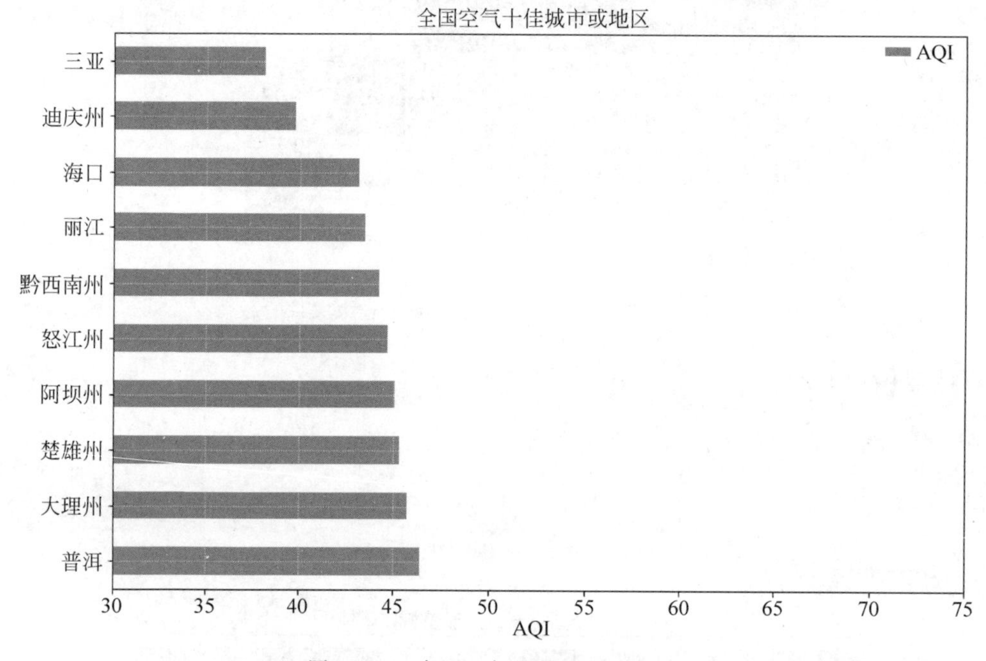

图10-15 全国空气十佳城市或地区

(14) 分析全国哪个季节的污染最严重,代码如下。

```
pd.DataFrame(air.groupby('season').AQI.mean().sort_values()).plot.barh(figsize = (8,5),
            color = 'green')
plt.title('全国不同季节空气质量情况')
plt.xlabel('AQI')
plt.xlim(60)
plt.legend()
plt.grid(linestyle = ':',color = 'w')
plt.show()
```

运行结果如图10-16所示。

计算全国不同季节AQI数据,代码如下。

```
air.groupby('season').AQI.mean().sort_values()
```

运行结果如下。

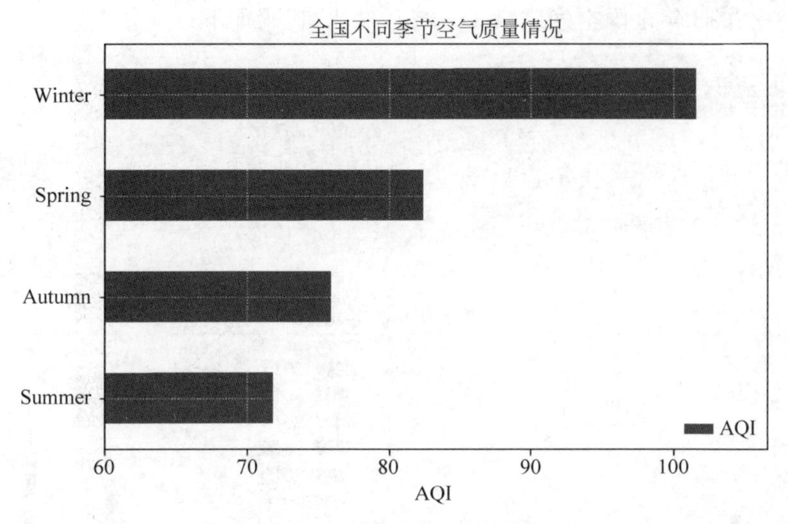

图 10-16 全国不同季节空气质量情况

```
season
Summer     71.864780
Autumn     75.977321
Spring     82.411484
Winter     101.656318
Name: AQI, dtype: float64
```

由运行结果可以得出,全国空气质量冬季时最差,平均 AQI 约为 101.6(轻度污染); 夏季时最好,平均 AQI 约为 71.9(良好)。

(15) 提取年和月进一步分析整体 AQI 情况,代码如下。

```
times = air['time'].shape[0]
a = [ ]
for _ in range(times):
    month = air['time'][_].month
    a.append(month)
air['month'] = a
b = [ ]
for i in range(times):
    year = air['time'][i].year
    b.append(year)
air['year'] = b
air.head()
```

运行结果如图 10-17 所示。

	time	city	AQI	PM2.5	PM10	SO2	NO2	CO	O3	season	空气质量	month	year
0	2014-12-31	阿坝州	53.0	33.0	55	3.0	23.0	1.0	35.0	Winter	良好	12	2014
1	2015-01-31	阿坝州	31.0	18.0	29	7.0	10.0	0.5	45.0	Winter	优级	1	2015
2	2015-01-30	阿坝州	34.0	19.0	30	7.0	13.0	0.6	48.0	Winter	优级	1	2015
3	2015-01-29	阿坝州	31.0	18.0	31	7.0	15.0	0.5	32.0	Winter	优级	1	2015
4	2015-01-28	阿坝州	29.0	18.0	29	7.0	14.0	0.6	27.0	Winter	优级	1	2015

图 10-17 提取年和月进一步分析整体 AQI 情况

（16）2013—2018 年全国空气质量 1～12 月对比，代码如下。

```
plt.figure(figsize = (30,10),dpi = 100)
sns.barplot(x = 'month',y = 'AQI',hue = 'year',data = air)
plt.ylim(50)
plt.title('2013—2018 年全国空气质量 1～12 月对比')
plt.show()
```

运行结果如图 10-18 所示。

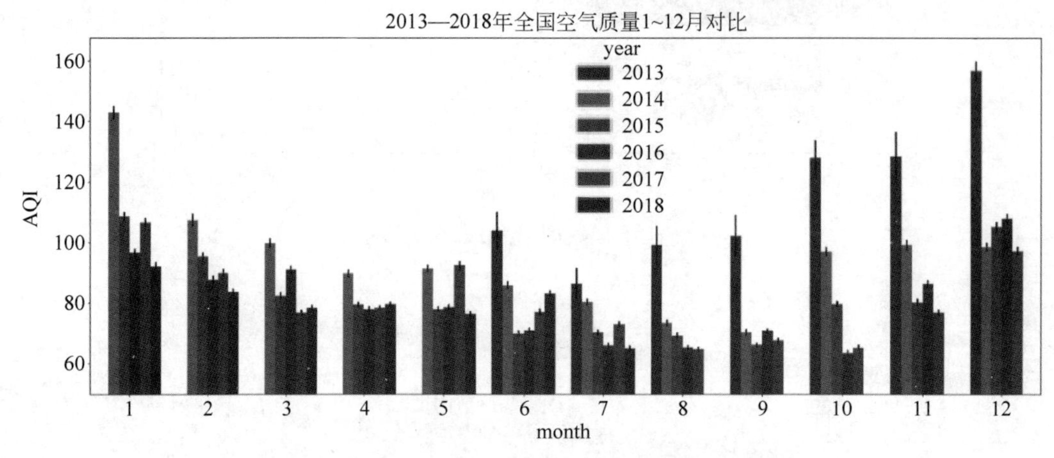

图 10-18　2013—2018 年全国空气质量 1～12 月对比

从图 10-18 可以看出，按每月 AQI 进行对比，2013 年 AQI 比后面几年的数据都要高出很多，特别是 8～12 月的 AQI 数据，而 2015—2018 年的 AQI 明显比前两年有所降低。

10.3　人工智能算法实现

1. 实训目的

（1）通过本节实训，能够了解人工智能相关算法的特点，能够进行简单的算法分析操作。

（2）能够使用 Pandas、NumPy 工具包对数据进行导入及清洗。

（3）能够使用 Matplotlib、Seaborn 工具包进行数据可视化分析。

（4）能够使用 Sklearn 工具包进行算法分析。

2. 实训内容

1）数据集介绍

本实例选取的鸢尾花数据集 iris.csv，数据集内包含 3 类共 150 条记录，每类各 50 条数据，每条记录都有 4 项特征：sepal.length（花萼长度）、sepal.width（花萼宽度）、petal.length（花瓣长度）、petal.width（花瓣宽度）。

图 10-19 所示为 iris.csv 数据集中的部分数据。

2）数据分析目标

本实训以鸢尾花 150 条数据作为依据，运用逻辑回归算法探索如何通过 4 个特征预测鸢尾花属于 setosa（山鸢尾）、versicolor（变色鸢尾）、virginica（弗吉尼亚鸢尾）中的哪一品种。

3）实训步骤

（1）在 Jupyter Notebook 中首先导入所需的数据分析库，并查看前 10 行数据，代码如下。

```
import pandas as pd
```

	A	B	C	D	E	F
1	ID	Sepal.Ler	Sepal.Wic	Petal.Ler	Petal.Wic	Species
2	1	5.1	3.5	1.4	0.2	setosa
3	2	4.9	3	1.4	0.2	setosa
4	3	4.7	3.2	1.3	0.2	setosa
5	4	4.6	3.1	1.5	0.2	setosa
6	5	5	3.6	1.4	0.2	setosa
7	6	5.4	3.9	1.7	0.4	setosa
8	7	4.6	3.4	1.4	0.3	setosa
9	8	5	3.4	1.5	0.2	setosa
10	9	4.4	2.9	1.4	0.2	setosa
11	10	4.9	3.1	1.5	0.1	setosa
12	11	5.4	3.7	1.5	0.2	setosa
13	12	4.8	3.4	1.6	0.2	setosa
14	13	4.8	3	1.4	0.1	setosa
15	14	4.3	3	1.1	0.1	setosa
16	15	5.8	4	1.2	0.2	setosa
17	16	5.7	4.4	1.5	0.4	setosa
18	17	5.4	3.9	1.3	0.4	setosa
19	18	5.1	3.5	1.4	0.3	setosa
20	19	5.7	3.8	1.7	0.3	setosa
21	20	5.1	3.8	1.5	0.3	setosa
22	21	5.4	3.4	1.7	0.2	setosa
23	22	5.1	3.7	1.5	0.4	setosa
24	23	4.6	3.6	1	0.2	setosa
25	24	5.1	3.3	1.7	0.5	setosa
26	25	4.8	3.4	1.9	0.2	setosa
27	26	5	3	1.6	0.2	setosa
28	27	5	3.4	1.6	0.4	setosa
29	28	5.2	3.5	1.5	0.2	setosa
30	29	5.2	3.4	1.4	0.2	setosa
31	30	4.7	3.2	1.6	0.2	setosa
32	31	4.8	3.1	1.6	0.2	setosa
33	32	5.4	3.4	1.5	0.4	setosa
34	33	5.2	4.1	1.5	0.1	setosa
35	34	5.5	4.2	1.4	0.2	setosa
36	35	4.9	3.1	1.5	0.2	setosa
37	36	5	3.2	1.2	0.2	setosa
38	37	5.5	3.5	1.3	0.2	setosa
39	38	4.9	3.6	1.4	0.1	setosa
40	39	4.4	3	1.3	0.2	setosa
41	40	5.1	3.4	1.5	0.2	setosa
42	41	5	3.5	1.3	0.3	setosa
43	42	4.5	2.3	1.3	0.3	setosa
44	43	4.4	3.2	1.3	0.2	setosa

图 10-19　iris.csv 数据集中的部分数据

```
import numpy as np
import seaborn as sns
import matplotlib.pyplot as plt
iris = pd.read_csv("iris.csv")
iris.head(10)
```

运行结果如图 10-20 所示。

(2) 查看数据信息,代码如下。

```
iris.info()
```

运行结果如图 10-21 所示。

(3) 统计每列缺失值的个数,代码如下。

```
print(df.isnull().sum())
```

	ID	Sepal.Length	Sepal.Width	Petal.Length	Petal.Width	Species
0	1	5.1	3.5	1.4	0.2	setosa
1	2	4.9	3.0	1.4	0.2	setosa
2	3	4.7	3.2	1.3	0.2	setosa
3	4	4.6	3.1	1.5	0.2	setosa
4	5	5.0	3.6	1.4	0.2	setosa
5	6	5.4	3.9	1.7	0.4	setosa
6	7	4.6	3.4	1.4	0.3	setosa
7	8	5.0	3.4	1.5	0.2	setosa
8	9	4.4	2.9	1.4	0.2	setosa
9	10	4.9	3.1	1.5	0.1	setosa

图 10-20 查看前 10 行数据

运行结果如图 10-22 所示。

```
<class 'pandas.core.frame.DataFrame'>
RangeIndex: 150 entries, 0 to 149
Data columns (total 6 columns):
 #   Column        Non-Null Count  Dtype
---  ------        --------------  -----
 0   ID            150 non-null    int64
 1   Sepal.Length  150 non-null    float64
 2   Sepal.Width   150 non-null    float64
 3   Petal.Length  150 non-null    float64
 4   Petal.Width   150 non-null    float64
 5   Species       150 non-null    object
dtypes: float64(4), int64(1), object(1)
memory usage: 7.2+ KB
```

图 10-21 查看数据信息

```
ID              0
Sepal.Length    0
Sepal.Width     0
Petal.Length    0
Petal.Width     0
Species         0
dtype: int64
```

图 10-22 统计每列缺失值的个数

(4) 对数据进行特征与标签组合的可视化分析(抛弃 ID 列),查看 3 种鸢尾花指标两两之间的相关度,代码如下。

```
sns.set()
sns.pairplot(iris.drop('ID',axis = 1),diag_kind = 'hist',hue = 'Species')
plt.show()
```

运行结果如图 10-23 所示。

从图 10-23 可以发现,花萼的长度、花萼的宽度、花瓣的长度、花瓣的宽度与鸢尾花的种类之间均存在一定的相关性,且对于这 3 个种类的分布,setosa 在任何一种分布中较其他两者都更集中。

(5) 通过热力图观察这 4 个特征之间的相关性,代码如下。

```
data_related = iris.drop('ID',axis = 1).corr()
plt.figure(figsize = (8,6))
sns.heatmap(data_related,annot = True,cmap = 'Blues')
plt.show()
```

运行结果如图 10-24 所示。

不论是从对角线上的分布图还是从分类后的散点图都可以看出,对于不同种类的鸢尾花,其花萼长度、花瓣长度、花瓣宽度的分布差异较大,换句话说,这些属性可以帮助人们识别不同种类的鸢尾花。

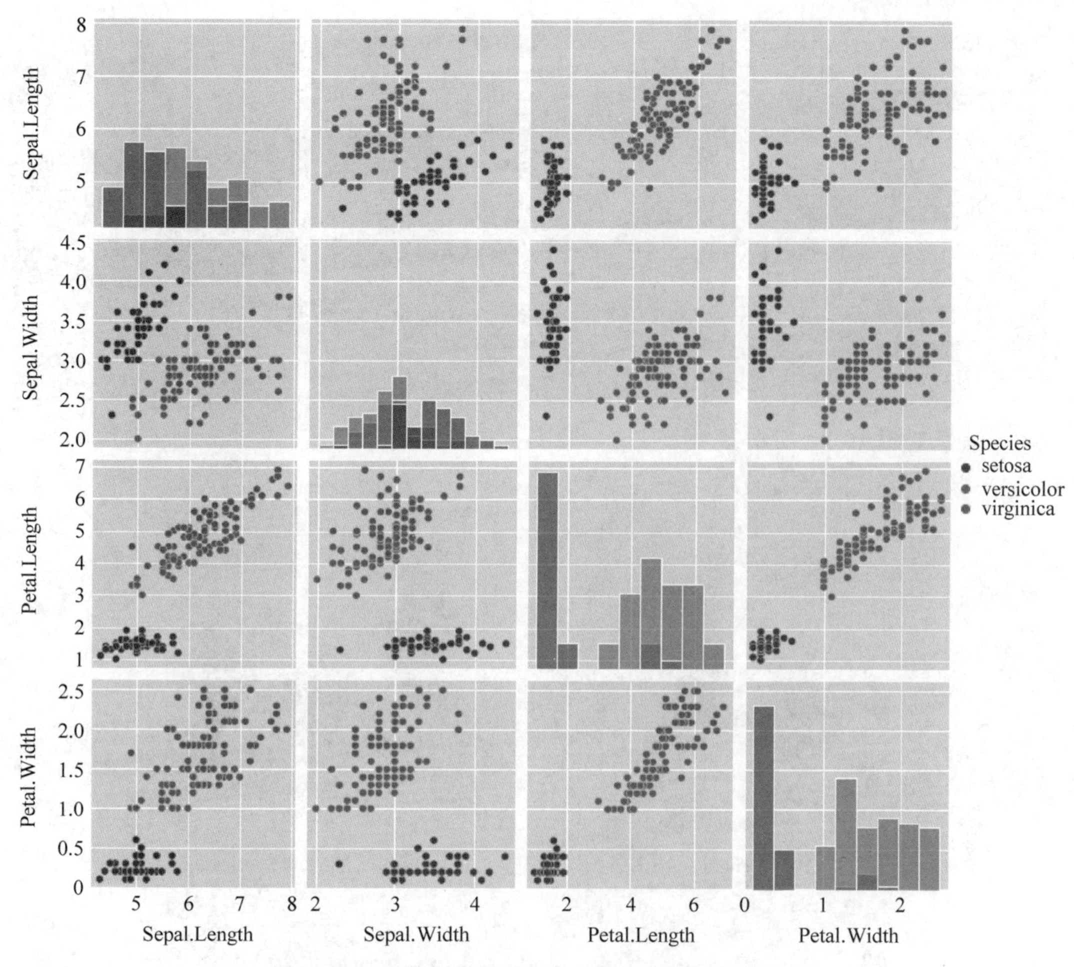

图 10-23 对数据进行特征与标签组合的可视化分析

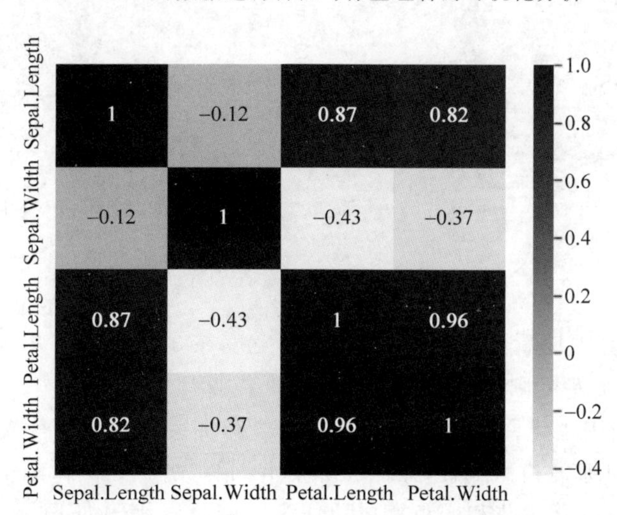

图 10-24 通过热力图观察 4 个特征之间的相关性

（6）使用小提琴图查看各个特征之间的关系，代码如下。

```
f,axes = plt.subplots(2,2,figsize = (8,8),sharex = True)
sns.despine(left = True)
```

```
sns.violinplot(x='Species',y='Sepal.Length',data=iris,ax=axes[0,0])
axes[0,0].set_title('Sepal.Length and Species',fontsize=13)

sns.violinplot(x='Species',y='Sepal.Width',data=iris,ax=axes[0,1])
axes[0,1].set_title('Sepal.Width and Species',fontsize=13)

sns.violinplot(x='Species',y='Petal.Length',data=iris,ax=axes[1,0])
axes[1,0].set_title('Petal.Length and Species',fontsize=13)

sns.violinplot(x='Species',y='Petal.Width',data=iris,ax=axes[1,1])
axes[1,1].set_title('Petal.Width and Species',fontsize=13)
plt.show()
```

运行结果如图 10-25 所示。

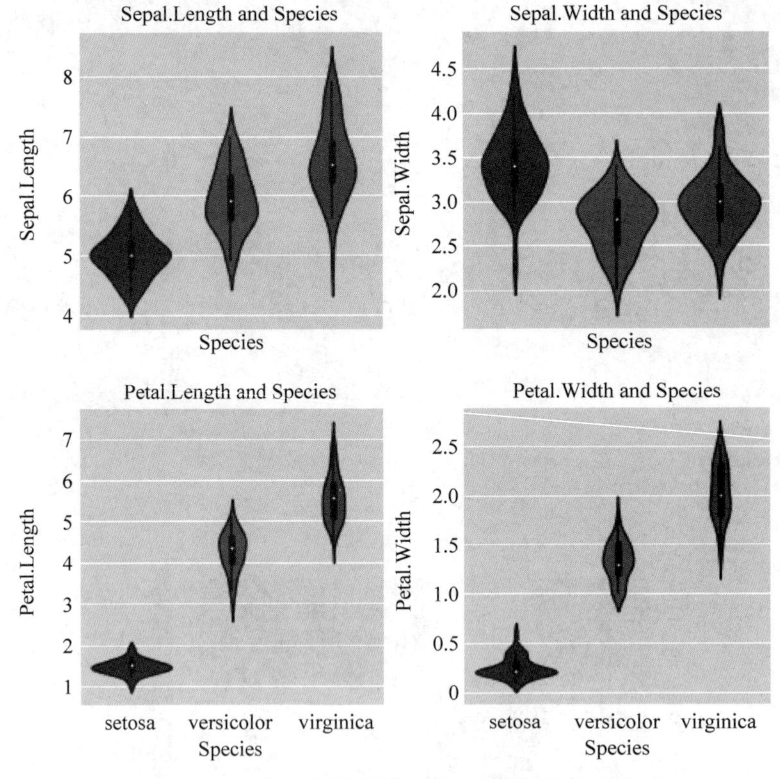

图 10-25　使用小提琴图查看各个特征之间的关系

从图 10-25 可以直观地看到，花萼长度和花萼宽度在 3 类中有很大一部分的重叠，而花瓣长度和花瓣宽度这两个特征则是能很好地区分这 3 类鸢尾花。

（7）构建模型，利用逻辑回归模型在二分类上进行训练和预测。首先，为了正确评估模型性能，将数据划分为训练集和测试集，并在训练集上训练数据，在测试集上验证模型性能（评估准确率）。在这里选取山鸢尾花和变色鸢尾花作为因变量。代码如下。

```
features=['Sepal.Length','Sepal.Width','Petal.Length','Petal.Width']
target=['Species']
x=iris[features].iloc[:100]
y=iris[target][:100]
y=y.values.ravel()
```

```
from sklearn.model_selection import train_test_split
x_train,x_test,y_train,y_test = train_test_split(x,y,test_size = 0.2,random_state = 2020)
from sklearn.linear_model import LogisticRegression
clf = LogisticRegression(solver = 'lbfgs',random_state = 0)
clf.fit(x_train,y_train)
print('the weight of Logistic Regression:',clf.coef_)
print('the intercept of Logistic Regression:',clf.intercept_)
```

运行结果如下。

```
the weight of Logistic Regression: [[ 0.45181973 - 0.81743611 2.14470304 0.89838607]]
the intercept of Logistic Regression: [ - 6.53367714]
```

值得注意的是,在使用 Python 进行机器学习时,为了制作训练数据(Training Samples)和测试数据(Testing Samples),常使用 Sklearn 中的 model_selection 以及 train_test_split 模块。

(8) 在训练集和测试集上分别用训练好的模型进行预测,代码如下。

```
train_predict = clf.predict(x_train)
test_predict = clf.predict(x_test)
print(train_predict)
print()
print(test_predict)
```

运行结果如图 10-26 所示。

```
['setosa' 'setosa' 'setosa' 'versicolor' 'setosa' 'versicolor' 'setosa'
 'setosa' 'versicolor' 'versicolor' 'versicolor' 'setosa' 'setosa'
 'setosa' 'setosa' 'setosa' 'versicolor' 'setosa' 'versicolor' 'setosa'
 'setosa' 'setosa' 'setosa' 'versicolor' 'versicolor' 'setosa' 'setosa'
 'setosa' 'setosa' 'versicolor' 'versicolor' 'setosa' 'setosa'
 'versicolor' 'versicolor' 'versicolor' 'versicolor' 'versicolor'
 'versicolor' 'setosa' 'setosa' 'setosa' 'versicolor' 'setosa'
 'versicolor' 'versicolor' 'setosa' 'versicolor' 'setosa' 'versicolor'
 'setosa' 'versicolor' 'versicolor' 'setosa' 'versicolor' 'setosa'
 'versicolor' 'setosa' 'setosa' 'versicolor' 'versicolor' 'versicolor'
 'versicolor' 'versicolor' 'setosa' 'versicolor' 'setosa' 'versicolor'
 'setosa' 'setosa' 'setosa' 'setosa' 'versicolor' 'versicolor' 'setosa'
 'versicolor' 'versicolor' 'versicolor' 'setosa' 'versicolor']

['setosa' 'setosa' 'versicolor' 'setosa' 'versicolor' 'versicolor'
 'setosa' 'versicolor' 'setosa' 'versicolor' 'setosa' 'versicolor'
 'setosa' 'versicolor' 'setosa' 'versicolor' 'setosa' 'versicolor'
 'versicolor' 'versicolor']
```

图 10-26 逻辑回归模型预测

(9) 对比预测数据与真实数据(预测准确的数据数量/总预测数据数量,此处直接引用了 metrics. accuracy_score 计算),可以得到预测准确率,代码如下。

```
from sklearn import metrics
print('The accuracy of the Logistic Regression is:',
      metrics.accuracy_score(y_train,train_predict))
print('The accuracy of the Logistic Regression is:',
      metrics.accuracy_score(y_test,test_predict))
```

运行结果如下。

```
The accuracy of the Logistic Regression is: 1.0
The accuracy of the Logistic Regression is: 1.0
```

(10) 查看混淆矩阵,利用热力图对各类结果进行可视化,代码如下。

```
confusion_matrix_result = metrics.confusion_matrix(test_predict,y_test)
print('The confusion matrix result:\n',confusion_matrix_result)
plt.figure(figsize = (8,6))
sns.heatmap(confusion_matrix_result,annot = True,cmap = 'Blues')
plt.xlabel('Predict labels')
plt.ylabel('True labels')
plt.show()
```

运行结果如图 10-27 所示。

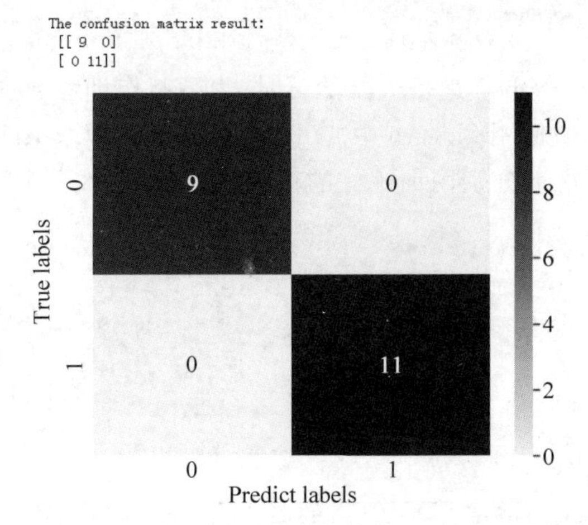

图 10-27 使用热力图对各类结果进行可视化

从图 10-27 可以看出,模型预测准确率为 100%,测试集上成功预测 9 个变色鸢尾花样本和 11 个山鸢尾花样本。

10.4 深度学习算法实现

1. 实训目的

(1) 通过本节实训,能够了解深度学习相关算法的特点,能够进行简单的算法分析操作。

(2) 能够使用 Pandas、NumPy 工具包对数据进行导入及清洗。

(3) 能够使用 Matplotlib、Seaborn 工具包进行数据可视化分析。

(4) 能够使用 Sklearn、Keras 工具包进行算法分析。

2. 实训内容

1) 数据集介绍

本实训选取的 faults. csv 数据集,包含了 7 种带钢缺陷类型(钢板故障的 7 种类型):Pastry(装饰)、Z_Scratch(Z_划痕)、K_Scratch(K_划痕)、Stains(污渍)、Dirtiness(肮脏)、Bumps(碰撞)、Other_Faults(其他故障),以及带钢缺陷的 27 种特征数据。

图 10-28 所示为 faults. csv 数据集中的部分数据。

2) 数据分析目标

本实训以带钢缺陷 1941 条数据作为依据,运用深度学习算法探索如何通过这 27 个特征预测带钢缺陷属于 7 种钢板故障(Pastry、Z_Scratch、K_Scratch、Stains、Dirtiness、Bumps、Other_Faults)中的哪一种。

	A	B	C	D	E	F	G	H	I	J	K	L	M	N	O	P	Q
1	X_Minimu	X_Maxim	Y_Minimu	Y_Maxim	Pixels_Are	X_Perime	Y_Perime	Sum_of_L	Minimum	Maximun	Length_o	TypeOfSt	TypeOfSt	Steel_Pla	Edges_Inc	Empty_In	Square_Ir
2	42	50	270900	270944	267	17	44	24220	76	108	1687	1	0	80	0.0498	0.2415	0.1818
3	645	651	2538079	2538108	108	10	30	11397	84	123	1687	1	0	80	0.7647	0.3793	0.2069
4	829	835	1553913	1553931	71	8	19	7972	99	125	1623	1	0	100	0.971	0.3426	0.3333
5	853	860	369370	369415	176	13	45	18996	99	126	1353	0	1	290	0.7287	0.4413	0.1556
6	1289	1306	498078	498335	2409	60	260	246930	37	126	1353	0	1	185	0.0695	0.4486	0.0662
7	430	441	100250	100337	630	20	87	62357	64	127	1387	0	1	40	0.62	0.3417	0.1264
8	413	446	138468	138883	9052	230	432	1481991	23	199	1687	0	1	150	0.4896	0.339	0.0795
9	190	200	210936	210956	132	11	20	20007	124	172	1687	0	1	150	0.2253	0.34	0.5
10	330	343	429227	429253	264	15	26	29748	53	148	1687	0	1	150	0.3912	0.2189	0.5
11	74	90	779144	779308	1506	46	167	180215	53	143	1687	0	1	150	0.0877	0.4261	0.0976
12	106	118	813452	813500	442	13	48	50393	76	143	1687	0	1	150	0.1257	0.2326	0.25
13	505	515	106604	106668	284	42	69	31062	97	119	1687	0	1	150	0.5987	0.5562	0.1563
14	46	58	179258	179312	480	15	54	61966	102	158	1687	0	1	150	0.0545	0.2593	0.2222
15	581	590	230644	230704	433	22	60	38917	62	111	1687	0	1	150	0.6888	0.1981	0.15
16	451	466	368143	368208	728	30	68	69258	36	133	1687	0	1	150	0.5347	0.2533	0.2308
17	669	684	491552	491684	1097	59	133	119540	50	134	1687	0	1	150	0.7931	0.446	0.1136
18	156	192	713788	714056	5044	167	282	570911	11	143	1687	0	1	150	0.1849	0.4772	0.1343
19	90	104	751059	751132	552	38	76	59750	79	134	1687	0	1	150	0.1067	0.4599	0.1918
20	82	89	844704	844729	137	8	25	14907	92	126	1687	0	1	150	0.0972	0.2171	0.28
21	1601	1613	21349	21376	209	15	27	24807	96	141	1687	0	1	200	0.0877	0.3549	0.4444
22	17	28	42683	42717	284	18	34	32604	87	141	1687	0	1	200	0.0202	0.2406	0.3235
23	43	52	86284	86313	153	13	29	17753	101	134	1687	0	1	200	0.051	0.4138	0.3103
24	63	72	115485	115504	106	10	19	13829	107	150	1687	0	1	200	0.0747	0.3801	0.4737
25	82	92	149044	149083	264	15	39	32175	92	141	1687	0	1	200	0.0972	0.3231	0.2564
26	75	84	184350	184383	201	17	35	27349	123	148	1687	0	1	200	0.0889	0.3232	0.2727
27	1363	1372	2128884	2128907	171	9	23	16645	77	111	1373	0	1	40	0.0015	0.1739	0.3913
28	1358	1372	2356396	2356435	395	19	39	38722	75	118	1373	0	1	40	0.0015	0.2766	0.359
29	1404	1410	5202306	5202324	85	9	18	8948	97	119	1627	0	1	40	0.2668	0.213	0.3333
30	1281	1302	4332564	4332815	3214	92	253	368381	33	140	1373	0	1	40	0.1034	0.3902	0.0837
31	49	62	4822354	4822392	386	15	38	36875	51	124	1373	0	1	40	0.0714	0.2186	0.3421
32	830	837	1874382	1874415	182	9	33	20751	99	132	1373	0	1	40	0.7808	0.2121	0.2121
33	91	104	2378173	2378236	527	19	63	48793	47	125	1387	0	1	40	0.1312	0.3565	0.2063
34	161	168	2891780	2891804	158	9	24	16680	80	119	1387	0	1	40	0.2322	0.0595	0.2917
35	1328	1338	2691161	2691189	214	10	28	19762	70	111	1387	0	1	50	0.0707	0.2357	0.3571
36	1251	1274	3874199	3874261	994	29	62	68851	15	119	1387	0	1	50	0.1629	0.3029	0.371
37	733	745	3957796	3957839	367	16	43	35856	55	127	1387	0	1	50	0.9257	0.2888	0.2791
38	12	24	304433	304472	320	15	39	32705	55	125	1353	0	1	70	0.0177	0.3162	0.3077
39	162	172	505964	506035	378	34	72	43323	77	135	1353	0	1	70	0.2395	0.4676	0.1408
40	0	10	1701480	1701528	210	36	48	17413	73	100	1333	0	1	40	0	0.5625	0.2083
41	1617	1629	183688	183711	201	22	23	20993	79	126	1633	0	1	250	0.0049	0.2717	0.5217
42	1152	1162	284144	284198	386	35	54	44712	90	132	1687	0	1	200	0.6224	0.2852	0.1852
43	1259	1271	1918092	1918128	324	30	36	30269	65	124	1353	0	1	70	0.1212	0.25	0.3333
44	1545	1557	19815	19841	234	20	26	23207	66	124	1627	0	1	40	0.086	0.25	0.4615

	R	S	T	U	V	W	X	Y	Z	AA	AB	AC	AD	AE	AF	AG	AH
1	Outside_X	Edges_X_	Edges_Y_	Outside_(	LogOfAre	Log_X_Inc	Log_Y_Inc	Orientati	Luminosi	SigmoidC	Pastry	Z_Scratch	K_Scatch	Stains	Dirtiness	Bumps	Other_Faults
2	0.0047	0.4706	1	1	2.4265	0.9031	1.6435	0.8182	-0.2913	0.5822	1	0	0	0	0	0	0
3	0.0036	0.6	0.9667	1	2.0334	0.7782	1.4624	0.7931	-0.1756	0.2984	1	0	0	0	0	0	0
4	0.0037	0.75	0.9474	1	1.8513	0.7782	1.2553	0.6667	-0.1228	0.215	1	0	0	0	0	0	0
5	0.0052	0.5385	1	1	2.2455	0.8451	1.6532	0.8444	-0.1568	0.5212	1	0	0	0	0	0	0
6	0.0126	0.2833	0.9885	1	3.3818	1.2305	2.4099	0.9338	-0.1992	1	1	0	0	0	0	0	0
7	0.0079	0.55	1	1	2.7993	1.0414	1.9395	0.8736	-0.2267	0.9874	1	0	0	0	0	0	0
8	0.0196	0.1435	0.9607	1	3.9567	1.5185	2.6181	0.9205	0.2791	1	1	0	0	0	0	0	0
9	0.0059	0.9091	1	1	2.1206	1	1.301	0.5	0.1841	0.3359	1	0	0	0	0	0	0
10	0.0077	0.8667	1	1	2.4216	1.1139	1.415	0.5	-0.1197	0.5593	1	0	0	0	0	0	0
11	0.0095	0.3478	0.982	1	3.1778	1.2041	2.2148	0.9024	-0.0651	1	1	0	0	0	0	0	0
12	0.0071	0.9231	1	1	2.6454	1.0792	1.6812	0.75	-0.1093	0.8612	1	0	0	0	0	0	0
13	0.0059	0.2381	0.9275	1	2.4533	1	1.8062	0.8438	-0.1455	0.9048	1	0	0	0	0	0	0
14	0.0071	0.8	1	1	2.6812	1.0792	1.7324	0.7778	0.0086	0.9093	1	0	0	0	0	0	0
15	0.0053	0.4091	1	1	2.6365	0.9542	1.7781	0.85	-0.2978	0.8299	1	0	0	0	0	0	0
16	0.0089	0.5	0.9559	1	2.8621	1.1761	1.8129	0.7692	-0.2568	0.9888	1	0	0	0	0	0	0
17	0.0089	0.2542	0.9925	1	3.0402	1.1761	2.1206	0.8864	-0.1487	1	1	0	0	0	0	0	0
18	0.0213	0.2156	0.9503	1	3.7028	1.5563	2.4281	0.8657	-0.1157	1	1	0	0	0	0	0	0
19	0.0083	0.3684	0.9605	1	2.7419	1.1461	1.8633	0.8082	-0.1543	0.9918	1	0	0	0	0	0	0
20	0.0041	0.875	1	1	2.1367	0.8451	1.3979	0.72	-0.1499	0.2998	1	0	0	0	0	0	0
21	0.0071	0.8	1	1	2.3201	1.0792	1.4314	0.5556	-0.0727	0.5362	1	0	0	0	0	0	0
22	0.0065	0.6111	1	1	2.4533	1.0414	1.5315	0.6765	-0.1031	0.6173	1	0	0	0	0	0	0
23	0.0053	0.6923	1	1	2.1847	0.9542	1.4624	0.6897	-0.0935	0.4317	1	0	0	0	0	0	0
24	0.0053	0.9	1	1	2.0253	0.9542	1.2787	0.5263	0.0192	0.2942	1	0	0	0	0	0	0
25	0.0059	0.6667	1	1	2.4216	1	1.5911	0.7436	-0.0479	0.6422	1	0	0	0	0	0	0
26	0.0053	0.5294	0.9429	1	2.3032	0.9542	1.5185	0.7273	0.063	0.4913	1	0	0	0	0	0	0
27	0.0066	1	1	1	2.233	0.9542	1.3617	0.6087	-0.2395	0.3464	1	0	0	0	0	0	0
28	0.0102	0.7368	1	1	2.5966	1.1461	1.5911	0.641	-0.2341	0.8355	1	0	0	0	0	0	0
29	0.0037	0.6667	1	1	1.9294	0.7782	1.2553	0.6667	-0.1776	0.215	1	0	0	0	0	0	0
30	0.0153	0.2283	0.9921	1	3.5071	1.3222	2.3997	0.9163	-0.1045	1	1	0	0	0	0	0	0
31	0.0095	0.8667	1	1	2.5866	1.1139	1.5798	0.6579	-0.2537	0.7822	1	0	0	0	0	0	0
32	0.0051	0.7778	1	1	2.2601	0.8451	1.5185	0.7879	-0.1093	0.3834	1	0	0	0	0	0	0
33	0.0094	0.6842	1	1	2.7218	1.1139	1.7993	0.7936	-0.2767	0.9691	1	0	0	0	0	0	0
34	0.005	0.7778	1	1	2.1987	0.8451	1.3802	0.7083	-0.1752	0.2901	1	0	0	0	0	0	0
35	0.0072	1	1	1	2.3304	1	1.4472	0.6429	-0.2785	0.463	1	0	0	0	0	0	0
36	0.0166	0.7931	1	1	2.9974	1.3617	1.7924	0.629	-0.4588	0.9994	1	0	0	0	0	0	0
37	0.0087	0.75	1	1	2.5647	1.0792	1.6335	0.7209	-0.2367	0.8061	1	0	0	0	0	0	0
38	0.0089	0.8	1	1	2.5052	1.0792	1.5911	0.6923	-0.2015	0.7512	1	0	0	0	0	0	0
39	0.0074	0.2941	0.9861	1	2.5775	1	1.8513	0.8591	-0.1046	0.9381	1	0	0	0	0	0	0
40	0.0075	0.2778	1	1	2.3222	1	1.6812	0.7917	-0.3522	0.7659	1	0	0	0	0	0	0
41	0.0074	0.5454	1	1	2.3032	1.0792	1.3617	0.4783	-0.184	0.4564	1	0	0	0	0	0	0
42	0.0059	0.2857	1	1	2.5866	1	1.7324	0.8148	-0.095	0.8299	1	0	0	0	0	0	0
43	0.0089	0.4	1	1	2.5106	1.0792	1.5563	0.6667	-0.2701	0.7037	1	0	0	0	0	0	0
44	0.0074	0.6	1	1	2.3692	1.0792	1.415	0.5385	-0.2252	0.5162	1	0	0	0	0	0	0

图 10-28 faults.csv 数据集中的部分数据

3）实训步骤

（1）在 Jupyter Notebook 中首先导入所需的数据分析库，并查看前 5 行数据，代码如下。

```
import pandas as pd
import numpy as np
import matplotlib.pyplot as plt
import seaborn as sns
import keras
df = pd.read_csv('faults.csv')
df.head()
```

运行结果如图 10-29 所示。

	X_Minimum	X_Maximum	Y_Minimum	Y_Maximum	Pixels_Areas	X_Perimeter	Y_Perimeter	Sum_of_Luminosity	Minimum_of_Luminosity
0	42	50	270900	270944	267	17	44	24220	76
1	645	651	2538079	2538108	108	10	30	11397	84
2	829	835	1553913	1553931	71	8	19	7972	99
3	853	860	369370	369415	176	13	45	18996	99
4	1289	1306	498078	498335	2409	60	260	246930	37

5 rows × 34 columns

Maximum_of_Luminosity	...	Orientation_Index	Luminosity_Index	SigmoidOfAreas	Pastry	Z_Scratch	K_Scratch	Stains	Dirtiness	Bumps	Other_Faults
108	...	0.8182	-0.2913	0.5822	1	0	0	0	0	0	0
123	...	0.7931	-0.1756	0.2984	1	0	0	0	0	0	0
125	...	0.6667	-0.1228	0.2150	1	0	0	0	0	0	0
126	...	0.8444	-0.1568	0.5212	1	0	0	0	0	0	0
126	...	0.9338	-0.1992	1.0000	1	0	0	0	0	0	0

图 10-29 查看前 5 行数据

（2）查看数据形状，代码如下。

```
df.shape
```

运行结果为

```
(1941, 34)
```

可知数据集一共有 1941 行，34 列数据。

（3）查看数据信息，代码如下。

```
df.info()
```

运行结果如图 10-30 所示。

（4）进行数据分割，将 7 种不同的类型和前面的 27 个特征字段分开，代码如下。

```
df1 = df.loc[:, "Pastry":] # 7 种不同的类型
df1.head()
```

运行结果如图 10-31 所示。

```
df2 = df.loc[:, :"SigmoidOfAreas"] # 27 个特征
df2.head()
```

运行结果如图 10-32 所示。

```
<class 'pandas.core.frame.DataFrame'>
RangeIndex: 1941 entries, 0 to 1940
Data columns (total 34 columns):
 #   Column                 Non-Null Count  Dtype
---  ------                 --------------  -----
 0   X_Minimum              1941 non-null   int64
 1   X_Maximum              1941 non-null   int64
 2   Y_Minimum              1941 non-null   int64
 3   Y_Maximum              1941 non-null   int64
 4   Pixels_Areas           1941 non-null   int64
 5   X_Perimeter            1941 non-null   int64
 6   Y_Perimeter            1941 non-null   int64
 7   Sum_of_Luminosity      1941 non-null   int64
 8   Minimum_of_Luminosity  1941 non-null   int64
 9   Maximum_of_Luminosity  1941 non-null   int64
 10  Length_of_Conveyer     1941 non-null   int64
 11  TypeOfSteel_A300       1941 non-null   int64
 12  TypeOfSteel_A400       1941 non-null   int64
 13  Steel_Plate_Thickness  1941 non-null   int64
 14  Edges_Index            1941 non-null   float64
 15  Empty_Index            1941 non-null   float64
 16  Square_Index           1941 non-null   float64
 17  Outside_X_Index        1941 non-null   float64
 18  Edges_X_Index          1941 non-null   float64
 19  Edges_Y_Index          1941 non-null   float64
 20  Outside_Global_Index   1941 non-null   float64
 21  LogOfAreas             1941 non-null   float64
 22  Log_X_Index            1941 non-null   float64
 23  Log_Y_Index            1941 non-null   float64
 24  Orientation_Index      1941 non-null   float64
 25  Luminosity_Index       1941 non-null   float64
 26  SigmoidOfAreas         1941 non-null   float64
 27  Pastry                 1941 non-null   int64
 28  Z_Scratch              1941 non-null   int64
 29  K_Scratch              1941 non-null   int64
 30  Stains                 1941 non-null   int64
 31  Dirtiness              1941 non-null   int64
 32  Bumps                  1941 non-null   int64
 33  Other_Faults           1941 non-null   int64
dtypes: float64(13), int64(21)
memory usage: 515.7 KB
```

图 10-30　查看数据信息

	Pastry	Z_Scratch	K_Scratch	Stains	Dirtiness	Bumps	Other_Faults
0	1	0	0	0	0	0	0
1	1	0	0	0	0	0	0
2	1	0	0	0	0	0	0
3	1	0	0	0	0	0	0
4	1	0	0	0	0	0	0

图 10-31　数据分割后的 7 种类型数据

	X_Minimum	X_Maximum	Y_Minimum	Y_Maximum	Pixels_Areas	X_Perimeter	Y_Perimeter	Sum_of_Luminosity	Minimum_of_Luminosity
0	42	50	270900	270944	267	17	44	24220	76
1	645	651	2538079	2538108	108	10	30	11397	84
2	829	835	1553913	1553931	71	8	19	7972	99
3	853	860	369370	369415	176	13	45	18996	99
4	1289	1306	498078	498335	2409	60	260	246930	37

5 rows × 27 columns

图 10-32　数据分割后的 27 个特征数据

(5) 将 7 种不同的标签进行分类生成,代码如下。

```
columns = df1.columns.tolist()
for i in range(len(df1)):
    for col in columns:
        if df1.loc[i, col] == 1:
            df1.loc[i, 'Label'] = col
df1.head()
```

运行结果如图 10-33 所示。

	Pastry	Z_Scratch	K_Scratch	Stains	Dirtiness	Bumps	Other_Faults	Label
0	1	0	0	0	0	0	0	Pastry
1	1	0	0	0	0	0	0	Pastry
2	1	0	0	0	0	0	0	Pastry
3	1	0	0	0	0	0	0	Pastry
4	1	0	0	0	0	0	0	Pastry

图 10-33 分类生成标签

(6) 将数据进行合并,代码如下。

```
df2["Label"] = df1["Label"]
df2.head()
```

运行结果如图 10-34 所示。

	X_Minimum	X_Maximum	Y_Minimum	Y_Maximum	Pixels_Areas	X_Perimeter	Y_Perimeter	Sum_of_Luminosity	Minimum_of_Luminosity
0	42	50	270900	270944	267	17	44	24220	76
1	645	651	2538079	2538108	108	10	30	11397	84
2	829	835	1553913	1553931	71	8	19	7972	99
3	853	860	369370	369415	176	13	45	18996	99
4	1289	1306	498078	498335	2409	60	260	246930	37

5 rows × 28 columns

...	Edges_X_Index	Edges_Y_Index	Outside_Global_Index	LogOfAreas	Log_X_Index	Log_Y_Index	Orientation_Index	Luminosity_Index	SigmoidOfAreas	Label
...	0.4706	1.0000	1.0	2.4265	0.9031	1.6435	0.8182	-0.2913	0.5822	Pastry
...	0.6000	0.9667	1.0	2.0334	0.7782	1.4624	0.7931	-0.1756	0.2984	Pastry
...	0.7500	0.9474	1.0	1.8513	0.7782	1.2553	0.6667	-0.1228	0.2150	Pastry
...	0.5385	1.0000	1.0	2.2455	0.8451	1.6532	0.8444	-0.1568	0.5212	Pastry
...	0.2833	0.9885	1.0	3.3818	1.2305	2.4099	0.9338	-0.1992	1.0000	Pastry

图 10-34 数据合并

(7) 查看全部参数的取值分布箱线图,代码如下。

```
import plotly_express as px
import plotly.graph_objects as go
from plotly.subplots import make_subplots

fig = make_subplots(rows = 7, cols = 4)
parameters = df2.columns[:-1].tolist()
for i, v in enumerate(parameters):
    r = i // 4 + 1
    c = (i + 1) % 4
    if c == 0:
```

```
            fig.add_trace(go.Box(y = df2[v].tolist(), name = v), row = r, col = 4)
        else:
            fig.add_trace(go.Box(y = df2[v].tolist(), name = v), row = r, col = c)

    fig.update_layout(width = 1000, height = 900)
    fig.show()
```

运行结果如图 10-35 所示。

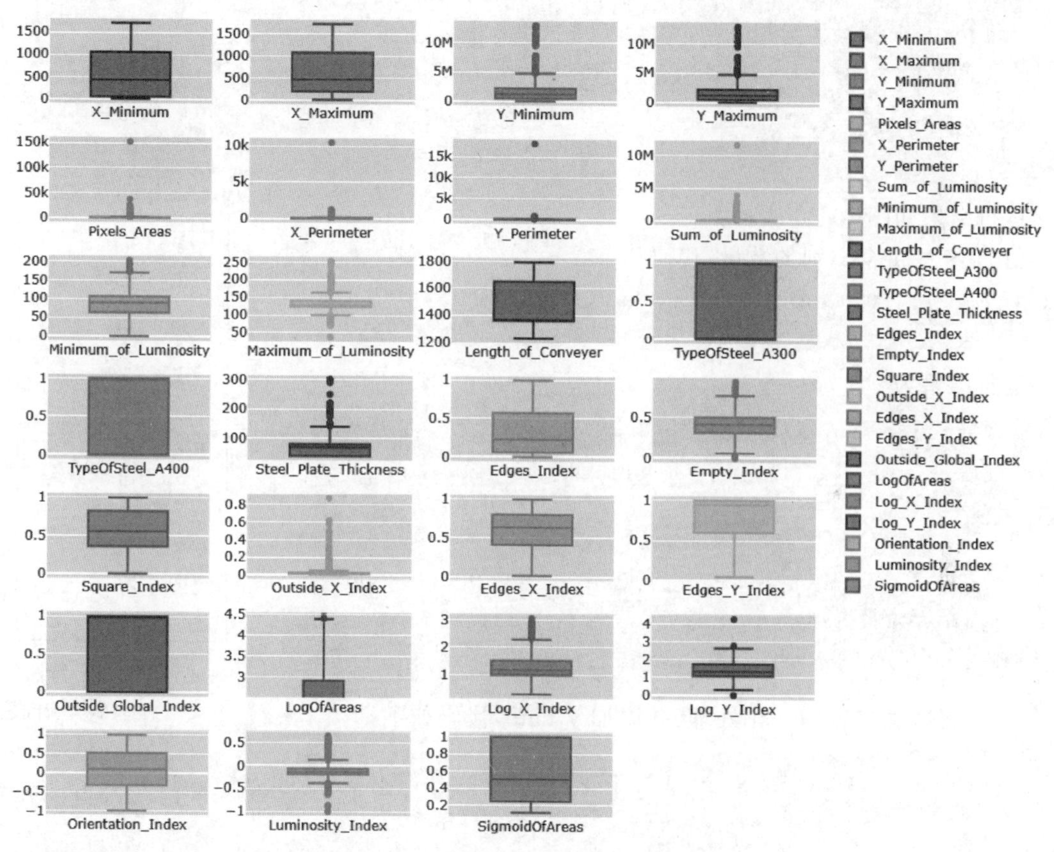

图 10-35　全部参数的取值分布箱线图

可以看出：不同特征之间的取值范围不同，从负数到 10M；部分特征的取值中存在异常值；有些特征的取值只为 0 和 1。

（8）查看每种类型的数量，代码如下。

```
df2["Label"].value_counts()
```

运行结果为

```
Other_Faults     673
Bumps            402
K_Scratch        391
Z_Scratch        190
Pastry           158
Stains            72
Dirtiness         55
Name: Label, dtype: int64
```

从结果中可以看到,Other_Faults 类别的样本有 673 条,但是 Dirtiness 类别的样本只有 55 条,明显不均衡。

(9) 如果数据越均衡,其分类效果越好,所以在这里运用 SMOTE 算法解决样本不均衡问题,代码如下。

```
X = df2.drop("Label", axis = 1)
y = df2[["Label"]]
# 使用 imblearn 库中上采样方法的 SMOTE 接口
from imblearn.over_sampling import SMOTE
# 设置随机数种子
smo = SMOTE(random_state = 42)
X_smo, y_smo = smo.fit_resample(X, y)
y_smo
```

运行结果如图 10-36 所示。

	Label
0	0
1	0
2	0
3	0
4	0
...	...
4706	5
4707	5
4708	5
4709	5
4710	5

4711 rows × 1 columns

图 10-36 SMOTE 算法解决样本不均衡问题

(10) 统计每个类别的数量,代码如下。

```
y_smo["Label"].value_counts()
```

运行结果为

```
Pastry           673
Z_Scratch        673
K_Scratch        673
Stains           673
Dirtiness        673
Bumps            673
Other_Faults     673
Name: Label,dtype: int64
```

(11) 将数据进行归一化处理,并添加 y_smo,代码如下。

```
from sklearn.preprocessing import StandardScaler
ss = StandardScaler()
data_ss = ss.fit_transform(X_smo)
df3 = pd.DataFrame(data_ss, columns = X_smo.columns)
df3["Label"] = y_smo
df3.head()
```

运行结果如图 10-37 所示。

(12) 随机打乱数据,代码如下。

```
from sklearn.utils import shuffle
df3 = shuffle(df3)
df3.head()
```

运行结果如图 10-38 所示。

(13) 将类别变量的输出标签转换为数值变量。在多分类问题中将转换为虚拟变量(Dummy Variable),即用独热编码方法将输出标签的向量(Vector)转换为只在出现对应标签的那一列为 1,其余为 0 的布尔矩阵。这一步转换工作可以利用 Keras 中的 np_utils.to_categorical()函数实现。代码如下。

	X_Minimum	X_Maximum	Y_Minimum	Y_Maximum	Pixels_Areas	X_Perimeter	Y_Perimeter	Sum_of_Luminosity	Minimum_of_Luminosity
0	-1.163078	-1.270464	-0.834884	-0.834883	-0.264363	-0.282493	-0.074659	-0.298808	-0.446947
1	0.080387	0.022451	0.494754	0.494740	-0.301736	-0.310927	-0.115978	-0.328957	-0.166448
2	0.459819	0.418286	-0.082432	-0.082450	-0.310433	-0.319051	-0.148443	-0.337010	0.359488
3	0.509310	0.472067	-0.777134	-0.777133	-0.285753	-0.298741	-0.071708	-0.311091	0.359488
4	1.408398	1.431536	-0.701650	-0.701525	0.239115	-0.107828	0.562834	0.224819	-1.814379

5 rows × 28 columns

...	Edges_X_Index	Edges_Y_Index	Outside_Global_Index	LogOfAreas	Log_X_Index	Log_Y_Index	Orientation_Index	Luminosity_Index	SigmoidOfAreas	Label
...	-0.479518	0.690985	0.876207	0.131706	-0.677202	0.593450	1.292087	-1.319692	0.138098	Pastry
...	0.023691	0.527202	0.876207	-0.367157	-0.955821	0.218648	1.242902	-0.411266	-0.705356	Pastry
...	0.607011	0.432277	0.876207	-0.598251	-0.955821	-0.209964	0.995215	0.003296	-0.953221	Pastry
...	-0.215469	0.690985	0.876207	-0.097992	-0.806585	0.613525	1.343427	-0.263657	-0.043194	Pastry
...	-1.207890	0.634424	0.876207	1.344027	0.053141	2.179582	1.518610	-0.596563	1.379800	Pastry

图 10-37　数据归一化

	X_Minimum	X_Maximum	Y_Minimum	Y_Maximum	Pixels_Areas	X_Perimeter	Y_Perimeter	Sum_of_Luminosity	Minimum_of_Luminosity
702	-1.165140	-0.924109	1.570939	1.570941	1.157928	0.810179	0.264747	1.213564	-1.498817
560	-1.165140	-0.986496	-0.759853	-0.759847	0.709216	0.424291	0.096520	0.718511	-1.463755
3465	-0.862007	-0.943471	-0.923415	-0.923394	-0.160706	-0.209378	0.019784	-0.201073	-1.323506
3280	-0.882628	-0.971437	-0.869613	-0.869621	-0.283402	-0.270307	-0.127783	-0.305107	-0.026198
4174	0.503123	0.461311	-0.484696	-0.484720	-0.323126	-0.323113	-0.192713	-0.350459	0.955548

5 rows × 28 columns

Edges_X_Index	Edges_Y_Index	Outside_Global_Index	LogOfAreas	Log_X_Index	Log_Y_Index	Orientation_Index	Luminosity_Index	SigmoidOfAreas	Label
0.001914	-2.185797	-1.315207	1.875504	2.283656	0.957698	-1.510066	-0.403414	1.379800	K_Scatch
0.561123	-1.720023	-1.315207	1.677152	2.102520	0.743495	-1.548081	-0.527469	1.379800	K_Scatch
-0.579650	0.690985	0.876207	0.667497	-0.111112	1.078917	1.257061	-1.165343	1.359775	Pastry
0.066391	0.690985	0.876207	-0.082278	-0.404393	0.126332	0.843092	0.542302	-0.177699	Pastry
0.499985	0.690985	-1.064194	-1.378866	-1.092022	-1.478327	-0.613342	1.135808	-1.190656	Stains

图 10-38　随机打乱后的数据

```
dataset = df3.values
X = dataset[:, 0:27].astype(float)
Y = dataset[:, 27]
from sklearn.preprocessing import LabelEncoder
from keras.utils import np_utils
encoder = LabelEncoder()
encoder.fit(Y)
encoded_Y = encoder.transform(Y)
dummy_y = np_utils.to_categorical(encoded_Y)
```

(14) 接下来,需要从 Keras 库中导入一些模块,构建神经网络模型。Sequential 模块用于初始化一个层级的线性堆栈,Dense 模块用于构建神经网络模型的层。代码如下。

```
from keras.models import Sequential
from keras import layers
from keras.layers.core import Dense, Dropout
model = Sequential()
model.add(layers.Dense(512, activation = "relu", input_shape = (27,)))
model.add(layers.Dropout(0.3))
model.add(layers.Dense(512, activation = "relu"))
model.add(layers.Dropout(0.3))
model.add(layers.Dense(7, activation = "sigmoid"))
model.compile(loss = 'categorical_crossentropy', optimizer = 'adam', metrics = ['accuracy'])
model.summary()
```

运行结果如图 10-39 所示。

```
Model: "sequential"
_________________________________________________________________
Layer (type)                 Output Shape              Param #
=================================================================
dense (Dense)                (None, 512)               14336

dropout (Dropout)            (None, 512)               0

dense_1 (Dense)              (None, 512)               262656

dropout_1 (Dropout)          (None, 512)               0

dense_2 (Dense)              (None, 7)                 3591

=================================================================
Total params: 280,583
Trainable params: 280,583
Non-trainable params: 0
```

图 10-39 构建神经网络模型

(15) 为了正确评估模型性能，将数据划分为训练集和测试集，并在训练集上训练数据，在测试集上验证模型性能。代码如下。

```
from sklearn.model_selection import train_test_split
X_train, X_test, Y_train, Y_test = train_test_split(X, dummy_y, test_size = 0.3, random_state = 0)
history = model.fit(X_train, Y_train, epochs = 40, batch_size = 128, verbose = 1, validation_
data = (X_test, Y_test))
```

运行结果如图 10-40 所示。

(16) 将模型训练后得到的数据进行可视化展示，代码如下。

```
%matplotlib inline
%config InlineBackend.figure_format = 'svg'
acc = history.history['accuracy']
val_acc = history.history['val_accuracy']
epochs = range(1, len(acc) + 1)
plt.plot(epochs, acc, 'bo', label = 'Training accuracy')
plt.plot(epochs, val_acc, 'r', label = 'Validation accuracy')
plt.title('Training and validation accuracy')
plt.xlabel('Epochs')
plt.ylabel('Accuracy')
plt.legend()
plt.show()
```

运行结果如图 10-41 所示。

(17) 对已经训练好的模型进行评价，代码如下。

```
eval = model.evaluate(X_test, Y_test, verbose = 0)
print("Evaluation on test data: loss = %0.6f accuracy = %0.2f%% \n" \
        % (eval[0], eval[1] * 100) )
```

运行结果为

```
Evaluation on test data: loss = 0.403206 accuracy = 91.16%
```

```
eval = model.evaluate(X_train, Y_train, verbose = 0)
print("Evaluation on train data: loss = %0.6f accuracy = %0.2f%% \n" \
        % (eval[0], eval[1] * 100) )
```

```
Epoch 1/40
26/26 [==============================] - 1s 10ms/step - loss: 0.9230 - accuracy: 0.7000 - val_loss: 0.5461 - val_accuracy: 0.8006
Epoch 2/40
26/26 [==============================] - 0s 6ms/step - loss: 0.5081 - accuracy: 0.8247 - val_loss: 0.4912 - val_accuracy: 0.8380
Epoch 3/40
26/26 [==============================] - 0s 6ms/step - loss: 0.4355 - accuracy: 0.8444 - val_loss: 0.4451 - val_accuracy: 0.8536
Epoch 4/40
26/26 [==============================] - 0s 6ms/step - loss: 0.3956 - accuracy: 0.8523 - val_loss: 0.4319 - val_accuracy: 0.8628
Epoch 5/40
26/26 [==============================] - 0s 6ms/step - loss: 0.3640 - accuracy: 0.8662 - val_loss: 0.4076 - val_accuracy: 0.8692
Epoch 6/40
26/26 [==============================] - 0s 6ms/step - loss: 0.3438 - accuracy: 0.8723 - val_loss: 0.4247 - val_accuracy: 0.8762
Epoch 7/40
26/26 [==============================] - 0s 6ms/step - loss: 0.3197 - accuracy: 0.8802 - val_loss: 0.4007 - val_accuracy: 0.8805
Epoch 8/40
26/26 [==============================] - 0s 6ms/step - loss: 0.3161 - accuracy: 0.8814 - val_loss: 0.3918 - val_accuracy: 0.8819
Epoch 9/40
26/26 [==============================] - 0s 6ms/step - loss: 0.3000 - accuracy: 0.8860 - val_loss: 0.3956 - val_accuracy: 0.8812
Epoch 10/40
26/26 [==============================] - 0s 6ms/step - loss: 0.2785 - accuracy: 0.8951 - val_loss: 0.3855 - val_accuracy: 0.8769
Epoch 11/40
26/26 [==============================] - 0s 6ms/step - loss: 0.2832 - accuracy: 0.8957 - val_loss: 0.4000 - val_accuracy: 0.8854
Epoch 12/40
26/26 [==============================] - 0s 6ms/step - loss: 0.2628 - accuracy: 0.9020 - val_loss: 0.4365 - val_accuracy: 0.8861
Epoch 13/40
26/26 [==============================] - 0s 6ms/step - loss: 0.2571 - accuracy: 0.9026 - val_loss: 0.3905 - val_accuracy: 0.8861
Epoch 14/40
26/26 [==============================] - 0s 6ms/step - loss: 0.2529 - accuracy: 0.9063 - val_loss: 0.3925 - val_accuracy: 0.8946
Epoch 15/40
26/26 [==============================] - 0s 6ms/step - loss: 0.2435 - accuracy: 0.9081 - val_loss: 0.3827 - val_accuracy: 0.8897
Epoch 16/40
26/26 [==============================] - 0s 6ms/step - loss: 0.2356 - accuracy: 0.9126 - val_loss: 0.4241 - val_accuracy: 0.8953
Epoch 17/40
26/26 [==============================] - 0s 5ms/step - loss: 0.2325 - accuracy: 0.9120 - val_loss: 0.3868 - val_accuracy: 0.8960
Epoch 18/40
26/26 [==============================] - 0s 6ms/step - loss: 0.2238 - accuracy: 0.9172 - val_loss: 0.4155 - val_accuracy: 0.8847
Epoch 19/40
26/26 [==============================] - 0s 6ms/step - loss: 0.2114 - accuracy: 0.9211 - val_loss: 0.3904 - val_accuracy: 0.8939
Epoch 20/40
26/26 [==============================] - 0s 6ms/step - loss: 0.2035 - accuracy: 0.9239 - val_loss: 0.3933 - val_accuracy: 0.8975
Epoch 21/40
26/26 [==============================] - 0s 6ms/step - loss: 0.2068 - accuracy: 0.9242 - val_loss: 0.3826 - val_accuracy: 0.8967
Epoch 22/40
26/26 [==============================] - 0s 7ms/step - loss: 0.1965 - accuracy: 0.9269 - val_loss: 0.3889 - val_accuracy: 0.8967
Epoch 23/40
26/26 [==============================] - 0s 6ms/step - loss: 0.1953 - accuracy: 0.9266 - val_loss: 0.3785 - val_accuracy: 0.9003
Epoch 24/40
26/26 [==============================] - 0s 6ms/step - loss: 0.1893 - accuracy: 0.9245 - val_loss: 0.3967 - val_accuracy: 0.8989
Epoch 25/40
26/26 [==============================] - 0s 6ms/step - loss: 0.1867 - accuracy: 0.9311 - val_loss: 0.3847 - val_accuracy: 0.8925
Epoch 26/40
26/26 [==============================] - 0s 6ms/step - loss: 0.1856 - accuracy: 0.9251 - val_loss: 0.4000 - val_accuracy: 0.8953
Epoch 27/40
26/26 [==============================] - 0s 6ms/step - loss: 0.1811 - accuracy: 0.9302 - val_loss: 0.3638 - val_accuracy: 0.9045
Epoch 28/40
26/26 [==============================] - 0s 6ms/step - loss: 0.1674 - accuracy: 0.9363 - val_loss: 0.3947 - val_accuracy: 0.8989
Epoch 29/40
26/26 [==============================] - 0s 6ms/step - loss: 0.1665 - accuracy: 0.9393 - val_loss: 0.4025 - val_accuracy: 0.9031
Epoch 30/40
26/26 [==============================] - 0s 7ms/step - loss: 0.1578 - accuracy: 0.9378 - val_loss: 0.4177 - val_accuracy: 0.8989
Epoch 31/40
26/26 [==============================] - 0s 7ms/step - loss: 0.1595 - accuracy: 0.9424 - val_loss: 0.4130 - val_accuracy: 0.9017
Epoch 32/40
26/26 [==============================] - 0s 7ms/step - loss: 0.1547 - accuracy: 0.9409 - val_loss: 0.3987 - val_accuracy: 0.9066
Epoch 33/40
26/26 [==============================] - 0s 7ms/step - loss: 0.1584 - accuracy: 0.9378 - val_loss: 0.4068 - val_accuracy: 0.9038
Epoch 34/40
26/26 [==============================] - 0s 7ms/step - loss: 0.1494 - accuracy: 0.9469 - val_loss: 0.3965 - val_accuracy: 0.9038
Epoch 35/40
26/26 [==============================] - 0s 7ms/step - loss: 0.1509 - accuracy: 0.9421 - val_loss: 0.4160 - val_accuracy: 0.9010
Epoch 36/40
26/26 [==============================] - 0s 7ms/step - loss: 0.1535 - accuracy: 0.9424 - val_loss: 0.3893 - val_accuracy: 0.8982
Epoch 37/40
26/26 [==============================] - 0s 7ms/step - loss: 0.1390 - accuracy: 0.9463 - val_loss: 0.4050 - val_accuracy: 0.9074
Epoch 38/40
26/26 [==============================] - 0s 6ms/step - loss: 0.1371 - accuracy: 0.9484 - val_loss: 0.3991 - val_accuracy: 0.9010
Epoch 39/40
26/26 [==============================] - 0s 5ms/step - loss: 0.1381 - accuracy: 0.9503 - val_loss: 0.4325 - val_accuracy: 0.9052
Epoch 40/40
26/26 [==============================] - 0s 6ms/step - loss: 0.1272 - accuracy: 0.9521 - val_loss: 0.4032 - val_accuracy: 0.9116
```

图 10-40　训练神经网络模型

运行结果为

```
Evaluation on train data: loss = 0.083335 accuracy = 97.63 %
```

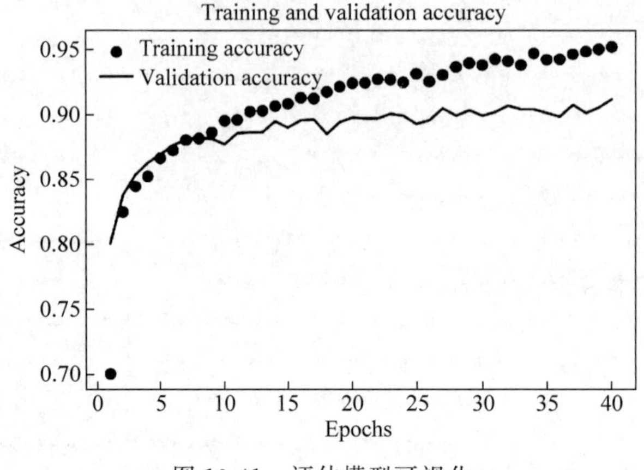

图 10-41 评估模型可视化

10.5 时序数据库下载与使用

1. 实训目的

(1) 通过本节实训,能够了解时序数据的特点。

(2) 能够使用时序数据库 InfluxDB。

2. 实训内容

1) InfluxDB 介绍

在工业领域,生产、测试、运行阶段都可能会产生大量带有时间戳的传感器数据,属于典型的时间序列数据(时序数据)。时间序列数据主要由各类型实时监测、检查与分析设备所采集或产生,涉及制造、电力、化工、工程作业等领域。

InfluxDB 是一个由 InfluxData 开发的开源时序型数据库,它由 Go 语言编写,致力于高性能地查询与存储时序型数据。值得注意的是,InfluxDB 是一个时间序列数据库(Time Series Database,TSDB),TSDB 是针对时间戳或时间序列数据进行优化的数据库,专门为处理带有时间戳的度量和事件或度量而构建的。而时间序列数据可以是随时间跟踪、监视、下采样和聚合的度量或事件,如服务器指标、应用程序性能、网络数据、传感器数据以及许多其他类型的分析数据。因此,InfluxDB 常用的一种使用场景就是监控数据统计,如图 10-42 所示。

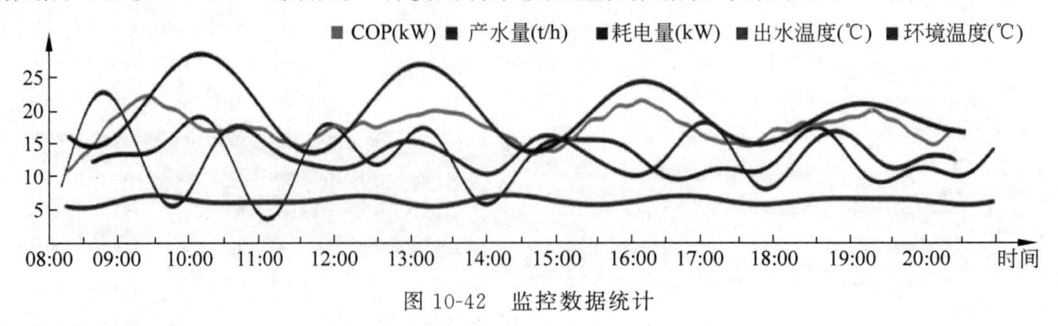

图 10-42 监控数据统计

InfluxDB 相关名词如下。

(1) database: 数据库。

(2) measurement: 数据库中的表。

(3) time: 时间戳,表明数据点产生的时间。

(4) points: 表中的一行数据,points 由时间戳(time)、数据(field)和标签(tags)组成。其

中，时间戳为每个数据记录时间，是数据库中的主索引(会自动生成)，数据为记录的值，标签为各种有索引的属性。

2) InfluxDB下载与使用

(1) 下载InfluxDB，网址为https://dl.influxdata.com/influxdb/releases/influxdb-1.7.9_windows_amd64.zip。

(2) 将InfluxDB下载后解压到本地磁盘中，如保存在D盘根目录中，路径为D:\influxdb-1.7.9_windows_amd64。

(3) 查看InfluxDB解压后的influxdb.conf文件目录结构，如图10-43所示。

名称	修改日期	类型	大小
influx	2019/10/28 7:32	应用程序	54,729 KB
influx_inspect	2019/10/28 7:32	应用程序	19,059 KB
influx_stress	2019/10/28 7:32	应用程序	11,340 KB
influx_tsm	2019/10/28 7:32	应用程序	20,542 KB
influxd	2019/10/28 7:32	应用程序	66,378 KB
influxdb.conf	2022/5/2 21:26	CONF 文件	21 KB

图10-43　influxdb.conf文件目录结构

InfluxDB的数据存储主要有3个目录，默认情况下是meta、wal以及data这3个目录，服务器运行后会自动生成。meta用于存储数据库的一些元数据，meta目录下有一个meta.db文件。wal目录存放预写日志文件，以.wal为扩展名。data目录存放实际存储的数据文件，以.tsm为扩展名。

(4) 配置meta、data、wal相关目录，配置完成后进行保存。

在influxdb.conf文件中需要配置的内容如下。

```
[meta]
  # Where the metadata/raft database is stored
  dir = "D:\\influxdb-1.7.9_windows_amd64\\influxdb-1.7.9-1\\meta"

  # Automatically create a default retention policy when creating a database.
  # retention-autocreate = true

  # If log messages are printed for the meta service
  # logging-enabled = true

[data]
  # The directory where the TSM storage engine stores TSM files.
  dir = "D:\\influxdb-1.7.9_windows_amd64\\influxdb-1.7.9-1\\data"

  # The directory where the TSM storage engine stores WAL files.
  wal-dir = "D:\\influxdb-1.7.9_windows_amd64\\influxdb-1.7.9-1\\wal"
```

(5) 用配置好的config文件运行InfluxDB数据库，双击influxd.exe文件，运行结果如图10-44所示。值得注意的是，InfluxDB数据库运行时，influxd.exe不可关闭。

(6) 运行InfluxDB数据库。在InfluxDB目录中输入命令：influx，运行结果如图10-45所示。

(7) 了解InfluxDB数据库基本命令。InfluxDB数据库基本操作命令如下。

```
8888888           .d888 888                   8888888b.  888888b.
  888            d88P"  888                   888  "Y88b 888  "88b
  888            888    888                   888    888 888  .88P
  888   88888b.  888888 888 888  888 888  888 888    888 8888888K.
  888   888 "88b 888    888 888  888  Y8bd8P' 888    888 888  "Y88b
  888   888  888 888    888 888  888   X88K   888    888 888    888
  888   888  888 888    888 Y88b 888 .d8""8b. 888  .d88P 888   d88P
8888888 888  888 888    888  "Y88888 888  888 8888888P"  8888888P"

2022-05-02T13:27:18.411422Z     info    InfluxDB starting       {"log_id": "0aDF
6OY1000", "version": "1.7.9", "branch": "1.7", "commit": "23bc63d43a8dc05f53afa4
6e3526ebb5578f3d88"}
2022-05-02T13:27:18.411422Z     info    Go runtime      {"log_id": "0aDF6OY1000"
, "version": "go1.12.6", "maxprocs": 4}
2022-05-02T13:27:18.593430Z     info    Using data dir  {"log_id": "0aDF6OY1000"
, "service": "store", "path": "C:\\Users\\xxx\\.influxdb\\data"}
2022-05-02T13:27:18.594430Z     info    Compaction settings     {"log_id": "0aDF
6OY1000", "service": "store", "max_concurrent_compactions": 2, "throughput_bytes
_per_second": 50331648, "throughput_bytes_per_second_burst": 50331648}
2022-05-02T13:27:18.594430Z     info    Open store (start)      {"log_id": "0aDF
6OY1000", "service": "store", "trace_id": "0aDF6PGW000", "op_name": "tsdb_open",
 "op_event": "start"}
```

图 10-44　运行 influxd. exe 文件

```
D:\influxdb-1.7.9_windows_amd64\influxdb-1.7.9-1>influx
Connected to http://localhost:8086 version 1.7.9
InfluxDB shell version: 1.7.9
>
```

图 10-45　运行 InfluxDB 数据库

- 查看数据库：show databases。
- 新建 test 数据库：create database test。
- 使用 test 数据库：use test。
- 删除 test 数据库：drop database test。
- 显示该数据库中所有表：show measurements。

(8) 使用 create database home 命令新建 home 数据库并查看，如图 10-46 所示。

(9) 选择 home 数据库，如图 10-47 所示。

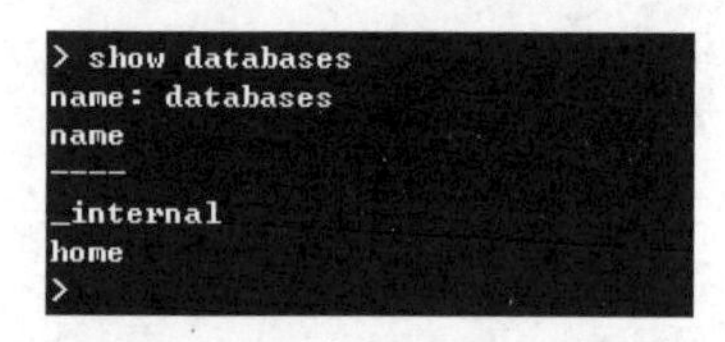

图 10-46　新建 home 数据库

图 10-47　选择 home 数据库

(10) InfluxDB 数据表的创建、写入与查询。

向 home 数据库中插入 people 表，并插入数据，语句如下。

```
insert people,hostname=server1 value=00001
insert people,hostname=server2 value=00002
insert people,hostname=server3 value=00003
insert people,hostname=server4 value=00004
insert people,hostname=server5 value=00005
insert people,hostname=server6 value=00006
insert people,hostname=server7 value=00007
```

值得注意的是，InfluxDB 中没有显式新建表的语句，只能通过插入（insert）数据的方式建立新表。在这里，people 表示表名，hostname 是索引，value 是记录值，记录值可以随意定义。插入数据后，用户可以使用 select * from people 语句查询结果。

查询数据操作如图 10-48 所示。

（11）更改时间戳格式，语句如下。

```
precision rfc3339
```

更改时间戳格式后重新查询数据，结果如图 10-49 所示。

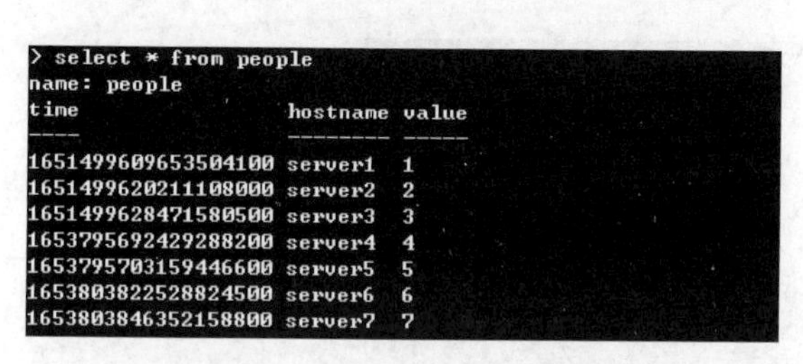

图 10-48　插入数据与查询数据

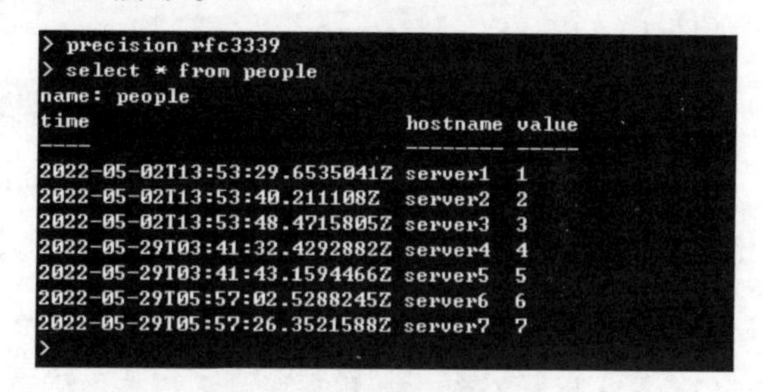

图 10-49　更改时间戳格式

（12）按条件查询，如图 10-50 所示。

（13）查看数据库中的所有 tag key，语句如下。

```
show tag keys
```

运行结果如图 10-51 所示。

图 10-50　按条件查询

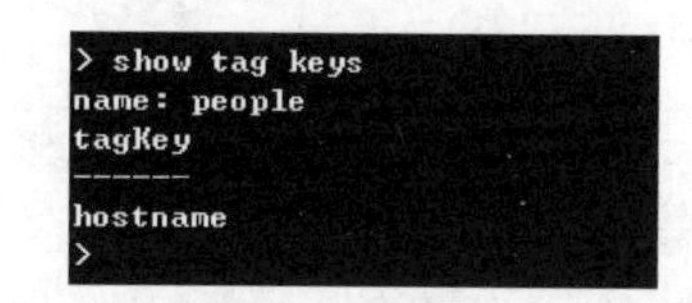

图 10-51　查看数据库中的所有 tag key

（14）查看数据库中的所有 field key，语句如下。

```
show field keys
```

运行结果如图 10-52 所示。

（15）查看所有保存策略，语句如下。

```
show retention policies
```

运行结果如图 10-53 所示。

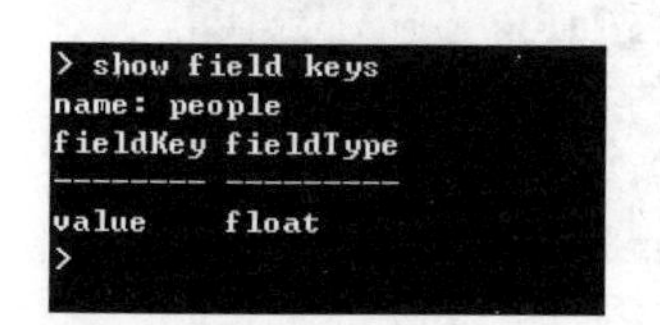

图 10-52　查看数据库中的所有 field key

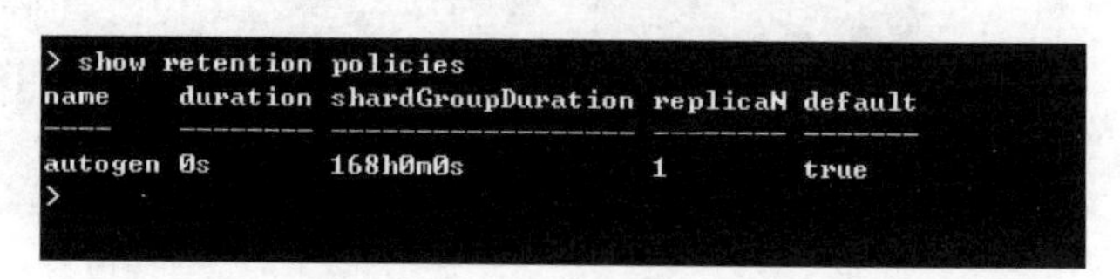

图 10-53　查看所有保存策略

(16) 使用 Python 读取该数据库数据。首先安装 Python 客户端库 InfluxDB,命令如下。

```
pip install influxdb
```

(17) 在 cmd 中运行 Python,输入命令连接 InfluxDB,语句如下。

```
from influxdb import InfluxDBClient
client = InfluxDBClient(host = 'localhost',port = 8086)
```

其中,InfluxDBClient 代表客户端,参数 host 代表本地连接,port 代表端口号。运行结果如图 10-54 所示。

```
>>> from influxdb import InfluxDBClient
>>> client=InfluxDBClient(host='localhost',port=8086)
```

图 10-54 Python 连接 InfluxDB

(18) 显示 InfluxDB 中的数据库名称,语句如下。

```
client.get_list_database()
```

进入已经创建好的 home 数据库,语句如下。

```
client.switch_database('home')
```

运行结果如图 10-55 所示。

```
>>> client.get_list_database()
[{'name': '_internal'}, {'name': 'home'}]
>>> client.switch_database('home')
```

图 10-55 显示并进入 InfluxDB 中的数据库

(19) 获取 home 数据库中的数据表,语句如下。

```
measurements = client.get_list_measurements()
print("databases: {0}".format(measurements))
```

显示记录,语句如下。

```
records = client.query('select * from people')
print(records)
```

运行结果如图 10-56 所示。

```
>>> measurements=client.get_list_measurements()
>>> print('databases:{0}'.format(measurements))
databases:[{'name': 'people'}]
>>> records=client.query('select * from people')
>>> print(records)
ResultSet({'('people', None)': [{'time': '2022-05-02T13:53:29.653504Z', 'hostnam
e': 'server1', 'value': 1.0}, {'time': '2022-05-02T13:53:40.211108Z', 'hostname'
: 'server2', 'value': 2.0}, {'time': '2022-05-02T13:53:48.471580Z', 'hostname':
'server3', 'value': 3.0}, {'time': '2022-05-29T03:41:32.429288Z', 'hostname': 's
erver4', 'value': 4.0}, {'time': '2022-05-29T03:41:43.159447Z', 'hostname': 'ser
ver5', 'value': 5.0}, {'time': '2022-05-29T05:57:02.528824Z', 'hostname': 'serve
r6', 'value': 6.0}, {'time': '2022-05-29T05:57:26.352159Z', 'hostname': 'server7
', 'value': 7.0}]})
```

图 10-56 读取数据

10.6 3D 视觉与工业互联网

1. 实训目的

- 通过本节实训，能够认识 3D 视觉与工业互联网平台。
- 能够应用 Open3D 实现 3D 可视化。

2. 实训内容

1）认识 3D 视觉

常见的机器视觉通常是指 2D 的视觉系统，即通过摄像头拍到一个平面的照片，然后通过图像分析或比对来识别物体，能看到物体一个平面上的特征，可用于缺失/存在（有无）检测、离散对象分析图案对齐、条形码和光学字符识别以及基于边缘检测的各种二维几何分析。

由于 2D 视觉无法获得物体的空间坐标信息，所以不支持与形状相关的测量，例如物体平面度、表面角度、体积或者区分相同颜色的物体之类的特征或者在具有接触侧的物体位置之间进行区分，而且 2D 视觉测量物体的对比度，这意味着特别依赖于光照和颜色/灰度变化，测量精度易受变量照明条件的影响。

3D 机器视觉指利用计算机技术对三维空间中的物体进行识别、检测、跟踪和测量等操作。3D 机器视觉技术可以广泛应用于工业制造、自动化生产、医疗、军事等领域，具有高效、准确、稳定等优点。

随着视觉革命带来的技术突破，机器视觉迎来崭新的 3D 立体视界，精密制造业对于精度的要求也推动了 3D 机器视觉在消费级和工业级应用场景的推广。

2）认识 Open3D

Open3D 是一个开源库，支持快速开发处理 3D 数据的软件。Open3D 提供了三种数据结构：点云 (point cloud)、网格(mesh)和 RGB-D 图像。Open3D 有一整套基本处理算法，如 I/O、采样、可视化和数据转换等。此外，还包括一些常用的算法，如法线估计、ICP 配准等。

表 10-1 为 Open3D 常见模块。表 10-2 为 Open3D 中的点云格式。

表 10-1 Open3D 常见模块

模 块	功 能
Geometry 几何模块	数据结构和基本处理算法
Camera 相机模块	相机模型和相机轨迹
Odometry 里程计模块	RGB-D 图像的跟踪与对齐
Registration 配准模块	全局和局部配准
Integration 积分模块	体积积分
I/O 输入输出模块	读写三维数据
Visualization 可视化模块	使用 OpenGL 呈现 3D 数据的可自定义 GUI
Utility 辅助功能模块	辅助功能，如控制台输出、文件系统和特征包装器
Python 模块	Open3D Python 绑定和教程

表 10-2 Open3D 中的点云格式

格 式	描 述
xyz	每一行包含[x,y,z]三个数值，x、y、z 是三维坐标
xyzn	每一行包含[x,y,z,nx,ny,nz]，nx、ny、nz 是该方向上的法向量
xyzrgb	每一行包含[x,y,z,r,g,b]，rgb 代表该点颜色数值表达位[0,1]的浮点数

续表

格　　式	描　　述
pts	第一行是一个整数，表示点的个数，之后的每一行可以是下列格式之一：[x,y,z,i,r,g,b]、[x,y,z,r,g,b]、[x,y,z,i]、[x,y,z]，x、y、z 和 i 是 double 类型，r、g、b 是 uint8 类型
ply	Polygon File Format，ply 文件可以同时包含点云数据和 mesh 数据
pcd	Point Cloud Data

在实际应用中，需要根据场景的不同需求选择不同的三维成像技术。例如，激光雷达常用于自动驾驶、建筑测量、地形测绘、无人机遥感等领域，结构光常用于人脸识别、三维重建等领域，立体相机适用于机器人视觉、室外环境感知等领域，TOF 相机常用于室内的人体姿态检测、手势识别等场景，深度相机常用于机器人感知、室内场景重建等领域，而 RGBD 相机则常用于虚拟现实、自动驾驶等领域。

点云是一种用三维空间中的点来描述物体形状和特征的表示方法。在计算机视觉、机器人技术、计算机图形学等领域中，点云是一种常见的数据结构，被广泛应用于三维建模、形状分析、目标识别等任务中。

3）Open3D 安装

输入命令：pip install open3d

图 10-57 为安装过程。

```
Collecting open3d
  Downloading open3d-0.17.0-cp37-cp37m-win_amd64.whl (62.2 MB)
     ---------------------------------------- 62.2/62.2 MB 919.1 kB/s eta 0:00:00
Collecting werkzeug>=2.2.3
  Downloading Werkzeug-2.2.3-py3-none-any.whl (233 kB)
     ---------------------------------------- 233.6/233.6 kB 954.3 kB/s eta 0:00:00
Requirement already satisfied: numpy>=1.18.0 in d:\users\xxx\appdata\local\programs\python\python37\lib\site-packages (from open3d) (1.21.6)
Collecting configargparse
  Downloading ConfigArgParse-1.7-py3-none-any.whl (25 kB)
Collecting nbformat==5.7.0
  Downloading nbformat-5.7.0-py3-none-any.whl (77 kB)
     ---------------------------------------- 77.1/77.1 kB 428.6 kB/s eta 0:00:00
Collecting dash>=2.6.0
  Downloading dash-2.14.2-py3-none-any.whl (10.2 MB)
     ---------------------------------------- 10.2/10.2 MB 876.2 kB/s eta 0:00:00
Collecting ipywidgets>=8.0.4
  Downloading ipywidgets-8.1.1-py3-none-any.whl (139 kB)
     ---------------------------------------- 139.4/139.4 kB 636.3 kB/s eta 0:00:00
Collecting traitlets>=5.1
  Downloading traitlets-5.9.0-py3-none-any.whl (117 kB)
     ---------------------------------------- 117.4/117.4 kB 626.5 kB/s eta 0:00:00
```

图 10-57　Open3D 安装

4）Open3D 使用并绘制点云

```
import open3d as o3d
import numpy as np
print("->正在加载点云... ")
pcd = o3d.io.read_point_cloud("buliding.pcd")
print(pcd)
print("->正在可视化点云")
o3d.visualization.draw_geometries([pcd])
```

运行结果如图 10-58 所示。

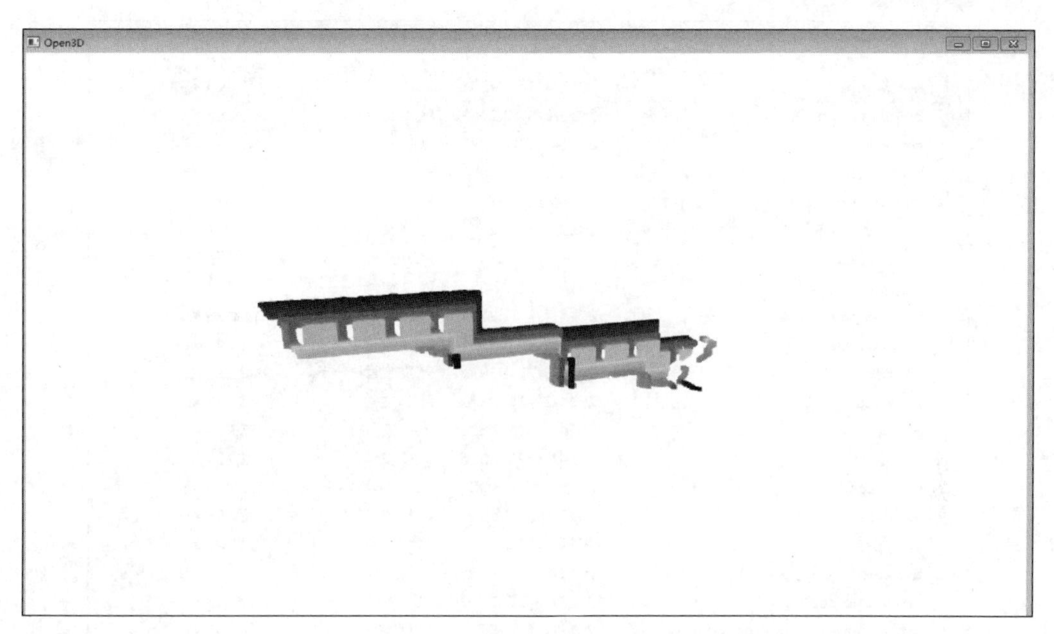

图 10-58 可视化点云

加载不同的 pcd 格式文件,如 table. pcd,运行结果如图 10-59 所示。

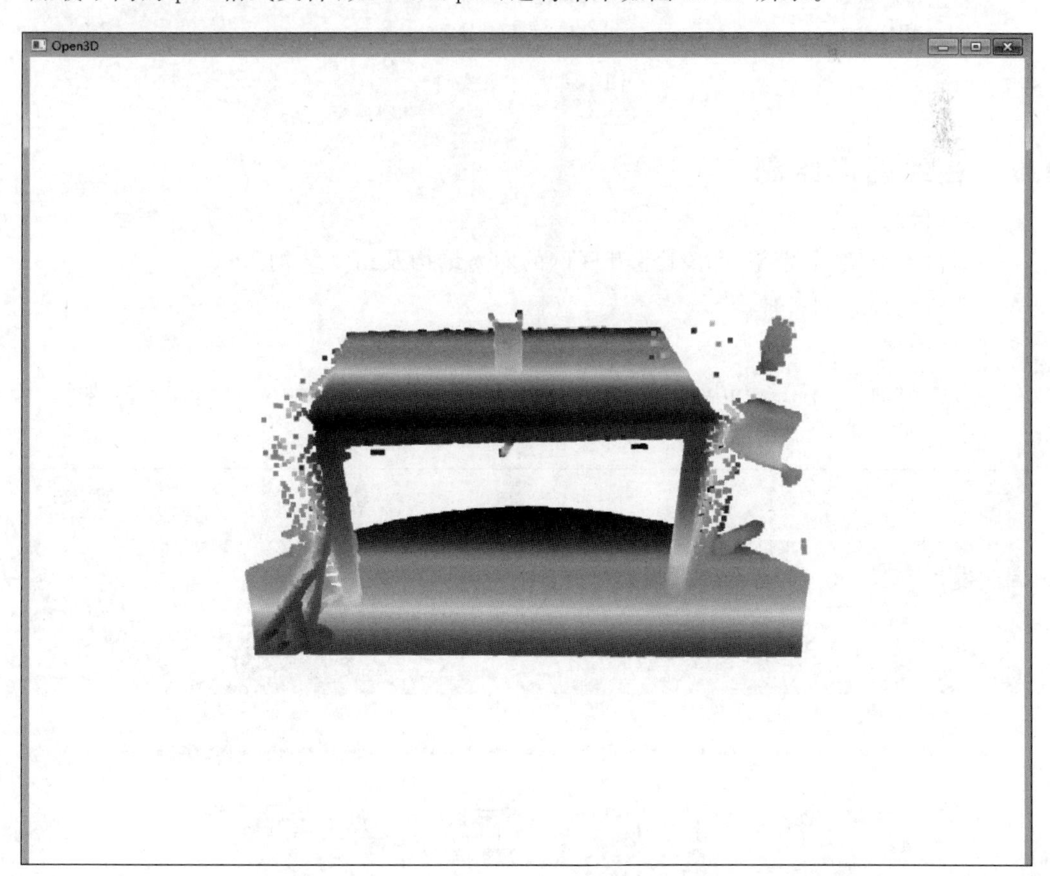

图 10-59 点云效果

在这里读取的 pcd 文件如图 10-60 所示。

名称	修改日期	类型	大小
buliding.pcd	2021/4/16 17:18	PCD 文件	1,690 KB
buliding1.pcd	2015/5/3 12:11	PCD 文件	7,586 KB
cat.pcd	2021/11/10 21:35	PCD 文件	44 KB
horse.pcd	2014/7/1 21:26	PCD 文件	129 KB
human in office.pcd	2014/7/23 4:15	PCD 文件	12,240 KB
lamppost.pcd	2014/7/1 21:26	PCD 文件	47 KB
lioness.pcd	2014/7/1 21:26	PCD 文件	126 KB
maize.pcd	2012/5/21 22:02	PCD 文件	1,152 KB
michael.pcd	2014/7/1 21:26	PCD 文件	128 KB
original.pcd	2021/4/16 17:18	PCD 文件	1,690 KB
pig.pcd	2018/3/21 1:19	PCD 文件	2,079 KB
pig1.pcd	2014/12/15 21:29	PCD 文件	1,145 KB
pig2.pcd	2014/12/15 21:29	PCD 文件	1,234 KB
rabbit.pcd	2021/10/21 22:16	PCD 文件	1,129 KB
region.pcd	2015/3/26 23:08	PCD 文件	2,233 KB
room.pcd	2012/5/17 21:51	PCD 文件	3,463 KB
scan.pcd	2016/7/29 21:18	PCD 文件	1,529 KB
table.pcd	2012/5/21 13:38	PCD 文件	1,362 KB
table_blue.pcd	2021/11/22 10:57	PCD 文件	17,083 KB
table_scene_mug_stereo_textured.pcd	2012/5/5 16:07	PCD 文件	8,831 KB
TetrahedronMultiple.pcd	2021/8/22 8:49	PCD 文件	5,756 KB
two_human.pcd	2014/8/30 6:00	PCD 文件	8,611 KB
two_human1.pcd	2014/8/30 6:00	PCD 文件	8,117 KB
wolf.pcd	2014/7/1 21:26	PCD 文件	125 KB

图 10-60　pcd 文件

10.7　在线图形绘制

1. 实训目的

(1) 通过本节实训，能够了解工业互联网的网络结构及组织结构。

(2) 能够在线绘制各种图形。

2. 实训内容

(1) 打开网址 https://online.visual-paradigm.com/cn/diagrams/templates，如图 10-61 所示。

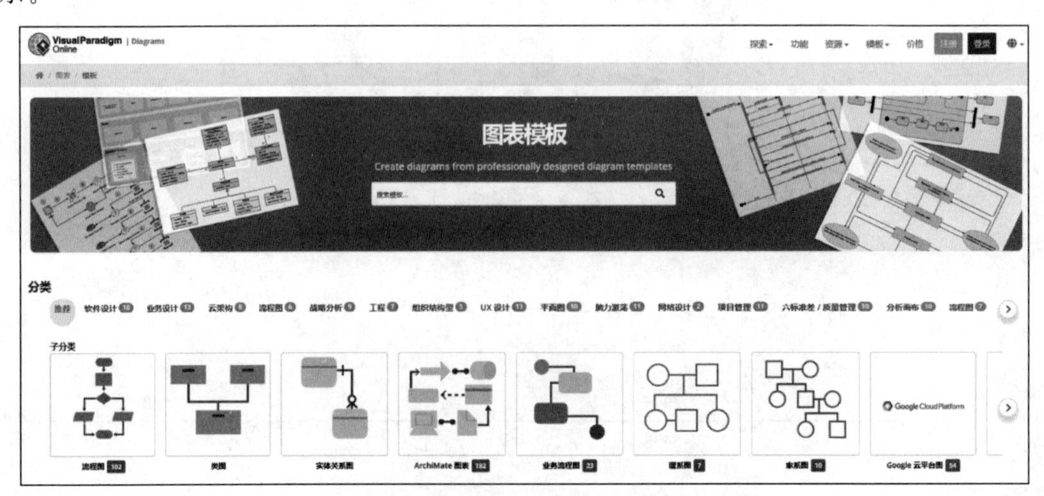

图 10-61　VisualParadigm 首页

（2）选择“网络图”，如图 10-62 所示。

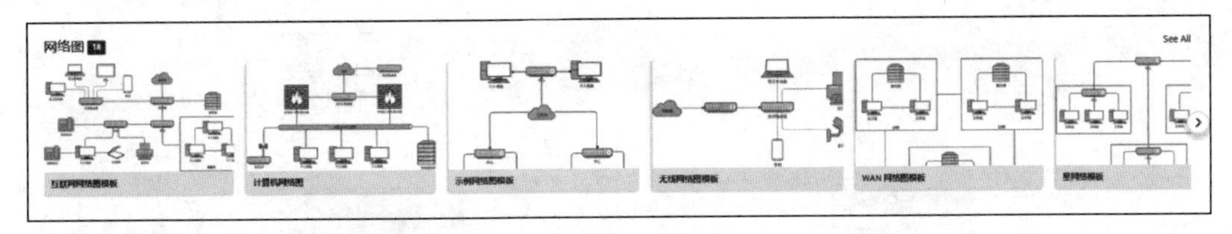

图 10-62 网络图

（3）选择“家庭网络图模板”，并单击“编辑此模板”按钮，如图 10-63 所示。

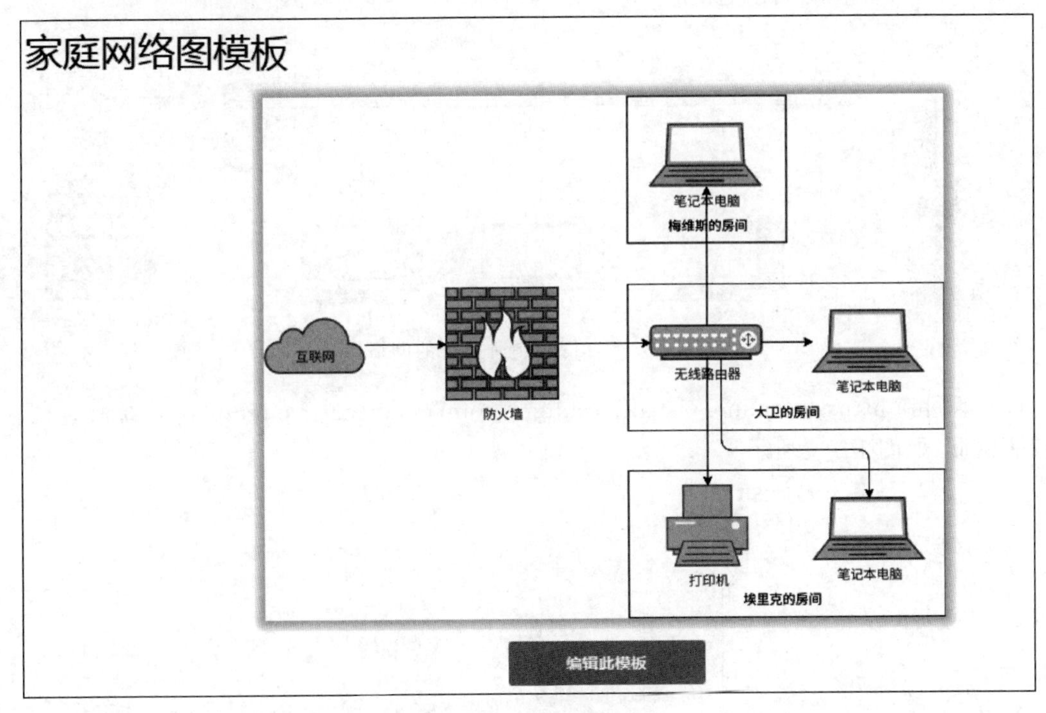

图 10-63 家庭网络图模板

（4）查看已经创建好的家庭网络图，如图 10-64 所示。

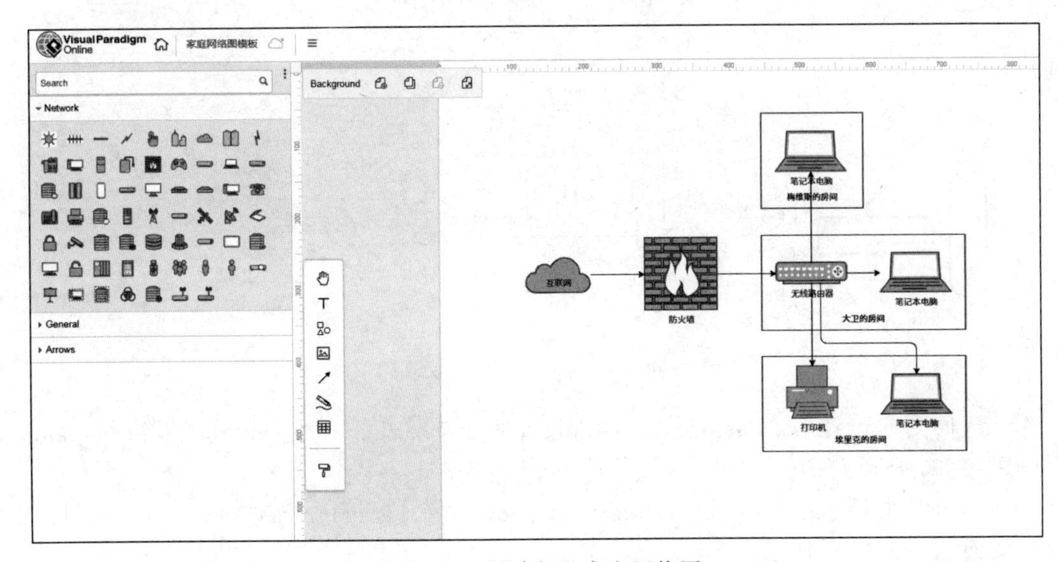

图 10-64 创建好的家庭网络图

(5) 用户可自行使用右侧的各种图形工具绘制所需要的网络图,如图 10-65 所示。

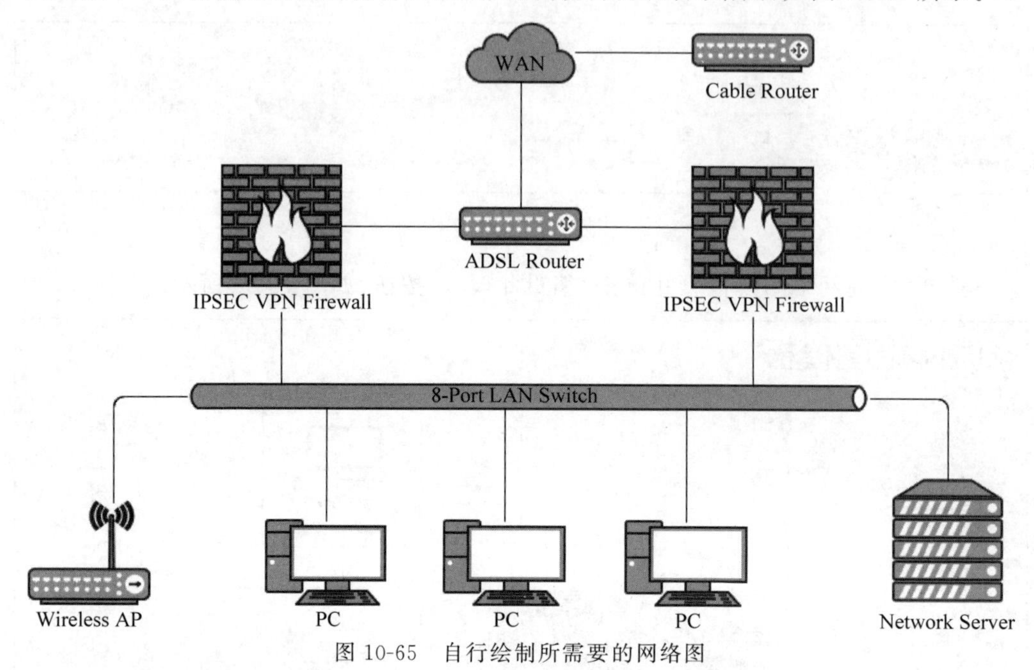

图 10-65 自行绘制所需要的网络图

(6) 返回到 https://online.visual-paradigm.com/cn/diagrams/templates,绘制各种管道和仪表图形,如图 10-66 所示。

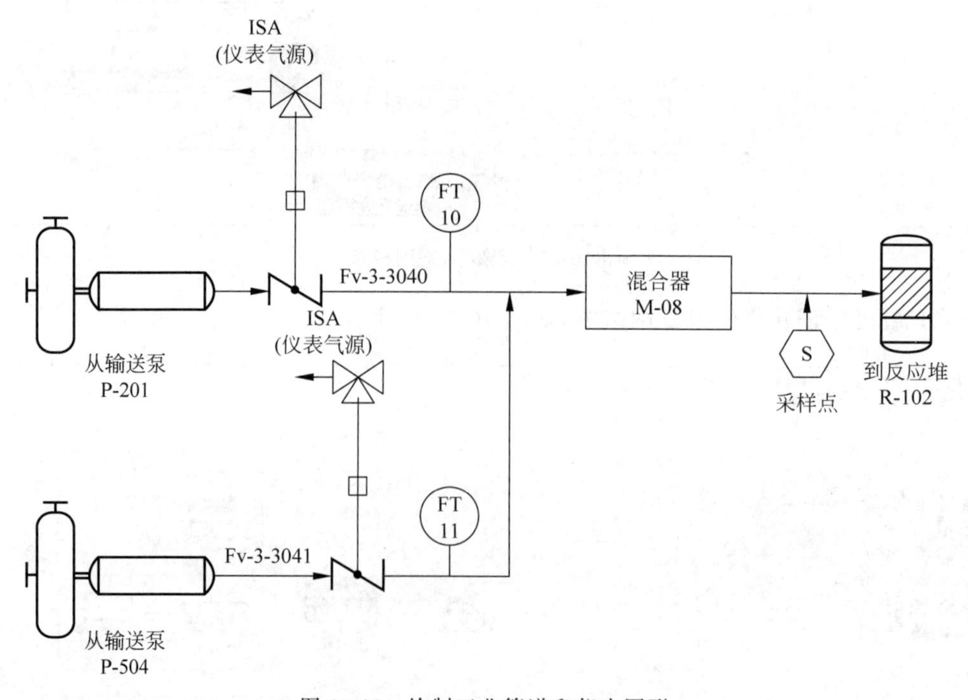

图 10-66 绘制工业管道和仪表图形

(7) 返回到 https://online.visual-paradigm.com/cn/diagrams/templates,绘制 Azure 架构,如图 10-67 所示。

(8) 返回到 https://online.visual-paradigm.com/cn/diagrams/templates,绘制 IBM Cloud 架构,如图 10-68 所示。

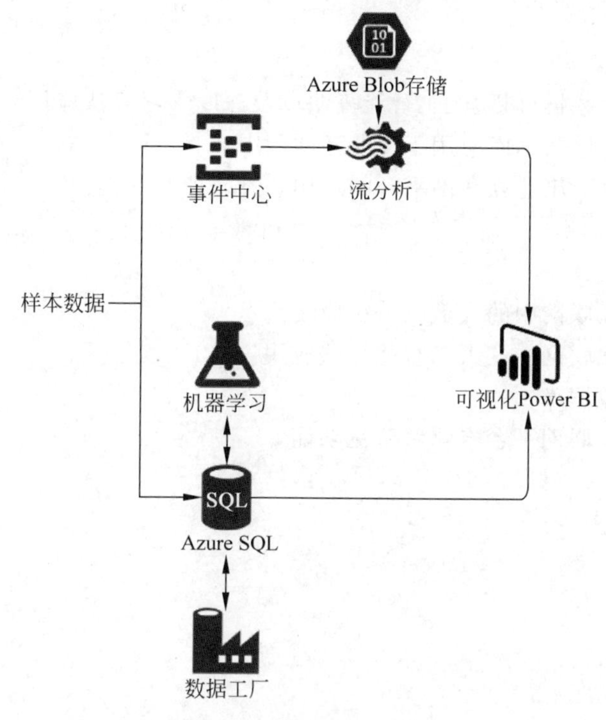

图 10-67　绘制 Azure 架构

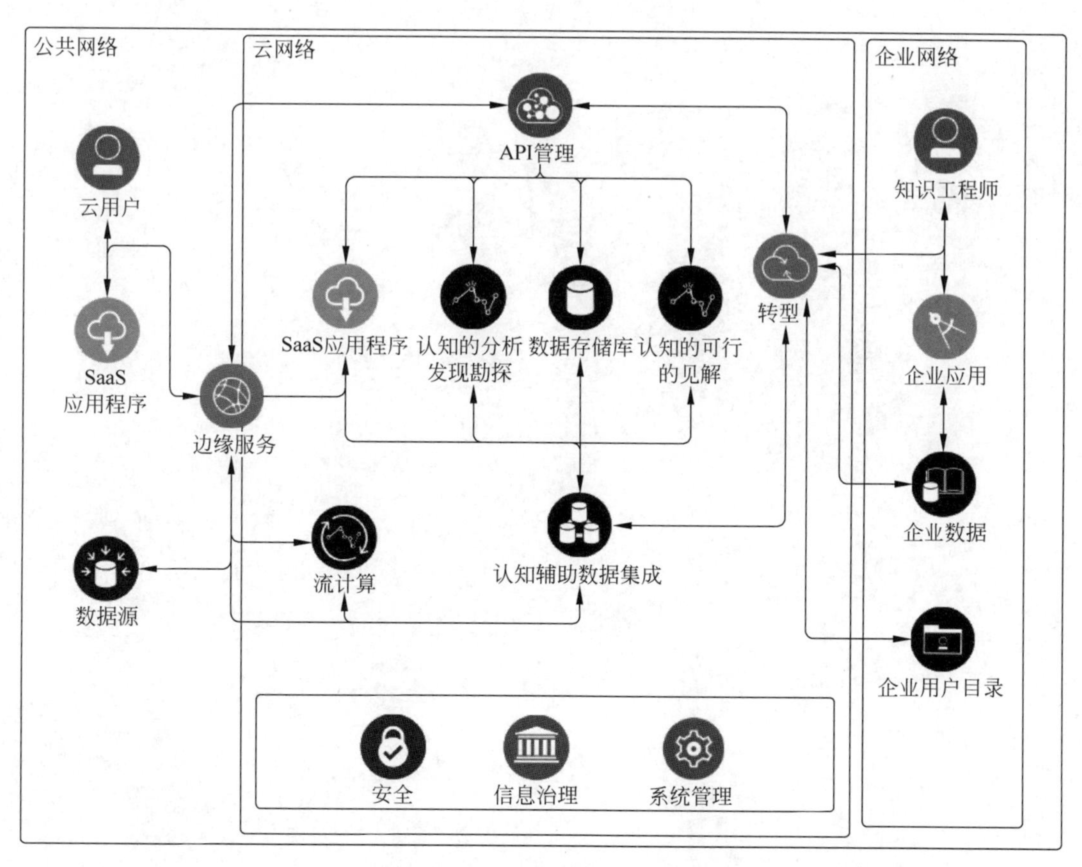

图 10-68　绘制 IBM Cloud 架构

10.8 本章小结

(1) 用户可以将大数据分析、人工智能算法以及深度学习算法应用于工业互联网中。

(2) 用户可以将时序数据库应用于工业互联网中。

(3) 用户可以通过对工业互联网平台的运用熟悉工业互联网。

扫一扫

自测题

习题 10

(1) 请阐述工业互联网中的大数据分析应用。

(2) 请阐述工业互联网中的人工智能算法应用。

(3) 什么是时序数据库?

(4) 流行的工业互联网平台有哪些常见功能?

参考文献

[1] 中国工业互联网研究院.工业互联网人才白皮书(2020)[R],2020.
[2] 中国互联网产业联盟.工业互联网体系架构 2.0[R],2020.
[3] 中国互联网产业联盟.工业互联网综合知识读本[M].北京：电子工业出版社,2019.
[4] 水木然.工业 4.0 大革命[M].北京：电子工业出版社,2015.
[5] 陈雪鸿.工业互联网安全防护与展望[M].北京：电子工业出版社,2022.
[6] 魏毅寅.工业互联网：技术与实践[M].北京：电子工业出版社,2017.
[7] 林子雨.数据采集与预处理[M]. 北京：人民邮电出版社,2022.
[8] 黄源.大数据可视化技术与应用[M].北京：清华大学出版社,2020.